제5판

국제사법

신창섭 저

세창출판사

제5판 머리말

최근 국제사법은 국제재판관할에 관한 일반원칙을 정하는 수준을 넘어, 그에 관한 상세한 규정을 두는 방향으로 확대 발전되고 있다. 이러한 경향에 따라, 국제사법은 2022년 개정을 통해 국제재판관할에 관한 매우 상세한 규정을 새로 도입하였다. 이제 국제사법은 준거법 확정에 관한 부분뿐 아니라 국제재판관할에 관한 부분도 전면적으로 다루어야 할 영역이 된 것이다.

이러한 변화를 반영하여 이번 개정에서는 2022년 개정 국제사법에 도입된 국제재판관할 규정을 중심으로 국제재판관할에 관한 상세한 설명을 새로이 추가하는 한편, 그 서술 체계도 개정 국제사법의 체계 변경을 충실히 반영하는 방식으로 조정하였다. 또한 국제재판관할에 관한 판례를 중심으로 최근 판례를 추가 수록하였다.

이번 개정 작업에서는 국제사법의 개정과 관련한 자료를 수집 분석하고, 또한 관련 판례를 조사하는 데 있어 김현아 박사의 도움이 절대적이었다. 김현아 박사는 국제사법의 체계 변경에 따른 서술 체계의 조정 작업에서도 많은 도움을 주었다. 또한 고려대학교 대학원 법학과 박사과정에 재학 중인 임효정 조교는 개정 작업 전반에 걸쳐 성심껏 도와주었다. 이들에게 심심한 감사를 표하고, 또한 그 학문적 정진을 기대한다.

무엇보다도 세창출판사 임길남 상무님은 바쁘신 중에도 원고를 꼼꼼하게 교정해 주셨을 뿐 아니라, 일부 서술의 정확성까지도 확인해 주셨는데 이 자리를 빌려 새삼 깊이 감사드린다.

2022년 8월
저 자

머리말

최근 우리나라의 경제가 발달함에 따라 우리나라 국민이 외국인과 경제활동을 하는 경우가 급증하고 있다. 또한 세계화의 진전으로 우리나라 국민이 외국인과 혼인 등 신분관계를 형성하는 경우도 늘고 있다. 국제거래나 혼인 등 이른바 섭외적 생활관계에서 분쟁이 발생하였을 때 그 분쟁의 해결에 적용될 준거법을 정하는 것이 국제사법이다.

우리나라 국제사법은 2001년에 전면적으로 개정되었고, 그 명칭도 섭외사법에서 국제사법으로 변경되었다. 개정된 국제사법은 유럽과 미국에서 이루어진 국제사법학의 성과를 상당한 정도로 반영하였다.

국제사법학은 역사적으로 학설을 중심으로 발전되었기 때문에 국제사법학에서 학설적 논의는 중요한 의미를 갖는다. 이 책은 제1편 총론 부분에서 국제사법학의 연혁을 설명하면서 역사적으로 국제사법학의 발전에 주도적 역할을 한 학설들의 발전과정을 일별하였다. 그러나 이 책은 국제사법 규정의 근거를 구성하는 개별 국제사법 원칙에 관한 다양한 학설들에 대해서는 소개 정도에 그치고, 우리나라 국제사법 규정의 해석과 이들 규정의 근저를 이루는 개별 국제사법 원칙을 설명하는 데 주안을 두었다. 이는 무엇보다 저자의 국제사법학 지식이 일천한 데에 근원한다고 하겠지만, 저자가 이 책의 기본 목적을 우리나라 국제사법 규정의 해석으로 국한한 데에도 이유가 있다. 한편 이 책은 국제사법을 적용한 국내 판례의 간략한 내용을 최근 판례를 중심으로 수록하여서 국제사법 규정의 이해에 도움이 되도록 하였다.

이 책이 나오기까지 여러분의 도움이 있었다. 무엇보다도 학부 때부터 오늘에 이르기까지 저자를 학문적으로 이끌어 주신 고려대학교 법과대학 이기수 교수님의 학은을 잊을 수 없다. 이기수 교수님의 지도와 편달이 없었다면 오늘의 저자는 없었을 것이다. 특히 학부 때 교수님께서 학문의 길을 걸을 것을 권고하지 않으셨다면 아마도 저자는 다른 길을 가고 있었을 것이다. 저자가 학문의 길에 들어선 것을 한 번도 후회한 적이 없으니 교수님은 저자에게는 학문의 스승의 의미를 넘어서 인생의 방향을 정해 주신 삶의 스승의 의미를 갖는 분이라고 할 수 있다.

또한 저자가 이 책을 집필하는 동안 자료 조사와 교정 등에 많은 도움을 준 박찬동 조교와 김현아 조교에게도 이 자리를 빌려 고마움을 표한다. 이들에게 학문적 대성이 있기를 기대한다.

아무쪼록 이 책이 국제사법에 관심을 가진 이들에게 도움이 되기를 바란다.

2007년 8월

신 창 섭

차 례

제1편 총 론

‖ 제3장 ‖ 국제사법의 발전 / 18

‖ 제4장 ‖ 국제사법의 이념 / 36

‖ 제5장 ‖ 우리나라 국제사법 / 39

제2편 국제사법 총칙

‖ 제5장 ‖ 외국법의 적용 / 134

‖ 제6장 ‖ 법정지국 강행규정의 적용 / 146

‖ 제7장 ‖ 예외조항 / 150

‖ 제8장 ‖ 반 정 / 158

‖ 제9장 ‖ 공서조항 / 175

제 1 편

총 론

제 1 장 섭외적 법률관계와 국제사법

제 1 절 국제사법의 필요성

한 국가 내에서 사법적(私法的) 분쟁이 발생하여서 소가 제기되었을 때, 법원은 국내법을 적용해서 분쟁을 해결한다. 그러나 예를 들어 서로 다른 국가에 거주하는 자들 간에 체결된 계약과 관련해서 분쟁이 발생하였거나 또는 서로 국적을 달리하는 부부간에 혼인과 관련해서 분쟁이 발생하였다고 할 때, 어느 국가의 법원이 이들 섭외적(涉外的) 분쟁을 판단할 권한을 갖는지 또한 법원은 어느 국가의 법을 적용해서 분쟁을 해결할 것인지 등의 문제가 발생한다.

이른바 섭외적 또는 외국적 요소를 갖는 사법적 분쟁에 대한 일반적 재판관할권을 갖는 국제법원이 존재한다든지 또는 모든 사법적 분쟁을 규율할 통일법이 존재한다면, 이러한 문제의 해결은 별다른 어려움을 수반하지 않을 것이다. 그러나 국제법원이나 국제통일사법이 존재하지 아니하고, 각 국가가 상이한 사법질서를 두고 있는 현실에서 어느 법원이 재판관할권을 갖는지 또는 어느 국가의 법이 적용될 것인지 등의 문제는 섭외적 분쟁의 해결에 중요한 의미를 갖는다. 왜냐하면 어느 국가가 문제된 분쟁을 판단할 것인지 또는 어느 국가의 법이 적용될 것인지에 따라 분쟁의 해결 내용이 달라질 것이기 때문이다. 이때 단순히 소가 제기된 국가의 법원이 자국법에 따라 분쟁을 해결할 것이라고 한다면, 이는 곧 원고가 어느 국가에서 소를 제기했는가의 우연한 사정에 따라 분쟁의 해결 내용이 달라질 것을 의미할 것인바, 이는 분쟁 당사자 간 형평을 도외시하는 결과를 초래할 것이다. 왜냐하면 섭외적 분쟁에 대해서 복수의 국가가 재판관할권을 갖는 것이 일반적인 현상인데, 이러한 경우에 원고는 자기에게 유리한 판결을 내릴 국가를 찾아서, 그 국가에서 소를 제기할 것인바, 이는 이른바 법정지쇼핑(forum shopping)의 문제를 낳을 것이기 때문이다.[1] 또한 법원이 섭외적 사안에 대해서도 순수한 내국적 사안의 경우와 마찬가지로 자국법을 적용한다고 하면, 어디서 소가 제기되었는가의 우연한 사정에 따라 동일한 내용의 사법적 분쟁이 상이한 내용으로 해결될 것인바, 이는 국제적 사법관계의 안정성과 예측가능성을 근본적으로 훼손할 것이다.

국제사법은 이처럼 섭외적 또는 외국적 요소를 갖는 사안의 적절한 해결을 위해서 어느 국가의 법원이 재판관할권을 갖는지 및 어느 국가의 법이 적용될 것인지 등에 관해서 규정하는 법이다.

제 2 절 섭외적 법률관계

국제사법이 그 적용의 대상으로 하고 있는 법률관계 또는 사안은 섭외적(涉外的) 요소 또는 외국적 요소가 있는 사법적(私法的) 법률관계 또는 사안이다. 예를 들어 우리나라 국제사법은 제1조에서 "이 법은 외국과 관련된 요소가 있는 법률관계에 관하여 국제재판관할과 준거법(準據法)을 정함을 목적으로 한다"고 규정함으로써 섭외적 또는 외국적 요소가 있는 법률관계를 규율함을 분명히 하였다.

국제사법이 그 규율대상으로 하는 섭외적 사안은 소가 제기된 법정지의 입장에서 볼 때 법률관계의 구성요소의 일부가 다른 국가와 관련을 갖는 사안이다. 예를 들어 서로 다른 국가의 사인(私人) 간의 계약상 분쟁, 다른 국가에 소재하는 재산에 대한 소유권 분쟁 또는 한 국가에서 발생하고 다른 국가에서 손해를 야기한 불법행위에 기한 손해배상 등은 모두 섭외적 요소 또는 외국적 요소를 갖는 분쟁이라고 할 수 있다.[2] 이때 법률관계 또는 사안의 구성요소는 당사자의 국적이나 일상거소, 물건의 소재지, 법률행위 또는 사실행위의 행위지, 사실발생지, 채무의

---

1) Eugene F. Scoles, Peter Hay, Patrick J. Borchers & Symeon C. Symeonides, *Conflict of Laws* (4th ed., Thomson West, 2004), p.6.
2) *Ibid.*, p.1.

이행지 또는 법정지 등을 의미한다.

그러나 법률관계의 구성요소 중 일부가 다른 국가와 관련을 갖는다고 해서 그 법률관계가 반드시 섭외적 법률관계가 되는 것은 아니다. 어떤 법률관계가 섭외적 법률관계로서 국제사법의 규율대상이 되기 위해서는 그 섭외적 성격이 상당한 정도에 이르러 법정지 법원이 자국법을 적용함이 부당하고 국제사법의 적용을 통해서 정해진 국가의 법을 적용하는 것이 오히려 합리적이고 타당한 것으로 판단되어야 할 것이다.[3] 이때 섭외적 성격이 상당한 정도에 이르렀는지 여부를 판단함에 있어서는 당해 법률관계가 다른 국가와 갖는 관련의 정도, 당해 법률관계에 국내법이 적용됨으로써 관련 당사자에게 발생하는 불합리의 정도 또는 국제사법의 관련 규정의 입법취지 등이 고려될 것이다.

관련판례 대법원 2008.1.31. 선고 2004다26454

국제사법 제1조가 "이 법은 외국적 요소가 있는 법률관계에 관하여 국제재판관할에 관한 원칙과 준거법을 정함을 목적으로 한다"고 규정하고 있으므로, 거래 당사자의 국적 · 주소, 물건 소재지, 행위지, 사실발생지 등이 외국과 밀접하게 관련되어 있어 곧바로 내국법을 적용하기보다는 국제사법을 적용하여 그 준거법을 정하는 것이 더 합리적이라고 인정되는 법률관계에 대하여는 국제사법의 규정을 적용하여 준거법을 정하여야 한다.

원심이 인정한 사실을 종합하여 보면, 이 사건은 필리핀국 국립노동위원회(National Labor Relations Commission)가 시행한 경매절차에서 필리핀국 법인인 필립스 엑스포트 인더스트리즈 아이엔씨(Philips Export Industries, Inc.)에 대한 채권자로서 필리핀국 국민인 해고근로자들이 필리핀국 내에 있던 이 사건 기계를 낙찰받은 것이 유효한지, 그 뒤 필리핀국 내에서 이 사건 기계에 대하여 순차로 체결된 위 해고근로자들과 내국인인 신청외인 사이의 매매계약, 신청외인과 채무자 사이의 매매계약의 효력은 어떤지가 문제되는 사건으로서, 위와 같은 각 매매계약이 체결된 후 우연한 사정에 의하여 이 사건 기계가 국내로 반입되었고, 이 사건 채권자와 채무자가 모두 내국인이라고 하더라도 그 전에 이루어진 모든 외국적 요소를 무시한 채 국제사법의 규정에 따르지 않고 곧바로 내국법을 적용하는 것은 합리적이라고 할 수 없다.

한편, 국제사법 제19조[개정 국제사법 제33조]는 "동산 및 부동산에 관한 물권

---

3) 신창선 · 윤남순, 『신국제사법[제2판]』(fides, 2016), 5-6면; 석광현, 『국제사법 해설』(박영사, 2013), 52면.

또는 등기하여야 하는 권리는 그 목적물의 소재지법에 의한다(제1항). 제1항에 규정된 권리의 득실변경은 그 원인된 행위 또는 사실의 완성 당시 그 목적물의 소재지법에 의한다(제2항)"고 규정하고 있는바, 위 각 매매계약이 체결된 당시 목적물인 이 사건 기계가 필리핀국 내에 있었으므로 위 각 매매계약에 관하여는 필리핀국법을 적용하여 그 법률효과를 판단하여야 한다.

그런데도 원심은, 이 사건 당사자인 채권자와 채무자가 모두 국내 법인이거나 자연인이고 소유권 유무가 다투어지는 이 사건 기계가 이미 필리핀국에서 반출되어 국내로 반입된 만큼 이를 섭외사건으로 규율하기보다는 국내법에 따라 해결함이 상당하다는 이유로, 채무자가 이 사건 기계의 소유권을 취득하였는지에 관하여 국내법을 적용하여 판단하였는바, 원심판결에는 외국적 요소가 있는 법률관계에 관한 준거법 결정에 대한 법리를 오해한 잘못이 있고, 이에 관한 상고인의 지적은 타당하다.

제 3 절 통일법을 통한 섭외적 법률관계의 규율

섭외적 법률관계에 어느 국가의 법을 적용할 것인지가 중요한 문제로 되는 것은 각국의 법이 상이하기 때문이다. 만약 각국의 법의 내용이 일치한다면 법의 충돌이 발생할 여지는 없는 것이고, 굳이 섭외적 법률관계를 내국적 법률관계와 구별할 필요도 없을 것이다. 설사 각국의 법의 내용이 상이할지라도 만약 섭외적 법률관계만을 직접 규율의 대상으로 하는 통일된 내용의 법이 존재한다면, 역시 국제사법은 불필요할 것이다.

섭외적 법률관계와 내국적 법률관계에 모두 직접적으로 적용되는 이른바 세계사법의 이론적 가능성은 독일의 에른스트 찌텔만(Ernst Zitelmann)에 의해서 최초로 제기되었다.[4] 실제로 세계법으로 볼 수 있는 국제조약의 예로는 1930년「환어음 및 약속어음에 관한 법의 충돌의 해결을 위한 제네바협약」(Convention for

4) 그는 법적 사고의 형식, 즉 법규의 논리적 사유의 형식이 각 민족에 있어서 동일하다는 것, 법률의 실질적 내용에 있어서 그 근저가 되는 각 민족의 윤리적 또는 종교적 관념에 커다란 차이가 없다는 것, 법규의 합목적성도 각 민족에 있어서 동일하다는 것 그리고 사법(私法)원칙의 기초가 되는 경제사정이 각 국민에 있어서 동일하다는 것 등에 기초해서 세계의 사법(私法)이 궁극적으로 통일될 수 있을 것이라고 주장하였다. 신창선 · 윤남순(주3), 10면; 윤종진,『개정 현대 국제사법』(한올출판사, 2003), 6면.

the Settlement of Certain Conflicts of Law in connection with Bills of Exchange and Promissory Notes)과 1931년 「수표에 관한 법의 충돌의 해결을 위한 제네바협약」(Convention for the Settlement of Certain Conflicts of Laws in connection with Cheques) 등이 있다. 그러나 이들 협약에 상대적으로 소수의 국가만이 가입하고 있고, 가입국 상호 간에 있어서도 유보조항이 있기 때문에 이들 협약을 전 세계적인 의미에서의 완전한 통일법이라고 할 수는 없다.

한편 섭외적 법률관계만을 직접 규율의 대상으로 하는 통일된 내용의 법, 즉 통일법의 제정을 위한 노력은 UN국제거래법위원회(UNCITRAL) 등 국제기구를 중심으로 진행되고 있는바, 그 중요한 성과로는 UNCITRAL이 제정한 1980년 「국제물품매매계약에 관한 UN협약」(United Nations Convention on Contracts for the International Sale of Goods)[5]과 1988년 「국제환어음 및 국제약속어음에 관한 UN협약」(United Nations Convention on International Bills of Exchange and International Promissory Notes)[6] 등이 있다.

그러나 세계법 또는 통일법의 제정을 위한 노력에도 불구하고 여전히 섭외적 법률관계의 대부분은 국내법에 의해서 해결되고 있다. 따라서 섭외적 법률관계에 적용될 법을 정하는 국제사법은 여전히 중요한 의미를 갖는다.

5) 「국제물품매매계약에 관한 UN협약」에 관한 상세한 설명은 이기수 · 신창섭, 『국제거래법[제7판]』(세창출판사, 2019), 18-180면 참조.
6) 「국제환어음 및 국제약속어음에 관한 UN협약」에 관한 상세한 설명은 상게서, 453면 참조.

제2장

국제사법 일반론

제 1 절 국제사법의 정의 및 기능

국제사법은 섭외적 법률관계 또는 사안에 적용될 법, 즉 준거법을 지정하는 법이다. 즉 국제사법은 섭외적 법률관계 또는 사안에 직접 적용되는 실질법이 아니라, 적용될 실질법인 준거법을 정하는 저촉법이다. 국제사법을 법률관계가 아닌, 적용법의 측면에서 파악한다면, 국제사법은 내외국 사법의 적용범위를 정하는 법이라고 할 수 있다.

국제사법은 섭외적 법률관계에 대한 규율의 근거를 제공한다는 점에서 중요한 의미를 갖는다. 한 국가의 실질사법은 본래 내국적 사법(私法)관계만을 규율할 뿐, 섭외적 사법관계는 규율하지 않는다. 그러나 국내에서 문제된 섭외적 법률관계에 대해서 이를 규율할 법이 없다는 이유로 규율을 포기할 수는 없다. 따라서 각 국가는 국제사법의 적용을 통해서 섭외적 법률관계에 적용될 준거법을 정한 후, 그 준거법의 적용을 통해서 섭외적 법률관계를 규율하게 된다. 이처럼 동일하게 내국실질법이 적용되는 경우라고 할지라도 내국적 법률관계에 적용되는 경우와 섭외적 법률관계에 적용되는 경우는 서로 그 근거를 달리하는데, 즉 내국법이 내국적 법률관계에 적용되는 것은 헌법을 정점으로 한 단일한 법질서 내에서 그 본래적 수권에 기한 것이지만, 섭외적 법률관계에 적용되는 것은 국제사법에 의하여 그 적용 근거를 부여받았기 때문이다.[7)]

---

7) 신창선 · 윤남순(주3), 14면; 윤종진(주4), 9-10면.

제 2 절 국제사법의 본질

국제사법의 본질에 관해서는 이를 국제법으로 보는 입장과 국내법으로 보는 입장이 있다. 국제법설에 따르면, 국제사법은 국제적 사법관계에 관한 국내외 사법의 적용범위를 정하는 법인바, 국내외 사법의 적용범위를 정하는 것은 국내외 각국의 입법권의 작동범위를 한정하는 것이 된다. 그런데 입법권은 한 국가가 갖는 주권의 발동이므로 국제사법은 결국 각국의 주권의 작동범위를 한정하는 법으로 파악되어야 한다. 그런데 각국의 주권의 작동범위를 한정하는 것은 국제법만이 할 수 있고, 국내법은 이를 할 수 없는 것이므로 국제사법은 본질적으로 국제법이라는 것이다. 국제법설은 법의 충돌을 주권의 충돌로 파악하기 때문에 국제사법의 본질에 관한 주권이론이라고도 한다.[8)]

반면에 국내법설에 따르면, 국제사법은 한 국가의 입법자가 내국에 있어서 내외국 사법의 적용에 관하여 정한 법에 불과하므로 당연히 국내법이다. 일반적으로 섭외적 사법관계에 내국법을 적용해야 하는지 아니면 외국법을 적용해야 하는지, 또한 외국법을 적용하는 경우에 어느 외국법을 적용해야 하는지 등의 문제는 오직 각국의 입법자가 정하는 것이며, 각국의 국내법 이외에 이에 관한 국제법적 원칙은 존재하지 아니한다는 것이다.[9)]

국제법설은 국제사법이 내외국 사법의 적용범위를 정한다는 것은 결국 각국의 입법권의 작동범위를 한정하는 것을 의미한다고 주장하지만, 이 주장은 타당하지 않다. 각 국가는 최소한 사법(私法)에 관한 한, 자국의 입법권의 작동범위에 관하여 국제법상 아무런 제한을 받지 않으며, 자국 사법의 적용범위를 자유로이 정할 수 있다. 예를 들어 우리나라의 입법자가 우리나라 민법의 적용범위에 관하여 우리나라에서 우리나라 사람에 관한 법률관계 이외에 우리나라에서의 외국인 또는 외국에 있는 우리나라 사람, 극단적으로는 외국에 있는 외국인에 관한 관계에 대해서도 우리나라 민법의 적용범위에 들어오게 한다 할지라도, 그 자체로 국제법에 반한다고 할 수는 없다.[10)] 물론 한 국가가 주장하는 자국 사법(私法)의 적

---

8) 신창선 · 윤남순(주3), 19면; 김연 · 박정기 · 김인유, 『국제사법[제3판 보정판]』(법문사, 2014), 15면.
9) 신창선 · 윤남순(주3), 19-20면; 김연 · 박정기 · 김인유(주8), 16면.

용범위를 다른 국가가 승인하지 않으면 안 된다는 국제법상의 의무가 존재하는 것도 아니다. 각국은 자국에 있어서 외국법의 적용에 관하여 독자적인 입장에서 자유로이 결정할 수 있다. 예를 들어 우리나라 국제사법은 제26조 및 제28조에서 외국인의 능력에 관하여 당사자의 본국법에 의하도록 하고 있는데, 이것은 당해 외국인의 본국이 외국에 있는 자국민의 능력 문제에 자국법을 적용하고 있는지 여부와 상관없이 본국법을 적용하는 것이 섭외적 법률관계의 원활한 교류와 안전의 관점에서 가장 타당하다는 판단에서, 우리나라의 입법자가 능력에 관한 법률관계에 대해서 당사자의 본국법이 적용되도록 한 것일 뿐이다.[11] 이처럼 국제사법은 각국이 그 정책적 입장에 따라 섭외적 사법관계에 관하여 내외국 사법의 적용범위를 정한 법이며, 따라서 본질적으로 국내법이다.

한편 국제사법이 공법인지 사법인지에 관해서 국제사법은 입법권의 작동범위, 즉 주권의 작용에 관한 법이라거나 또는 사법부의 법률적용에 대한 명령이기 때문에 공법이라는 입장과 국제사법은 사법적 생활관계에 적용될 준거법을 정하는 법으로서 기본적으로 사인의 지위를 정하고 사인(私人) 간의 법률관계를 규율하는 것을 내용으로 하기 때문에 사법이라는 입장이 대립한다. 공법과 사법의 구분은 직접적용을 내용으로 하는 실질법의 경우에나 가능하다고 할 것이라는 점을 고려한다면, 굳이 간접규범으로서 저촉법인 국제사법을 공법과 사법 중 어느 한 범주에 포함시키는 것이 타당한지는 의문이다. 다만 국제사법이 간접적으로나마 사법적 법률관계의 규율을 내용으로 하고 있는 점을 고려한다면, 국제사법을 광의의 사법에 포함시킬 수 있을 것이다.

제 3 절 국제사법의 특징

I. 간접규범

국제사법은 법률관계를 직접 규율하는 법이 아니라, 법률관계를 직접 규율할

10) 신창선 · 윤남순(주3), 20면.
11) 상게서, 20면.

실질법을 지정하는 법이다. 따라서 국제사법은 법 적용에 관한 규범으로서 법률관계를 직접적 또는 종국적으로 해결할 실질법을 지정하는 법으로서 섭외적 법률관계의 해결에서 간접적인 역할을 하는 데 지나지 않기 때문에 간접규범이라고 할 수 있다.

II. 상위규범

국제사법은 개념적으로 내외국의 실질법에 대해서 상위규범의 성질을 갖는다. 왜냐하면 국제사법은 실질법의 적용 여부를 결정하는 법으로서 실질법의 적용에 앞서 적용되기 때문이다. 이때 주의할 점은 국제사법의 상위규범적 성질이 국제사법이 내외국 실질법보다 우위적 효력을 갖는다는 것을 의미하는 것으로 이해되어서는 안 된다는 것이다. 따라서 국제사법이 외국법의 적용근거를 제공하는 것은 분명하지만, 국제사법이 상위규범으로서 외국법을 내국법질서에 편입하는 기능을 수행하는 것은 아니다.[12]

III. 강행규범

국제사법은 강행규정으로 구성되어 있다. 따라서 섭외적 법률관계의 당사자가 임의로 그 규정의 적용을 배제하는 것은 허용되지 않는다.[13] 왜냐하면 국제사법은 원활하고 안전한 국제적 교류를 위하여 각종의 법률관계에 대하여 그것을 규율하기에 가장 적절한 법을 내외국의 법 중에서 선택하는 법이기 때문에 공적 질서에 관한 법으로서 본질적으로 강행규범이기 때문이다.

---

12) 상게서, 14-15면; 김연 · 박정기 · 김인유(주8), 20-21면.

13) 그러나 이에 대해서 국제사법은 일반적으로 임의법이며, 당사자가 그 적용을 의욕하는 경우에만 적용된다고 하는 견해가 있다. 즉 외국법의 적용은 소송당사자 중 적어도 한 사람이 그것을 명시적으로 신청했을 때에만 고려되어야 하고, 당사자 모두가 국제사법의 적용을 신청하지 않는 경우에는 내국적 사안과 동일하게 내국법을 적용해야 한다는 것이다. 또한 일정한 범위에서 국제사법 그 자체를 부정하려는 움직임도 있다. 즉 일정한 경우에는 아예 외국법의 적용을 부정하는 입장인데, 이에 따르면 외국법의 조사에 따른 노력과 비용에 비추어 소송가액이 낮은 사건에 대하여는 국제사법적 처리와 외국법의 적용을 포기하고 전부 법정지법을 적용할 것이라고 한다. 신창선 · 윤남순(주3), 15-16면; 김연 · 박정기 · 김인유(주8), 21면.

제 4 절 국제사법의 명칭

섭외적 사안에 적용될 준거법을 정하는 법의 명칭에는 '법의 충돌'(Conflict of Laws)과 '국제사법'(Private International Law)이 있다. 법의 충돌이라는 명칭은 미국과 캐나다에서 주로 사용되며, 최근 영국에서도 사용되고 있다. 반면에 국제사법은 독일, 프랑스 등 유럽 국가에서 사용되며, 또한 영국의 일부 학자에 의해서도 사용되고 있다.[14)]

국제사법이라는 명칭은 법의 충돌이라는 명칭보다 동법의 성질을 보다 잘 설명해 준다고 할 수 있다. 예를 들어 '국제'라는 용어는 둘 이상의 국가와 연결점을 갖는다는 점에서 '국제적'인 섭외적 사안의 성질을 잘 보여 준다. 한편 '사법'이라는 용어는 공법과 사법을 구분하는 대륙법계의 전통을 반영하며, 사법적 분쟁만이 그 규율대상이 된다는 점을 보여 준다. 국제사법의 명칭은 동법이 국제법의 일부라는 오해를 야기하기도 하지만, 그 명칭에도 불구하고 국제사법은 여전히 한 국가의 입법과정을 통해서 입법되는 국내법이다.

한편 법의 충돌은 동일한 섭외적 사안에 여러 국가의 법이 적용될 가능성이 있다는 점과 이들 국가의 법 중에서 실제로 적용될 법을 선택하는 것이 동법의 기능이라는 점을 잘 예시한다. 반면에 법의 충돌의 명칭은 섭외적 사안과 관련을 갖는 국가들이 언제나 자국법을 적용하고자 의욕한다거나 또는 이들 적용가능한 법들이 언제나 서로 다른 내용의 규율을 하고 있다는 등의 그릇된 인식을 야기할 위험이 있다.

국제사법이라는 명칭을 처음으로 사용한 이는 미국의 저명한 판사이며 법학자였던 조셉 스토리(Joseph Story)이다. 그는 1834년 『국내외 법의 충돌에 관한 주석』(Commentaries on the Conflict of Laws, Foreign and Domestic)이라는 저서에서 최초로 국제사법이라는 용어를 사용하였는바, 이 용어는 후에 독일과 프랑스를 포함한 유럽 국가에서 광범위하게 사용되었다.[15)]

한편 미국에서 국제사법을 의미하는 용어로 사용되는 법의 저촉 또는 법의 충돌이라는 명칭은 17세기에 네덜란드의 로덴부르크(Rodenburg)가 처음으로 사

14) Scoles, Hay, Borchers & Symeonides, *supra* note 1, p.1.
15) 신창선 · 윤남순(주3), 22-23면.

용했다고 하며, 이것이 네덜란드에서 영국을 경유하여 미국으로 건너갔다고 한다. 그리고 이 명칭이 스토리의 저서의 표제에 사용되었으며, 그 후 스토리의 영향하에 있던 영국과 미국의 국제사법 학자들은 일반적으로 이 명칭을 사용하게 되었다.[16]

우리나라에서는 종래 "섭외사법"이라는 명칭이 사용되었으나,[17] 국제적 조류에 맞추어 2001년 개정 시 "국제사법"으로 그 명칭을 바꾸었다.[18]

제 5 절 국제사법의 범위

Ⅰ. 의 의

대부분의 섭외적 분쟁은 협상, 조정 또는 분쟁 등을 통해서 해결되지만, 일부 분쟁은 소송에까지 이르게 된다. 섭외적 분쟁이 소의 대상이 된 경우에 분쟁 당사자는 첫째, 어느 국가에서 소가 제기될 것인지, 둘째, 법정지 법원이 어느 국가의 법을 적용할 것인지, 셋째, 판결이 어느 국가에서 집행될 수 있을 것인지 등을 고려해야 한다. 이는 곧 섭외적 분쟁의 해결에 국제재판관할, 준거법 지정 및 외국판결의 승인 및 집행이 중요한 문제임을 의미한다. 미국을 비롯한 영미법계 또는 보통법계(common law system) 국가에서 이들 문제는 모두 법의 충돌이라는 법의 영역에서 다루어진다.[19]

반면에 대륙법계(civil law system) 국가에서 재판관할과 판결의 승인의 문제는 국제사법의 영역이 아닌, 국제절차법(international procedural law)의 영역으로 파악된다. 이러한 체제에서 국제사법은 일부 경우에 국적 및 외국인 신분의 결정과 관련한 문제를 부수적으로 다루기는 하지만, 주로 준거법 지정의 문제만을 규율한다.

16) 상게서, 23-24면.
17) 섭외사법이라는 용어는 본래 "*droit extranational*"의 일역이다. 과거 일본에서는 국제사법을 법례(法例)라고 했지만, 2006년 개정을 통해 "법의 적용에 관한 통칙법"으로 그 명칭을 바꿨다.
18) 석광현(주3), 47-48면.
19) Scoles, Hay, Borchers & Symeonides, *supra* note 1, p.3.

II. 국제민사소송법과의 관계

국제민사소송법은 실질법이면서도 절차법으로서 국제사법과 밀접한 관련을 갖지만, 섭외적 법률관계에 직접적용된다는 점에서 간접규범으로서 저촉법인 국제사법과 구별된다. 섭외적 사법관계의 규율을 실체적 측면과 절차적 측면으로 나누어 볼 때, 실체적 측면은 국제사법이 담당하고, 절차적 측면은 국제민사소송법이 담당하는 것이라고 할 수 있다.

국제민사소송법은 국제재판관할, 소송서류의 송달, 증거의 조사 및 외국판결의 승인과 집행 등에 관해서 규율한다.[20] 국제사법과 국제민사소송법 간에 존재하는 밀접한 관련 때문에 양법은 상호 중첩되는 경향이 있는데, 예를 들어 우리나라 국제사법은 제2조 이하에서 국제재판관할에 관한 규정을 두고 있다.

III. 국적법과의 관계

국적의 취득과 상실에 관한 법인 국적법은 실질법으로서 국제사법과 구별된다. 그러나 국제사법이 준거법으로서 당사자의 본국법, 즉 당사자가 국적을 가진 국가의 법을 지정하는 경우가 많은바, 당사자의 본국법을 결정하기 위해서는 먼저 국적을 결정해야 하기 때문에 국적법은 국제사법과 밀접한 관련을 갖는다.

IV. 외인법과의 관계

섭외적 사법관계에 적용되는 법에는 국제사법 외에 그러한 섭외적 사법관계에 직접 적용되는 실질사법이 있다. 우리나라에서 내국에서 외국인에 관한 사항을 규정한 실질사법, 즉 외인법(外人法)의 예로는 상법 제6장 제614조 이하의 외국회사에 관한 규정 등을 들 수 있는데, 이들 법률은 내국, 즉 우리나라에 있는 외국인에 관한 사항을 규정하고 있다.

섭외적 법률관계에 직접 적용되는 실질법, 즉 외인법과 국제사법은 양자가 함께 적용되는 경우가 있는데, 이때 양자의 적용순서에 관해서 외인법의 적용은

---

20) 국제민사소송법에 관한 상세한 설명은 이기수 · 신창섭(주5), 456-491면 참조.

국제사법에 선행하는 것으로 외인법상 그 외국인에게 일정한 권리의 향유가 인정된 후에 국제사법의 적용문제가 발생한다는 입장, 즉 외인법선행설과 외인법은 국제사법에 의해 준거법으로 지정된 다음에 적용된다는 입장, 즉 국제사법선행설이 있다.[21] 그러나 이들 입장은 국제사법과 외인법의 적용은 그 층위를 달리하고, 따라서 적용순서의 측면에서 파악할 것이 아니라는 점을 간과하고 있다. 왜냐하면 외인법은 내국법으로서 국제사법의 중개에 의하지 않고, 당연히 문제의 섭외적 사법관계에 직접 적용되는 것이기 때문이다. 실질법이 섭외적 법률관계에 적용되기 위하여 국제사법의 중개를 필요로 하는 것은 이들 실질법이 본래 내국적 법률관계에 적용되는 법이기 때문인 것이다. 즉 내국적 법률관계만을 그 적용대상으로 하는 법이 섭외적 법률관계에 적용되기 위하여는 별도의 법적 근거가 필요한데, 이때 그 법적 근거를 부여하는 것이 국제사법인 것이다. 반면에 외인법은 원래 섭외적 사법관계를 직접 규율하기 위한 법이기 때문에 섭외적 사법관계에 적용되기 위하여 다른 일반 실질법과는 달리 국제사법의 중개를 필요로 하지 않는다.

Ⅴ. 준국제사법 및 인제사법과의 관계

준국제사법은 불통일법국, 즉 지역에 따라 서로 다른 법이 시행되고 있는 국가에 있어서 이들 이법지역 간의 법의 저촉을 해결하기 위한 법이다. 한 국가 내에서는 하나의 법이 전국적 적용범위를 갖는 것이 보통이지만, 미국과 같이 연방주의를 채택하고 있는 국가에서는 법이 하나의 주 등 일정한 영역 내에서만 효력을 갖는 경우가 있다. 준국제사법은 이와 같은 이법지역 간의 법의 저촉을 해결하는 법으로서 국제사법과 마찬가지로 간접규범이며, 국가 간의 법의 저촉이 아니라 한 국가 내에서 지역 간의 법의 저촉을 해결하는 법이라는 점에서 국제사법과 구별될 뿐이다. 준국제사법의 대상이 되는 법률관계는 국제사법의 대상이 되는 법률관계와 유사하여 그 해결에 있어서 국제사법적 해결방법이 준용되는 경우가 많고, 또한 국제사법 제16조 제3항이 규정하고 있는 바와 같이 불통일법국의 법이 당사자의 본국법으로 지정된 경우에는 그 나라의 준국제사법에 의하여 준거법

21) 신창선 · 윤남순(주3), 26면.

이 지정되어야 하는 등 준국제사법은 국제사법과 밀접한 관련을 갖는다. 특히 미국이나 캐나다 등 연방주의 국가에서는 준국제사법이 동시에 국제사법의 기능을 수행하기 때문에 양자는 전혀 구별되지 않는다.

한편 국가에 따라서는 인종이나 민족에 따라 적용되는 법을 달리하는 경우가 있다. 예를 들어 인도에서는 종교에 따라, 영국교도를 위한 혼인법, 이슬람교도를 위한 혼인법, 힌두교도를 위한 혼인법 및 세속법으로서의 특별혼인법 등이 있다.[22] 이러한 국가에서는 그들 법 상호 간의 적용관계를 정할 법이 필요한데, 이것을 인제사법이라고 한다. 인제사법은 간접규범이지만, 인적인 법의 저촉을 해결하기 위한 법이라는 점에서 장소적인 법의 저촉을 해결하기 위한 국제사법이나 준국제사법과는 구별된다.

VI. 시제법과의 관계

시제법(時際法)은 두 개 이상의 법이 시간적으로 전후의 관계에 있는 경우에 그들 법 상호 간의 적용관계를 정한 법을 말한다. 이것 역시 간접규범이지만, 시간적인 법의 저촉, 즉 어느 시점에 행해진 사안에 어느 법을 적용할 것인지에 관한 문제를 해결하는 법이라는 점에서 장소적인 저촉을 해결하는 국제사법이나 준국제사법과는 구별된다.

시제법은 일반적으로 법의 변경이 있는 경우에 신법과 구법 간의 적용관계를 정하는 것이다. 일반적으로 법이 변경된 경우에는 경과규정을 두어 그 안에 시제법적 규정이 마련된다. 시제법의 원칙으로는 신법우선의 원칙과 법률불소급의 원칙 등이 있다.[23]

한편 국제사법의 일부 규정은 이른바 준거법불변경주의를 채택하고 있는바, 이들 규정과 시제법적 규정이 혼동되어서는 안 된다. 예를 들어 국제사법은 제78조 제1항에서 "유언은 유언 당시 유언자의 본국법에 따른다"고 규정함으로써 준거법불변경주의를 취하고 있다. 즉 준거법을 유언 당시 유언자의 본국법에 고정시킴으로써 그 사실의 발생 후에 유언자가 국적을 변경하여도 적용될 준거법이 변경되지 않도록 한 것이다. 그러나 이것이 유언 당시에 시행된 법을 그대로 적용

22) 상게서, 29면; 윤종진(주4), 24면; 김연 · 박정기 · 김인유(주8), 29면.
23) 신창선 · 윤남순(주3), 29-30면; 윤종진(주4), 24면.

한다는 것을 의미하는 것은 아니다. 왜냐하면 국제사법 제78조의 불변경주의는 유언자의 국적이 변경되어 원인된 사실이 발생한 당시와 현재의 본국법이 상이한 경우에 유언 당시의 본국법에 의할 것을 정한 것에 불과하며, 유언 당시에 본국에서 시행된 법에 의하여야 한다는 것을 의미하는 것은 아니기 때문이다. 즉 유언 당시의 본국법이 그 후 변경된 경우에 신법과 구법 중 어느 법에 의할 것인지의 문제는 전적으로 그 본국법의 시제법에 의하여 해결할 문제이지, 국제사법이 해결하여야 할 문제는 아니다.[24)]

24) 신창선 · 윤남순(주3), 30면.

제3장

국제사법의 발전

제 1 절 서 설

민사법이나 상사법 등 사법관계를 규율하는 실질법이 관습을 통해서 발전한 것과는 달리 국제사법은 학설을 중심으로 발전했다. 국제사법은 사법적 법률관계를 직접 규율하는 대신에 그러한 법률관계로부터 추상화된 법개념을 다룬다. 따라서 국제사법은 추상적 규범의 성질을 가지며, 관습을 통해서 발전된 법원칙의 집적에 의해서 발전하기보다는 학설에 의해서 발전한 것이다. 또한 국제사법은 모든 경우에 대비한 상세한 내용을 담은 규정보다는 개괄적이고 추상적인 성질을 갖는 규정으로 구성되어 있기 때문에 그 규정의 해석을 위해서 학설이 중요한 의미를 갖는다.

국제사법을 다루는 학문, 즉 국제사법학은 기본적으로 언제 그리고 왜 외국법이 적용되어야 하는지에 관한 이론적 기초를 탐구하고, 나아가서 외국법과 관련을 갖는 분쟁이나 사안과 관련해서 국가의 특정한 경향이나 접근방법을 파악하고자 하는 법학영역이다.[25]

국제사법학은 유럽에서 중세시대에 발전하기 시작했으며, 19세기 중반에 이르러서 오늘날 우리가 이해하는 바의 국제사법학의 모습이 완성되었다. 한편 20세기 초반부터 미국 법학계를 중심으로 국제사법학의 새로운 현상이 나타나기 시작해서 국제사법학의 발전에 새로운 동력을 제공하고 있다.[26]

25) Scoles, Hay, Borchers & Symeonides, *supra* note 1, p.6.
26) Ehrenzweig, "A Counter-Revolution in Conflicts Law? From Beale to Cavers,"

국제사법이 학설을 중심으로 발전했기 때문에 국제사법학의 발전에 대한 연혁적 이해는 국제사법의 해석에서 매우 긴요한 의미를 갖는다.

제 2 절 로마시대

학자들의 주장에 따르면, 국제사법의 역사는 12세기에 북이탈리아에서 시작되었다고 한다.[27] 그러나 역사기록에 의하면 고대 그리스 시대에 이미 법원이 섭외적 사안에서 재판관할과 준거법에 관한 문제를 다룬 사례가 있다고 한다.[28]

로마제국시대에 섭외적 요소를 갖는 분쟁을 판단할 재판관할권은 로마사법관(praetor peregrinus)에게 배타적으로 부여되었다. 로마사법관은 섭외적 분쟁을 규율할 별도의 실질법을 발전시켰는데,[29] 이 법은 후에 외인법 또는 만민법(jus gentium)으로 불렸다. 외인법은 후에 로마 시민에게만 적용되는 시민법(jus civile)에 편입되었다. 이들 양 법체제는 궁극적으로 533년에 유스티니안(Justinian) 황제에 의해서 그의 법전(Digest), 즉 유스티니안 법전의 형태로 성문법화되었는데, 유스티니안 황제 시대에 이르러서는 로마제국이 세계무역이 이루어지는 거의 모든 지역을 그의 지배하에 두고 있었고, 로마제국에 거주하는 자들의 대부분에게 로마시민권이 부여되었기 때문에 외인법과 시민법 간의 충돌은 그다지 많지 않았고, 따라서 유스티니안 법전은 섭외적 분쟁의 해결방법에 관해서 별다른 규정을 두지는 않았다.[30]

---

80 Harv. L. Rev. 377, 379 (1966).

27) Scoles, Hay, Borchers & Symeonides, *supra* note 1, p.9.

28) *Ibid.*, p.9.

29) *Ibid.*, pp.9-10.

30) *Ibid.*, p.10.

제 3 절 중세시대

I. 종족법시대

5세기에 이르러 게르만민족은 로마제국에 침입함으로써 이른바 민족대이동을 촉발했는데, 그들은 정복지의 속민에게 자기의 법, 즉 게르만법을 강제하지 않고 그 고유의 종족법에 따르는 것을 인정했다. 이리하여 유럽, 특히 프랑크왕국에서는 사람은 어느 지역에 가더라도 그 종족법에 따라 법의 적용을 받게 되었다. 이것이 이른바 종족법주의로서 중세의 속인법주의로 불리는 것이다.[31]

중세 속인법주의는 근세 이후의 속인법주의와는 그 내용을 달리하는 점에 주의해야 한다. 즉 오늘날의 속인법주의는, 본국법주의라면 본국, 주소지법주의라면 주소지 등 특정 지역에서 시행되고 있는 법이 그 지역에 속하고 있는 자에 추급하여 그 자가 어느 지역에 있더라도 그 자에게 적용된다는 의미로서 장소적인 법률저촉의 해결을 위한 것이다. 이에 반하여 중세의 속인법주의는, 종족법이 그 종족에 속하는 자가 어디에 있더라도 그에게 적용된다는 의미로서 인적인 법률저촉에 관한 것이며, 이른바 인제사법적인 의미에서의 속인법이다.[32]

II. 봉건시대

10세기경 영주가 각지에 할거하는 봉건주의시대에 이르러서 종족법적 속인법주의의 관념은 소멸되고, 영토 내에 있는 자는 그 종족 여하를 막론하고 절대적으로 그 지역에서 시행되는 법에 따라야 한다는 엄격한 속지주의가 지배하게 되었다. 이러한 엄격한 속지주의는 다른 지역의 법의 효력을 전혀 인정하지 않았기 때문에 지역간 사법적 교류에 커다란 장애가 되었다.[33]

---

31) 신창선 · 윤남순(주3), 32면.
32) 상게서, 32-33면.
33) 상게서, 33면.

Ⅲ. 법규분류학파

12세기에 이르러 유스티니안 법전이 재발견되고, 이탈리아의 주석학파 학자(Glossator)들에 의해서 동 법전이 연구되기 시작하였다. 이 시기에 이탈리아의 사회적 및 정치적 모습이 크게 달라지기 시작하였는데, 주된 특징은 볼로냐나 밀라노 등 이탈리아 북부의 여러 도시들이 상공업의 발달을 바탕으로 경제적으로뿐만 아니라 정치적으로도 독립하여 자치권을 갖게 된 것이었다. 따라서 이탈리아 전 지역이 여전히 유스티니안 법전과 그에 기초한 공동체법(jus commune)의 규율을 받고 있었지만, 이들 이탈리아 북부 도시들은 이들 법 외에 자체적인 관습법과 성문법(statuta)을 갖게 되었는데, 이들 국가 간에 상거래가 활발해짐에 따라 그러한 도시 간 상거래에서 발생하는 분쟁에 어느 도시의 법이 적용될 것인지가 중요한 문제로 되었다.

도시 간 상거래에 적용될 법을 확정하는 문제는 주석학파와 그의 뒤를 이은 후기주석학파 학자(Post-glossator) 또는 주석학자(Commentator)들의 관심의 대상이 되었다. 14세기 중반 사소페라토(Sassoferrato)의 바르톨루스(Bartolus)를 중심으로 한 후기주석학파 또는 법규분류학파(statuists)는 성문법을 사람에 관한 법, 즉 인법(statuta personalia)과 부동산에 관한 법, 즉 부동산법(statuta realia)으로 구분한 후, 사람에 관한 문제는 사람이 속한 도시의 성문법인 인법에 의하고, 부동산에 관한 문제는 부동산이 소재하는 도시의 성문법인 부동산법에 의한다는 원칙에 기초해서 도시 간 성문법의 충돌문제를 해결할 것을 주장하였다.[34]

제 4 절 근세시대

Ⅰ. 프랑스 법규분류학파

16세기에 이르러 법규분류학파의 학문적 중심은 프랑스로 이전했다. 프랑스

34) Scoles, Hay, Borchers & Symeonides, *supra* note 1, pp.11-12.

의 판사이며 법학자였던 다장뜨레(D'Argentré)는 인법과 부동산법에 더하여 혼합법(mixed statutes)이라고 하는 제3의 법 형태를 제안하였다. 예를 들어 계약이 서로 다른 도시국가의 시민에 의해서 체결되거나 법률관계가 복수의 지역과 연결점을 갖는 경우에는 이른바 혼합된 문제가 발생하는데, 그는 상호 충돌하는 혼합법의 적용에 있어서 부동산과 관련을 갖는 성문법이 우선적 효력을 갖는다고 주장하였다.[35)]

프랑스 법규분류학파에게 사람이 어디로 가든지 그를 따라다니는 법으로서의 인법의 개념은 여전히 중요한 의미를 가졌는데, 예를 들어 국적이 신분관계나 능력 등의 문제에 적용될 법을 정하는 데 있어서 연결점(connecting factor)이 된다는 원칙은 그러한 인법 개념의 표현이다. 즉 프랑스 법규분류학파는 한 국가는 부동산법이 적용되는 경우를 제외하고는 역외적 효력을 갖는 법을 입법할 수 있는 권한을 갖는다는 점을 인정한 것이다. 그러나 이러한 보편주의(internationalism or universalism)적 입장은 속지주의에 편향되어서 부동산법의 우위를 강조하면서 인법은 예외적인 경우에만 적용될 뿐이라고 주장한 다장뜨레에 의해서 상당히 제한되었다.

한편 또 다른 프랑스 법규분류학파 학자인 뒤물랭(Dumoulin)은 혼인계약은 당사자가 선택한 법에 의해서 규율되어야 한다는 당사자자치의 원칙을 발전시켰으며, 나아가 당사자자치의 원칙을 당사자가 명시적으로 준거법 선택을 하지 아니한 경우까지로 확대했다.[36)] 뒤물랭은 훗날 계약의 준거법과 관련해서 가장 중요한 원칙이 된 당사자자치의 원칙을 국제사법의 영역에서 최초로 주장한 학자로서 중요한 의미를 갖는다.

II. 네덜란드학파

유럽에서 근대적 의미의 민족국가가 성립됨에 따라서 국가가 내국에서 적용될 법을 입법할 배타적 주권을 갖는다는 개념과 내국법원이 외국법을 적용한다는 개념을 어떻게 조화시킬 것인지에 관한 논의가 활발히 진행되었다.

요한 보이트(Johann Voet)와 울리히 후버(Ulrich Huber)로 대표되는 17세기 네

35) *Ibid.*, p.13.
36) F. Juenger, *Choice of Law and Multistate Justice* (1993), p.17.

덜란드학파(Dutch School)는 이른바 예양(comity)의 개념을 발전시킴으로써 외국법이 적용되는 근거를 밝혔다.37) 특히 후버는 "상이한 국가에 있어서의 상이한 법의 저촉에 관하여"(De conflictu legum diversarum in diversis imperiis)라는 제목의 논문에서 이른바 3대 명제(axioms)를 주장하였는데, 첫째, 한 국가의 법은 그 영토 내에서만 구속력을 갖는다는 것, 둘째, 한 국가의 법은 그 국가의 영토 내에 있는 모든 국민을 구속한다는 것, 셋째, 외국법이 어느 국가의 주권이나 권리를 침해하지 않는 한, 그 외국법에 따라 취득된 권리가 그 효력을 가질 수 있도록 예양에 근거해서 그 국가에서 문제의 외국법이 적용될 수 있다는 것 등이 그것이다. 즉 후버의 명제에 따르면, 법원은 원칙적으로 자국법을 적용할 수 있을 뿐이며, 일정한 경우에 외국에 대한 예양의 표현으로서 예외적으로 그 외국의 법을 적용하는 것이 허용된다는 것이다.

네덜란드학파의 예양론은 19세기 후반 미국 국제사법 이론의 근간이 되었고, 이는 다시 영국의 판례와 학설에 많은 영향을 끼쳤다.38)

Ⅲ. 독일학파

19세기에 두 명의 독일 학자는 서로 상반된 입장을 가졌지만, 유럽 국제사법에 혁명을 가져왔다. 먼저 칼 배흐터(Carl Georg von Wächter)는 법규분류학파의 쇠퇴를 주도하고, 영국의 국제사법학자 다이시(Dicey)가 주장한 기득권이론(vested rights theory)의 순환논리적 성질과 예양이론의 논리적 단점을 지적하였다.39) 그는 논문에서 성문법(statuta)의 분류에 내재하는 불확실성을 비판하고, 나아가 자국 영토 내에서 국가가 갖는 입법권이 다른 국가에게 역외적으로 자국법을 승인할 의무를 부과한다는 것을 부정하였다.40) 그는 판사를 국가입법의지의 도구라고

---

37) 예양은 국가 간 묵시적 동의(tacit consent)에서 유래하고 상호인용(mutual forbearance)과 계몽화된 자기이익(enlightened self-interest)에 근거한 개념으로서 겸양(courtesy)과 법적 의무(legal duty)의 중간에 서는 개념으로 정의될 수 있을 것이다. Scoles, Hay, Borchers & Symeonides, *supra* note 1, p.14.

38) A. Anton, *Private International Law* (1967), p.13.

39) Juenger, *supra* note 36, p.32.

40) von Wächter, *Über die Collision der Privatgesetze verschiedener Staaten, 24 Archiv für die civilistische Praxis 230* (1941).

하면서 섭외적 분쟁을 해결함에 있어서 판사는 예양의 관념 등을 고려할 것이 아니라 오로지 법정지국의 정책과 이익을 염두에 두어야 한다고 주장했다. 따라서 법원은 원칙적으로 자국, 즉 법정지의 실질법을 적용해야 하며, 법정지법이 적용 불가능한 때에만 외국법의 적용가능성을 고려할 수 있다는 것이다. 배흐터는 법규분류학파의 법규분류론을 배척하고, 준거법이 결정되는 데 있어서 법적 관계의 중요성을 강조했다. 그의 주장은 20세기 후반 미국에서 주장된 에런즈윅(Ehrenzweig)의 법정지법 접근방법(lex fori approach)이나 커리(Currie)의 국가이익분석이론(governmental interest analysis)과 매우 유사하다.

19세기 유럽 국제사법에 지대한 영향을 미친 또 다른 학자는 로마법학자인 프리드리히 사비니(Friedrich Carl von Savigny)이다. 사비니는 배흐터와 마찬가지로 법규분류론을 비판하였지만, 배흐터의 입장과는 달리 일방적 접근방법이나 법정지의 우위성을 배척하였다. 대신에 사비니는 쌍방적 준거법결정 접근방법을 주장하여 이를 완성하였다. 그는 법규분류학파나 배흐터와는 달리 상호 충돌하는 법에 집중해서 이들 법의 영토적 적용범위를 확정하려고 노력하는 대신에 반대방향에서 분석을 시작하였다. 즉 그는 분쟁 또는 법률관계에 집중해서 각 법률관계의 본거(seat)가 소재하거나 또는 소속된 국가를 발견하고자 하였다.[41]

사비니는 국제사법 영역을 가족법, 상속법, 물권법, 계약법, 불법행위법 등 사법의 일반적 분류체계에 맞추어 분류한 후에 각 법률관계의 내재적 특징을 파악해서 주소지, 소재지, 계약체결지, 사실행위지 등과 같은 연결점을 통해서 이들 법률관계의 본거를 특정 국가에 고정하고자 하였다. 사비니의 이러한 범주적 접근방법을 통해서 중립적이고, 공정하고, 쌍방적인 국제사법이론이 발전되었는데, 새로운 국제사법이론은 외국법을 법정지법과 동일한 지위에 놓았고, 문제된 법률관계를 한 국가에 연결하였다. 사비니는 국제사법의 목적은 법정지가 어디인지에 상관없이 판결의 국제적 통일(internationaler Entscheidungseinklang)을 담보하는 것이어야 한다고 주장하였다. 즉 그는 보편주의적 입장에서 법정지 보호주의(forum protectionism)를 비판하면서, 국제사법의 목적은 법정지의 이익을 증진하는 데 있는 것이 아니라, 섭외적 분쟁이 어디서 소가 제기되었는가라는 우연적 사정과 상

41) 사비니의 섭외적 문제에 관한 논의는 로마법에 관한 그의 논문집인 *System des heutigen Römischen Rechts* 제8권에 실려 있다.

관없이 일관되게 해결되도록 하는 데 있는 것이라고 주장한 것이다.

다양한 법률관계에 본거를 부여하는 데 존재하는 어려움에도 불구하고, 사비니가 제시한 혁명적 접근방법은 유럽 국제사법이론의 발전에 결정적 영향을 미쳤다. 그의 이론의 영향으로 국제사법학의 초점은 법의 성질에 관한 논의에서 법률관계에 관한 논의로 이동하였고, 법률관계는 국적이나 주소 등의 연결점을 통해서 한 국가에 고정되게 되었다. 비록 보편적으로 수용되는 본거에 관한 합의를 도출해 내는 데에는 실패하였지만, 준거법의 확정을 위해서 법률관계를 특정 국가와 연결하는 사비니의 접근방법은 오늘날 국제사법의 주된 내용으로 수용되었다.

제 5 절 미국에서의 국제사법이론의 발전

I. 예양이론과 기득권이론

영미법계 국가에서 최초로 발간된 국제사법학 이론서는 미국의 판사이며 법학자였던 조셉 스토리가 1834년에 출판한 『국내외 법의 충돌에 관한 주석』이다. 스토리는 그의 저서에서 후버의 예양이론을 통해서 한 국가가 다른 국가의 법을 적용하는 이유를 설명하고자 하였는데, 즉 그는 "국제법의 운용이 기초해야 하는 진정한 토대는 상대방도 내게 정의를 행하도록 유도하기 위해서 상호이익과 효용 및 정의의 도덕적 필요성의 정신에서 유래하는 원칙이어야 한다"고 주장하였다.[42] 스토리의 이론의 영향력은 미국뿐만 아니라 유럽에서도 매우 심대해서 후버의 예양이론에 대한 관심을 회생시켰고, 사비니에게도 영향을 미쳤다.

스토리의 예양이론은 국가의 영토주권과 외국법을 적용할 필요를 조화하는 것을 주된 내용으로 한다. 이 이론은 19세기 후반에 미국의 대부분의 국제사법 관련 판례의 이론적 기초가 되었지만, 법이 일면으로는 영토에 국한된다고 하면서, 다른 면으로는 영토를 벗어나 역외적용될 수도 있다고 주장하는 데 존재하는 논리적 비일관성 때문에 비판받았다. 예양이론의 이론적 난점을 타개하면서 영토주

42) J. Story, *Commentaries on the Conflict of Laws, Foreign and Domestic* §35, p.34 (1834).

권의 개념과 외국법을 인정할 필요를 조화하려는 노력이 20세기 초반 미국에서 상당한 영향력을 행사한 기득권이론(vested rights theory)이다.

기득권이론은 19세기 후반에 영국의 국제사법학자 다이시(Dicey)에 의해서 최초로 주장되었다. 다이시는 "문명국가의 법에 따라 적법하게 취득된 모든 권리는 영국 법원에 의해서 승인되고 집행되어야 하며, 반면에 적법하게 취득되지 아니한 어떤 권리도 영국 법원에 의해서 승인되거나 집행되어서는 안 된다"고 주장하였다.[43] 한편 미국에서 기득권이론을 최초로 주장한 학자는 1934년 법의 충돌에 관한 제1차 리스테이트먼트(First Restatement of the Conflict of Laws)의 작성을 주도한 조셉 빌(Joseph H. Beale)이었다. 빌은 "일단 어떤 권리가 적절한 법에 의해서 창설되었다면, 그 권리는 어디에서나 승인되어야 하며, 따라서 행해진 곳에서 유효한 행위라면 다른 곳에서 그 유효성이 의심되어서는 안 된다"고 주장하였다.[44] 빌의 기득권이론은 영토주권주의와 함께 그가 주도한 법의 충돌에 관한 제1차 리스테이트먼트에서 수용되었다.[45] 제1차 리스테이트먼트의 규정방식은 기계적이고 유연하지 못하다는 단점에도 불구하고, 20세기 중반까지 미국 국제사법의 지배적인 원칙으로서 기능하였다.[46]

II. 기득권이론에 대한 비판

20세기 중반까지 지대한 영향력을 행사했던 기득권이론 역시 많은 비판의 대상이 되었는데, 그중 중요한 것이 기득권이론의 영토주권주의적 경향이 내국법보다 외국법에 더 많은 비중을 둠으로써 외국법에게 법원의 권한의 기초를 이루는 내국법에 대한 역외적 효력을 부여한다는 것이었다. 또한 전통적으로 미국 국제사법이론은 반정을 배척하고 있기 때문에 기득권이론은 한 국가의 법원이 자국의 국제사법에 따라 문제된 섭외적 사안에 자국법을 적용하지 않는 경우에도 동 사안에 대해서 그 국가의 법을 적용하게 된다는 점도 비판의 대상이 되었다.

---

43) Dicey, *A Digest of the Law of England With Reference to the Conflict of Laws* (1st ed., 1896), p.22.

44) J. Beale, *3 Cases on the Conflict of Laws* (1901), p.517.

45) Restatement, First, Conflict of Laws §384 (1934).

46) Scoles, Hay, Borchers & Symeonides, *supra* note 1, pp.21-22.

빌의 기득권이론에 대한 비판은 월터 쿡(Walter Wheeler Cook)에 의해 주도되었는바, 그의 내국법이론(local law theory)은 법정지가 외국에서 창설된 권리에 역외적 효력을 부여한다는 주장을 배척하였다.[47] 내국법이론에 따르면, 법정지는 외국법이 제공하는 결과에 상응하는 내국법의 구제수단을 제공할 뿐이고, 법원은 섭외적 요소 또는 외국적 요소 때문에 요구되는 정의의 필요에 따라 조정된 내국법을 적용하는 것이라는 것이다.[48] 쿡의 내국법이론은 법정지법에 논의의 초점을 두는 점에서 20세기 중반까지 국제사법이론을 지배해 온 보편주의적 관념과 궤를 달리한다. 쿡은 제1차 리스테이트먼트가 표방한 바의 법정지에 상관없이 결과의 확정성, 예측가능성 및 동일성을 기한다는 목적은 섭외적 사안의 해결과 관련해서 법원이 흔히 원용하는 다양한 회피수단 때문에 환상적인 이상에 불과하다고 하면서, 오히려 변화하는 세계에서 합리적으로 기대할 수 있는 수준의 확정성과 함께 유연성과 발전의 지속성을 제공하는 일단의 지도원칙이 필요한 것이라고 주장하였다.[49] 국제사법의 규범주의에 대한 쿡의 비판적 입장은 유연성 없는 규칙의 집체보다는 유연성이 담보되는 접근방법이 보다 우수한 것이라는 관념에 기초한 것이다.

데이비드 카버스(David F. Cavers)는 쿡의 법현실주의(legal realism)에 기초해서 국제사법의 전통적 방법론이 갖는 기계주의적 성향을 비판하였는데, 그는 전통적 국제사법이론의 영토적 연결성과 관할선택 규칙에 대한 집착은 섭외적 사안의 보다 개별화된 규율을 불가능하게 할 뿐 아니라, 합리적 법선택 또한 불가능하게 하는 결과를 초래한다고 주장하였다.[50] 카버스는 쿡의 입장에서 한 걸음 더 나아가, 법선택절차를 국가 간에서 선택하는 과정에서 준거법 간에서 선택하는 과정으로 변환해야 한다고 하면서, 이 과정에서 영토적 연결성은 부차적 역할만을 수행하며, 선택기준은 준거법으로서 언급된 법들의 내용 및 목적, 문제된 섭외적 사안의 특성 및 관련 당사자에게 정의를 담보할 필요 등이 되어야 한다고 주장하였다.

---

47) W. Cook, "The Logical and Legal Bases of the Conflict of Laws," 33 Yale L.J. 457 (1924).
48) W. Cook, *The Logical and Legal Bases of the Conflict of Laws* (1942), pp.20-21.
49) *Ibid.*, p.97.
50) Cavers, "A Critique of the Choice-of-Law Problem," 47 Harv. L. Rev. 173 (1933).

Ⅲ. 국제사법이론의 혁명

1. 국가이익분석이론

법의 충돌에 관한 제1차 리스테이트먼트로 대표되는 전통적 국제사법이론의 고정적이고 기계주의적인 규정방식에 대해 비판적이었던 학자들은 이른바 미국 국제사법의 혁명으로 불리는 다양한 새로운 접근방법을 제시하였는바, 그중에서도 브레이너드 커리(Brainerd Currie)의 국가이익분석이론(governmental interest analysis)과 알버트 에런즈윅(Albert A. Ehrenzweig)의 법정지법 접근방법(lex fori approach)은 20세기 후반 미국 국제사법이론의 발전에 주도적 역할을 했다. 이들 이론은 모두 14세기에서 16세기의 유럽 법규분류학파의 태도에 유사한 입장을 반영한다. 앞에서 설명한 바와 같이, 법규분류학파는 문제된 법률관계의 관점에서 준거법을 결정하는 방식과는 달리 법의 분류를 통해서 법의 영토적 적용범위나 그 성질에 따라 준거법을 결정하고자 하는 입장이다. 커리나 에런즈윅은 법정지법과 외국법의 분류와 평가에서 논의를 시작했다. 이들은 사비니 이후 국제사법이론이 대체로 포기한 내국법중심의 접근방법으로 회귀했다는 점에서 신법규분류학파라고 할 수 있을 것이다.[51)]

커리는 기본적으로 국제사법에 대해서 회의적 입장을 갖고 있었는데, 그는 국제사법 그 자체가 불필요하다는 입장을 취하면서, 섭외적 사안의 해결은 법원이 내국적 사안의 해결을 위해서 사용하는 법해석의 방법을 통해서 해결되어야 한다고 주장했다. 즉 그는 섭외적 사안이 법해석과정을 통해서 확정된 바의 법의 영토적 적용범위 내에 있는 때에는 동법을 입법한 국가는 동법의 입법목적을 구현하기 위해서 동법을 적용하는 데 국가이익(governmental interest)을 갖는다고 주장했다. 즉 "법원은 법정지국과 문제의 섭외적 사안 간의 관계가 그 사안을 그 국가의 국가이익의 범위 내에 둘 뿐 아니라, 그 국가가 문제의 사안에 그 국가목적을 적용하는 데 이익을 갖는다는 주장에 대한 적법한 근거를 제공하는 정도에 이르는지를 판단해야 한다"는 것이다.[52)] 이때 국가이익은 "국가정책(governmental policy)의 산물일 뿐 아니라, 문제의 거래, 당사자 또는 소(訴)와 국가 간에 적절한

51) Scoles, Hay, Borchers & Symeonides, *supra* note 1, p.26.
52) Currie, *Selected Essays on the Conflict of Laws* (1963), p.189.

관계가 공존해야 할 필요의 산물"이다.[53] 커리의 주장에 따르면, 섭외적 사안의 판단에서 외국법을 적용하도록 요구받았을 때, 법원은 먼저 관련 국가의 법에 표현된 정책 및 각 국가가 그러한 정책의 적용에 대해 갖는 이익을 주장하는 것이 합리적인지 여부 등을 조사해야 한다고 한다. 이때 조사 결과 발견되는 법의 충돌의 형태는 첫째, 단지 한 국가만이 자국법의 적용에 대해 이익을 갖는 경우, 즉 진정한 의미의 법의 충돌이 존재하지 않는 경우(false conflict pattern), 둘째, 두 개의 국가 이상이 이익을 갖는 경우, 즉 진정한 의미의 법의 충돌이 존재하는 경우(true conflict pattern) 및 셋째, 어느 국가도 이익을 갖지 않는 경우(no interest pattern) 등 세 가지 경우가 있을 것인데, 어느 경우에나 법정지법이 적용될 것이라고 한다. 왜냐하면 진정한 의미의 법의 충돌이 존재하지 않는 경우에는 유일하게 이익을 갖는 국가의 법이 적용되어야 할 것인데, 실제에 있어서 거의 모든 경우에 그 국가는 법정지국일 것이고, 한편 진정한 의미의 법의 충돌이 존재하는 경우에는 법정지국의 이익이 외국의 이익에 종속되어서는 안 될 것이므로 역시 법정지법이 적용되어야 하며, 또한 어느 국가도 이익을 갖지 않는 경우라면 현실적 이유에서 당연히 법정지법이 적용될 수밖에 없을 것이기 때문이라는 것이다.

결국 커리의 국가이익분석이론에 따르면 진정한 의미의 법의 충돌이 존재하지 않는 경우로서 외국이 유일하게 이익을 갖는 극히 예외적인 때에만 외국법의 적용이 인정될 뿐, 거의 언제나 법정지법이 적용되어야 한다는 이른바 내부지향적 또는 자국중심적 결론을 도출하게 될 것이다. 국가이익분석이론은 내국적 사안과 섭외적 사안 간에 존재하는 차이를 무시하고 있다거나, 실제에 있어서 법의 정책을 정확히 파악하는 것은 불가능하다거나, 법의 목적 또는 정책을 파악할 수 있다고 하더라도 그것이 곧 법의 영토적 적용범위를 획정해 주지는 못한다거나, 또는 국가는 사적 당사자 간 분쟁의 결과에 아무런 이익을 갖지 않는다는 점 등에서 비판의 대상이 되었다.[54] 그러나 국가이익이론에 대한 다양한 비판에도 불구하고, 이 이론은 최근까지 미국 국제사법이론에서 지배적인 지위를 차지했다.

53) *Ibid.*, p.621.
54) Currie, "Symposium on Interest Analysis in Conflict of Laws," 46 Ohio St. L.J. 457 (1985).

2. 법정지법 접근방법

에런즈윅은 그의 법정지법 접근방법에서 국제사법을 두 개의 주요 영역으로 구분하는데, 해결영역(the settled)과 미해결영역(the unsettled)이 그것이다. 해결영역은 입법 또는 판례에 의해서 진정한 또는 해결된 국제사법 규칙이 확립된 영역이고, 미해결영역은 국제사법 규칙이 아직 확립되지 못한 영역이다.[55] 그의 이론에 따르면, "외국법의 적용이 해결된 국제사법 규칙에 의해서 요구되지 않는 한, 준거법의 선택은 내국법, 즉 법정지법의 해석에 기초해야 한다. 만약 그러한 법정지법의 해석이 소의 각하나 외국법의 적용으로 결과되지 않는다면, 법정지법이 기본의 또는 잔여의 법으로서 적용된다."[56] 법정지법 접근방법은 외국법의 내용이나 정책을 고려하지 않고, 오직 법정지법에만 초점을 둔다는 점에서 커리의 국가이익이론과 다르다. 법정지법 접근방법에 따르면, 외국법은 법정지가 진정한 국제사법 규칙을 채택함으로써 외국법을 수입하려는 의사를 표시한 경우에만 적용된다. 법정지법 접근방법은 필연적으로 법정지쇼핑 현상을 부추길 것이기 때문에 에런즈윅은 비편의법정원칙(forum non conveniens)을 소극적 적용방식에서 적극적 적용방식으로 전환할 것을 제안한다. 비편의법정원칙의 적극적 적용방식에 따르면, 법정지가 섭외적 사안과 적절한 관련을 갖는 때에만 법정지에 재판관할이 인정될 것이다.[57] 그러나 현실에서 원고가 여전히 법정을 선택할 수 있기 때문에 법정지법 접근방법은 여전히 법정지쇼핑의 현상을 부추긴다는 비판을 받고 있다.

3. 기능적 분석방법

최근 미국 국제사법 학자들은 커리의 국가이익 개념을 수용하되, 진정한 법의 충돌의 경우를 해결하기 위한 방법으로서 이들 국가이익의 비교형량을 제안함으로써 그의 분석방식을 확대하고 있다. 아더 메런(Arthur T. von Mehren)과 도날드 트라우트만(Donald T. Trautman)은 이른바 기능적 분석방법(functional analysis)을 제안했다.[58] 기능적 분석방법과 국가이익이론 간의 주된 차이는 진정한 법의 충

55) A. Ehrenzweig, *Conflicts in a Nutshell* (3d ed. 1974), p.42.
56) A. Ehrenzweig, *Private International Law* (1977), p.93.
57) *Ibid.*, pp.107-110.

돌의 경우에 나타난다. 즉 국가이익분석이론과는 달리 기능적 분석방법은 특정한 기준에 따른 정책의 비교형량을 강조하는바, 가장 중요한 기준은 관련 국가의 정책의 중요성이다. 법원은 정책의 중요성을 판단함에 있어서 관련 국가가 자국의 관련 정책에 대해 갖는 확신의 정도, 관련 법이 그 정책의 실현을 위해 적정한 정도 및 그 정책의 실현이 그 국가에 대해 갖는 상대적 중요성 등을 고려해야 한다. 또한 법원은 주장되는 정책의 상대적 평가를 하되, 그 정책의 중요성을 다른 관련 국가의 정책뿐 아니라 동일한 법적 · 문화적 전통을 갖는 모든 국가의 정책과 비교하는 방법으로 판단해야 한다. 이러한 과정을 통해서도 해결되지 않는 섭외적 사안에 대해서 기능적 분석방법은 국제교류를 가장 촉진하거나 또는 당사자의 의사에 가장 간섭하지 않는 법을 적용하는 등 일정한 다른 지침을 제시한다.[59] 기능적 분석방법은 모든 방법을 사용한 후에도 준거법이 확정되지 않는 때에 비로소 법정지국의 자국법 적용을 인정한다.

한편 기능적 분석방법을 주장한 또 다른 학자인 러셀 윈트롭(Russell J. Weintraub)은 이익의 형량에 사용할 기준을 보다 구체적으로 제시했는데,[60] 예를 들어 불법행위와 관련한 사건에서 손실을 책임보험을 통해서 분산하고자 하는 등 불법행위법의 최근 경향의 증진, 피고에 대한 예측불가능성의 방지, 구시대적이거나 비정상적인 법이 적용되는 경우의 방지, 관련 국가가 기능적 분석을 통해서 유사한 사안에 대해서 자국의 정책을 선언했는지 여부를 판단하기 위해서 동 국가의 국제사법 규정의 참조 등이 기준으로 사용될 것이라는 것이다.[61]

기능적 분석방법에 대해서는 적용하는 데 많은 노력이 소요된다거나 또는 적시된 기준의 적용에 있어서 주관이 개입할 여지가 지나치게 크다는 등의 비판이 제기된다.

IV. 가치기준의 접근방법

전통적 국제사법이론에 대한 반대에도 불구하고, 커리, 에런즈윅, 윈트롭, 메

---

58) A.T. von Mehren & D.T. Trautman, *The Law of Multistate Problems* (1965).

59) *Ibid.*, pp.406-408.

60) R. Weintraub, *Commentary on the Conflict of Laws* (3d ed., 1986).

61) *Ibid.*, pp.284-291.

런 및 트라우트만 등의 학자들은 국제사법의 기능이 "실질적 관점에서 최선의 해결책"(materially best solution), 즉 실질법적 정의(material justice)가 아닌, "영토적 관점에서 최선의 해결책"(spatially best solution), 즉 저촉법적 정의(conflict justice)를 실현하고자 한다는 점에서 전통적 국제사법이론과 궤를 같이한다. 사비니에서 시작된 전통적 국제사법이론은 기본적으로 국제사법의 기능은 직접적으로 적절한 법(proper law)을 찾거나 또는 적절한 결과(proper result)를 구하는 것이 아니라, 준거법을 확정하기 위해서 섭외적 사안을 가장 적절한 관련(the most appropriate relationship)을 갖는 국가에 연결하는 것이라는 전제에 서 있다. 따라서 이들 전통적 국제사법이론의 학자들은 그러한 관련의 적절성을 정의하고 판단하는 데에는 상호 간에 차이를 보이지만, 그러한 적절성이 준거법의 내용이나 그 적용 결과의 타당성 등의 관점이 아니라 영토적 또는 공간적 관점에서 파악되어야 할 것이라고 보는 데에서 일치를 보인다. 그 적용 결과가 타당한지 여부는 법 자체의 타당성에 따라서 결정될 것인바, 이는 국제사법의 영역을 벗어나는 문제라는 것이다.

실질법적 정의의 입장은 이러한 저촉법적 정의의 입장과 정반대의 관점을 취한다. 실질법적 정의의 입장은 섭외적 사안은 내국적 사안과 실질에 있어서 차이가 없으며, 분쟁을 정의에 합치하고 공정한 방법으로 해결해야 한다는 법원의 임무는 법원이 섭외적 요소를 갖는 사건을 담당한다고 해서 소홀해질 수 있는 것은 아니라는 전제에서 출발한다. 섭외적 요소를 갖는 분쟁을 당사자에 대해서 실질법적으로 공정하고 형평에 합치하는 방법으로 해결하는 것은 내국법뿐만 아니라, 국제사법의 목적이어야 한다는 것이다. 따라서 이 입장은 적절한 국가의 법이 필연적으로 적절한 법이라는 전통적 국제사법이론의 전제를 배척하고 준거법이 실제로 적절한 결과를 도출하는지를 판단하기 위해서 해당 준거법을 직접 조사한다. 이러한 실질법적 정의의 입장은 미국에서는 데이비드 카버스(David F. Cavers),[62] 조지 스툼버그(George W. Stumberg),[63] 로버트 레플라(Robert A. Leflar), 러셀 윈트롭,[64] 프리드리히 융거(Friedrich K. Juenger)[65] 및 루터 맥두걸(Luther M. McDougal)[66] 등의 지지를

62) Cavers, *supra* note 50, p.173.

63) George W. Stumberg, *Principles of Conflict of Laws* (1937).

64) Weintraub, *supra* note 60.

65) Juenger, *supra* note 36.

66) McDougal, "Towards the Application of the Best Rule of Law in Choice of Law Cases," 35 Mercer L. Rev. 483 (1984).

받았고, 독일에서는 콘라트 쯔바이게르트(Konrad Zweigert)[67]와 빌헬름 벵글러(Wilhelm Wengler) 등의 지지를 받았다.

카버스는 그의 접근방법에서 섭외적 사안의 사실관계의 면밀한 분석, 적용 결과를 기준으로 관련 외국법과 법정지법의 비교 및 정의의 관점에서 적용 결과가 소송 당사자들의 이익에 미치는 영향의 평가 또는 사회정책의 보다 광범위한 고려 등을 제시했다.[68] 카버스는 그의 접근방법이 준거법의 선택은 국제사법 규정의 자동적 기능의 결과가 아니라 본안인 섭외적 사안의 적절한 해결을 위한 모색의 결과이어야 한다는 전제에 근거하고 있다고 했다. 이러한 결과선택적 접근방법(result-selective approach)에 대해서는 중세 국제사법이론의 재량적 형평체제(discretionary system of equity)로 되돌아가는 것이라는 비판이 제기되었다.[69]

레플라는 제1차 리스테이트먼트의 규정이 법원의 준거법 결정을 지도할 일단의 유연한 "준거법 선택에 영향을 미치는 고려요소들"(choice-influencing considerations)에 의해서 대체될 것을 주장하였다.[70] 그는 그러한 고려요소로서 결과의 예측가능성, 국가 간 질서의 유지, 법원의 임무의 간소화, 법정지의 국가이익의 증진 및 보다 좋은 법(better rule of law)의 적용 등을 제시하였는바, 처음 세 고려요소는 전통적 국제사법의 목적을 다시 확인한 것이고, 나중의 두 고려요소는 내부지향적 성향을 갖는다. 레플라는 위 다섯 가지 고려요소를 상호 간 동등한 중요성을 갖는 것이라고 하였지만, 법원이 이들 고려요소를 적용하는 과정에서 "보다 좋은 법(better law)"의 고려요소가 가장 중요한 의미를 갖게 되었다. 보다 좋은 법의 고려요소가 우위에 선 레플라의 접근방법은 보다 좋은 법의 즉응적(ad hoc), 무기준의(unguided) 그리고 사후적(ex post) 선택은 준거법을 선택하는 판사의 주관적 편향을 반영하는 준거법 선택을 결과할 것이라는 비판을 받았다.[71] 즉 판사가 일반적으로 외국법에 대해서 내국법을, 그리고 외국 당사자에 대해서 내국 당사자를 선호할 것인바, 이러한 편향은 준거법 선택과정에 반영될 수밖에 없다는

---

67) Zweigert, "Some Reflections on the Sociological Dimensions of Private International Law or What is Justice in the Conflict of Laws," 44 U. Colo. L. Rev. (1973).

68) Cavers, *supra* note 50, pp.192-193.

69) Neuhaus, "Legal Certainty Versus Equity in the Conflict of Laws," 29 Law & Contemp. Prob. 795, 802 (1963).

70) Leflar, "Choice-Influencing Considerations in Conflicts Law," 41 N.Y.U. L. Rev. 367 (1966).

71) Neuhaus, *supra* note 69, p.802.

것이다. 학자들의 비판에도 불구하고, 1970년대와 1980년대에 미국의 많은 판례는 보다 좋은 법의 접근방법을 적극적으로 적용하였으나, 최근에 이르러 그러한 경향은 많이 완화되었는데, 이는 법원이 보다 좋은 법의 접근방법을 다른 접근방법과 결합하면서 보다 좋은 법의 요소로의 편향을 수정한 결과이다.[72)]

Ⅴ. 법의 충돌에 관한 제2차 리스테이트먼트

미국법협회(American Law Institute)는 1971년에 그동안 미국에서 새로이 제시된 국제사법이론과 집적된 국제사법 관련 판례의 내용을 반영하여 법의 충돌에 관한 제2차 리스테이트먼트(Second Restatement of the Conflict of Laws)를 새로이 제정하였다. 제2차 리스테이트먼트는 준거법 선택의 기본원칙으로서 '가장 중요한 관련'(the most significant relationship)의 원칙을 채택하였다. 특히 제2차 리스테이트먼트 제6조는 준거법의 선택과 관련한 요소를 열거하고 있는데, 첫째, 주 간 및 국가 간 질서의 필요, 둘째, 법정지의 관련 정책, 셋째, 다른 관련 국가의 정책 및 문제된 섭외적 사안의 해결에 대해서 그들 국가들이 갖는 상대적 이익, 넷째, 정당한 기대의 보호, 다섯째, 특정 법영역의 기초를 이루는 기본정책, 적용 결과의 확정성, 예측가능성 및 통일성, 여섯째, 적용될 준거법의 확정과 적용에 있어서 용이성 등이 그것이다.

한편 제2차 리스테이트먼트는 가장 중요한 관련의 원칙에 기초해서 불법행위, 계약, 재산, 신탁, 신분, 대리 및 조합, 회사 및 상속 등 중요 법률관계에 관해서 상세한 준거법 선택규정을 두고 있을 뿐 아니라, 미국에서 전통적으로 국제사법의 일부로서 파악되고 있는 재판관할이나 외국판결의 승인 및 집행 등에 관해서도 상세한 규정을 두고 있다.

제2차 리스테이트먼트는 미국 내 각 주의 판례에서 구현된 중요한 국제사법 원칙을 성문규정의 형식으로 작성한 것일 뿐, 그 자체 법으로서의 효력은 갖지 않지만, 미국에서 국제사법이론의 발전이나 판례의 발전에서 중요한 역할을 담당하고 있기 때문에 미국 국제사법의 이해를 위해서 제2차 리스테이트먼트는 중요한 의미를 갖는다.

---

72) Scoles, Hay, Borchers & Symeonides, *supra* note 1, pp.55-56.

VI. 미국 국제사법이론의 평가

미국에서 국제사법은 판례법으로 구성되어 있고, 따라서 섭외적 사안에 대한 실제 법원의 판단을 통해서 국제사법이 형성된다. 더욱이 미국에서 국제사법이론은 주로 각 주의 법의 충돌을 해결하는 데 주안을 두고 발전되었는데, 미국 내 각 주의 사법은 판례법으로 구성되어 있으며, 활발한 주 간 교류를 통해서 통일된 내용을 갖고 있어서 그 내용이나 그 기초를 이루는 정책을 파악하는 데 별 어려움이 없기 때문에 국가이익이론이나 보다 좋은 법의 접근방법 등을 적용하는 데 특별한 장애가 없다.

그러나 일반적으로 국제사법의 적용이 요구되는 섭외적 사안에는 각각 고유한 사법체계를 갖는 여러 국가가 관련을 갖는바, 특정 국가의 법원이 섭외적 사안에 적용될 준거법의 확정을 위해서 문제의 섭외적 사안에 관련된 이들 모든 국가의 법의 내용이나 정책적 목적을 제대로 파악한다는 것은 거의 불가능에 가깝다. 따라서 법원으로 하여금 준거법의 확정과정에서 관련되는 모든 국가의 이익을 비교형량하라고 하거나 관련되는 모든 법의 내용이나 정책을 면밀히 분석해서 최선의 결과를 도출할 수 있는 보다 좋은 법을 선택하라고 하는 것은 현실적으로 불가능한 요구일 것이다.

이러한 차이를 고려할 때, 미국의 국제사법이론이 바로 우리나라에서 국제사법이론의 발전에 직접적 도움이 된다거나 또는 우리나라 국제사법의 해석에 지침이 될 수 있다고 보기는 어려울 것이다. 다만 우리나라 법원이 국제사법 규정을 해석하는 데 있어서 미국의 국제사법이론이나 판례가 보여 주는 다양한 접근방법이나 태도는 유용한 시사점을 제공한다고 할 것이다.

제4장

국제사법의 이념

제 1 절 서 설

국제사법은 섭외적 사안을 규율함에 있어서 가장 적절한 실질법을 준거법으로서 지정하는 것을 그 본래의 사명으로 하고 있기 때문에, 그 자체 형식적이고 가치중립적인 성질이 강한 법이다. 그러나 국제사법 역시 법으로서 정의의 실현에 이바지하는 것이며, 단지 그 실현방식이 실질법의 그것과 다를 뿐이다. 즉 실질사법은 구체적이고 개별적인 권리와 의무의 확정을 내용으로 하기 때문에 그 이념인 정의의 실현이 구체적이고 개별적인 권리와 의무의 확정에 있어서 정의를 실현하는 방식으로 이루어진다면, 국제사법은 구체적이고 개별적인 권리의무관계로부터 추상화된 법률관계에 적용될 준거법을 정하는 법이기 때문에 그 이념인 정의의 실현이 준거법을 정함에 있어서 정의를 실현하는 방식으로 추구되는 것이다. 이 점에서 실질법이 추구하는 정의를 실질법적 정의(material justice), 그리고 국제사법이 추구하는 정의를 저촉법적 정의(conflict justice)로 구분하기도 한다.

제 2 절 가장 밀접한 관련의 원칙

국제사법에서 준거법 확정의 기본원칙은 섭외적 사안 또는 법률관계에 가장 가까운 법, 즉 문제된 사안 또는 법률관계의 공정하고 합리적인 해결을 위해서 가장 적절한 법을 선택하는 것이다. 따라서 국제사법에서 저촉법적 정의의 실현은 섭외적 사안과 관련된 각국의 실질법의 가치가 동일하다는 전제에서 사항적으로 또는 인적으로 가장 밀접한 관련을 갖고 있어서 당해 사안을 가장 적절하게 규율할 수 있는 법을 발견하는 것이라고 할 수 있다.

우리나라 국제사법이 저촉법적 정의를 실현하기 위해서 채택한 준거법지정 원칙이 이른바 '가장 밀접한 관련'(the most significant or intimate relationship)의 원칙이다. 가장 밀접한 관련의 원칙은 미국 국제사법이론에서 발전되어서 미국의 법의 충돌에 관한 제2차 리스테이트먼트의 지도이념이 되었을 뿐 아니라, 독일, 스위스, 오스트리아, 영국 및 일본 등을 포함한 많은 국가의 국제사법이 채택한 준거법지정원칙이다.[73]

우리나라 국제사법이 준거법지정의 기본원칙으로서 가장 밀접한 관련의 원칙을 채택하고 있는 구체적 예를 살펴보면, 국제계약에서 객관적 연결방식을 통해서 가장 밀접한 관련이 있는 국가의 법을 준거법으로 지정하도록 하였고(국제사법 제46조), 또한 불법행위에서 원칙적으로 불법행위지법을 준거법으로 하면서도 일상거소를 기준으로 가해자와 피해자 공통의 속인법을 준거법으로 지정하도록 하였다(국제사법 제52조). 나아가 국제사법은 가장 밀접한 관련의 원칙을 관철하기 위해서 국제사법의 적용을 통해서 지정된 준거법이 문제의 법률관계와 별다른 관련을 갖지 않는 때에는 법원으로 하여금 별도로 가장 밀접한 관련이 있는 국가의 법을 발견해서 동법을 적용하도록 하였다(국제사법 제21조 제1항).

가장 밀접한 관련의 원칙의 적용과 관련해서 무엇을 기준으로 가장 밀접한 관련이 있는 국가 또는 법을 발견할 것인지는 어려운 문제이다. 참고로 미국의 법의 충돌에 관한 제2차 리스테이트먼트 제6조는 준거법의 선택과 관련해서 고려해야 할 요소로서 첫째, 주 간 및 국가 간 질서의 필요, 둘째, 법정지의 관련 정책, 셋째, 다른 관련 국가의 정책 및 문제된 섭외적 사안의 해결에 대해서 그들 국가들이 갖는 상대적 이익, 넷째, 정당한 기대의 보호, 다섯째, 특정 법 영역의 기초를 이루는 기본정책, 적용결과의 확정성, 예측가능성 및 통일성, 여섯째, 적용될 준거법의 확정과 적용에 있어서의 용이성 등을 열거하고 있다.

73) 신창선 · 윤남순(주3), 70-71면.

제 3 절 실질법적 정의

국제사법은 문제된 섭외적 사안 또는 법률관계의 공정하고 합리적인 해결을 위해서 가장 적절한 법을 선택함으로써 저촉법적 정의를 실현하고자 할 뿐 아니라, 그 규정 자체에 실질법적 정의의 관념을 반영하는 방법으로 실질법적 정의를 실현하고자 하기도 한다. 예를 들어 우리나라 국제사법은 국제친족법 분야, 특히 혼인의 효력(국제사법 제64조), 부부재산제(국제사법 제65조) 및 이혼(국제사법 제66조) 등의 분야에서 부부의 동일한 본국법 또는 부부의 동일한 일상거소지법을 준거법으로 지정함으로써 배우자 간 및 남녀 간 평등의 원칙을 구현하고자 하였다. 또한 경제적 약자인 소비자와 근로자를 보호하고(국제사법 제42조 및 제43조), 자(子)의 복지를 증진하고자(국제사법 제67조 내지 제72조) 하는 실질법적 정의의 관점에서 이들이 관련된 법률관계의 준거법을 정하는 데 있어서 특별한 연결방법을 채택하거나 또는 당사자자치의 원칙을 제한한 것도 우리나라 국제사법이 실질법적 정의를 실현하고자 노력한 또 다른 예라고 할 것이다.

제5장

우리나라 국제사법

제 1 절 연혁 및 기본구조

1962년 1월 15일에 섭외사법이 제정되기 전까지 우리나라는 일본의 국제사법인 법례(法例)를 의용해서 사용하였다.

1962년에 제정되어 시행된 섭외사법은 19세기의 낙후된 이론과 입법례를 바탕으로 제정되었고, 그간 한 차례의 개정도 없었기 때문에 새로운 국제적 환경에 적응할 수 없다는 비판이 있었는바, 이러한 비판을 수용하여 2001년 4월 7일에 섭외사법의 전면적 개정이 이루어졌다.

2001년 7월 1일부터 시행된 개정 국제사법은 제9장 62개 조문 및 부칙으로 구성되어 있으며, 구체적으로 제1장 총칙, 제2장 사람, 제3장 법률행위, 제4장 물권, 제5장 채권, 제6장 친족, 제7장 상속, 제8장 어음 · 수표, 제9장 해상 등으로 나누어 규율하고 있다.

국제사법은 2022년 또 한 차례의 대대적인 개정을 거쳤다. 2022년 7월 5일부터 시행되는 2022년 개정 국제사법은 국제재판관할에 관해서 매우 상세한 규정을 둔 것이 가장 큰 특징이다.

제 2 절 규정방식 및 원칙

국제사법은 기본적으로 법률관계를 중심으로 규정하는 방식을 취했다. 따라서 국제사법 규정의 적용은 먼저 문제된 섭외적 사안의 법률관계의 성질을 결정하고, 이어서 그 섭외적 사안과 관련된 연결점을 확정한 후에 연결점을 사용한 연결을 통해서 섭외적 사안에 적용될 준거법을 확정하는 방식으로 이루어진다.

국제사법은 준거법 확정에 있어서 기본원칙으로 '가장 밀접한 관련의 원칙'을 채택하고, 이 원칙에 기초해서 각 법률관계와 가장 밀접한 관련을 갖는 것으로 추정되는 국가의 법을 준거법으로 규정하는 방식을 취했다. 이것은 미국의 법의 충돌에 관한 제2차 리스테이트먼트도 채택하고 있는 가장 중요한 관련의 원칙을 도입한 것으로 볼 수 있을 것이다. 이 점에서 제2차 리스테이트먼트 및 그에 전후한 미국 국제사법이론은 우리나라 법원이 국제사법 규정을 해석하는 데 유용한 시사점을 제공할 것이다.

한편 국제사법은 준거법 확정에 관한 규정뿐만 아니라, 국제재판관할에 관한 규정도 둠으로써 국제사법의 규율영역이 확대되고 있는 최근의 국제사법 입법경향을 반영하였다. 이 역시 국제재판관할이나 외국판결의 승인 및 집행을 국제사법 본래의 영역으로 파악하는 미국 국제사법이론의 영향을 받은 것이라고 할 것이다.

제 3 절 국제사법의 특징

Ⅰ. 법 명칭의 변경

종전에 준거법 결정에 관한 법인 섭외사법의 명칭에 나타난 "섭외"라는 용어가 "외부와 연락 또는 교섭" 등의 의미로 이해되는 결과,[74] 동법이 기본목적으로

74) 석광현(주3), 47-48면.

하고 있는 "준거법 결정"의 요소가 제대로 나타나지 않는다고 판단되어, 동법의 명칭이 "섭외사법"에서 국제적으로 널리 사용되고 있는 "국제사법"(private international law)으로 변경되었다.

II. 법 체제의 완결성 제고

국제사법은 제1장 총칙, 제2장 사람, 제3장 법률행위, 제4장 물권, 제5장 지식재산권, 제6장 채권, 제7장 친족, 제8장 상속, 제9장 어음 · 수표, 제10장 해상 등으로 나누어 규율하고 있는바, 민사법 분야를 중심으로 하는 사법분야 전반에 있어서의 준거법지정원칙을 규정함으로써 국제사법 체제의 완결성을 추구하고, 이를 통해서 섭외적 법률관계에 있어서의 법적 안정성과 당사자의 예측가능성을 제고하는 취지를 갖는다.[75]

III. 가장 밀접한 관련의 원칙의 채택

국제사법은 준거법지정의 기본원칙으로서 '가장 밀접한 관련의 원칙'을 채택하여서 제반 요소를 고려하여 가장 밀접한 관련이 있는 국가로 추정되는 국가의 법을 준거법으로 지정하는 방식으로 규정하였다. 구체적으로 국제계약에서 객관적 연결방식을 통해서 가장 밀접한 관련이 있는 국가의 법을 준거법으로 지정한다거나(국제사법 제46조) 또는 불법행위에서 원칙적으로 불법행위지법을 준거법으로 하면서도 일상거소를 기준으로 가해자와 피해자의 공통의 속인법을 준거법으로 지정한 경우(국제사법 제52조)가 그러한 예이다.

국제사법은 가장 밀접한 관련의 원칙을 관철하기 위해서 국제사법의 적용을 통해서 지정된 준거법이 문제의 법률관계와 밀접한 관련을 갖지 않는 때에는 법원으로 하여금 별도로 가장 밀접한 관련이 있는 국가의 법을 발견해서 동법을 적용하도록 하였다(국제사법 제21조 제1항).

75) 석광현, 『2001년 개정 국제사법 해설[제2판]』(지산, 2003), 16면.

Ⅳ. 당사자자치의 원칙의 포괄적 수용

국제사법은 국제계약과 관련한 법률관계에서 당사자가 일반적으로 준거법을 선택할 수 있도록 하였을 뿐 아니라(국제사법 제45조), 부부재산제(국제사법 제65조)나 상속(국제사법 제77조) 등 친족과 상속의 일정한 분야에서도 제한적 범위에서 당사자자치를 수용하였다. 또한 사무관리, 부당이득 및 불법행위 등 법정채권 분야에서도 당사자들이 사후 합의를 통해서 우리나라 법을 준거법으로 선택할 수 있도록 하였다(국제사법 제53조).

Ⅴ. 실질법적 정의의 고려

본래 국제사법의 임무는 문제된 섭외적 법률관계에 적용될 가장 적절한 법을 발견하는 것이지 그 법률관계의 해결에 최선의 결과를 도출할 법을 발견하는 것은 아니라는 것이 전통적 국제사법학의 일반적 입장이지만, 최근 미국을 중심으로 국제사법의 임무는 오히려 섭외적 법률관계의 해결에서 최선의 결과를 도출하는 법을 발견하는 것이어야 한다는 이론이 주장되고 있음은 국제사법이론의 발전과 관련해서 이미 설명하였다.

국제사법은 단순히 섭외적 법률관계에 적용될 가장 적절한 법을 발견하는 데 만족하지 않고, 국제사법 자체에서 일정한 수준에서 실질법적 정의를 구현하고자 하였다. 구체적으로 국제사법은 국제친족법 분야, 특히 혼인의 효력(국제사법 제64조), 부부재산제(국제사법 제65조) 및 이혼(국제사법 제66조) 등의 분야에서 부부의 동일한 본국법 또는 부부의 동일한 일상거소지법을 준거법으로 지정함으로써 배우자간 및 남녀간 평등의 원칙을 구현하고자 하였다.

또한 국제사법은 경제적 약자인 소비자와 근로자를 보호하고, 자(子)의 복지를 증진하고자 하는 실질법적 정의의 관점에서 이들이 관련된 법률관계의 준거법을 정하는 데 있어서 특별한 연결방법을 채택하거나 또는 당사자자치의 원칙을 제한하였다(국제사법 제42조, 제43조 및 제67조 내지 제72조).

Ⅵ. 국제재판관할에 관한 규정의 도입

미국에서 국제사법은 준거법뿐만 아니라 국제재판관할까지 규율하는 것으로 이해되고 있다. 최근에는 유럽에서도 국제사법의 규율 영역이 준거법을 넘어 국제재판관할 분야까지로 확대되고 있다. 이러한 경향을 반영하여 국제사법은 2001년 개정에서 제1조에서 준거법의 결정뿐만 아니라 국제재판관할에 관한 원칙을 정하는 것을 목적으로 함을 분명히 한 후에 제2조에서 국제재판관할에 관한 일반원칙을 정하고, 이어서 실종신고, 성년후견, 한정후견, 소비자계약 및 근로계약 등의 영역에서 국제재판관할에 관한 특칙을 둔 바 있다.

2001년 개정 이후에도 국제사법에 국제재판관할에 관한 보다 상세한 규정을 둘 필요성이 꾸준히 제기되었다. 이러한 요구를 수용하여 국제사법은 2022년 개정에서 후술하는 바와 같이 총칙에서 국제재판관할에 관한 일반규정을 둔 후에 각칙에서 각 법률관계에 있어 특별재판관할에 관한 규정을 두는 방식으로 국제재판관할에 매우 상세한 규정을 새로 도입하였다.

Ⅶ. 국제사법 관련 국제조약의 수용

국제사법은 법률행위의 방식과 국제계약의 준거법에 관한 규정에서 1980년 「계약상 의무에 적용될 준거법에 관한 EC협약」(EC Convention on the Law Applicable to Contractual Obligation: 로마협약)과 1994년 「국제계약에 적용될 준거법에 관한 미주간 협약」(Inter-American Convention on the Law Applicable to International Contracts)을 상당한 정도로 수용함으로써 국제계약의 준거법에 관한 원칙의 국제적 조류를 따랐다. 또한 국제사법은 부양의무와 유언의 방식의 준거법에 관한 규정에서는 1973년 「부양의무에 적용될 준거법에 관한 헤이그협약」(Hague Convention on the Law Applicable to Maintenance Obligations)과 1961년 「유언에 의한 처분의 방식과 관련한 법의 충돌에 관한 헤이그협약」(Hague Conven- tion on the Conflicts of Laws Relating to the Form of Testamentary Dispositions)의 연결원칙을 반영하였다.

한편 국제사법은 국제재판관할에 관한 규정과 관련해서 「민사 및 상사문제에 있어서 재판관할과 판결의 집행에 관한 EC협약」(EC Convention on Jurisdiction and the Enforcement of Judgments in Civil and Commercial Matters)[76] 및 「민사 및

상사문제에서 국제재판관할과 외국판결에 관한 헤이그협약」(Hague Convention on Jurisdiction and Foreign Judgments in Civil and Commercial Matters)의 1999년 예비초안을 참조하였는바,[77] 이들 협약은 국제사법의 재판관할에 관한 규정을 해석하는 데 도움이 될 것이다. 또한 2005년에 제정된 「법정지선택합의에 관한 헤이그협약」(Hague Convention on Choice of Court Agreements)도 당사자 간 합의에 의한 재판관할을 이해하는 데 도움이 될 것이다.

제 4 절 2022년 개정 국제사법의 특징

국제사법은 2022년 또 한 차례의 대대적인 개정을 거쳤다. 2022년 7월 5일부터 시행되는 2022년 개정 국제사법의 가장 큰 특징은 외국의 입법 경향을 적극 수용하여 국제재판관할에 관한 35개 조항을 신설한 것이다.

I. 국제재판관할 결정 기준의 명시

개정 국제사법은 국제재판관할의 인정 근거인 "실질적 관련"의 존부 판단과 관련하여 그 기준이 되고 있는 국제재판관할 배분의 이념의 해석과 관련하여, 그간 판례 등을 통해서 사용된 "당사자 간의 공평, 재판의 적정, 신속 또는 경제" 등의 구체적 기준을 일반원칙 규정에 명시하였다(제2조 제1항).

II. 국제재판관할 총칙 규정의 신설

개정 국제사법은 제1장 총칙에 국제재판관할에 관한 별도의 절을 두어, 일반관할(제3조), 사무소 · 영업소 소재지 등의 특별관할(제4조), 재산소재지의 특별관

76) 이 협약은 2002년 3월 1일 발효된 「민사 및 상사문제에 있어서 재판관할권 및 판결의 승인과 집행에 관한 유럽연합 이사회규칙」(이하 '브뤼셀규칙'이라 한다)으로 대체되었고, 2015년 1월 10일부터는 동 규칙을 수정한 '브뤼셀 I Recast'가 시행되고 있다.

77) 석광현(주75), 22-23면.

할(제5조), 관련사건의 관할(제6조), 반소관할(제7조), 합의관할(제8조), 변론관할(제9조), 전속관할(제10조) 등 민사소송법상 관할 관련 규정에 대응하는 규정을 두는 한편, 국제적 소송경합(제11조), 국제재판관할권 불행사(제12조), 보전처분의 관할(제14조) 및 비송사건의 관할(제15조) 등에 관해 상세한 규정을 신설하였다.

Ⅲ. 국제재판관할 각칙 규정의 신설

개정 국제사법은 각칙에서도 필요한 경우 특별재판관할에 관한 규정을 두었는 바, 실종선고 등 사건의 특별관할(제24조), 사원 등에 관한 소의 특별관할(제25조), 지식재산권 계약 · 침해에 관한 소의 특별관할(제38조 및 제39조), 계약 · 불법행위에 관한 소의 특별관할(제41조 내지 제44조), 친족관계에 관한 사건의 특별관할(제56조 내지 제62조), 상속 · 유언에 관한 사건의 관할(제76조), 어음 · 수표에 관한 소의 특별관할(제79조), 해상 사건의 관할(제89조 내지 제93조) 등이 그 예이다.

제 2 편

국제사법 총칙

제1장

서 론

국제사법은 기본적으로 문제된 섭외적 사안 또는 법률관계에 적용될 준거법을 정하는 법이다. 그러나 최근 국제사법이 섭외적 사안 또는 법률관계에 대해서 어느 국가의 법원이 재판관할권을 갖는지에 관한 논의인 국제재판관할의 분야도 포섭하여 규율하는 경향이 있음은 이미 설명한 바와 같다. 우리나라 국제사법도 제1조(목적)에서 "이 법은 외국과 관련된 요소가 있는 법률관계에 관하여 국제재판관할과 준거법(準據法)을 정함을 목적으로 한다."고 규정함으로써 국제사법이 준거법의 결정뿐 아니라 국제재판관할의 결정에 관해서도 규율하고 있음을 분명히 하였다.

외국적 요소가 있는 사안, 즉 섭외적 사안이 분쟁의 내용으로 되어 소가 제기된 경우에 법정지 법원은 문제된 섭외적 사안에 적용될 준거법을 확정하기에 앞서 당해 법원이 그 섭외적 사안을 판단할 수 있는 재판관할권을 갖는지 여부를 결정해야 한다.

제2장

국제재판관할

제1절 서 설

재판관할에 관한 문제는 민사소송법 분야에서 중요하게 논의되는 주제이다. 마찬가지로 섭외적 사안에 대해서 어느 국가의 법원이 재판관할권을 갖는지에 관한 논의는 이른바 국제민사소송법의 중요한 부분을 구성한다. 섭외적 사안에 적용될 준거실질법의 확정을 주된 목적으로 하는 저촉법으로서의 국제사법과 섭외적 사안과 관련해서 국제재판관할을 규율하는 실질법적 절차법으로서의 국제민사소송법은 개념적으로 구분된다고 할 것이지만, 섭외적 사안이 소의 대상으로 된 경우에 그 절차적 규율을 담당하는 국제민사소송법과 문제의 섭외적 사안에 적용될 실체법을 확정하는 국제사법은 밀접한 관련을 갖는다. 영국과 미국을 비롯한 영미법계 국가에서 국제재판관할과 외국판결의 승인과 집행이 국제사법의 중요한 일부로서 논의되고 있는 것은 이 때문이다.[1)]

최근 국제사법 분야에서 부분적으로 다루어지고 있는 국제재판관할과 외국판결의 승인 및 집행 등의 문제가 준거법지정규범인 국제사법과는 다른 원칙의 지배를 받는다는 점을 근거로 국제민사소송법의 독자성이 주장되고 있지만,[2)] 우

1) James Fawcett, Janeen M. Carruthers & Sir Peter North, *Cheshire, North & Fawcett: Private International Law* (14th ed., Oxford University Press, 2008), pp.7-9; Eugene F. Scoles, Peter Hay, Patrick J. Borchers & Symeon C. Symeonides, *Conflict of Laws* (4th ed., Thomson West, 2004), pp.3-4.

2) 신창선 · 윤남순, 『신국제사법[제2판]』(fides, 2016), 192면.

리나라 국제사법의 경우와 마찬가지로 많은 국가의 국제사법이 국제재판관할에 관한 규정을 두고 있고, 나아가서 외국판결의 승인과 집행에 관한 규정을 두고 있는 경우도 있다.[3]

우리나라 국제사법은 국제민사소송법의 중요한 분야인 국제재판관할이 섭외적 사안의 해결에 있어서 선결적인 문제인 점, 섭외적 요소를 갖는 분쟁이 증가함에 따라 국제재판관할에 관한 문제해결의 중요성이 더욱 커지고 있는 점 등을 이유로[4] 제1조에서 "이 법은 외국과 관련된 요소가 있는 법률관계에 관하여 국제재판관할과 준거법(準據法)을 정함을 목적으로 한다."고 규정하고, 제2조 제1항에서 "법원은 당사자 또는 분쟁이 된 사안이 대한민국과 실질적 관련이 있는 경우에 국제재판관할권을 가진다. 이 경우 법원은 실질적 관련의 유무를 판단할 때에 당사자 간의 공평, 재판의 적정, 신속 및 경제를 꾀한다는 국제재판관할 배분의 이념에 부합하는 합리적인 원칙에 따라야 한다"고 규정한 후에 제2조 제2항에서 "이 법이나 그 밖의 대한민국 법령 또는 조약에 국제재판관할에 관한 규정이 없는 경우 법원은 국내법의 관할 규정을 참작하여 국제재판관할권의 유무를 판단하되, 제1항의 규정의 취지에 비추어 국제재판관할의 특수성을 충분히 고려하여야 한다"고 규정하고 있다.

제 2 절 국제재판관할 일반원칙

Ⅰ. 의 의

국제재판관할권은 섭외적 사안을 내용으로 하는 분쟁이 특정 국가의 법원에 제소된 경우에 그 국가의 법원이 문제의 섭외적 사안에 대해서 판단할 수 있는 권한, 즉 국제소송에서의 재판관할권(jurisdiction)이다. 주의할 점은 국제재판관할에 관한 문제는 한 국가 내에서 어느 법원이 재판권을 갖는지에 관한 논의인 재판적

---

3) 스위스 국제사법이 전형적인 예인데, 동법은 제25조 내지 제32조에서 외국판결의 승인과 집행에 관한 규정을 두고 있다. 법무부, 『국제사법 해설』(2001), 254-256면.

4) 석광현, 『국제사법 해설』(박영사, 2013), 59면.

(venue) 또는 토지관할에 관한 문제와는 개념적으로 구분된다는 것이다.[5] 또한 국제재판관할의 문제는 어느 국가가 문제의 섭외적 사안에 대해서 판단할 권한을 갖는지 여부, 즉 일반재판관할(general jurisdiction)의 차원에서 논의되는 것이기 때문에 특허 등 특정 분야에 대해서 어느 법원이 전속적 재판관할권(exclusive jurisdiction)을 갖는지 여부를 논하는 특별재판관할(special or limited jurisdiction)과도 구분된다.

한편 국제재판관할에 관한 논의는 어느 국가의 법원이 문제된 섭외적 사안을 판단할 권한을 갖는지를 확정하기 위한 차원에서 이루어지는 경우와 외국판결을 승인하거나 집행하기 위한 전제로서 재판국인 외국이 재판관할권을 갖는지를 확정하기 위한 차원에서 이루어지는 경우가 있는데,[6] 이때 전자를 직접적 국제재판관할의 문제라고 하고, 후자를 간접적 국제재판관할의 문제라고 한다.[7]

II. 국제재판관할의 확정에 관한 입장

오늘날 국제재판관할을 규율하는 국제민사소송법이 독립적으로 존재하지는 않기 때문에 법원은 자국의 국내법 원칙에 따라 스스로가 문제된 섭외적 사안을 판단할 수 있는 국제재판관할권을 갖는지 여부를 판단해야 한다. 그러나 국제재판관할에 관한 구체적인 국내법 원칙이 존재하지 않는 경우에 법원은 어떤 원칙에 근거해서 국제재판관할의 존재 여부를 판단할 것인지가 문제된다. 참고로 우리나라 국제사법 제2조 제1항은 대한민국 법원은 “당사자 또는 분쟁이 된 사안이 대한민국과 실질적 관련이 있는 경우”에 국제재판관할권을 갖는다고 규정함으로써 우리나라 법원의 국제재판관할권에 관한 일반원칙을 정립한 후에 법원은 “실질적 관련의 유무를 판단함에 있어 당사자 간의 공평, 재판의 적정, 신속 및 경제를 꾀한다는 국제재판관할 배분의 이념에 부합하는 합리적인 원칙”에 따를 것을 요구한다.

---

5) 국제재판관할과 토지관할에 관한 상세한 논의는 석광현(주4), 72면 이하 참조.

6) 예를 들어 우리나라 민사소송법 제217조 제1항 제1호는 외국판결의 집행을 위해서 우리나라의 법령 또는 조약에 따른 국제재판관할의 원칙상 그 외국법원의 국제재판관할권이 인정될 것을 요구하고 있다.

7) 석광현(주4), 65면.

국제재판관할 배분의 이념의 구체적 내용에 관해서는 일반적으로 세 가지 입장이 존재한다.

1. 국가주의

국가주의는 자국의 국제재판관할권을 결정함에 있어서 섭외적 사안의 국제성을 고려하지 않고, 자국과 자국민의 이익, 즉 내국이익을 보호한다는 관념에 충실한 방법으로 재판관할권을 인정해야 한다는 입장이다. 당사자가 프랑스 사람인 경우에는 언제나 프랑스 법원에 재판관할권을 인정하는 프랑스 민법 제14조 내지 제15조 및 프랑스 판례의 입장이 그 예가 될 수 있다.[8)]

국가주의는 오로지 자국과 자국민의 이익만을 고려할 뿐, 다른 국가나 그 국민의 이익은 전혀 고려하지 않는다는 점에서 국제사법과 국제민사소송법이 표방하는 이상에 반한다.

2. 국제주의

국제주의는 국제재판관할권의 문제를 국가주권의 사법(司法)관할의 상호 간 충돌의 문제로 파악해서 국제법상의 대인주권과 영토주권에 관한 원칙에 기초해서 해결하려고 하는 입장이다. 부동산에 관한 소송은 당해 부동산 소재지국의 법원에 전속적 재판관할권을 인정하거나, 신분 관련 소송에서 당사자의 본국에 재판관할권을 인정하는 것은 이러한 입장의 표현이다.[9)]

국제주의는 국가 간의 권리의무관계를 규율하는 국제법상의 원칙을 사인 간의 권리의무관계를 규율하는 국제민사소송관계에 적용하고자 한다는 점에서 국제사법이나 국제민사소송법이 갖는 고유한 성질과 목적을 충분히 고려하지 못한다고 할 것이다.[10)]

---

8) 신창선 · 윤남순(주2), 196면.
9) 상게서, 196면.
10) 윤종진, 『개정 현대 국제사법』(한올출판사, 2003), 187면.

3. 보편주의

보편주의는 국제사회에서 재판의 기능은 각국에 적정하고 공평하게 분배되어야 한다는 원칙에 기초해서 국제재판관할권을 정하려고 하는 입장이다.

국제재판관할권에 관한 국제적 규범이 존재하지 않는 현실을 고려한다면, 국제사회에서 재판기능의 분담이 강조되는 보편주의의 입장에서 국제재판관할권에 관한 원칙을 확립하고자 하는 보편주의의 입장이 타당하다고 할 것이다. 보편주의적 접근방법에서는 민사소송법의 기본이념이라고 할 수 있는 당사자 간 공평성과 재판의 공정성, 신속성 및 효율성 등이 중요한 고려요소가 된다.

제 3 절 국제사법에서 국제재판관할의 확정

I. 일반원칙

국제사법 제2조 제1항은 "대한민국 법원은 당사자 또는 분쟁이 된 사안이 대한민국과 실질적 관련이 있는 경우에 국제재판관할권을 가진다"고 규정하고 있다. 여기서 어떤 경우에 실질적 관련이 존재한다고 볼 것인지, 또한 국제재판관할 배분의 이념에 부합하는 합리적인 원칙은 구체적으로 무엇인지 등이 문제된다.

1. 실질적 관련의 존재

국제사법 제2조 제1항이 요구하는 실질적 관련의 존재 요건은 법정지국인 우리나라의 법원이 국제재판관할권을 행사하는 것을 정당화할 수 있을 정도로 당사자 또는 문제된 섭외적 사안이 우리나라와 관련성을 갖는 것을 의미한다.[11] 피고의 주소, 채무이행지, 불법행위지, 영업소소재지 등의 요소들은 일반재판관할 또는 특별재판관할의 존재를 확정하기 위한 요건으로서 실질적 관련의 존재 여부를

---

11) 석광현(주4), 65면; 윤종진(주10), 207면.

판단하는 데 중요한 고려요소가 될 것이다. 반면에 원고의 국적이나 피고의 일시적 체류지에 대한 송달 등은 실질적 관련이 존재한다는 중요한 표지가 되지 않는다고 본다.[12] 왜냐하면 단순히 섭외적 요소 또는 외국적 요소 그 자체가 실질적 관련의 존재를 담보해 주는 것은 아니기 때문이다. 현실에 있어서 실질적 관련의 존재 여부는 법원이 구체적인 경우에 제반 사정을 종합하여 판단해야 할 것이나, 그 판단은 언제나 국제재판관할 배분의 이념에 부합하는 합리적인 원칙에 근거해서 이루어져야 한다.

2. 국제재판관할 배분의 이념과 그에 부합하는 합리적인 원칙

국제사법 제2조 제1항은 "대한민국 법원은 실질적 관련의 유무를 판단할 때에 당사자 간의 공평, 재판의 적정, 신속 및 경제를 꾀한다는 국제재판관할 배분의 이념에 부합하는 합리적인 원칙에 따라야 한다"고 규정함으로써 개정을 통해 국제재판관할 배분의 이념의 내용을 분명히 하였다. 즉 국제재판관할 배분의 이념은 기본적으로 당사자 간의 공평성과 재판의 공정, 적정 및 신속 등 민사소송의 기본이념을 포함하는 한편,[13] 이에 더해 재판의 경제성 또는 효율성도 또한 중요한 고려요소가 된다. 이때 당사자 간의 공평성을 판단함에 있어서 고려할 것은 법정지가 당해 사안을 공평하게 판단할 가능성뿐만 아니라 법정지의 선택이 원고와 피고의 이익형량의 관점에서 이들 간에 공평할 것까지 포함한다.[14] 또한 재판의 공정, 적정 및 신속을 판단함에 있어서 기준이 되는 요소는 법정지가 당사자 또는 문제된 섭외적 사안 등에 대해 갖는 밀접관련성 등이 될 것이다.[15]

3. 재판관할에 관한 국내법 원칙

국제사법 제2조 제2항은 "이 법이나 그 밖의 우리나라 법령 또는 조약에 국제

12) 신창선 · 윤남순(주2), 199면.
13) *Asahi Metal Industry Co., Ltd. v. Superior Court of California, Solano County,* 480 U.S. 102 (1987).
14) 석광현(주4), 67면.
15) 상게서, 67면.

재판관할에 관한 규정이 없는 경우 법원은 국내법의 관할 규정을 참작하여 국제재판관할권의 유무를 판단하되, 제1항의 취지에 비추어 국제재판관할의 특수성을 충분히 고려하여야 한다"고 규정하고 있다. 이는 국내법의 재판관할에 관한 규정을 참작하되, 그에 구속되지 않고 국제재판관할의 특수성을 함께 고려함으로써 구체적 타당성을 기할 것을 요구하는 것이다. 특히 국제사법은 개정을 통해서 국내법의 관할 규정은 국제사법, 법령 또는 조약에 국제재판관할에 관한 규정이 없는 때에만 참작하도록 함으로써 토지관할과 국제재판관할의 개념적 차이를 분명히 하였다.

우리나라 국내법의 관할규정은 대체로 민사소송법의 토지관할에 관한 규정을 의미할 것이다. 그러나 민사소송법의 토지관할 규정은 국내의 법원 간 사건의 배분을 위한 규정, 즉 재판적에 관한 규정이기 때문에 아무 수정 없이 국제재판관할을 결정하기 위한 규정으로서 원용될 수는 없다.[16] 국제사법 제2조 제2항이 국제재판관할의 특수성을 충분히 고려할 것을 요구한 것은 이 점을 반영한 것이다.

대법원 판례는 국제재판관할의 존부를 판단함에 있어서 당사자 사이의 공평, 재판의 적정, 신속 및 경제를 기한다는 기본이념에 따라 국제재판관할을 결정하여야 한다고 하면서, 구체적으로 소송당사자들의 공평, 편의 그리고 예측가능성과 같은 개인적 이익뿐만 아니라 재판의 적정, 신속, 효율 및 판결의 실효성 등과 같은 법원 내지 국가의 이익도 함께 고려하여야 한다고 하고 있다(대법원 2015.1. 15. 선고 2012다4763). 또한 대법원 판례는 이들 다양한 이익 중 어떤 이익을 보호할 것인지 판단함에 있어서 개별 사건에서 법정지와 당사자의 실질적 관련성 및 법정지와 분쟁이 된 사안과의 실질적 관련성을 객관적인 기준으로 삼아 합리적으로 판단할 것을 요구한다.

관련판례 대법원 2021.2.4. 선고 2017므12552

국제재판관할권에 관한 국제사법 제2조는 가사사건에도 마찬가지로 적용된다. 따라서 가사사건에 대하여 대한민국 법원이 재판관할권을 가지려면 대한민국이 해당 사건의 당사자 또는 분쟁이 된 사안과 실질적 관련이 있어야 한다. 그런데 가사사건은 일반 민사사건과 달리 공동생활의 근간이 되는 가족과 친족이라는 신분관계에

16) 정동윤 · 유병현 · 김경욱, 『민사소송법[제8판]』(법문사, 2020), 145면.

관한 사건이거나 신분관계와 밀접하게 관련된 재산, 권리, 그 밖의 법률관계에 관한 사건으로서 사회생활의 기본토대에 중대한 영향을 미친다. 가사사건에서는 피고의 방어권 보장뿐만 아니라 해당 쟁점에 대한 재판의 적정과 능률, 당사자의 정당한 이익 보호, 가족제도와 사회질서의 유지 등 공적 가치를 가지는 요소도 고려할 필요가 있다. 따라서 가사사건에서 '실질적 관련의 유무'는 국내법의 관할 규정뿐만 아니라 당사자의 국적이나 주소 또는 상거소(常居所), 분쟁의 원인이 되는 사실관계가 이루어진 장소(예를 들어 혼인의 취소나 이혼 사유가 발생한 장소, 자녀의 양육권이 문제되는 경우 자녀가 생활하는 곳, 재산분할이 주요 쟁점인 경우 해당 재산의 소재지 등), 해당 사건에 적용되는 준거법, 사건 관련 자료(증인이나 물적 증거, 준거법 해석과 적용을 위한 자료, 그 밖의 소송자료 등) 수집의 용이성, 당사자들 소송 수행의 편의와 권익보호의 필요성, 판결의 실효성 등을 종합적으로 고려하여 판단하여야 한다.

관련판례 대법원 2015.1.15. 선고 2012다4763

국제사법 제2조 제1항[개정 국제사법 제2조 베1항]은 "법원은 당사자 또는 분쟁이 된 사안이 우리나라와 실질적 관련이 있는 경우에 국제재판관할권을 가진다. 이 경우 법원은 실질적 관련의 유무를 판단함에 있어 국제재판관할 배분의 이념에 부합하는 합리적인 원칙에 따라야 한다"고 규정하고, 제2항은 "법원은 국내법의 관할 규정을 참작하여 국제재판관할권의 유무를 판단하되, 제1항의 규정의 취지에 비추어 국제재판관할의 특수성을 충분히 고려하여야 한다"고 규정하고 있다. 따라서 법원은 당사자 사이의 공평, 재판의 적정, 신속 및 경제를 기한다는 기본이념에 따라 국제재판관할을 결정하여야 하고, 구체적으로는 소송당사자들의 공평, 편의 그리고 예측가능성과 같은 개인적인 이익뿐만 아니라 재판의 적정, 신속, 효율 및 판결의 실효성 등과 같은 법원 내지 국가의 이익도 함께 고려하여야 하며, 이러한 다양한 이익 중 어떠한 이익을 보호할 필요가 있을지는 개별 사건에서 법정지와 당사자의 실질적 관련성 및 법정지와 분쟁이 된 사안과의 실질적 관련성을 객관적인 기준으로 삼아 합리적으로 판단하여야 한다.

☞ 사용자인 원고와 종업원인 피고 사이에 맺어진 근로계약에 따라 직무발명이 완성되고 피고가 이 사건 직무발명에 기초하여 외국에서 등록된 특허권을 근거로 원고의 외국 거래처에 특허침해금지 경고문을 보내자 원고가 피고에 대하여 영업방해금지를 청구함으로써 원고가 위 특허권에 대하여 통상실시권을 취득하는지 여부가 영업방해금지청구의 선결문제로 된 사건에서, 원고는 우리나라 법률에 의하여 설립된 법인이고 피고는 우리나라 국민으로서 우리나라에 거주하고 있으며, 피고가 이

사건 직무발명을 완성한 곳이 우리나라인 점, 원고가 통상실시권을 가지는지 여부는 특허권이나 실용신안권의 성립이나 유·무효 등에 관한 것이 아니어서 그 등록국이나 등록이 청구된 국가 법원의 전속관할에 속하지도 아니하는 점을 들어 우리나라에 국제재판관할권이 있다고 한 사안.

관련판례 대법원 2014.5.16. 선고 2013므1196

원고는 우리나라 국적을 가지고 있고, 피고는 우리나라 국적을 가진 부모에게서 우리나라 국적을 가지고 태어나 스페인으로 이주하여 현재 스페인 국적을 가지고 있고, 사건본인(원고와 피고 사이의 자녀)은 우리나라와 스페인 국적을 모두 가지고 있는 사실, 원고와 피고는 우리나라에서 2006.8.15. 결혼식을 마치고 한 달가량 우리나라에서 혼인생활을 한 사실, 그 후 원고가 수술, 임신 및 사건본인의 출산 등으로 우리나라에 계속 거주하게 되자, 피고가 우리나라와 스페인을 왕래하면서 생활하다가, 2009.3.14.경에야 원고가 사건본인과 함께 스페인으로 출국하여 그때부터 스페인에서의 혼인생활이 시작된 사실, 원고와 피고는 피고가 스페인 여성과 부정한 행위를 하였다는 이유로 다투었고, 원고는 2011.6.29. 사건본인과 함께 우리나라에 돌아와 현재까지 우리나라에 거주하면서 사건본인을 양육하고 있는 사안에서, ① 국제재판관할권은 배타적인 것이 아니라 병존할 수 있는 것이므로, 스페인 법원이 우리나라 법원보다 심리에 더 편리하다는 것만으로 우리나라 법원의 재판관할권을 쉽게 부정하여서는 곤란하고, 원고가 우리나라 법원에서 재판을 받겠다는 의사를 명백히 표명하여 재판을 청구하고 있는 점도 고려하여야 하는 점, ② 원고 및 사건본인이 우리나라 국적을 가지고 있고, 사건본인이 우리나라에서 출생하여 현재 우리나라 유치원에 다니고 있으며, 결혼식과 혼인신고가 원·피고가 우리나라에 거주할 때 이루어졌으므로 피고 역시 이혼소송이 우리나라에서 제기될 수 있음을 예측할 수 있었다고 보이는 점, ③ 원고는 혼인기간 내내 사건본인과 함께 우리나라에 주민등록이 되어 있었고, 실제 혼인 중 상당기간 우리나라에서 거주하였을 뿐만 아니라, 2011.6.29.경부터 현재까지 우리나라에서 생활하고 있어 원고의 상거소가 우리나라에 존재하는 점, ④ 국제사법 제39조 단서[개정 국제사법 제66조 단서]는 이혼의 준거법을 정함에 있어 "부부 중 일방이 우리나라에 상거소가 있는 우리나라 국민인 경우에는 이혼은 우리나라 법에 의한다."고 규정하고 있어 이 사건 소송의 준거법은 우리나라 법이 되므로, 우리나라 국민인 원고의 이익을 위해서도 우리나라 법원에 재판관할권을 인정할 필요가 있는 점, ⑤ 원고의 이 사건 청구에는 우리나라 국적을 가지고, 우리나라에 거주하며, 우리나라 국민에 의하여 양육되고 있는 사건본인에 대한 친권자 및 양육자 지정청구도 포함되어 있는데, 그러한 사항까지도 우리나라 법원이 관할할 수 없다는 것은 우리나라 국민에 대한 법의 보호를 포기하는 결과가 되는 점, ⑥ 피고가 소유하고 있는 재산이 우리나라 내에 존재하고, 원고가 위 재산을 가압류한 상황에서 원고의 위자료 및 재산분할청구의 실효성 있는 집행을 위해서도 우리나라 법원에 이혼소송을 제기할 실익이 있는 점 등의 사정을 근거로 원고의 이 사건 청구는 우리나라와 실질적 관련성이 있으므로 우리나라 법원에 국제재판관할권이 인정된다고 판단한 사안.

관련판례 **대법원 2014.4.10. 선고 2012다7571**

일본국에 주소를 둔 재외동포 갑이 일본국에 주소를 둔 재외동포 을을 상대로 3건의 대여금채무에 대한 변제를 구하는 소를 우리나라 법원에 제기한 사안에서, 이 사건 대여금 청구 중 2003.9.11.자 5백만 엔은 피고가 공동대표이사인 주식회사 원우주택이 추진하던 순천시 문화테마파크 개발 등 사업과 관련하여 지급된 돈으로 채권의 발생 자체가 우리나라 내 개발사업과 직접 관련이 있고, 원고가 가압류집행한 피고 소유의 부동산 역시 위 개발사업의 부지로서 당해 재산과 분쟁의 사안 사이에 실질적 관련도 있음을 알 수 있다. 또한 이 사건 대여금 청구 중 2003.10.9.자 2천만 원은 원고가 우리나라 내 거주자인 소외인 명의의 계좌로 2천만 원에 해당하는 일본국 돈 1,938,699엔을 송금한 후 우리나라 수표로 인출된 돈인 사실을 알 수 있으므로, 돈의 수령 및 사용 장소가 우리나라이고 수령인도 우리나라 내 거주자라는 점에서 위 2천만 원 청구 역시 우리나라와 실질적 관련이 있다고 할 것이다. 따라서 위 5백만 엔 및 2천만 원 청구는 당해 분쟁의 사안과 우리나라 사이에 실질적 관련성이 있어 우리나라 법원에 국제재판관할권을 인정함이 상당하다.

관련판례 **대법원 2013.7.12. 선고 2006다17539**

선정자들은 제2차 베트남전쟁 동안 우리나라 군대의 구성원으로 베트남에 파병되어 복무한 베트남전 참전군인들 또는 그 유족들로서 모두 국내에 거주하는 우리나라 국민인 점, 선정자들은 베트남전 동안 복무지역에 살포된 고엽제에 노출되어 귀국한 후 우리나라에서 질병이 발생하였다고 주장하며 그 당시 고엽제를 제조·판매한 피고들을 상대로 제조물책임을 묻는 이 사건 소를 제기한 점, 피고들은 우리나라 군인들이 베트남전에 참전하는 사실을 알고 있었으므로 베트남에서 살포된 고엽제에 노출된 우리나라 군인들이 귀국한 후 질병이 발생할 경우 우리나라에서 피고들을 상대로 제조물책임을 묻는 소를 제기할 수 있음을 충분히 예견할 수 있었던 점, 베트남전 참전군인들의 베트남전 복무 및 그 발생 질병에 관한 자료들이 모두 우리나라에 있고 피고들이 우리말로 번역하여야 한다고 주장하는 외국 자료의 분량에 비하여 월등히 많으며, 손해액 산정에 필요한 자료 또한 우리나라에서 수집하는 것이 편리한 점, 우리나라는 베트남전 참전국가로서 참전 중의 행위로 발생한 우리나라 군대 구성원의 질병에 관한 분쟁에 관하여 정당한 이익이 있는 점 등 여러 사정을 참작하여, 분쟁이 된 사안의 손해발생지 겸 당사자의 생활근거지인 우리나라는 이 사건의 사안 및 당사자와 실질적 관련성이 있으므로, 우리나라 법원은 이 사건 소에 관하여 국제재판관할권을 가진다고 판단한 원심은 정당하다.

관련판례 대법원 2012.5.24. 선고 2009다22549

피고는 일본법에 의하여 설립된 일본 법인으로서 그 주된 사무소를 일본국 내에 두고 있으나, 1987년경 부산 중구 중앙동 4가 53-11 소재 동아일보빌딩 8층에 피고의 우리나라 내 업무 진행을 위한 부산 연락사무소를 설치하여 일본인 직원 1명을 비롯한 5명의 직원을 두었고, 원고 등이 이 사건 소송을 제기할 당시 위 부산 연락사무소가 존재하고 있었던 점, 이 사건 청구 중 불법행위로 인한 손해배상청구는 구 미쓰비시가 일본국과 함께 원고 등을 강제징용한 후 강제노동을 시킨 일련의 행위가 불법행위이고 피고는 구 미쓰비시의 원고 등에 대한 법적 책임을 그대로 부담한다고 주장하는 것인데, 우리나라는 위와 같은 일련의 불법행위 중 일부가 이루어진 불법행위지인 점, 원고들이 이 사건에서 주장하는 사실을 뒷받침하는 일본 내의 물적 증거는 거의 멸실된 반면 피해자인 원고 등이 모두 우리나라에 거주하고 있고, 사안의 내용이 우리나라의 역사 및 정치적 변동 상황 등과 밀접한 관계가 있는 점 등을 알 수 있다.

위와 같은 사정들에 이 사건 청구 중 불법행위로 인한 손해배상청구와 미지급 임금 지급청구 사이에는 객관적 관련성이 인정되는 점 등을 더하여 앞서 본 법리에 비추어 살펴보면, 우리나라는 이 사건의 당사자 및 분쟁이 된 사안과 실질적 관련성이 있다고 할 것이고, 따라서 우리나라 법원은 이 사건에 대하여 국제재판관할권을 가진다.

관련판례 대법원 2010.7.15. 선고 2010다18355

2002년 김해공항 인근에서 발생한 중국 항공기 추락사고로 사망한 중국인 승무원의 유가족이 중국 항공사를 상대로 우리나라 법원에 손해배상청구소송을 제기한 사안에서, 민사소송법상 토지관할권, 소송당사자들의 개인적인 이익, 법원의 이익, 다른 피해유가족들과의 형평성 등에 비추어 위 소송은 우리나라와 실질적 관련이 있다고 보기에 충분하므로, 우리나라 법원의 국제재판관할권을 인정할 수 있다.

관련판례 대법원 2008.5.29. 선고 2006다71908

우리나라 회사가 일본 회사에게 러시아에서 선적한 냉동청어를 중국에서 인도하고, 인도지인 중국에서 청어 더미의 일정 수량을 해동시켜 최종적으로 검품을 한 결과에 따라 임시가격과 최종가격의 차액을 정산하기로 하였기 때문에, 중국에서 이 사건 청어에 대하여 최종적인 검품이 이루어졌는지 여부 및 그 결과가 무엇인지가 주로 문제되고 있으므로 분쟁이 된 사안과 가장 실질적 관련이 있는 법원은 이 사건 청어의 인도지로서 최종 검품의 예정지였던 중국 법원이었다고 할 것이나, 앞서 본 바와 같이 피고가 원고를 상대로 하여 중국 법원에 제기한 소가 각하되었고, 청어에 포함된 성자(청어알 중 완전한 형태를 갖춘 것)의 비율을 직접 확인할 수 있는 증거인 이 사건 청어가 더 이상 존재하지 않으며, 피고가 이 사건 청어를 인도받고 처분해 버린 시점으로부터 약 5년이 경과하여 이제 와서 우리나라 법원의 국제재판관할을 부정한다면 당사자의 권리구제를 도외시하는 결과를 야기할 수 있는 점, 피고가 이 사건 본소에 대하여 반소를 제기하고 있으므로, 원 · 피고 사이의 분쟁을 종국적으로 일거에 해결할 필요성이 있는 점, 원고가 우리나라 회사로서 우리나라에서 계약의 체결과 관련된 서류를 팩스로 전송받는 방법으로 이 사건 계약을 체결하였고, 이 사건 정산금을 송금받기로 한 곳이 우리나라인 점 등을 고려할 때, 우리나라에도 당사자 또는 분쟁이 된 사안과 실질적 관련이 있다고 할 것이고, 따라서 우리나라 법원에 국제재판관할권을 인정할 수 있다고 할 것이다.

관련판례 대법원 2006.5.26. 선고 2005므884

미합중국 미주리 주에 법률상 주소를 두고 있는 미합중국 국적의 남자(원고)가 우리나라 국적의 여자(피고)와 우리나라에서 혼인 후, 미합중국 국적을 취득한 피고와 거주기한을 정하지 아니하고 우리나라에 거주하다가 피고를 상대로 이혼, 친권자 및 양육자지정 등을 청구한 사안에서, 원 · 피고 모두 우리나라에 상거소(常居所)를 가지고 있고, 혼인이 우리나라에서 성립되었으며, 그 혼인생활의 대부분이 우리나라에서 형성된 점 등을 고려하면 위 청구는 우리나라와 실질적 관련이 있다고 볼 수 있으므로 국제사법 제2조 제1항의 규정에 의하여 우리나라 법원이 재판관할권을 가진다고 할 수 있고, 원·피고가 선택에 의한 주소(domicile of choice)를 우리나라에 형성했고, 피고가 소장 부본을 적법하게 송달받고 적극적으로 응소한 점까지 고려하면 국제사법 제2조 제2항에 규정된 '국제재판관할의 특수성'을 고려하더라도 우리나라 법원의 재판관할권 행사에 아무런 문제가 없다.

관련판례 대법원 2005.1.27. 선고 2002다59788

국제재판관할을 결정함에 있어서는 당사자 간의 공평, 재판의 적정, 신속 및 경제를 기한다는 기본이념에 따라야 할 것이고, 구체적으로는 소송당사자들의 공평, 편의 그리고 예측가능성과 같은 개인적인 이익뿐만 아니라 재판의 적정, 신속, 효율 및 판결의 실효성 등과 같은 법원 내지 국가의 이익도 함께 고려하여야 할 것이며, 이러한 다양한 이익 중 어떠한 이익을 보호할 필요가 있을지 여부는 개별 사건에서 법정지와 당사자와의 실질적 관련성 및 법정지와 분쟁이 된 사안과의 실질적 관련성을 객관적인 기준으로 삼아 합리적으로 판단하여야 할 것이다.

우리나라 내에 주소를 두고 영업을 영위하는 자가 미국의 도메인 이름 등록기관에 등록·보유하고 있는 도메인 이름에 대한 미국의 국가중재위원회의 이전 판정에 불복하여 제기한 소송에 관하여 분쟁의 내용이 우리나라와 실질적 관련성이 있기 때문에 우리나라 법원의 국제재판관할권이 인정된다.

II. 일반관할

1. 일반원칙

피고는 보통 자신의 주소(domicile)가 있는 국가의 법원에서 제소 대상이 된다. 이것은 내국적 사건이거나 섭외적 사건이거나 동일하다.[17] 대륙법계 국가에서 피고의 주소지에 기초한 재판관할권은 유스티니안 법전에서 처음으로 규정되었으며 "피고는 자신의 주소지가 있는 국가에서 제소된다"(actor sequitur forum rei)는 원칙에서 발전되어 왔다. 피고의 주소지를 재판관할권의 일반적 기초로 하

17) 국제재판관할권을 규율하는 규정이 아니라 보통재판적에 관한 규정이기는 하지만 우리나라 민사소송법 제2조는 "소는 피고의 보통재판적이 있는 곳의 법원이 관할한다"고 규정하고 있다.

는 이 원칙은 피고가 자신이 거주하는 국가의 법원보다 외국의 법원에서 자신을 방어하는 것이 더 어렵다는 사실에 근거해서 피고를 보호하는 취지를 갖는다. 이 원칙은 미국이나 영국 등 영미법계 국가에서도 성문법이나 판례법에 의하여 일반적으로 인정되고 있다.

주소에 대한 정확한 정의는 국가마다 다르지만 일반적으로 자연인을 특정 장소에 연결하는 연결점을 의미한다. 법인의 경우에 그 주소는 법인의 소재지(seat)로서, 회사의 설립지나 주 경영진이 소재하는 사무소 소재지, 또는 회사가 운영되는 중심적인 위치인 영업소 등을 의미한다. 최근에는 각국의 입법례나 국제협약에서 주소라는 법적 개념 대신에 일상거소라는 사실적 개념을 사용하는 추세이다. 이는 우리나라 국제사법도 마찬가지이다.

참고로 1973년 2월 1일에 발효된「민사 및 상사문제에 있어서 재판관할권 및 판결의 집행에 관한 EC협약」(EC Convention on Jurisdiction and the Enforcement of Judgments in Civil and Commercial Matters: 브뤼셀협약)과 이를 대체하기 위해서 유럽연합 이사회가 제정하여 2002년 3월 1일 발효된「민사 및 상사문제에 있어서 재판관할권 및 판결의 승인과 집행에 관한 유럽연합 이사회규칙」[Council Regulation (EC) No 44/2001 of 22 December 2000 on Jurisdiction and the Recognition and Enforcement of Judgments in Civil and Commercial Matters: 브뤼셀규칙]은 회원국에 주소를 가지는 자에 대해서 다른 회원국 법원이 일반재판관할권을 가짐을 규정함으로써 피고의 주소지에 기초한 재판관할권을 유럽연합 회원국 전체에게로 확대하고 있다(브뤼셀협약 제2조 및 브뤼셀규칙 제2조).

한편 피고가 법정지국에 잠깐 체류하고 있을 뿐인 때에도 그에 대해서 재판관할권을 인정할 것인지에 대해서는 논란이 있다. 예를 들어 영국이나 미국은 법정지국에 일시적으로 체류할 뿐인 자에 대해서도 재판관할권을 인정하고 있는 데 반해서,[18] 브뤼셀규칙은 이러한 경우에 재판관할권을 인정할 수 없도록 하였다(브뤼셀규칙 부속서 I).

---

18) *Burnham v. Superior Court of California,* 495 U.S. 604 (1990). 이 사건에서 미국 연방대법원은 뉴저지주에 거주하는 자로서 자녀를 만나기 위해 캘리포니아주의 샌프란시스코를 잠깐 방문한 자에 대해서 캘리포니아주의 재판관할권을 인정하였다.

2. 국제사법 규정

국제사법은 제3조 제1항에서 “우리나라에 일상거소(habitual residence)가 있는 사람에 대한 소(訴)에 관하여는 법원에 국제재판관할이 있다”고 규정함으로써 일상거소에 기한 일반관할을 인정하였다. 일상거소가 어느 국가에도 없거나 일상거소를 알 수 없는 사람에 대해서는 그의 거소가 우리나라에 있는 경우에 일반관할이 인정된다.[19)]

국제사법 제3조 제2항은 대사(大使)·공사(公使), 그 밖에 외국의 재판권 행사대상에서 제외되는 대한민국 국민에 대해서는 대한민국에 일상거소 또는 거소가 없는 경우에도 일반관할을 인정한다. 만약 이들에 대해서 우리나라에 일상거소 또는 거소가 없다는 근거로 일반관할을 부인한다면 이들에 대해서는 어디에서도 소를 제기할 수 없다는 부당한 결과가 초래되기 때문이다. 우리나라 민사소송법도 같은 취지에서 제4조에서 “대사(大使)·공사(公使), 그 밖에 외국의 재판권 행사대상에서 제외되는 대한민국 국민”이 보통재판적이 없는 경우에 대비한 규정을 두고 있다.

또한 국제사법 제3조 제3항은 “주된 사무소·영업소 또는 정관상의 본거지나 경영의 중심지가 대한민국에 있는 법인 또는 단체와 대한민국 법에 따라 설립된 법인 또는 단체에 대한 소에 관하여는 법원에 국제재판관할이 있다”고 규정하고 있다. 즉 법인 또는 단체에 대해서는 그의 설립지, 주된 사무소나 영업소 소재지, 정관상의 본거지 또는 경영의 중심지에 기초해서 일반관할을 인정한 것이다.

참고로 우리나라 민사소송법은 제5조 제1항에서 법인 등의 보통재판적에 관해서 “법인, 그 밖의 사단 또는 재단의 보통재판적은 이들의 주된 사무소 또는 영업소가 있는 곳에 따라 정하고, 사무소와 영업소가 없는 경우에는 주된 업무담당자의 주소에 따라 정한다”고 규정함으로써 주된 사무소 또는 영업소만을 연결점으로 사용하고 있다. 국제사법은 민사소송법상의 연결점에 더하여 우리나라에서 설립된 법인 또는 단체에 대해서도 대한민국 법원이 국제재판관할권을 갖도록 한 것이다.

---

19) 민사소송법은 제2조에서 “소(訴)는 피고의 보통재판적(普通裁判籍)이 있는 곳의 법원이 관할한다”고 규정하고, 이어서 제3조에서 “사람의 보통재판적은 그의 주소에 따라 정한다”고 규정하고 있다.

Ⅲ. 사무소 · 영업소 소재지 등에 기초한 특별관할

국제사법 제4조 제1항은 "대한민국에 사무소·영업소가 있는 사람 · 법인 또는 단체에 대한 대한민국에 있는 사무소 또는 영업소의 업무와 관련된 소는 법원에 제기할 수 있다"고 규정하고 있다. 즉 국제사법 제3조에 따른 일반관할이 인정되지 않는 사람이나 법인 또는 단체에 대해서도 그가 우리나라에 사무소나 영업소를 두고 있는 경우에는 그 사무소 또는 영업소의 업무와 관련된 소에 관한 한, 재판관할이 인정되는 것이다.[20] 이 규정의 해석상 사무소 · 영업소는 제3조 제1항의 경우와는 달리 주된 사무소 또는 영업소일 필요는 없고, 지배인이 있는 지점과 같이 독립하여 업무의 전부 또는 일부가 총괄적으로 처리되는 장소인 것으로 충분할 것이다.

또한 국제사법 제4조 제2항은 "대한민국에서 또는 대한민국을 향하여 계속적이고 조직적인 사업 또는 영업활동을 하는 사람 · 법인 또는 단체에 대하여 그 사업 또는 영업활동과 관련이 있는 소는 법원에 제기할 수 있다"고 규정하고 있다. 즉 우리나라에 사무소 또는 영업소가 없어서 제4조 제1항에 기초한 특별관할이 인정되지 않는다고 할지라도, 우리나라에서 또는 우리나라를 향하여 일정한 수준에 이르는 사업 또는 영업활동을 하는 사람이나 법인에 대해서는 그 사업 또는 영업활동과 관련된 소에 관한 한, 역시 재판관할이 인정되는 것이다.

Ⅳ. 재산소재에 기초한 특별관할

1. 일반원칙

피고의 재산도 국제재판관할권의 기초가 되는 경우가 있다. 단순히 피고의 재산이 특정 국가에 소재하고 있다는 이유만으로 그 국가에 대해서 일반재판관할권을 인정하는 것은 타당하지 않을 것이다. 그러나 부동산을 둘러싼 분쟁과 같이

---

20) 참고로 민사소송법은 제12조에서 사무소·영업소가 있는 곳의 특별재판적과 관련하여 "사무소 또는 영업소가 있는 사람에 대하여 그 사무소 또는 영업소의 업무와 관련이 있는 소를 제기하는 경우에는 그 사무소 또는 영업소가 있는 곳의 법원에 제기할 수 있다"고 규정하고 있다.

재산과 원고의 청구 간에 일정한 관련이 존재한다든지 아니면 최소한 재산이 분쟁과 일정한 관련을 갖는 경우에는 재산에 기초한 특별재판관할권을 인정하는 것이 타당할 것이다. 예를 들어 브뤼셀규칙은 부동산에 대한 물권이나 부동산에 대한 임차권에 관한 소송에 대해서는 그 부동산이 소재하는 회원국의 법원이 전속적 재판관할권을 가짐을 규정하고 있다(브뤼셀규칙 제22조 제1항).

2. 국제사법 규정

국제사법 제5조는 어떤 재산 이 대한민국에 소재하는 경우에 그 재산을 둘러싼 재산권에 관한 소에 대해서 대한민국 법원에 재판관할을 인정한다. 즉 피고가 대한민국에 일상거소 또는 주된 사무소 · 영업소 등을 두고 있지 않아서 제3조에 따른 일반관할이 인정되지 아니하는 경우에도 재산이 대한민국에 소재하는 때에는 그 재산과 관련한 소에 대해서는 대한민국 법원에 특별재판관할을 인정하는 것이다. 이는 생활근거지가 국내에 있는 않은 자에 대한 원고의 권리실현을 가능하게 하기 위한 것이다.[21]

우선 국제사법 제5조 1호는 청구의 목적 또는 담보의 목적인 재산이 우리나라에 있는 경우에 우리나라 법원에 재판관할을 인정한다.

또한 국제사법 제5조 2호는 압류할 수 있는 피고의 재산이 우리나라에 있는 경우에도 우리나라 법원에 재판관할을 인정하는데, 다만 이 경우 분쟁이 된 사안이 우리나라와 아무런 관련이 없거나 근소한 관련만 있는 경우 또는 그 재산의 가액이 현저하게 적은 경우에는 문제의 사안과 우리나라 간에 실질적 관련성을 인정할 수 없을 것이므로 재판관할을 인정하지 않는다.[22]

---

21) 정동윤 · 유병현 · 김경욱(주16), 법문사, 149면.

22) 민사소송법 제11조는 재산이 있는 곳의 특별재판적과 관련하여 "대한민국에 주소가 없는 사람 또는 주소를 알 수 없는 사람에 대하여 재산권에 관한 소를 제기하는 경우에는 청구의 목적 또는 담보의 목적이나 압류할 수 있는 피고의 재산이 있는 곳의 법원에 제기할 수 있다"고 규정하고 있다.

Ⅴ. 상호 관련 있는 사건의 관할

국제사법 제6조는 복수의 청구가 있고, 그중 한 청구에 대해서 대한민국 법원에 국제재판관할이 있는 경우로서 이들 청구 간에 일정한 관련성이 인정되는 때에는 다른 청구에 대해서도 재판관할을 인정한다.

먼저 제6조 제1항은 여러 개의 청구가 있고, 그중 하나에 대하여 우리나라 법원에 국제재판관할이 있는 경우로서 이들 청구 간의 상호 밀접한 관련성이 인정되는 때에는 이들 청구를 하나의 소로 병합하여 우리나라 법원에 제기하는 것을 허용한다. 이처럼 복수의 청구가 있는 경우에 관련 관할을 인정한 것은 피고로서는 어차피 한 청구에 관할을 갖는 법원에 출석하여 소송에 응해야 하므로 이와 병합심리되는 다른 청구에 대하여 관할을 인정한다 해서 특별히 불이익을 당하는 것이 없고, 오히려 복수의 법원에서 복수의 소송에 응하는 경우보다 편리할 수도 있기 때문이다. 다른 한편, 관련 관할의 인정은 원고에게는 청구의 병합을 쉽게 할 수 있어 소 진행상의 편의를 제공하고, 또한 법원에 대해서는 당사자 사이의 분쟁을 통일적으로 해결함으로써 소송경제를 도모할 수 있는 기회를 제공한다.[23)]

공동소송의 경우에 우리나라 법원이 그중 1인에 대해서 일반관할을 갖는다고 해서 다른 피고에 대해서도 당연히 재판관할을 갖는 것은 아니다. 그러나 제6조 제2항은 공동피고 가운데 1인의 피고에 대하여 법원이 제3조에 따른 일반관할을 가지는 경우에 그 피고에 대한 청구와 다른 공동피고에 대한 청구 사이에 밀접한 관련이 있어서 모순된 재판의 위험을 피할 필요가 있다고 인정되는 때에는 그 경우에 한해 공동피고에 대한 소를 하나의 소로 병합하여 우리나라 법원에 제기하는 것을 허용한 것이다. 공동소송의 경우에 관련 관할을 인정한 것은 당사자들 간에 실질적 관련성이 있는 경우에 이를 단일한 절차에서 한 번에 해결하는 것이 피고와 원고 모두에게 유리하고, 법원으로서도 당사자 간 분쟁을 한 번에 해결함으로써 재판의 통일성을 유지하고 소송경제를 도모할 수 있기 때문이다.[24)]

---

23) 민사소송법 제25조 제1항은 “하나의 소로 여러 개의 청구를 하는 경우에는 제2조 내지 제24조의 규정에 따라 그 여러 개 가운데 하나의 청구에 대한 권할권이 있는 법원에 소를 제기할 수 있다”고 규정하고 있다.

24) 민사소송법 제25조 제2항은 “소송목적이 되는 권리나 의무가 여러 사람에게 공통되거나 사실상 또는 법률상 같은 원인으로 말미암아 그 여러 사람이 공동소송인(共同訴訟人)으로서 당사자가 되는 경우에는 제1항의 규정을 준용한다”고 규정하고 있다.

한편 혼인이나 친자관계 등 친족관계 관련 사건의 경우에는 이혼이나 친자관계 등 주된 청구에 더하여, 재산분할, 위자료 청구, 친권자 지정, 부양의 청구 등 부수적 청구가 수반되는 경우가 대부분이다. 이러한 사정을 고려하여 제6조 제3항은 ① 혼인관계 사건, ② 친생자관계 사건, ③ 입양관계 사건, ④ 부모 · 자녀 간 관계 사건, ⑤ 부양관계 사건 및 ⑥ 후견관계 사건의 경우에 친권자 · 양육자 지정, 부양료 지급 등 그 주된 청구에 대하여 대한민국 법원에 국제재판관할이 인정되는 때에는 그 부수적 청구에 대해서도 대한민국 법원에 소를 제기할 수 있도록 함으로써 관련된 사안에 대해서 일관된 해결을 도모한다. 그러나 거꾸로 부수적 청구에 대해서만 재판관할이 인정되는 경우에 이를 근거로 그 주된 청구에 대해서도 재판관할을 인정하는 것은 주종이 바뀐 경우로서 인정할 수 없는 것은 당연하다. 제6조 제4항은 "제3항 각 호에 따른 사건의 주된 청구에 부수되는 부수적 청구에 대해서만 법원에 국제재판관할이 있는 경우에는 그 주된 청구에 대한 소를 법원에 제기할 수 없다"고 규정함으로써 이를 분명히 하였다.

VI. 반소관할

반소는 소송 계속 중에 피고가 그 소송절차를 이용하여 원고에 대하여 제기하는 소이다. 반소는 일반적으로 원고에게 청구의 병합과 청구의 변경이 인정되는 것에 대응하여 피고에게도 원고에 대한 청구의 심판을 위하여 본소의 절차를 이용할 수 있도록 하는 것이 공평하고, 서로 관련된 청구이면 이를 동일한 소송절차에서 심판하는 것이 소송경제를 도모할 수 있도록 하고, 또한 재판의 불통일도 피할 수 있도록 해 주기 때문이다.[25]

국제사법 제7조는 "본소(本訴)에 대하여 법원에 국제재판관할이 있고 소송절차를 현저히 지연시키지 아니하는 경우 피고는 본소의 청구 또는 방어방법과 밀접한 관련이 있는 청구를 목적으로 하는 반소(反訴)를 본소가 계속(係屬)된 법원에 제기할 수 있다"고 규정하고 있다. 즉 피고는 반소를 제기하고자 하는 경우에

25) 정동윤 · 유병현 · 김경욱(주16), 998면. 일반적으로 상계 · 동시이행의 항변 등은 단순한 방어방법이지, 그 자체로는 반소라고 할 수 없다. 그러나 피고가 상계로 대항하고 남은 잔액 또는 자기의 쌍무계약 상의 채권에 기초해서 적극적으로 지급을 구한다고 하면, 이는 반소로 될 것이다.

① 그 청구가 본소의 청구 또는 방어방법과 밀접한 관련을 갖고, 또 ② 이를 본소의 법원에서 다루는 것이 본소의 소송절차를 현저히 지연시키지 아니하는 때에는 본소가 계속된 법원에 이를 제기할 수 있는 것이다.[26]

국제사법상 국제재판관할 규정 대부분이 대한민국 법원이 재판관할을 가지는 경우를 정한 일방적 관할 규정인 데 대하여, 제7조의 반소관할 규정은 제8조의 합의관할 규정과 함께 외국 법원이 재판관할을 가지는 경우도 정한 쌍방적 관할 규정이다.

Ⅶ. 합의관할

1. 일반원칙

피고가 외국의 법정에서 자신을 방어하겠다고 하는 경우에 이를 굳이 제한할 이유는 없다. 또한 계약의 내용에 법정지선택조항(choice-of-forum clause)을 포함시킴으로써 미리 외국의 법정에서 방어하겠다는 의사를 명시적으로 표시했다면 이러한 약속은 계약의 일부로서 집행되어야 할 것이다. 영미법계 국가와 대륙법계 국가에서 모두 합의에 기초한 국제재판관할권(consent-based jurisdiction)을 인정하고 있다. 특히 미국 연방대법원은 법정지선택에 관한 합의에 대해서 일반적으로 효력을 인정하면서, 합의된 법정지가 당사자나 또는 분쟁이 된 사안과 실질적 관련을 가질 것을 요구하지도 않는다.[27] 국제재판관할권에 대해서 합의한 결과, 합의된 법원이 전속적 재판관할권을 갖는지 아니면 부가적 재판관할권을 갖는지 여부는 원칙적으로 당사자들의 의사에 따라 정해질 것이다.[28]

---

26) 민사소송법 제269조 제1항은 "피고는 소송절차를 현저히 지연시키지 아니하는 경우에만 변론을 종결할 때까지 본소가 계속된 법원에 반소를 제기할 수 있다. 다만, 소송의 목적이 된 청구가 다른 법원의 관할에 전속되지 아니하고 본소의 청구 또는 방어의 방법과 서로 관련이 있어야 한다"고 규정하여, 본소가 계속된 법원에 반소를 제기하기 위한 요건을 정하고 있는데, 국제사법 제7조의 요건과 동일하다.

27) *M/S Bremen v. Zapata Off-Shore Co.,* 407 U.S. 1 (1972).

28) 석광현, 『국제재판관할법: 2022년 개정 국제사법 해설』(박영사, 2022), 97면. 합의된 법원이 전속적 재판관할권을 갖는 경우에는 당사자 간 재판관할권에 관한 합의가 없었더라면 재판관할권을 가졌을 법원은 더 이상 재판관할권을 갖지 못할 것이지만, 합의된 법원이 부가적 재판관할권을 가질 뿐이라면 당사자 간 합의가 없었더라면 재판관할권을 가졌을 법

2005년에 제정된 「법정지선택합의에 관한 헤이그협약」(Hague Convention on Choice of Court Agreements)은[29] 국제사건에서 민사 또는 상사 문제와 관련해서 당사자 간 합의를 통해서 특정 국가에 배타적 또는 전속적 재판관할권을 부여하는 것을 허용한다(협약 제1조 및 제5조). 배타적 재판관할권에 관한 합의는 서면 또는 이에 준하는 방식으로 체결되어야 한다(협약 제3조 제c호). 배타적 법정지선택합의가 적용되는 경우에 선택되지 않은 체약국의 법원은 소의 진행을 중지하거나 또는 이를 각하해야 한다(협약 제6조). 법정지선택합의에 의해서 배타적 재판관할권을 부여받은 체약국의 법원에 의한 판결은 다른 체약국에서 승인되고 집행되어야 한다(협약 제8조). 그러나 법정지선택합의에 의해서 배타적 재판관할권을 부여받은 체약국의 법원에 의한 판결은, ① 법정지선택합의가 무효이거나, ② 집행을 요구받은 국가의 법에 의할 때 당사자가 법정지선택합의를 할 능력을 갖지 못하거나, ③ 소제기 사실이 피고에게 적절하게 통지되지 않았거나, ④ 그 판결이 절차와 관련해서 기망 등의 방법으로 취득되거나, ⑤ 그 판결의 승인이나 집행이 집행을 요구받은 국가의 공서에 명백히 반하거나, ⑥ 그 판결이 집행을 요구받은 국가에서 동일한 당사자 간 분쟁과 관련해서 내려진 판결과 모순되거나 또는 ⑦ 그 판결이 동일한 사안과 관련해서 동일한 당사자 간에 다른 국가에서 내려진 이전 판결과 모순되는 경우에는 그의 승인이나 집행이 거부된다(협약 제9조).

또한 브뤼셀규칙은 당사자가 일정한 방식에 의해서 특정 회원국의 법원이 자기들의 분쟁에 대해서 재판관할권을 가질 것을 합의한 때에는 그 법원이 재판관할권을 가짐을 규정하고 있다(브뤼셀규칙 제23조 제1항).

2. 국제사법 규정

국제사법 제8조 제1항은 "당사자는 일정한 법률관계로 말미암은 소에 관하여 국제재판관할의 합의(이하 이 조에서 '합의'라 한다)를 할 수 있다"고 규정함으로써

원은 여전히 재판관할권을 가질 것이다.

29) 이 협약은 헤이그국제사법회의(Hague Conference on Private International Law)에 의해 2005년 6월 30일에 제정되었다. 이 협약은 모두 34개 조항으로 구성되어 있고, 법정지선택합의 방식, 선택된 법정지 법원의 관할 및 선택된 법정지 법원에 의한 판결의 승인 및 집행 등에 관해 규정하고 있다. 이 협약은 2015. 10. 1. 발효되어 2022. 5. 10. 기준 가입한 국가 및 조직은 미국과 유럽연합을 포함하여 32개국에 이른다.

당사자 간 재판관할의 합의에 대해서 원칙적으로 그 효력을 인정한다. 그러나 그 합의가 효력을 갖기 위해서는 일정한 요건을 충족해야 하는데, 즉 ① 합의에 따라 국제재판관할을 가지는 국가의 법(준거법의 지정에 관한 법규를 포함한다)에 따를 때 그 합의가 효력을 가져야 하고, ② 합의를 한 당사자가 합의를 할 능력을 갖고 있어야 하고, ③ 대한민국의 법령 또는 조약에 따를 때 합의 대상이 된 소가 합의로 정한 국가가 아닌 다른 국가의 국제재판관할에 전속하지 아니하여야 하고 또한 ④ 합의의 효력을 인정하는 것이 소가 계속된 국가의 선량한 풍속이나 그 밖의 사회질서를 명백히 위반하는 것이 아니어야 한다. 이때 합의로 정해진 관할은 전속적인 것으로 추정한다(제8조 제3항).[30] 이 규정은 헤이그협약의 규정을 적극적으로 수용한 결과이다.

관할합의는 중재합의와 마찬가지로 반드시 서면으로 이루어져야 하는데, 제8조 제2항은 "합의는 서면[전보(電報), 전신(電信), 팩스, 전자우편 또는 그 밖의 통신수단에 의하여 교환된 전자적(電子的) 의사표시를 포함한다]으로 하여야 한다"고 규정함으로써 이를 분명히 하였다.

이처럼 당사자 간에 일정한 법률관계로 말미암은 소에 관하여 외국법원을 선택하는 전속적 합의가 있었음에도 불구하고 한 당사자가 대한민국 법원에 소를 제기하는 경우에 법원은 해당 소를 각하하여야 한다(제8조 제5항). 그러나 ① 합의가 제8조 제1항 각 호의 사유로 효력이 없거나, ② 제9조에 따라 변론관할이 발생하거나, ③ 합의에 따라 국제재판관할을 가지는 외국의 법원이 사건을 심리하지 아니하기로 하거나 또는 ④ 합의가 제대로 이행될 수 없는 명백한 사정이 있는 경우에는 그러하지 아니하다.

제8조 제4항은 관할합의의 효력과 관련하여, "합의가 당사자 간의 계약 조항의 형식으로 되어 있는 경우 계약 중 다른 조항의 효력은 합의 조항의 효력에 영향을 미치지 않는다"고 규정함으로써 관할합의를 포함한 계약이 전부 또는 일부 무효로 되거나 또는 해제되는 경우에도 관할합의 자체는 효력을 갖는다는 점을

---

30) 민사소송법 제29조도 당사자는 일정한 법률관계에 관해서 서면에 의한 합의를 통해서 제1심 관할법원을 정할 수 있도록 허용한다. 그러나 민사소송법의 합의관할 규정은 국내에서 재판적에 관한 합의에 대한 규정인 데 반해서, 국제사법 제8조의 합의관할 규정은 당사자 간 일정한 법률관계에 관해서 어느 국가가 재판관할권을 가질 것인지에 대한 합의를 규율하는 국제재판관할 규정이라는 점에서 양 규정에는 근본적인 차이가 있다.

분명히 하였다.

한편 제13조는 실종선고 등 사건의 특별관할(제24조), 혼인관계 및 친자관계에 관한 사건의 특별관할(제56조부터 제59조), 후견에 관한 사건의 특별관할(제61조), 가사조정사건의 특별관할(제62조), 유언에 관한 사건의 특별관할(제76조 제4항) 및 선박소유자 등의 책임제한사건의 특별관할(제89조) 등을 규율하는 규정에 따라 국제재판관할이 정하여지는 사건에 대해서는 합의관할을 인정하지 않는다. 이들 법률관계의 경우에는 당사자 일방의 보호 등 공익성이 커서 당사자 간 합의에 의해 원래의 재판관할을 배제하는 것이 타당하지 않기 때문이다.

Ⅷ. 변론관할

1. 일반원칙

변론관할은 피고가 관할 위반을 다투지 아니하고 본안에 대해서 변론함으로써 발생하는 재판관할이다.[31] 원래 변론관할은 재판관할이 없는 법원에 소가 제기되었음에도 불구하고, 피고가 이를 다투지 않고 변론하였다면, 피고는 소가 제기된 법원의 재판관할에 복종한 것으로 볼 수 있다는 근거에서 인정되는 재판관할이다. 또한 만일 피고가 본안에 대한 변론을 한 뒤에도 관할위반 항변의 제출이 허용된다면, 피고로서는 소 진행 추이에 따라 자기에게 유리한 때 임의로 항변을 제출할 것이므로 당사자 간의 공평이라는 국제재판관할 배분의 이념에도 반한다(제2조 제1항 참조).

브뤼셀규칙은 제24조에서 법원의 절차에 응소하는 경우에 그 응소가 동 법원의 재판관할권의 흠결을 주장하기 위한 것이 아니라면 그 법원은 재판관할권을 가진다고 규정하고 있다. 브뤼셀규칙은 피고의 응소에 의한 재판관할권의 인정을 관할의 합의에 관한 부분에서 규정하고 있는바, 이는 브뤼셀규칙이 피고의 응소를 재판관할권에 관한 묵시적 합의의 한 형태로 보고 있음을 보여 준다.

---

31) 민사소송법 제30조는 "피고가 제1심 법원에서 관할위반이라고 항변(抗辯)하지 아니하고 본안(本案)에 대하여 변론(辯論)하거나 변론준비기일(辯論準備期日)에서 진술하면 그 법원은 관할권을 가진다"고 규정하고 있다.

2. 국제사법 규정

국제사법 제9조는 "피고가 국제재판관할이 없음을 주장하지 아니하고 본안에 대하여 변론하거나 변론준비기일에서 진술하면 법원에 그 사건에 대한 국제재판관할이 있다"고 규정함으로써 변론관할을 명시적으로 인정한다. 다른 법원이 전속관할을 가지는 때에는 변론관할이 인정되지 않을 것은 당연하다.

한편 합의관할의 경우와 마찬가지로, 제13조는 실종선고 등 사건의 특별관할(제24조), 혼인관계 및 친자관계에 관한 사건의 특별관할(제56조부터 제59조), 후견에 관한 사건의 특별관할(제61조), 가사조정사건의 특별관할(제62조), 유언에 관한 사건의 특별관할(제76조 제4항) 및 선박소유자 등의 책임제한사건의 특별관할(제89조) 등을 규율하는 규정에 따라 국제재판관할이 정하여지는 사건에 대해서는 변론관할을 인정하지 않는다. 합의관할의 경우와 같은 취지에서 이들 법률관계의 경우에는 당사자 일방의 보호 등 공익성이 커서 법원에 출석해서 변론 또는 진술하였다고 해서 원래의 재판관할을 배제하는 것은 타당하지 않기 때문이다.

IX. 전속관할

1. 일반원칙

소송의 대상인 분쟁의 성질상 특정 국가가 당해 분쟁을 처리하기에 가장 적절한 지위에 있는 경우가 있다. 이러한 경우에는 국제재판관할 배분의 일반기준을 벗어나 그 특정한 국가로 하여금 배타적으로 당해 분쟁을 처리할 수 있도록 전속관할(exclusive jurisdiction)을 인정하는 것이 오히려 바람직한 경우가 있다.

이러한 이유에서, 브뤼셀 규칙은 제22조에서 전속관할에 관한 규정을 두고 있는바, ① 부동산에 대한 물권 또는 부동산의 임대차에 관한 소에 대해서는 그 부동산이 소재한 국가, ② 회사나 기타 다른 법인 또는 단체의 설립의 유효성, 그 무효나 청산, 또는 그 법인 또는 단체의 기관의 결정의 유효성에 관한 소에 대해서는 그러한 법인 또는 단체의 소재지국(이때 소재지의 결정은 법정지의 국제사법에 따른다), ③ 공적 장부상의 기재의 유효성에 관한 소에 대해서는 그 공적 장부를 관리하는 국가, ④ 특허, 상표, 의장이나 기타 다른 지식재산권에 관한 소에 대해서는 그 지식재산권이 등록된 국가 또는 조약 등에 의해 등록이 인정되는 국가 및 ⑤ 재판의 집행에 관한 소에 대해서는 그 재판이 집행되거나 집행될 국가 등에 전속관할을 인정한다.

2. 국제사법 규정

국제사법은 제10조에서 전속관할에 관하여 비교적 상세한 규정을 두고 있다. 제10조 제1항은 ① 대한민국의 공적 장부의 등기 또는 등록에 관한 소 (다만, 당사자 간의 계약에 따른 이전이나 그 밖의 처분에 관한 소로서 등기 또는 등록의 이행을 청구하는 경우는 제외한다), ② 대한민국 법령에 따라 설립된 법인 또는 단체의 설립 무효, 해산 또는 그 기관의 결의의 유효 또는 무효에 관한 소, ③ 대한민국에 있는 부동산의 물권에 관한 소 또는 부동산의 사용을 목적으로 하는 권리로서 공적 장부에 등기나 등록이 된 것에 관한 소, ④ 등록 또는 기탁에 의하여 창설되는 지식재산권이 대한민국에 등록되어 있거나 등록이 신청된 경우 그 지식재산권의 성립, 유효성 또는 소멸에 관한 소 및 ⑤ 대한민국에서 재판의 집행을 하려는 경우 그 집행에 관한 소 등의 경우에는 대한민국 법원이 전속관할을 가진다는 것을 규정하고 있다. 이 규정은 브뤼셀 규칙의 입법태도를 적극적으로 수용한 결과이다.

다른 한편, 국제사법은 대한민국의 법령 또는 조약에 따른 국제재판관할의 원칙상 외국법원에 전속관할이 있는 경우에 대해서 제10조 제2항에서 국제사법상 ① 일반관할(제3조), ② 사무소 · 영업소 소재지 등의 특별관할(제4조), ③ 재산소재지의 특별관할(제5조), ④ 관련사건의 관할(제6조), ⑤ 반소관할(제7조) 및 ⑥ 변론관할(제9조) 등의 규정을 적용하지 않는다고 함으로써 외국법원의 전속관할에 대해서 우선적 효력을 인정하였다.

국제사법 제10조 제1항이 일정한 사안에 대해서 대한민국 법원에 전속관할을 인정하는 결과, 이에 속하는 사항이 다른 소의 선결문제가 되는 경우에 본문제에 대해서 재판관할을 갖는 외국법원이 제10조 제1항의 규정에도 불구하고 이를 선결문제로서 다루는 것이 허용되는지 여부가 문제된다. 국제사법 제10조 제3항은 이러한 경우에 대해서 제1항이 적용되지 않는다고 함으로써 외국법원이 이를 선결문제로서 다루는 것을 허용하였다.

X. 국제적 소송경합

국제재판관할의 원칙상 단일한 사안에 대해서 복수의 국가가 재판관할을 갖는 것이 얼마든지 가능하다. 따라서 동일한 사안에 대해서 동일 당사자 간에 복수의 국가에서 소가 제기될 가능성이 상존하고, 실제로 여러 국가에서 복수의 소가 제기된 경우에 이를 어떻게 조정하고 해결할 것인가는 중요한 문제이다.[32)]

이러한 국제적 소송경합의 문제와 관련하여, 브뤼셀규칙은 제27조에서 ① 동일한 사안과 관련하여 동일한 당사자 간의 소가 회원국 법원에 제기된 경우에 다른 회원국 법원은 직권으로 소가 제기된 회원국 법원의 재판관할권이 확정될 때까지 소송절차를 중지해야 할 것과, ② 소가 제기된 회원국 법원의 재판관할권이 확정된 경우에는 그 회원국 외 다른 모든 회원국 법원은 재판관할권의 행사를 포기할 것을 규정하고 있다.

국제사법 제11조 제1항은 같은 당사자 간에 외국법원에 계속 중인 사건과 동일한 소가 법원에 다시 제기된 경우에 외국법원의 재판이 대한민국에서 승인될 것으로 예상되는 때에는 법원은 직권 또는 당사자의 신청에 의하여 결정으로 소송절차를 중지할 수 있도록 허용한다. 다만, ① 당사자 간에 전속적 국제재판관할의 합의에 따라 법원에 국제재판관할이 있거나(제11조 제1항 1호) ② 법원에서 해당 사건을 재판하는 것이 외국법원에서 재판하는 것보다 더 적절함이 명백한 경우(제11조 제1항 2호)에는 예외적으로 법원은 소송절차를 중지할 수 없다. 전자의 예외는 관할합의에도 불구하고 다른 국가에서 소가 제기된 경우에 그 효력을 인정할 수 없는 것은 당연하다는 근거에 기한 것이고, 후자의 예외는 제12조의 비편의법정원칙의 반대의 측면에서 우리나라 법원의 적절한 재판권 행사를 보장하기 위한 취지를 갖는다. 이때 소송절차의 중지 여부를 결정함에 있어서 소의 선후(先後)는 소를 제기한 때를 기준으로 한다(제11조 제5항).

제11조 제1항에 따른 법원의 중지 결정은 국제적 소송경합의 혼란을 막는다는 취지의 타당성에도 불구하고, 당사자의 이른바 소제기권을 심각하게 침해할 가능성을 갖는다. 따라서 제11조 제2항은 제1항에 따른 법원의 중지 결정에 대해

---

32) 국내 민사소송의 경우에서도 민사소송법 제259조는 "법원에 계속되어 있는 사건에 대하여 당사자는 다시 소를 제기하지 못한다"고 규정함으로써 중복제소금지 원칙을 천명하고 있다.

서 당사자는 즉시항고를 할 수 있도록 허용함으로써 소제기권의 부당한 침해 가능성을 차단하였다.

같은 취지에서 제11조 제4항은 ① 외국법원이 본안에 대한 재판을 하기 위하여 필요한 조치를 하지 아니하거나 또는 ② 외국법원이 합리적인 기간 내에 본안에 관하여 재판을 선고하지 아니하거나 선고하지 아니할 것으로 예상되는 등의 사유가 있는 경우에 법원은 당사자의 신청에 따라 제11조 제1항에 따라 중지된 사건의 심리를 계속할 수 있도록 허용하였다.

한편 제11조 제3항은 ① 외국의 재판이 이미 있었고, ② 그 재판이 대한민국 법령 또는 조약에 따른 승인 요건을 갖춘 경우에 당사자 간에 그 재판과 동일한 소가 법원에 제기된 때에는 법원은 그 소를 각하할 것을 요구한다. 이 규정은 남소를 방지하고, 동일한 당사자 간, 동일한 사안에 대해서 상호 모순된 재판의 가능성을 차단하고자 하는 취지를 갖는다.

XI. 국제재판관할권의 불행사

1. 일반원칙

미국의 연방법원이나 주법원이 재판관할확대법에 따라 비거주자인 피고에 대하여 재판관할권을 행사할 법적 권한이 있다고 해서 반드시 이러한 권한을 행사할 의무가 있는 것은 아니다. 판례법에 의하여 발전되어 온 비편의법정원칙(*forum non conveniens*)에 의하여 미국 법원은 법원에게 부담을 주는 것으로 간주되는 소송을 각하할 권한을 가지고 있다.[33] 미국 연방대법원은 비편의법정원칙을 적용하여 소송을 각하하기 위해서는 다음과 같은 4가지 단계에 의할 것을 요구하는바,[34] ① 동일한 사건, 즉 동일한 대상과 동일한 당사자에 대하여 다른 법원이 재판관할권을 가지고 있는지 여부가 고려될 것, ② 당사자의 사적인 이익과 관계되는 모든 요소가 고려되어야 하며, 이때 다른 법원에서 소송을 진행하는 것이 공

---

33) *In Re Union Carbide Corporation Gas Plant Disaster at Bhopal, India in December,* 1984, 634 F.Supp. 842 (S.D. N.Y. 1986).

34) *Gulf Oil Corp. v. Gilbert*, 330 U.S. 501 (1947); *Koster v. Lumbermens Mutual Casualty Co.*, 330 U.S. 518 (1947).

정한 심리를 하는 데 상대적으로 유리하거나 장애가 되는지 여부가 고려될 것, ③ 당사자의 사적 이익이 동일하거나 유사하다면, 공공이익(public policy)을 고려할 때 다른 법원에서 소송을 진행하여야 할 것인지 여부가 고려될 것, ④ 다른 법원에서 부당한 불편이나 편견 없이 원고가 소송을 계속 진행해 나갈 수 있는지 여부가 고려될 것 등이다.

2. 국제사법 규정

국제사법 제12조 제1항은 "이 법에 따라 법원에 국제재판관할이 있는 경우에도 법원이 국제재판관할권을 행사하기에 부적절하고 국제재판관할이 있는 외국법원이 분쟁을 해결하기에 더 적절하다는 예외적인 사정이 명백히 존재할 때에는 피고의 신청에 의하여 법원은 본안에 관한 최초의 변론기일 또는 변론준비기일까지 소송절차를 결정으로 중지하거나 소를 각하할 수 있다"고 규정함으로써 미국에서 원래 판례법을 통해 발전된 이른바 비편의법정원칙을 제한적으로 인정하였다. 다만, 관할합의에 의해서 우리나라 법원에 재판관할이 인정된 경우에도 법원으로 하여금 재판권 행사의 포기를 허용하는 것은 관할합의의 효력을 전면적으로 부인하는 결과가 될 것이므로 이러한 경우에는 제12조 제1항의 소송절차의 중지나 소의 각하는 허용되지 않는다(제12조 제1항 단서).

제12조 제1항 절차의 진행과 관련해서 법원은 소송절차를 중지하거나 소를 각하하기 전에 원고에게 진술할 기회를 주어야 한다(제12조 제2항). 원고의 소제기권이 부당하게 침해되는 것을 막기 위한 것이다.

제12조 제1항에 따른 법원의 중지 결정에 대해서 당사자는 즉시항고를 할 수 있다(제12조 제3항). 당사자의 소제기권을 보장하기 위한 것이다.

XII. 보전처분의 관할

일반적으로 국제사법 국제재판관할에 관한 규정에 따라 대한민국 법원이 재판관할을 갖는 경우에 법원은 필요한 것으로 인정되는 가압류나 가처분 등 제반 임시조치(provisional measures) 또는 보전조치(protective measures)를 취할 수 있는 권한이 당연히 인정되고, 그러한 임시 또는 보전조치와 관련하여 별도로 재판관할의 존부를 따질 필요가 없다. 그러나 경우에 따라서는 소의 대상이 된 사건과는 독립하여 별도로 임시 또는 보전조치를 취해야 할 필요가 있을 수 있다. 이러한 사정을 고려하여, 브뤼셀규칙은 제31조에서 회원국 법원은 본안에 대해서 다른 회원국이 재판관할을 갖는 경우에도 자국법에 따라 허용되는 임시 또는 보존조치를 취할 수 있다고 규정하였다.

국제사법 제14조 제1항은 ① 법원에 본안에 관한 국제재판관할이 있거나 ② 보전처분의 대상이 되는 재산이 대한민국에 있는 경우에 그와 관련한 보전처분에 대해서 법원에 국제재판관할을 인정한다. 보전처분은 어디까지나 본안의 해결을 위한 것이므로 본안에 재판관할을 갖는 법원이나 또는 보전처분의 대상이 되는 재산이 소재하는 국가의 법원이 재판관할을 갖는 것이 타당할 것이기 때문이다.

한편 제14조 제2항은 당사자는 제1항에도 불구하고 긴급히 필요한 경우에는 우리나라에서만 효력을 가지는 보전처분을 법원에 신청할 수 있도록 허용한다. 이 규정은 예외적인 경우에는 본안과 독립하여 보전처분 자체에 대해서 우리나라 법원에 재판관할권을 행사할 필요가 있을 수 있다는 상정하에 둔 규정이다.

국제사법 제14조의 보전처분은 기본적으로 법원이 소송절차 진행 중에 취하는 절차법상의 조치이다. 따라서 소송절차에 관해서는 언제나 법정지의 절차법이 규율한다는 국제사법상 기본원칙에 따라 법정지인 우리나라의 절차법, 구체적으로는 민사집행법에 따라 정해져야 할 것이다. 결국 국제사법 제14조가 적용되는 보전처분은 우리나라 민사집행법에 규정된 보전처분에 국한해 인정될 것이다.

XIII. 비송사건의 관할

외국적 요소가 있는 사안 중에는 소의 대상이 아닌 비송사건인 경우도 있다.[35] 따라서 비송사건의 경우에도 국제재판관할이 문제가 될 수 있다. 이러한 사정을 고려하여 국제사법 제15조 제1항은 "비송사건의 국제재판관할에 관하여는

35) 비송사건은 비송사건절차법이 적용되고, 민사소송법과는 다른 원칙에 의해 지배된다. 예를 들어, 비송사건절차는 신청 또는 심판청구에 의하여 개시되고, 구술변론이 요구되지 않으며, 필요한 때에는 법원이 재판의 기초자료를 직권으로 탐지하는 것이 허용된다. 또한 심문은 공개되지 않고, 재판의 형식도 간략한 결정에 의하며, 재판의 기판력도 인정되지 않는다. 정동윤 · 유병현 · 김경욱(주16), 15-16면.

성질에 반하지 아니하는 범위에서 제2조에서 제14조까지의 규정을 준용한다"고 규정함으로써 비송사건의 경우에도 국제사법상의 국제재판관할에 관한 규정이 포괄적으로 적용됨을 분명히 하였다.

이어서 제15조 제2항은 법률관계의 성질에 따라 비송사건의 종류를 구분하고, 각 경우에 준용될 특별관할에 관한 규정을 적시하였는바, ① 실종선고 등에 관한 사건의 경우에는 실종선고 등 사건의 관할에 관한 규정인 제24조, ② 친족관계에 관한 사건의 경우에는 친족관계에 관한 사건의 관할에 관한 규정인 제56조부터 제61조까지, ③ 상속 및 유언에 관한 사건의 경우에는 상속 및 유언에 관한 사건의 관할에 관한 규정인 제76조 그리고 ④ 선박소유자 등의 책임제한에 관한 사건인 경우에는 선박소유자 등의 책임제한사건의 관할에 관한 규정인 제89조를 준용하도록 하였다. 이어서 제15조 제3항은 제2항이 규정하는 경우 외에 개별 비송사건의 관할에 관하여 국제사법에 다른 규정이 없는 경우에는 제2조 일반원칙에 따라 재판관할을 정하도록 하였다.

XIV. 국제재판관할과 관련한 기타 논의

1. 미국 재판관할확대법과 이에 대한 제한

미국에서 재판관할권에 대한 이해는 연방제도(federalism)에 대한 이해에서 시작한다. 미국의 사법제도는 연방헌법에 의하여 연방법원(federal court)에 명시적으로 재판관할권이 부여된 사안 이외의 모든 사안에 대해서는 주법원(state court)이 재판관할권을 갖도록 하였다.

한편 각 주는 주법원의 재판관할권의 범위와 관련해서 역외재판관할권(extraterritorial jurisdiction)을 행사할 수 있는 기준을 정의한 재판관할확대법(long-arm statute)을 두고 있다.[36] 예를 들어 플로리다주의 재판관할확대법은 계약에 따라 플로리다주에서 이행되어야 하는 행위를 하지 않음으로써 플로리다주에서 계약을 위반한 자에 대해서, 그가 플로리다주민인지 여하에 상관없이, 플로리다주의 재판관할권을 인정한다.[37]

---

36) *Burger King Corp. v. Rudzewicz,* 471 U.S. 462 (1985).

37) Fla. Stat. §48.193(1)(g) (Supp. 1984).

미국의 재판관할확대법은 재판관할권의 기준에 관하여 사실상 하나의 체제를 이룬다고 할 수 있으며, 브뤼셀협약이나 브뤼셀규칙과는 달리 내외국인을 차별하지 않는다. 즉 각 주의 재판관할확대법은 상호간 매우 유사하고, 다른 주의 피고나 미국민이 아닌 다른 국가의 피고에 대하여 재판관할확대법을 차별하여 적용하지 않는다.

미 연방정부는 주정부와 같은 재판관할확대법을 입법하지 않았다. 그러나 연방법원은 연방법원이 주재하는 주의 재판관할확대법을 적용할 수 있기 때문에(연방민사소송법 제4조), 재판관할확대법은 주법원과 연방법원에 의한 재판관할권의 범위를 확대하는 것을 가능하게 한다. 결국 주법원인지 아니면 연방법원인지 또는 주 간의 사건인지 아니면 국가 간 사건인지 여부에 상관없이 재판관할권을 결정하기 위해서는 문제의 사안에 재판관할확대법을 적용하여 법을 해석하는 과정을 요한다. 그러나 미국의 모든 법은 최고법인 연방헌법에 구속되기 때문에 재판관할권을 최종적으로 결정하기 위해서는 제2단계의 검토가 필요하다.

역외재판관할권의 확정과 관련한 제2단계 절차는 미국 연방헌법상의 적법절차(due process)이다. 즉 역외재판관할권을 행사하는 절차는 적법절차를 위반하지 않아야 한다. 적법절차가 구체적으로 무엇을 의미하는지에 관해서는 연방대법원의 해석에 맡겨져 있는데, 연방대법원은 1878년의 판결에서 주가 비거주자인 피고에 대하여 대인재판관할권을 행사하는 것은 적법절차를 위반하는 것이라고 판시하였고, 그에 따라 각 주는 역외재판관할권을 인정하는 법률을 제정할 수 없었다. 그러나 1945년에 International Shoe Co. v. Washington 사건[38]에서 연방대법원은 비거주자인 피고에 대하여 주와 주법원이 대인재판관할권을 행사하는 것이 헌법상의 적법절차요건에 위반되지 않는다고 판시하면서, 적법절차요건은 공정한 경기 및 실질적 정의의 전통적 관념(traditional notions of fair play and substantial justice)에 비추어 비거주자인 피고가 최소한의 관련(minimum contacts)을 갖는 경우에 충족된다고 하였다. 이러한 적법절차요건은 이미 언급한 바와 같이 특정한 주의 비거주자인 미국민뿐만 아니라 미국민이 아닌 자에게도 적용된다.

---

38) 329 U.S. 310 (1945).

2. 국제재판관할과 주권면제원칙

국가의 주권은 평등하다는 원칙에 근거해서 한 국가는 다른 국가의 법원에서 제소되지 않는다는 것이 일반적으로 인정되고 있는바, 이것이 주권면제원칙(sovereign immunity doctrine)이다. 과거에는 외국 및 그 정부의 모든 기관의 행위와 재산에 대해서 그 성질이나 목적에 관계없이 면제의 혜택을 부여하는 절대적 주권면제가 인정되었다. 그러나 국가 자체의 경제활동참여가 괄목할 정도로 증가하고 있는 현실에서 이처럼 국가가 사적 당사자로서 거래에 참여해서 거래당사자로 된 때에도 주권면제원칙에 의하여 제소대상이 되지 않는다고 하면 그 거래의 다른 당사자에게 부당한 결과가 초래될 수 있다. 이에 따라 이른바 제한적 주권면제원칙이 발전되었는데, 이 원칙은 국가의 고유한 주권행위에 대해서는 여전히 국가면제를 인정하지만, 국가나 그 외교관의 사법적(私法的) 행위에 대해서는 주권면제를 인정하지 않는다.

제한적 주권면제원칙에 따라 많은 국가는 일정한 상황에서는 주권면제를 인정하지 않게 되었는바, 예를 들어 미국은 국가의 행위가 상사행위이거나 또는 국가가 스스로 주권면제를 포기한 경우에는 주권국가도 국제재판관할권에서 면제되지 않을 것을 규정한 외국주권면제법(Foreign Immunity Act of 1978)을 두고 있다.[39] 우리 대법원은 과거에 타국의 외교관은 국내법원의 피고가 될 수 없다고 하면서 소를 각하함으로써 절대적 주권면제원칙을 따른 바 있지만,[40] 1998년 전원합의체 판결에서[41] "우리나라의 영토 내에서 행하여진 외국의 사법적 행위가 주권적 활동에 속하는 것이거나 이와 밀접한 관련이 있어서 이에 대한 재판권의 행사가 외국의 주권적 활동에 대한 부당한 간섭이 될 우려가 있다는 등의 특별한 사정이 없는 한, 외국의 사법적(私法的) 행위에 대하여는 당해 국가를 피고로 하여

---

39) Andreas F. Lowenfeld, *International Litigation and Arbitration* (2nd ed., West Group, 2002), pp.628-630.

40) 대법원 1975.5.23. 선고 74마281: 국가는 국제관례상 외국의 재판권에 복종하지 않게 되어 있으므로 특히 조약에 의하여 예외로 된 경우나 스스로 외교상의 특권을 포기하는 경우를 제외하고는 외국 국가를 피고로 하여 우리나라가 재판권을 행사할 수 없는 것이니 일본국을 상대로 한 소장을 송달할 수 없는 경우에 해당한다고 하여 소장 각하명령을 한 것은 정당하다.

41) 대법원 1998.12.17. 선고 97다39216.

우리나라의 법원이 재판권을 행사할 수 있다"고 판시함으로써 종전의 견해를 변경하고 제한적 주권면제원칙을 채택하였다.[42)]

관련판례 대법원 1998.12.17. 선고 97다39216

국제관습법에 의하면 국가의 주권적 행위는 다른 국가의 재판권으로부터 면제되는 것이 원칙이라 할 것이나, 국가의 사법적(私法的) 행위까지 다른 국가의 재판권으로부터 면제된다는 것이 오늘날의 국제법이나 국제관례라고 할 수 없다.

우리나라의 영토 내에서 행하여진 외국의 사법적 행위가 주권적 활동에 속하는 것이거나 이와 밀접한 관련이 있어서 이에 대한 재판권의 행사가 외국의 주권적 활동에 대한 부당한 간섭이 될 우려가 있다는 등의 특별한 사정이 없는 한, 외국의 사법적(私法的) 행위에 대하여는 당해 국가를 피고로 하여 우리나라의 법원이 재판권을 행사할 수 있다.

제 4 절 외국판결의 승인 및 집행

I. 의 의

1. 판결의 역외적 효력

한 국가의 법원의 판결은 소송당사자에게 구속력, 즉 기판력을 갖고,[43)] 공권력에 의하여 강제집행된다(집행력).[44)] 이러한 기판력과 집행력은 판결을 내린 법원의 국가 내에서만 효력을 가질 뿐이고, 다른 국가에서도 당연히 효력을 갖는 것은 아니다. 그러나 국제거래와 관련한 분쟁의 해결을 위한 판결이 그 판결이 작성된 국가에서만 효력을 가질 뿐 분쟁의 다른 당사자가 소재하는 다른 국가에서는

42) 이에 관해서는 석광현, "민사 및 상사사건에서의 외국재판의 승인 및 집행", 『국제사법과 국제소송 제1권』(박영사, 2002), 272면.
43) 정동윤 · 유병현 · 김경욱(주16), 758면.
44) 상게서, 812면.

효력을 갖지 못한다고 하면, 국제거래에서 분쟁의 효율적이고 신속한 해결은 불가능할 것이다. 따라서 오늘날 대부분의 국가들은 일정한 요건이 충족된 때에는 외국 법원의 판결이 자국 내에서 효력을 갖는 것을 허용한다.

구체적으로 어떤 요건을 충족하였을 때 외국판결에 대해서 효력을 인정할 것인지의 문제는 당해 국가의 관련 국내법에 의해서 결정될 것이지만, 유럽연합의 브뤼셀협약이나 브뤼셀규칙의 경우에서 볼 수 있는 바와 같이 조약에 의해서 결정되기도 한다.

2. 외국판결의 승인 및 집행의 근거

외국판결의 승인 및 집행은 피고나 그의 재산이 소재하는 국가에서 외국판결이 직접 집행될 수 있다면, 이는 소송이 끊임없이 계속되는 현상을 제거함으로써 국제사회정의를 보다 증진할 것이라는 인식에 기초하고 있다.[45] 미국 연방대법원은 외국판결의 승인 및 집행의 근거로서 예양(comity)을 강조한다.[46]

또한 외국판결의 승인 및 집행은 국제거래에서 계약위반이나 불법행위에 대한 구제의 가능성을 높임으로써 국제거래가 보다 원활하게 이루어지도록 하는 실제적 기능도 수행한다.[47]

3. 외국판결의 승인 및 집행의 제한

외국판결을 승인하고 집행하는 입장을 취하는 국가들도 그 승인과 집행을 일정한 경우에는 제한한다. 예를 들어 기망을 사용하여 구한 판결은 당연히 승인되지 않으며, 또한 외국판결이 승인을 요청받은 국가의 공서에 반하거나 그 선결례(precedents)와 충돌하는 때에도 역시 그 효력이 인정되지 않는다.[48]

기망이나 공서의 위반 또는 선결례와의 충돌 등과 같은 명확한 사유 외의 제한사유는 매우 좁게 인정되며, 공서 또는 공공이익의 개념도 대부분의 국가들이

45) *Dicey and Morris on the Conflict of Laws* (13th ed., Collins, 2000), pp.69-71.
46) *Hilton v. Guyot,* 159 U.S. 113 (1895).
47) *Ibid.*
48) *Ibid.*

이를 좁은 의미로 해석하고 있기 때문에 외국판결이 일단 승인되고 집행되는 체제에서 승인과 집행에 대한 제한은 매우 예외적인 경우에 한해서 인정될 뿐이다.

II. 유럽에서 외국판결의 승인 및 집행

1. 외국판결의 승인 및 집행에 관한 유럽 국가의 국내법

(1) 승인 또는 집행의 일반적인 허용

외국판결의 승인과 집행을 일반적으로 허용하는 국가는 이탈리아와 영국이다. 이탈리아는 민사소송법에 외국판결의 승인과 집행에 관하여 규정하고 있으며, 영국은 판례법에 의하여 외국판결의 승인과 집행을 긍정하고 있다. 이들 국가는 외국판결을 집행하고자 하는 자에 대한 방어를 인정하면서도 자국 법원이 외국판결에 대한 실체적 심사를 하는 것은 허용하지 않는다.

(2) 승인 또는 집행의 제한적인 허용

프랑스는 과거 외국판결이 집행되기 위한 조건으로서 프랑스 법원이 본안을 심리할 것을 요구하였으나, 1964년 이후부터 일정한 요건을 충족한 때에는 자국 법원의 본안심리를 거치지 않은 외국판결의 집행을 허용하였다. 이러한 요건 중 하나는 프랑스 국제사법에 의하여 적용되었어야 할 준거법을 외국 법원이 적용했어야 한다는 것이다. 또한 프랑스 법원은 피고가 프랑스 국적을 갖고 있는 경우에는 프랑스 법원이 전속재판관할권을 가진다는 것(프랑스 민법 제15조)을 극복하기 위해서는 피고가 이를 포기했다는 증거가 있어야 한다는 입장을 취하고 있다. 따라서 프랑스의 입장은 외국판결을 제한적으로 승인하는 것이라고 할 수 있다.

(3) 승인 또는 집행의 상호주의에 기한 허용

독일 민사소송법은 외국판결은 본안을 심리함이 없이 집행된다고 규정하고 있다(독일 민사소송법 제722조 및 제723조). 그러나 이 같은 일반원칙에는 5가지의 예외가 인정된다(독일 민사소송법 제328조). 이러한 예외 중 하나는 상호주의인데, 독일 민사소송법은 상호주의에 의하여 보장되지 않는 경우에 외국판결은 승인되지 않는다고 하고 있다(독일 민사소송법 제328조). 이러한 상호주의는 1986년 민사소송법의 개정 후에도 여전히 존속하고 있으나, 최근 상호주의의 요구가 일정 부분 완화되고 있다. 즉 독일 민사소송법은 승인받고자 하는 판결을 내린 국가가 독일 법원의 판결을 실질적으로 유사한 요건하에서 승인한다면 상호주의에 관한 요건을 충족한 것으로 간주한다.

(4) 승인 및 집행에 관한 통일법의 추구

위에서 설명한 바와 같이, 외국판결의 승인이나 집행에 대해서 유럽 국가들은 서로 다른 입장을 취하고 있는바, 유럽연합이 이에 관한 통일적 입장을 확립하기 위한 노력의 결과가 브뤼셀협약과 브뤼셀규칙이다.

그러나 브뤼셀협약과 유럽연합 이사회가 브뤼셀협약을 대체하기 위해 마련한 브뤼셀규칙은 유럽연합 회원국의 비회원국의 판결에 대한 차별적인 승인관행을 그대로 인정하고 있을 뿐만 아니라, 유럽연합 회원국의 재판관할권을 확립하기 위한 기초를 지나치게 넓게 인정하는 경향이 있다는 비판이 제기되었다. 이에 2015년 1월 10일부터는 브뤼셀 I Recast(이하 '신브뤼셀규칙'이라 한다)가 브뤼셀규칙을 대체하여 시행되고 있다. 이는 브뤼셀규칙과 비교할 때 집행가능선언을 받을 필요 없이 판결문과 증빙서류만으로 집행이 가능하도록 함으로써 집행절차를 간소화하였고, 관할합의와 소송경합에 관하여도 보다 상세하게 규정하고 있다.

2. 브뤼셀협약과 브뤼셀규칙에 따른 외국판결의 승인 및 집행

유럽연합 회원국에 적용되는 브뤼셀협약과 브뤼셀규칙은 재판관할권에 관한 규정을 두고 있을 뿐 아니라(브뤼셀협약 제2장 및 브뤼셀규칙 제2장, 신브뤼셀규칙 제2장), 회원국의 판결의 승인과 집행에 관해서도 비교적 상세한 규정을 두고 있다(브뤼셀협약 제3장, 브뤼셀규칙 제3장, 신브뤼셀규칙 제3장).

먼저 브뤼셀협약과 브뤼셀규칙은 유럽연합 회원국의 법원이 선고한 판결이 다른 회원국의 법원에 의하여 승인되고 집행될 것을 규정하고 있는바, 이에 따르면 한 회원국의 판결은 다른 회원국에서 특별한 절차를 요하지 않고 당연히 승인된다(브뤼셀협약 제26조, 브뤼셀규칙 제33조 제1항, 신브뤼셀규칙 제36조 제1항). 다만 그 판결의 승인이 승인을 요청받은 국가의 공서에 반하는 경우, 피고에게 소송서류가 그의 방어를 가능하게 하는 방법으로 송달되지 아니하고 피고가 출석하지 아니한 채 판결이 선고된 경우, 그 판결이 판결의 승인을 요청받은 국가에서 동일한 당사자 간에 선고된 판결과 충돌되는 경우 또는 그 판결이 다른 회원국 또는 비회원국에서 동일한 당사자 간에 동일한 청구로 인한 법률쟁송에 관하여 선고된 이전의 판결과 충돌되는 경우에는 그 판결은 승인되지 않는다(브뤼셀협약 제27조, 브뤼셀규칙 제34조, 신브뤼셀규칙 제45조 제1항).

브뤼셀협약과 브뤼셀규칙의 중요한 특징 중의 하나는 회원국의 법원이 판결을 선고한 경우에 판결의 승인을 요청받은 다른 회원국의 법원은 판결을 선고한 법원이 재판관할권을 가지고 있는지 여부를 심사할 수 없다는 점이다(브뤼셀협약 제28조, 브뤼셀규칙 제35조 제3항, 신브뤼셀규칙 제45조 제3항). 나아가 브뤼셀협약과 브뤼셀규칙은 외국판결은 어느 경우에도 그 실체적 내용에 대해서 심사되지 않는다고 규정하고 있다(브뤼셀협약 제29조, 브뤼셀규칙 제36조, 신브뤼셀규칙 제52조). 따라서 프랑스 국적의 원고가 프랑스 법원에서 일본인 피고에 대하여 궐석재판을 통해서 승소판결을 얻은 경우에 그 판결은 일본인 피고의 자산이 있는 유럽연합 내의 다른 회원국에서 집행될 수 있으며, 집행을 요청받은 국가는 프랑스 법원이 그 사안에 대해서 재판관할권을 가지고 있는지 여부나 프랑스 법원의 판결의 실체적 내용을 심사하지 못하는 것이다.

한편 헤이그 국제사법회의는 수 년간의 논의를 거쳐 2019년 「민사 또는 상사에 관한 외국 판결의 승인 및 집행에 관한 협약」(Convention on the Recognition and Enforcement of Foreign Judgments in Civil and Commercial Matters)을 채택하였다.[49] 이 협약은 체약국 간에는 본안에 대한 실질 재심사를 금지하고, 승인 · 집행의 거부사유를 송달, 사기, 공서, 관할합의 위반, 선행판결 등의 사유로 한정함으로써 외국판결의 승인 및 집행의 가능성을 제고하였다. 이 협약은 발효 전이지만, 외국판결의 승인 및 집행에 있어 통일규범이라는 데 의의를 갖는다.

---

49) 이혜민, "국제적 소송경합과 국제재판관할권의 불행사 — 부적절한 법정지의 법리(Forum Non Conveniens)의 국제적 · 비교법적 의의 및 구현 방안", 『신국제사법의 시행에 따른 국제재판관할법제의 과제』(한국국제사법학회 · 법무부 · 사법정책연구원 공동 학술대회 발표문, 2022. 7. 22.), 134면.

Ⅲ. 미국에서 외국판결의 승인 및 집행

1. 주의 판결

미국에서 기판력의 원칙은 판례법에 의하여 오래 전부터 인정되어 왔다. 따라서 한 주의 법원에서 내려진 판결은 다른 주에서도 승인되고 집행된다.50) 미국 연방대법원은 연방헌법 제4조의 해석과 관련하여 주법원의 판결을 다른 주에서도 가능한 한, 집행하는 것을 허용한다. 그러나 피고가 소송서류를 송달받지 못하였거나 소송에 참가할 기회를 얻지 못한 경우, 판결이 이전의 판결과 충돌하는 경우, 기망에 의하여 판결이 선고된 경우 그리고 판결을 선고한 법원이 재판관할권이 없는 경우 등에는 동 판결의 승인이나 집행이 거부될 수 있다.

2. 외국판결

외국판결도 주의 판결과 거의 동일하게 승인되거나 집행될 수 있다.51) 즉 기판력의 측면에서 외국의 판결은 모든 주에서 판례법이나 성문법에 의하여 일정한 요건을 충족한 때에는 그 효력이 인정된다. 미국에서의 외국판결의 승인은 예양(comity)의 성격이 매우 강하며,52) 유럽 국가들의 국내법만큼 차별적이지 않다. 또한 뉴욕주를 비롯한 상당수의 주는 외국판결의 승인이나 집행과 관련해서 독일 민사소송법처럼 상호주의를 요구하지도 않는다.53)

미국에서도 일정한 경우에는 외국판결의 승인이나 집행이 거절되는데, 그러한 경우로는 그 판결을 선고한 외국 법원이 재판관할권을 갖지 못하는 경우, 기망에 의하여 판결이 선고된 경우, 피고가 소송서류를 송달받지 못한 경우, 이전의 판결과 충돌하는 경우, 불공정한 제도하에서 판결이 선고된 경우 그리고 그 외국

---

50) *Baker v. General Motors Corp.*, 522 U.S. 222 (1998).

51) Restatement, Third, Foreign Relations Law §481, comment (c).

52) *Hilton v. Guyot,* 159 U.S. 113 (1895).

53) 미국에서 뉴욕주를 포함한 10개 주는 다른 주의 법원의 판결을 자기 주의 법원의 판결의 집행과 동일한 방법에 의하여 집행할 수 있도록 「외국판결의 통일집행에 관한 법」(Uniform Enforcement of Foreign Judgment Act)을 채택하였기 때문에 외국판결은 간이한 절차에 의하여 집행될 수 있다고 한다. 석광현(주4), 327면.

판결이 공서에 반하는 경우 등이다. 이때 판결을 선고한 외국 법원이 재판관할권을 갖고 있는지 여부는 미국 법원의 입장에서 판단한다. 따라서 외국 법원이 자국법에 의하여 재판관할권을 갖는 경우에도 미국 법원이 자국법을 적용한 결과 외국 법원이 재판관할권을 갖지 못했으리라고 판단하는 경우에는 미국 법원은 그 외국 법원의 판결을 승인하거나 집행하지 않는다.

Ⅳ. 우리나라에서 외국판결의 승인 및 집행

1. 외국판결의 승인

외국판결의 승인은 외국 법원이 내린 외국판결의 효력을 내국에서 적법한 것으로서 확인한 후, 집행을 허용하는 절차를 의미한다. 내국판결의 경우에는 별도의 승인절차 없이 바로 집행이 가능하지만, 외국판결의 경우에는 일반적으로 일정한 요건을 갖춘 때에만 내국에서 강제집행이 허용되기 때문에 외국판결의 승인절차가 필요하다.

우리나라는 외국판결의 승인에 대하여 민사소송법 제217조에서 규정한다. 본 조항은 2014년 5월 20일 개정되었는데, 표제를 "외국판결의 효력"에서 "외국재판의 승인"으로 수정하였고, 제1항의 "외국법원의 확정판결"을 "외국법원의 확정판결 또는 이와 동일한 효력이 인정되는 재판"으로 수정하였다. 이로써 승인대상에는 외국법원의 판결뿐만 아니라 결정 등의 기타 재판도 포함될 수 있음을 명확히 하였으며, 기판력이 있는 판결 이외의 재판에 대해서도 승인이 가능한 것으로 확대하였다. 또한 제2항을 신설하여 외국재판의 승인요건이 직권조사사항임을 명문화하였다.

2. 우리나라 민사소송법상 외국판결 승인의 요건

(1) 국제재판관할권의 존재

민사소송법 제217조 제1항 1호는 "대한민국의 법령 또는 조약에 따른 국제재판관할의 원칙상 그 외국법원의 국제재판관할권이 인정될 것"을 첫째 요건으로서 규정하고 있다. 이는 우리나라에서라면 직접적 재판관할이 부정되는 사안에 대해 직접적 재판관할권을 행사하여 내린 외국판결에 대해서 간접적 재판관할을 인정하는 것은 소송법상의 정의 관념에 어긋날 뿐 아니라 또한 주권의 관념에도 반하므로 직접적 재판관할과 간접적 재판관할이 동일한 원칙에 의해서 규율되어야 한다는 것을 그 근거로 한다.

여기서 의미하는 국제재판관할권은 그 외국의 어느 법원이 재판관할을 갖는지에 관한 특별재판관할권이 아니라, 당해 외국이 재판관할을 갖는지에 관한 일반재판관할권을 의미한다.

외국이 국제재판관할권을 갖는다고 인정될 수 있는 경우로는 국제사법이 정하고 있는 바와 같이 판결국에 피고의 주소가 있는 경우, 피고의 응소가 있었던 경우, 피고의 재산이 판결국에 있는 경우, 당사자 간에 재판관할에 관한 합의가 있었던 경우 및 피고의 국적이나 주소 또는 영업활동과 청구원인 간에 상당한 관련이 있는 경우 등을 들 수 있다.[54]

관련판례 대법원 2015.2.12. 선고 2012다21737

물품을 제조·판매하는 제조업자에 대한 제조물책임 소송에서 손해발생지의 외국 법원에 국제재판관할권이 있는지 여부를 판단하는 경우에는 제조업자가 그 손해발생지에서 사고가 발생하여 그 지역의 외국 법원에 제소될 것임을 합리적으로 예견할 수 있을 정도로 제조업자와 손해발생지 사이에 실질적 관련성이 있는지를 고려하여야 한다. 마찬가지로 제조물의 결함으로 인하여 발생한 손해를 배상한 제조물 공급자 등이 제조업자를 상대로 외국 법원에 구상금 청구 소송을 제기한 경우에도 제조업자가 그 외국 법원에 구상금 청구의 소를 제기당할 것임을 합리적으로 예견할 수 있을 정도로 제조업자와 그 법정지 사이에 실질적 관련성이 있는지를 고려하여야 한다.(중략)

이와 같은 사실관계를 앞서 본 법리에 따라 살펴보면, 드레코가 미국에 주소나 영업소, 판매대리점 등을 두거나 미국 소비자에게 이 사건 압력밥솥에 관하여 상품 광고 또는 구매상담 등의 영업행위를 한 것이 전혀 없는 이상, 단지 미국 뉴욕 주에 주소를 둔 에이씨에이에 2회에 걸쳐 이 사건 압력밥솥을 주문자상표부착방식으로 제작하여 수출하였고, 이 사건 압력밥솥의 결함으로 인해 손해를 입은 피해자 중 일부가 미국 뉴욕 주에 거주하고 있다는 사정만으로는, 피고가 이 사건 뉴욕법원에 그 구

---

54) 대법원 1988.4.12. 선고 85므71; 윤종진(주10), 250면.

상금 청구의 소를 제기당할 것임을 합리적으로 예견할 수 있을 정도로 피고와 미국 뉴욕 주 사이에 실질적 관련성이 있다고 보기 어렵다.

관련판례 대법원 1995.11.21. 선고 93다39607

섭외사건의 국제재판관할에 관하여 일반적으로 승인된 국제법상의 원칙이 아직 확립되어 있지 아니하고 이에 관한 우리나라의 성문법규도 없는 이상, 섭외사건에 관한 외국법원의 재판관할권 유무는 당사자간의 공평, 재판의 적정, 신속을 기한다는 기본이념에 따라 조리에 의하여 결정함이 상당하고, 이 경우 우리나라의 민사소송법의 토지관할에 관한 규정 또한 그 기본이념에 따라 제정된 것이므로, 그 규정에 의한 재판적이 외국에 있을 때에는 이에 따라 외국법원에서 심리하는 것이 조리에 반한다는 특별한 사정이 없는 한 그 외국법원에 재판관할권이 있다고 봄이 상당하다.

물품을 제조하여 판매하는 제조자의 불법행위로 인한 손해배상 책임에 관한 제조물책임 소송에 있어서 손해발생지의 외국법원에 국제재판관할권이 있는지 여부는 제조자가 당해 손해발생지에서 사고가 발생하여 그 지역의 외국법원에 제소될 것임을 합리적으로 예견할 수 있을 정도로 제조자와 손해발생지와의 사이에 실질적 관련이 있는지 여부에 따라 결정함이 조리상 상당하고, 이와 같은 실질적 관련을 판단함에 있어서는 예컨대 당해 손해발생지의 시장을 위한 제품의 디자인, 그 지역에서의 상품광고, 그 지역 고객들을 위한 정기적인 구매상담, 그 지역 내에서의 판매대리점 개설 등과 같이 당해 손해발생지 내에서의 거래에 따른 이익을 향유하려는 제조자의 의도적인 행위가 있었는지 여부가 고려될 수 있다.

관련판례 대법원 1988.4.12. 선고 85므71

민사소송법 제203조 제1호[개정 민사소송법 제217조 제1항 제1호]의 규정취지는 우리나라에서 외국판결을 승인하기 위하여는 그 판결을 한 외국법원이 당해 사건에 관하여 우리나라의 법률 또는 조약 등에 의한 국제재판관할 원칙에 따라 국제재판관할권을 가지고 있음이 인정되어야 한다는 것으로 풀이되고 위 법조항은 외국법원의 이혼판결에도 적용된다.

우리나라의 법률이나 조약 등에는 섭외 이혼사건의 국제재판관할에 관한 규정을 찾아볼 수 없으므로 섭외이혼사건에 있어서 위 규정에 의한 외국법원의 재판관할권의 유무는 섭외이혼사건의 적정, 공평과 능률적인 해결을 위한 관점과 외국판결 승인제도의 취지 등에 의하여 합리적으로 결정되어야 할 것이므로 섭외이혼사건에 있어서 이혼판결을 한 외국법원에 재판관할권이 있다고 하기 위하여는 그 이혼청구의 상대방이 행방불명 기타 이에 준하는 사정이 있거나 상대방이 적극적으로 응소하여 그 이익이 부당하게 침해될 우려가 없다고 보여지는 예외적인 경우를 제외하고는 상대방의 주소가 그 나라에 있을 것을 요건으로 한다고 하는 이른바 피고주소지 주의에 따름이 상당하다.

관련판례 서울가정법원 1996.11.1. 선고 95드27138

미국시민권자가 부(夫)인 우리나라 국민을 피고로 하여 이혼을 원인으로 한 위자료, 재산분할, 양육비 등을 청구하고 그에 대한 반소로서 친권행사자 및 양육자 지정, 면접교섭권 등을 구하는 소가 우리나라 법원에 제기된 경우, 그 미국시민권자가 스스로 미국법원의 재판관할을 주장하지 아니하고 우리나라 법원에 소를 제기하였으므로 본소는 물론 반소에 대하여도 우리나라 법원에 재판관할권이 있다.

미국법원의 이혼 확정판결이 우리나라에 거주하고 있는 우리나라 국민을 피고로 한 것이고 그 피고가 이에 적극적으로 응소한 것이 아니라면, 그 판결은 재판관할권이 없는 채 이루어진 것이어서 민사소송법 제203조 제1호[개정 민사소송법 제217조]의 요건을 구비하였다고 할 수 없어 그 효력이 없을 뿐만 아니라, 그 미국법원의 판결이 있기 전에 이미 우리나라 법원에서 이혼 확정판결이 있었다면, 그 미국법원의 판결은 우리나라 법원의 확정판결에 의하여 이미 혼인관계가 해소된 혼인에 대하여 다시 이혼을 선언한 셈이 되어 이 점에서도 그 미국법원의 판결은 효력이 없다.

(2) 적법한 송달 또는 임의응소

민사소송법 제217조 제1항 제2호는 "패소한 피고가 소장 또는 이에 준하는 서면 및 기일통지서나 명령을 적법한 방식에 따라 방어에 필요한 시간여유를 두고 송달받았거나(공시송달이나 이와 비슷한 송달에 의한 경우를 제외한다) 송달받지 아니하였더라도 소송에 응하였을 것"을 규정하고 있다. 이는 공정한 소송이 진행되기 위하여 피고에게 충분한 방어의 기회를 주어야 한다는 이유에서 규정한 것이다.

관련판례 대법원 2010.7.22. 선고 2008다31089

'소장 또는 이에 준하는 서면 및 기일통지서나 명령'이라 함은 소장 및 소송개시에 필요한 소환장 등을 말하는 것인데, 패소한 피고가 이러한 소환장 등을 적법한 방식에 따라 송달받았을 것을 요구하는 것은 소송에서 방어의 기회를 얻지 못하고 패소한 피고를 보호하려는 것에 그 목적이 있는 것이므로 법정지인 판결국에서 피고에게 방어할 기회를 부여하기 위하여 규정한 송달에 관한 방식, 절차를 따르지 아니한 경우에는 여기에서 말하는 적법한 방식에 따른 송달이 이루어졌다고 할 수 없다.

미합중국 워싱턴주의 개정법률(Revised Code of Washington) 제4.28.180조 및 민사규칙(Super Court Civil Rules) 제4조 송달규정에서 정한 60일의 응소기간이 아닌 '20일'의 응소기간만을 부여한 소환장을 워싱턴주 밖에 주소를 둔 피고에게 송달한 것은 적법한 방식에 의한 송달로 볼 수 없다.

관련판례 대법원 1992.7.14. 선고 92다2585

민사소송법 제203조 제2호[개정 민사소송법 제217조 제1항 제2호]의 규정에 의하면, 외국판결의 효력을 국내에서 승인하기 위한 구비조건의 하나로서 '패소한 피고가 우리나라 국민인 경우에 공시송달에 의하지 아니하고 소송의 개시에 필요한 소환 또는 명령의 송달을 받은 일 또는 받지 아니하고 응소한 일'을 들고 있는바, 이때의 송달이란 보충송달이나 우편송달이 아닌 통상의 송달방법에 의한 송달을 의미하며, 그 송달은 적법한 것이라야 한다.

「영사관계에 관한 비엔나협약」 제5조 제이(j)항에는 파견국 영사는 파견국 법원을 위하여 소송서류 또는 소송 이외의 서류를 송달할 수 있도록 되어 있으나, 이는 자국민에 대하여서만 가능한 것이고, 우리나라와 영사관계가 있더라도 송달을 받을 자가 자국민이 아닌 경우에는 영사에 의한 직접실시방식을 취하지 않는 것이 국제예양이며, 위 협약에 가입하고 있는 국가라 할지라도 명시적으로 위 방식에 대한 이의를 표시하고 있는 경우에는 이에 의할 수 없는 것이라고 할 것인데 우리나라는 「사법공조업무처리 등에 관한 예규」(송민예규 85-1)에 따라 국제간의 사법공조업무를 처리하여 오다가, 위 예규의 내용을 받아 「국제민사사법공조법」을 제정하여, 외국으로부터의 송달촉탁은 외교상의 경로를 거칠 것을 요건으로 하여 송달장소를 관할하는 제1심 법원이 관할하도록 규정함으로써, 적어도 영사파견국의 국민이 아닌 경우에는 위 비엔나협약에 규정된 영사에 의한 직접실시방식에 대하여 이의를 표시하고 있는 것이라고 볼 것이므로, 영사파견국의 법원이 위와 같은 공조요건인 외교상의 경로를 거치지 아니하고 우리나라 국민이나 법인을 상대로 하여 자국영사에 의한 직접실시방식으로 송달을 한 것이라면, 이는 위 영사파견국이 우리나라와 영사관계가 있다 하더라도 우리나라의 재판사무권을 침해한 것으로서 적법한 송달로서의 효력이 없다고 볼 것이며, 이와 같은 경우에는 민사소송법 제203조 제2호[개정 민사소송법 제217조 제1항 제2호]의 송달요건을 갖추지 못한 것이라고 할 것이다.

(3) 공서에 반하지 않을 것

민사소송법 제217조 제1항 제3호는 "그 확정재판 등의 내용 및 소송절차에 비추어 그 확정재판 등의 승인이 대한민국의 선량한 풍속이나 그 밖의 사회질서에 어긋나지 아니할 것"이라고 규정하고 있다. 여기서 말하는 공서가 국제사법 제10조의 공서를 의미하는지 아니면 민법 제103조의 공서를 의미하는지가 문제된다. 민사소송법 제217조 제1항 제3호는 대한민국의 공서라고 규정하고 있지만, 이는 국제사법적 공서를 뜻하는 것으로서 민법상의 공서보다는 엄격하게 해석하여야 할 것이다.[55] 왜냐하면 국제사법 제10조의 공서는 "외국법 적용의 결과"와 관련한 것이고, 민사소송법 제217조 제1항 제3호의 공서는 "외국판결의 효력을 승인한 결과"를 부인하기 위한 것이라는 점에서 서로 그 취지를 같이하기 때문이다.[56]

개정 전에는 "그 판결의 효력을 인정하는 것이 대한민국의 선량한 풍속이나 그 밖의 사회질서에 어긋나지 아니할 것"이라고 규정되어 있어 절차적 공서가 포함되는지 불분명하였으나, 2014년 민사소송법 개정을 통해 실체적 공서와 절차적 공서가 모두 포함된다는 것을 분명히 하였다.

한편, 2014년 민사소송법 개정을 통해 신설된 제217조의2는 '손해배상에 관한 확정재판 등의 승인'이라는 표제하에 제1항에서 "법원은 손해배상에 관한 확정재판 등이 대한민국의 법률 또는 대한민국이 체결한 국제조약의 기본질서에 현저히 반하는 결과를 초래할 경우에는 해당 확정재판 등의 전부 또는 일부를 승인할 수 없다."고 규정하였다. 이는 우리 손해배상법의 체계에서 인정할 만한 상당한 금액을 현저히 초과하는 손해배상액의 지급을 명하는 외국판결을 우리나라에서 승인하는 것은 공서에 반한다는 점을 분명히 한 것이다. 다만 이를 민사소송법 제217조 제1항 제3호에서 규정하는 '대한민국의 선량한 풍속이나 그 밖의 사회질서'와 분리하여 따로 규정한 이유는 우리나라의 법률 또는 우리나라가 체결한 국제조약의 기본질서, 즉 국내법질서를 '대한민국의 선량한 풍속이나 그 밖의 사회질서'와 동일선상에서 보기 어렵다는 점과 외국재판의 승인요건에 단서규정을 두는

55) 국제사법적 공서에 관해서는 이 책 제2편 제9장 공서조항 참조.
56) 신창선 · 윤남순(주2), 210면.

것이 적절하지 않다는 점을 고려한 것이다.

관련판례 대법원 2016.1.28. 선고 2015다207747

민사소송법 제217조 제1항 제2호는 외국법원의 확정판결 또는 이와 동일한 효력이 인정되는 재판의 승인요건으로 "패소한 피고가 소장 또는 이에 준하는 서면 및 기일통지서나 명령을 적법한 방식에 따라 방어에 필요한 시간여유를 두고 송달받았거나(공시송달이나 이와 비슷한 송달에 의한 경우를 제외한다) 송달받지 아니하였더라도 소송에 응하였을 것"을 규정하고 있다. 여기서 패소한 피고가 소장 등을 적법한 방식에 따라 송달받았을 것 또는 적법한 방식에 따라 송달받지 아니하였더라도 소송에 응하였을 것을 요구하는 것은 소송에서 방어의 기회를 얻지 못하고 패소한 피고를 보호하려는 데 목적이 있다. 따라서 법정지인 재판국에서 피고에게 방어할 기회를 부여하기 위하여 규정한 송달에 관한 방식과 절차를 따르지 아니한 경우에도, 패소한 피고가 외국법원의 소송절차에서 실제로 자신의 이익을 방어할 기회를 가졌다고 볼 수 있는 때는 민사소송법 제217조 제1항 제2호에서 말하는 피고의 응소가 있는 것으로 봄이 타당하다.

민사소송법 제217조 제1항 제3호는 외국법원의 확정판결 또는 이와 동일한 효력이 인정되는 재판(이하 '확정재판 등'이라 한다)의 승인이 우리나라의 선량한 풍속이나 그 밖의 사회질서에 어긋나지 아니할 것을 외국재판 승인요건의 하나로 규정하고 있다. 여기서 확정재판 등을 승인한 결과가 우리나라의 선량한 풍속이나 그 밖의 사회질서에 어긋나는지는 승인 여부를 판단하는 시점에서 확정재판 등의 승인이 우리나라의 국내법 질서가 보호하려는 기본적인 도덕적 신념과 사회질서에 미치는 영향을 확정재판 등이 다룬 사안과 우리나라와의 관련성의 정도에 비추어 판단하여야 한다.

그리고 민사소송법 제217조의2 제1항은 "법원은 손해배상에 관한 확정재판 등이 우리나라의 법률 또는 우리나라가 체결한 국제조약의 기본질서에 현저히 반하는 결과를 초래할 경우에는 해당 확정재판 등의 전부 또는 일부를 승인할 수 없다."라고 규정하고 있는데, 이는 징벌적 손해배상과 같이 손해전보의 범위를 초과하는 배상액의 지급을 명한 외국법원의 확정재판 등의 승인을 적정범위로 제한하기 위하여 마련된 규정이다. 따라서 외국법원의 확정재판 등이 당사자가 실제로 입은 손해를 전보하는 손해배상을 명하는 경우에는 민사소송법 제217조의2 제1항을 근거로 승인을 제한할 수 없다.

민사소송법 제217조 제1항 제4호는 외국법원의 확정재판 등의 승인요건으로

"상호보증이 있거나 우리나라와 그 외국법원이 속하는 국가에 있어 확정재판 등의 승인요건이 현저히 균형을 상실하지 아니하고 중요한 점에서 실질적으로 차이가 없을 것"을 규정하고 있다. 우리나라와 외국 사이에 같은 종류의 판결의 승인요건이 현저히 균형을 상실하지 아니하고 외국에서 정한 요건이 우리나라에서 정한 그것보다 전체로서 과중하지 아니하며 중요한 점에서 실질적으로 거의 차이가 없는 정도라면 민사소송법 제217조 제1항 제4호에서 정하는 상호보증의 요건을 갖춘 것이다. 이러한 상호보증은 외국의 법령, 판례 및 관례 등에 따라 승인요건을 비교하여 인정되면 충분하고 반드시 당사국과의 조약이 체결되어 있을 필요는 없으며, 외국에서 구체적으로 우리나라의 같은 종류의 판결을 승인한 사례가 없더라도 실제로 승인할 것이라고 기대할 수 있는 정도이면 충분하다.

관련판례 대법원 2015.10.15. 선고 2015다1284

민사집행법 제27조 제2항 제2호, 민사소송법 제217조 제1항 제3호에 의하면 외국법원의 확정재판 등의 효력을 인정하는 것이 우리나라의 선량한 풍속이나 그 밖의 사회질서에 어긋나지 아니하여야 한다는 점이 외국판결의 승인 및 집행의 요건인데, 확정재판 등을 승인한 결과가 선량한 풍속이나 그 밖의 사회질서에 어긋나는지를 심리한다는 명목으로 실질적으로 확정재판 등의 옳고 그름을 전면적으로 재심사하는 것은 "집행판결은 재판의 옳고 그름을 조사하지 아니하고 하여야 한다."라고 규정하고 있는 민사집행법 제27조 제1항에 반할 뿐만 아니라, 외국법원의 확정재판 등에 대하여 별도의 집행판결제도를 둔 취지에도 반하는 것이므로 허용되지 아니한다.

민사소송법 제217조 제1항 제3호는 외국법원의 확정재판 등의 승인이 우리나라의 선량한 풍속이나 그 밖의 사회질서에 어긋나지 아니할 것을 외국재판 승인요건의 하나로 규정하고 있는데, 여기서 확정재판 등을 승인한 결과가 우리나라의 선량한 풍속이나 그 밖의 사회질서에 어긋나는지는 승인 여부를 판단하는 시점에서 확정재판 등의 승인이 우리나라의 국내법 질서가 보호하려는 기본적인 도덕적 신념과 사회질서에 미치는 영향을 확정재판 등이 다룬 사안과 우리나라와의 관련성의 정도에 비추어 판단하여야 한다.

관련판례 대법원 2012.5.24. 선고 2009다22549

민사소송법 제217조 제3호[개정 민사소송법 제217조 제1항 제3호]는 외국법원의 확정판결의 효력을 인정하는 것이 우리나라의 선량한 풍속이나 그 밖의 사회질서에 어긋나지 아니하여야 한다는 점을 외국판결 승인요건의 하나로 규정하고 있는데, 여기서 외국판결의 효력을 인정하는 것, 즉 외국판결을 승인한 결과가 우리나라의 선량한 풍속이나 그 밖의 사회질서에 어긋나는지는 그 승인 여부를 판단하는 시점에서 외국판결의 승인이 우리나라의 국내법 질서가 보호하려는 기본적인 도덕적 신념과 사회질서에 미치는 영향을 외국판결이 다룬 사안과 우리나라와의 관련성의 정도에 비추어 판단하여야 하고, 이때 그 외국판결의 주문뿐 아니라 이유 및 외국판결을 승인할 경우 발생할 결과까지 종합하여 검토하여야 한다.

일제강점기에 국민징용령에 의하여 강제징용되어 일본국 회사인 미쓰비시중공업 주식회사에서 강제노동에 종사한 우리나라 국민 갑 등이 구 미쓰비시가 해산된 후 새로이 설립된 미쓰비시중공업 주식회사를 상대로 국제법 위반 및 불법행위를 이유로 한 손해배상과 미지급 임금의 지급을 구한 사안에서, 갑 등이 미쓰비시를 상대로 동일한 청구원인으로 일본국에서 제기한 소송의 패소확정판결 이유에는 일본의 한반도와 한국인에 대한 식민지배가 합법적이라는 규범적 인식을 전제로 하여 일제의 국가총동원법과 국민징용령을 한반도와 갑 등에게 적용하는 것이 유효하다고 평가한 부분이 포함되어 있는데, 우리나라 헌법 규정에 비추어 볼 때 일제강점기 일본의 한반도 지배는 규범적인 관점에서 불법적인 강점에 지나지 않고, 일본의 불법적인 지배로 인한 법률관계 중 우리나라의 헌법정신과 양립할 수 없는 것은 그 효력이 배제된다고 보아야 하므로, 일본판결 이유는 일제강점기의 강제동원 자체를 불법이라고 보고 있는 우리나라 헌법의 핵심적 가치와 정면으로 충돌하는 것이어서 이러한 판결 이유가 담긴 일본판결을 그대로 승인하는 결과는 그 자체로 우리나라의 선량한 풍속이나 그 밖의 사회질서에 어긋나는 것임이 분명하므로 우리나라에서 일본판결을 승인하여 효력을 인정할 수 없는데도, 이와 달리 본 원심판결에 법리오해의 위법이 있다.

관련판례 대법원 2009.6.25. 선고 2009다22952

이 사건 판결의 이혼사유인 결혼의 파탄은 우리 민법이 정한 이혼사유가 아니라는 사정 및 이 사건 판결의 재산분할 방식이 우리나라에서의 그것과 다소 차이가 있으며, 이 사건 판결에서 지급을 명한 배우자 부양료는 우리나라에서는 인정되지 않는다는 사정만으로는 이 사건 판결의 효력을 인정하는 것이 우리나라의 선량한 풍속이나 그 밖의 사회질서에 어긋난다고 할 수 없다.

관련판례 대법원 1994.5.10. 선고 93므1051

동일 당사자 간의 동일 사건에 관하여 우리나라에서 판결이 확정된 후에 다시 외국에서 판결이 선고되어 확정되었다면 그 외국판결은 우리나라판결의 기판력에 저촉되는 것으로서 우리나라의 선량한 풍속 기타 사회질서에 위반되어 민사소송법 제203조 제3호[개정 민사소송법 제217조 제1항 제3호]에 정해진 외국판결의 승인요건을 흠결한 경우에 해당하므로 우리나라에서는 효력이 없다.

피고가 항소심에서 원고의 청구가 인용될 경우에 대비하여 제기한 예비적 반소는, 원고가 반소 제기에 대하여 부동의하고 있을 뿐 아니라 본소와 반소의 각 청구원인이 상이한 만큼 원고의 심급의 이익을 해할 우려가 없다고 할 수 없어 부적법하다.

(4) 상호보증이 있을 것

민사소송법 제217조 제1항 제4호는 "상호보증이 있거나 대한민국과 그 외국법원이 속하는 국가에 있어 확정재판 등의 승인요건이 현저히 균형을 상실하지 아니하고 중요한 점에서 실질적으로 차이가 없을 것"이라고 규정한다. 외국판결은 민사집행법 제26조 및 제27조에 따라 집행판결을 얻어 집행하게 되는데, 외국이 우리나라 법원의 판결을 집행하지 않는다면 우리나라도 당해 외국판결을 집행할 필요가 없다고 하는 관점에서 이 규정이 마련되었다.[57]

한편 상호보증요건의 범위와 관련해서 모든 종류의 판결 전반에 대해서 상호보증이 요구된다고 볼 필요는 없을 것이므로 승인이나 집행이 문제가 된 종류의 판결이 속한 법 영역에서 상호 간 상호보증이 있으면 상호보증의 요건을 만족한 것으로 보는 것이 타당하다.[58] 독일 민사소송법이 규정하고 있는 바와 같이, 재산권상의 청구에 관한 판결에 대해서는 상호보증을 요구하지만, 신분관계에 관한 사건과 같이 비재산권상의 청구에 관한 판결에 대해서는 상호보증을 요구하지 않는 것도 외국판결의 승인과 집행 가능성을 높인다는 점에서 고려할 만한 해석태도일 것이다.[59]

대법원 판례는 상호보증의 요건과 관련하여 우리나라와 외국 사이에 같은 종류의 판결의 승인요건이 현저히 균형을 상실하지 아니하고, 외국에서 정한 요건

57) 신창선 · 윤남순(주2), 210면.
58) 윤종진(주10), 255면.
59) 윤종진(주10), 255-256면.

이 우리나라에서 정한 그것보다 전체로서 과중하지 아니하며, 중요한 점에서 실질적으로 거의 차이가 없는 정도라면 민사소송법 제217조 제1항 제4호에서 정하는 상호보증의 요건을 갖춘 것으로 본다고 하고 있다. 또한 대법원 판례는 상호보증은 외국의 법령, 판례 및 관례 등에 따라 승인요건을 비교하여 인정되면 충분하고 반드시 당사국과의 조약이 체결되어 있을 필요는 없으며, 외국에서 구체적으로 우리나라의 같은 종류의 판결을 승인한 사례가 없더라도 실제로 승인할 것이라고 기대할 수 있는 정도이면 충분하다고 하고 있다(대법원 2016.1.28. 선고 2015다207747).

관련판례 대법원 2013.2.15. 선고 2012므66, 73

민사소송법 제217조 제4호[개정 민사소송법 제217조 제1항 제4호]는 우리나라만이 입을 수 있는 불이익을 방지하고 국제관계에서 형평을 도모하기 위하여 외국판결의 승인요건으로서 '상호보증이 있을 것'을 요구하고 있지만, 판결국에 있어서 외국판결의 승인요건이 우리나라의 그것과 모든 항목에 걸쳐 완전히 같거나 오히려 관대할 것을 요구하는 것은 지나치게 외국판결의 승인 범위를 협소하게 하는 결과가 되어 국제적인 교류가 빈번한 오늘날의 현실에 맞지 아니하고, 오히려 외국에서 우리나라의 판결에 대한 승인을 거부하게 하는 불합리한 결과를 가져온다는 점을 고려할 때 우리나라와 외국 사이에 동종 판결의 승인요건이 현저히 균형을 상실하지 아니하고 외국에서 정한 요건이 우리나라에서 정한 그것보다 전체로서 과중하지 아니하며 중요한 점에서 실질적으로 거의 차이가 없는 정도라면 민사소송법 제217조 제4호[개정 민사소송법 제217조 제1항 제4호]에서 정하는 상호보증의 요건을 구비하였다고 봄이 타당하다. 또한 이와 같은 상호의 보증은 외국의 법령, 판례 및 관례 등에 의하여 승인요건을 비교하여 인정되면 충분하고 반드시 당사국과의 조약이 체결되어 있을 필요는 없으며, 당해 외국에서 구체적으로 우리나라의 동종 판결을 승인한 사례가 없더라도 실제로 승인할 것이라고 기대할 수 있는 상태이면 충분하다.

관련판례 대법원 2004.10.28. 선고 2002다74213

우리나라와 외국 사이에 동종 판결의 승인요건이 현저히 균형을 상실하지 아니하고 외국에서 정한 요건이 우리나라에서 정한 그것보다 전체로서 과중하지 아니하며 중요한 점에서 실질적으로 거의 차이가 없는 정도라면 민사소송법 제217조 제4호

[개정 민사소송법 제217조 제1항 제4호]에서 정하는 상호보증의 요건을 구비하였다고 봄이 상당하고, 또한 이와 같은 상호의 보증은 외국의 법령, 판례 및 관례 등에 의하여 승인요건을 비교하여 인정되면 충분하고 반드시 당사국과의 조약이 체결되어 있을 필요는 없으며, 당해 외국에서 구체적으로 우리나라의 동종 판결을 승인한 사례가 없더라도 실제로 승인할 것이라고 기대할 수 있는 상태이면 충분하다 할 것이고, 이와 같은 상호의 보증이 있다는 사실은 법원이 직권으로 조사하여야 하는 사항이라 할 것이다.

관련판례 대법원 1989.3.14. 선고 88므184

미국 뉴욕주 법원의 판결절차가 공시송달에 의하지 아니하고 진행된 것이고, 뉴욕주 법원이 판례로서 상호주의원칙을 배격하고 다만 외국판결이 사기로 획득한 것이거나 공서에 반한다거나 재판관할권의 흠결이 없으면 실질심사를 하지 않고 외국판결의 효력을 그대로 승인하고 있다면, 그 뉴욕주 법원의 판결은 민사소송법 제203조[개정 민사소송법 제217조 제1항] 제2호, 제4호의 승인요건을 구비한 것으로 보아야 한다.

관련판례 대법원 1971.10.22. 선고 71다1393

민사소송법 제203조 제4호[개정 민사소송법 제217조 제1항 제4호]에 이른바 상호의 보증이 있는 일이라 함은 당해 외국이 조약에 의하여 또는 그 국내법에 의하여 우리나라 판결의 당부를 조사함이 없이 민사소송법 제203조 제4호[개정민사소송법 제217조 제1항 제4호]의 규정과 같던가 또는 이보다도 관대한 조건아래에서 우리나라의 판결의 효력을 인정하고 있는 경우를 말하는 것이다.

3. 외국판결의 집행

외국판결이 민사소송법 제217조의 요건을 충족함으로써 승인된 때에는 우리나라에서 기판력을 갖는다.[60] 형성적 효력을 갖는 외국판결의 경우에는 그 판결에 의하여 형성된 효과를 주장함에 별다른 절차가 필요하지 않다. 그러나 강제집행을 필요로 하는 지급판결 등의 경우에는 채무자에 대한 영향이 직접적이고 현

60) 정동윤 · 유병현 · 김경욱(주16), 771면.

실적이기 때문에 재판기관과 집행기관이 분리되어 있고 우리나라와 같이 집행기관이 권리의 존부를 별도로 판단하지 않는 때에는 외국판결이 승인요건을 갖춤으로써 집행력을 갖는지 여부를 재판기관에서 별도로 판단해야 한다. 이러한 이유에서 민사집행법 제26조 제1항은 "외국법원의 확정판결 또는 이와 동일한 효력이 인정되는 재판에 기초한 강제집행은 대한민국 법원에서 집행판결로 그 강제집행을 허가하여야 할 수 있다."고 규정한다. 이와 관련해서 민사집행법 제26조 제2항은 집행판결을 청구하는 소는 채무자의 보통재판적이 있는 곳의 지방법원이 관할하며, 보통재판적이 없는 때에는 민사소송법 제11조의 규정에 따라 채무자에 대한 소를 관할하는 법원이 관할한다고 규정하고 있다. 집행판결은 재판의 당부를 조사하지 않는 형식적 심사이며(민사집행법 제27조 제1항), 외국법원의 판결이 확정된 것을 증명하지 않거나 민사소송법 제217조의 요건을 구비하지 않은 경우에는 집행판결 청구의 소는 각하된다(민사집행법 제27조 제2항).

제3장 준거법의 지정

제 1 절 서 설

법정지 법원은 스스로가 문제의 섭외적 사안을 판단할 수 있는 국제재판관할권을 갖고 있다고 판단한 때에는, 다음 단계로 자국 국제사법의 적용을 통해서 그 섭외적 사안에 적용될 준거법을 확정해야 한다.

법원은 국제사법을 적용하는 과정에서 법률관계의 성질 결정, 연결점의 확정, 공서에 의한 외국법의 적용배제 여부 및 반정의 인정 여부 등 많은 국제사법적 문제를 다루게 된다.

제 2 절 국제사법 규정의 구조

I. 국제사법 규정의 유형

1. 독립적 저촉규정과 비독립적 저촉규정

독립적 또는 자족적 저촉규정은 그 자체의 적용만으로 준거법의 지정이 가능한 규정이다. 예를 들어 국제사법 제28조 제1항은 "사람의 행위능력은 그의 본국법에 따른다"고 규정하고 있는데, 이 규정의 적용만으로 사람의 행위능력에 적용될 준거법의 발견이 가능한 것이다. 국제사법에서 총칙을 제외한 대부분의 규정은 독립적 저촉규정이다.

비독립적 또는 비자족적 저촉규정은 그 자체의 적용만으로는 준거법의 지정이 불가능하고, 다른 규정과 함께 적용되었을 때 비로소 준거법의 지정이 가능한 규정이다. 가장 밀접한 관련이 있는 국가의 법을 준거법으로 지정할 것을 정하고 있는 국제사법 제21조 제1항이나 반정을 규정하고 있는 제22조 및 우리나라의 선량한 풍속 그 밖의 사회질서에 위반하는 외국법의 적용을 배제하는 제23조의 규정 등이 그러한 예이다. 국제사법 총칙은 대부분 비독립적 저촉규정으로 구성되어 있다.

2. 일방적 저촉규정과 쌍방적 저촉규정

일방적 또는 개별적 저촉규정은 단지 내국법이 적용되는 경우만을 규정한 규정이다. 이러한 형태의 저촉규정은 섭외적 법률관계 중에서 내국과 일정한 관련을 갖는 법률관계에 대해서 준거법으로서 내국법을 적용할 것을 정할 뿐, 내국과 관련이 없어 내국법이 적용되지 않는 법률관계에 대해서는 적용될 준거법을 정하고 있지 않기 때문에 준거법의 지정기준으로서는 불완전한 형태이다. 대체로 예외규정 또는 배척규정이 이러한 일방적 저촉규정의 형태로 규정되어 있는 경우가 많다.[61] 예를 들어 국제사법 제63조 제2항은 "혼인의 방식은 혼인을 한 곳의 법 또는 당사자 중 한쪽의 본국법에 따른다"는 원칙적 규정을 둔 후에 단서규정에서 "다만, 대한민국에서 혼인을 하는 경우에 당사자 중 한쪽이 대한민국 국민인 때에는 대한민국 법에 따른다"고 규정하고 있는데, 이때 단서규정이 일방적 저촉규정인 것이다. 이외에도 실종선고에 관한 규정인 국제사법 제27조 제2항, 법인 및 단체에 관한 규정인 국제사법 제30조 단서, 이혼에 관한 규정인 국제사법 제66조 단서, 부양에 관한 규정인 국제사법 제73조 제4항, 후견에 관한 규정인 국제사법 제75조 제2항 등도 일방적 저촉규정이다. 이들 일방적 저촉규정은 주로 내국인을 보호한다거나 또는 내국에서의 거래의 안전을 도모한다는 등의 법정책적 고려에서 내국법의 적용을 확장하고 외국법의 적용을 제한한다는 취지를 갖기 때문에

---

61) 윤종진(주10), 72면.

확장규정 또는 배제규정이라고도 한다.

쌍방적 또는 일반적 저촉규정은 내국법이 적용되는 경우뿐만 아니라 외국법이 적용되는 경우도 포함하는 저촉규정, 즉 내외국법의 구별 없이 일반적으로 준거법을 지정하고 있는 규정이다. 국제사법 규정의 원칙적인 형태라고 할 수 있어서 대부분의 국제사법 규정은 쌍방적 저촉규정의 형태로 규정되어 있다. "사람의 권리능력은 그의 본국법에 따른다"고 규정하고 있는 국제사법 제26조가 좋은 예이다.

쌍방적 저촉규정은 적용될 준거법을 정함에 있어 본국법, 일상거소지법 또는 행위지법 등의 개념을 사용하고 있어서, 쌍방적 저촉규정의 적용에서는 국적, 일상거소지 또는 행위지 등 연결점 또는 연결개념의 확정이 중요한 의미를 갖는다. 쌍방적 저촉규정은 대체로 문제로 된 법률관계 또는 사실관계에 가장 밀접한 관련을 갖는 법을 준거법으로 지정하는 형태를 취하고 있기 때문에 국제사법의 이념을 잘 반영하는 규정이라고 할 수 있다.[62)]

II. 국제사법 규정의 흠결

국제사법이 발생할 수 있는 모든 가능한 섭외적 분쟁의 경우를 상정해서 그에 대한 준거법 결정기준을 마련하는 것은 현실적으로 불가능하다. 따라서 필연적으로 문제로 된 법률관계에 적용될 준거법을 결정하는 데 사용될 저촉규정이 존재하지 않는 경우가 발생한다.

이처럼 국제사법 규정이 흠결된 경우에 그 흠결을 보충하는 방법으로는 이른바 "의심스러운 때에는 법정지법에 의한다"(in dubio lex fori)는 원칙에 따라 내국법인 법정지법을 적용하는 방법이 있을 것이다. 그러나 국제사법의 이념에 비추어 보면 내국법이 외국법보다 우월한 지위에 있는 것은 아니고, 또한 언제나 가장 밀접한 관련을 갖는다고도 볼 수 없기 때문에 적용이 가능한 다른 외국법을 찾지 아니하고, 바로 법정지법을 적용하는 것은 타당하지 않다. 또한 이 방법은 법정지국 법원으로 하여금 문제로 된 법률관계와 밀접한 관련을 갖는 외국법을 발견하려는 노력을 포기하고, 바로 법정지법을 적용하는 것을 조장함으로써 이른바 내

62) 신창선 · 윤남순(주2), 80면; 윤종진(주10), 73면.

부지향의 경향(homeward trend)을 낳을 우려가 있다. 따라서 국제사법 규정의 흠결이 있는 때에는 바로 법정지법을 적용하는 편의적인 태도를 취해서는 안 되고, 국제사법의 이념에 기초해서 다른 국가의 국제사법 규정, 판례 및 국제사법 관련 학설 등을 고려해서 문제의 법률관계와 가장 밀접한 관련을 갖는 법을 발견하도록 해야 할 것이다.

제 3 절 법률관계의 성질 결정

I. 의 의

법률관계의 성질 결정(characterization, classification or qualification)은 특정한 섭외적 사안이 어떤 법률관계에 속하는지를 결정하는 국제사법 규정 적용의 한 단계이다. 국제사법은 일반적으로 상속 또는 채권관계 등과 같이 일정한 법률관계를 단위로 하여 준거법을 지정한다. 따라서 문제로 된 섭외적 사안에 국제사법 규정을 적용하고자 하는 경우에 먼저 그 사안이 어떤 법률관계에 해당하는지를 확정해야 한다. 예를 들어 국적을 달리하는 부부 중 남편이 사망하였는데, 그 처가 우리나라 법원에서 남편의 유산에 대하여 권리를 주장하는 때에 국제사법 규정을 통해서 적용될 준거법을 확정하기 위해서는 이 문제가 상속의 법률관계에 해당하는지 아니면 부부재산제의 법률관계에 해당하는지 여부를 먼저 결정해야 한다. 만약 이 문제가 상속의 문제로서 이해된다면 우리나라 국제사법 제77조가 적용되어 피상속인, 즉 남편의 사망 당시의 본국법이 준거법이 될 것이지만, 이 문제가 부부재산제의 문제로서 이해된다면 국제사법 제65조가 적용되어 부부의 동일한 본국법, 부부의 동일한 일상거소지법 또는 부부와 가장 밀접한 관련이 있는 곳의 법의 순으로 당해 사안을 규율하는 준거법이 정해질 것이다. 또한 손해배상청구권의 경우에도 그것이 계약으로부터 발생한 것인지 아니면 불법행위로부터 발생한 것인지 여부에 따라 적용될 준거법이 달라진다.[63]

---

63) 미국에서는 불법행위에 기한 책임과 관련해서 불법행위지법만이 준거법으로서 적용됨으

이처럼 특정한 섭외적 사안이 국제사법에서 어떤 법률관계에 해당하는지, 즉 어떤 법률관계의 성질을 갖는지를 결정하는 것이 법률관계의 성질 결정인바, 이 과정은 국제사법 규정의 적용단계에서 매우 중요한 의미를 갖는다. 왜냐하면 일단 법률관계의 성질이 결정된 후에는 성질 결정된 법률관계에 관련 국제사법 규정의 적용을 통해서 준거법이 정해질 것이므로 법률관계의 성질이 어떻게 결정될 것인지에 따라 문제의 섭외적 분쟁에 관한 소송의 결과가 얼마든지 달라질 수 있기 때문이다.

법률관계의 성질 결정은 필연적으로 국제사법 규정이 기준으로 사용하는 법률관계의 개념이나 범위를 정하는 과정을 수반한다. 특정한 섭외적 사안이 상속에 관한 문제인지 아니면 부부재산제에 관한 문제인지의 결정은 필연적으로 국제사법 규정이 사용하고 있는 기준 법률관계인 상속이나 부부재산제의 개념이나 범위에 대한 논의를 수반하는 것이다. 따라서 법률관계의 성질을 결정하는 과정은 단순히 문제로 된 섭외적 사안이 어떤 법률관계에 속하는지를 기계적으로 확정하는 데 그치는 것이 아니라 국제사법 규정이 사용하는 각종 법률관계의 성질에 대한 분석을 수반해야 하는 복잡한 과정이다.

II. 법률관계의 성질 결정의 준거법

섭외적 사안에 적용될 준거법을 정하기 위한 전 단계로서 문제로 된 사안이 어떤 법률관계에 속하는지를 결정하는 것이 법률관계의 성질 결정인바, 법률관계의 성질 결정도 결국은 법 적용의 한 형태이므로 법률관계의 성질을 결정함에 있어서 어느 국가의 실질법을 기준으로 사용할 것인지가 문제된다.

로써 발생하는 부당한 결과를 피하기 위해서 문제의 섭외적 사안을 불법행위 이외의 다른 법률관계로 성질 결정하는 방법이 흔히 사용되었다. *Levy v. Daniels' U-Drive Auto Renting Co.,* 108 Conn. 333, 143 A. 163 (1928); *Haumschilid v. Continental Casualty Co.*, 7 Wis.2d 130, 95 N.W.2d 814 (1959); *Kilberg v. Northeast Airlines, Inc.*, 9 N.Y.2d 34, 211 N.Y.S.2d 133, 172 N.E.2d 526 (1961). 또는 문제의 섭외적 사안을 실체법적 사안이 아닌, 절차법적 사안으로 성질 결정하기도 하였다. *Grant v. McAuliffe*, 41 Cal.2d 859, 264 P.2d 944, 42 A.L.R.2d 1162 (1953).

1. 법정지실질법설

법정지실질법설은 법률관계의 성질은 법정지법(lex fori), 즉 법정지의 실질법이 결정해야 한다는 입장이다.[64] 이 설은 법정지 법원이 문제된 섭외적 사안에 준거법으로서 외국법을 적용하는 것은 주권의 자발적 제한이라고 할 것인바, 최소한 준거법 결정을 위한 전 단계인 법률관계의 성질 결정에서는 자국의 실질법을 적용해야 할 것이라는 데 근거한다.

또한 법정지실질법설은 법률관계의 성질 결정은 준거법 결정을 위한 전 단계인데, 이 단계에서는 법정지법 이외에 외국법을 적용할 아무런 근거가 없다는 점을 주장한다. 이 외에도 이 설은 법률관계의 성질 결정은 근본적으로 법정지국의 국내법인 국제사법의 적용에 관한 문제이므로 법해석의 일반원칙상 국제사법 규정에 사용되고 있는 법률개념이나 용어는 당연히 법정지의 실질법에 의하여 통일적으로 해석되어야 할 것이라고 한다.

그러나 국제사법의 대상은 널리 국제사회에서 발생하는 모든 법률관계이고, 따라서 국제사법상의 개념도 모든 국가의 법제도를 내포하지 않으면 준거법을 결정할 수 없는 경우가 발생할 수 있다. 그런데 법정지실질법설이 주장하는 것처럼 오직 법정지의 실질법적 법률개념을 원용해서 국제사법상의 법률개념을 파악한다고 하면, 법정지의 실질법을 알지 못하는 법률관계에 속하는 등의 사유로 문제된 섭외적 사안의 법률관계를 파악할 수 없는 경우가 발생할 수 있는 것이다.[65]

2. 준거법설

준거법설은 법률관계의 성질은 그 법률관계에 적용될 법, 즉 준거법에 따라 결정되어야 한다는 입장이다. 이 설은 준거법의 지정은 문제의 법률관계 전체에 적용될 법을 정하는 의미를 갖는 것이므로 그 법률관계의 성질도 당연히 지정된 준거법에 따라 정해져야 한다고 주장한다.

준거법설에 대해서는 법률관계의 성질이 결정된 후에 비로소 준거법이 결정되는데, 법률관계의 성질을 준거법에 의존하는 것은 논리적으로 모순이라는 비판이 있다.

---

64) *Levy v. Daniels' U-Drive Auto Renting Co.*, 108 Conn. 333, 143 A. 163 (1928).

65) 김연 · 박정기 · 김인유, 『국제사법[제3판 보정판]』(법문사, 2014), 124면.

3. 법정지국제사법설

법정지국제사법설은 법률관계의 성질 결정은 결국 국제사법의 적용에 관한 문제이므로 국제사법의 기능과 목적에 기초해서 법정지의 국제사법 자체의 입장에서 결정해야 한다는 입장이다.

법정지국제사법설은 국제사법상의 법률 개념을 국제사법 자체의 입장에서 독자적으로 구성한다고 할 때, 구체적으로 어떤 방법에 의하여 행할 것인지 또는 법률관계의 성질을 결정함에 있어서 사용될 구체적 기준이 무엇인지에 따라서 다시 입장이 갈리는데, 먼저 비교법설은 여러 국가의 실질법을 비교 연구하여 공통적인 법개념을 도출하는 방법으로 법률관계의 성질을 결정할 것이라고 한다. 즉 비교법적 연구를 통하여 전 문명세계가 일반적으로 인정할 수 있는 공통의 개념을 찾아내어 이를 국제사법상의 법률개념으로 이용하자는 것이다.[66]

신법정지법설 또는 신소송지법설은 법정지의 국제사법의 입법취지나 목적 또는 원칙을 파악한 후에 법정지의 관련 국제사법 규정과 다른 규정과의 상호관계, 법정지의 실질법 또는 그 법과 동일한 사법체제를 갖는 다른 국가의 실질법과 국제사법 등을 비교법적으로 검토하여 국제사법상의 법률개념의 내용을 확정하자는 입장이다.[67]

저촉규정목적설은 저촉규정상의 단위법률개념은 각각의 저촉규정이 추구하는 목적, 즉 각각의 저촉규정이 특정 연결점이나 연결원칙의 사용 등을 통해서 실현하고자 하는 국제사법적 이익을 파악하여 그에 기초해서 해석되어야 한다는 입장이다. 이 설은 법정지국이나 다른 관련 국가의 실질법을 일체 고려하지 않고, 오직 국제사법 자체만을 고려할 것을 주장한다는 점에서 비교법설이나 신법정지법설과 견해를 달리한다. 저촉규정목적설이 고려하는 국제사법적 이익에는 질서이익, 당사자이익 및 거래이익 등이 포함된다.[68]

법정지법실질법설은 명확한 근거 없이 국제사법적 문제를 해결함에 있어서 법정지의 실질법을 사용한다는 점에서 타당하지 않다. 또한 준거법설은 법률관계의 성질을 결정한 후에 비로소 준거법의 결정이 있게 되는데, 준거법을 사용해서

---

66) Fawcett, Carruthers & North, *supra* note 1, p.43.
67) *Grant v. McAuliffe,* 41 Cal.2d 859, 264 P.2d 944 (1953).
68) 신창선 · 윤남순(주2), 87면.

법률관계의 성질을 결정하려는 것은 비논리적이라는 점에서 타당하지 않다. 법률관계의 성질 결정은 근본적으로 국제사법 규정의 해석에 관한 문제이므로 국제사법 자체를 기준으로 해야 할 것이라는 점에서 법정지국제사법설이 타당하다. 구체적으로 법정지의 국제사법 규정의 취지나 목적을 염두에 두고, 법정지의 관련 실질법을 고려해서 법률관계의 성질을 결정하는 신법정지법설의 입장이 타당한 것으로 보인다.[69] 따라서 법률관계의 성질을 결정함에 있어서 우선 법정지법에서 출발하되, 연결의 대상을 법정지법의 실질법적 개념으로 이해할 것이 아니라, 비교법적 분석을 통해서 획득된 도구적 개념으로 이해하면서 당해 저촉규범의 기능과 법정책적 목적을 고려해야 할 것이다.[70]

III. 법률관계의 성질 결정과 관련된 문제

1. 신국제사법이론과 법률관계의 성질 결정

미국에서 발전된 이익분석이론(interest analysis theory)이나 "보다 좋은 법" 접근방법(better law approach) 등 신국제사법이론은 준거법의 결정 단계에서 후보로 된 준거법들이 구현하고 있는 국가이익을 고려하거나, 적용 결과 어떤 준거법이 최선의 해결을 도출하는지를 고려해서 분쟁의 대상이 된 섭외적 사안에 대해서 가장 큰 이익을 갖는 국가의 법을 준거법으로 확정하거나 또는 당사자의 이익을 가장 잘 보호하는 법을 준거법으로 할 것을 내용으로 한다.[71] 따라서 신국제사법이론에서는 후보 준거법에 구현된 국가이익, 후보 준거법이 당사자 이익을 보호하는 정도 또는 법정지의 이익 등을 고려하는 것을 국제사법 적용의 주된 작업내용으로 하기 때문에 법률관계의 성질 결정도 각 이익을 고려하는 과정의 일환으로 진행되고, 따라서 법률관계의 성질을 결정하는 작업이 독립해서 진행될 필요는 없어진다.

---

69) Scoles, Hay, Borchers & Symeonides, supra note 1, p.123; Fawcett, Carruthers & North, *supra* note 1, pp.43-44; 신창선 · 윤남순(주2), 87면; 윤종진(주10), 88-89면; 김연 · 박정기 · 김인유(주65), 129면.

70) 석광현(주4), 30-31면.

71) *Babcock v. Jackson*, 12 N.Y.2d 473, 240 N.Y.S.2d 743, 191 N.E.2d 279 (1963).

그러나 우리나라 국제사법은 전통적 국제사법이론에 기초하고 있기 때문에 우리나라 국제사법을 해석함에 있어서 법률관계의 성질 결정은 여전히 중요한 의미를 갖는다.

2. 실체법적 사안과 절차법적 사안의 구별

국제사법은 기본적으로 섭외적 사안에 적용될 준거실질법을 결정하는 법이고, 절차법적 사안에 대해서는 법정지의 절차법이 적용된다는 것은 국제사법상 확립된 원칙이다.[72] 문제의 섭외적 사안이 실체법적 사안이라면 국제사법 규정의 적용을 통해서 적용될 준거실질법을 확정해야 하지만, 문제의 섭외적 사안이 절차법적 사안이라면 국제사법의 적용 없이 바로 법정지의 절차법이 적용되는 것이다. 따라서 문제의 섭외적 사안이 실체법적 사안인지 절차법적 사안인지의 판단은 법률관계의 성질 결정과 함께 관련 국제사법 규정의 적용을 통해서 준거법이 정해지기 전 단계에서 진행되며, 실제에 있어서 중요한 의미를 갖는다. 이에 대해서는 대체로 법률관계 또는 권리의무관계의 성립이나 효력에 관한 문제는 실체법적 문제이고, 권리 또는 의무의 집행에 관한 문제는 절차법적 문제인 것으로 성질 결정할 수 있을 것이다.[73]

그러나 문제의 섭외적 사안이 실체법적 사안인지 아니면 절차법적 사안인지 여부에 대한 판단이 언제나 용이한 것은 아니다.[74] 예를 들어 손해의 범위 또는 손해배상액의 산정에 관해서 우리나라에서는 민법에 규정이 있는 등의 사실에 비추어볼 때 이를 실체법적 문제로 이해하지만, 미국에서는 일반적으로 절차법적 문제로 이해되고 있다. 따라서 미국에 고유한 징벌적 손해배상(punitive damages)이나 3배손해배상(treble damages) 등의 손해배상제도에 대해서 미국 법원은 이를 절차법적 문제로서 이해하여 자국의 법원칙을 적용할 것이나, 우리나라 법원은

---

72) Fawcett, Carruthers & North, *supra* note 1, pp.75-76.

73) *Grant v. McAuliffe*, 41 Cal.2d 859, 264 P.2d 944 (1953); *Kilberg v. Northeast Airlines, Inc.*, 9 N.Y.2d 34, 211 N.Y.S.2d 133, 172 N.E.2d 526 (1961).

74) 실체법적 문제와 절차법적 문제의 구분이 갖는 자의성 때문에 미국의 법의 충돌에 관한 제2차 리스테이트먼트는 이러한 구분을 포기하고, 대신에 법정지법이 적용되어야 하는 경우에 대해서 직접 규정하는 방식을 택하였다. Restatement, Second, Conflict of Laws §122, comment (b) (1971).

이를 실체법적 문제로 이해하여 국제사법에 따라 정해지는 준거법을 적용하고자 할 것이다. 참고로 국제사법 제52조 제4항은 불법행위와 관련해서 "외국법이 적용되는 경우에 불법행위로 인한 손해배상청구권은 그 성질이 명백히 피해자의 적절한 배상을 위한 것이 아니거나 또는 그 범위가 본질적으로 피해자의 적절한 배상을 위하여 필요한 정도를 넘을 때에는 인정하지 아니한다"고 규정하고 있는바, 이 규정은 미국이 징벌적 손해배상이나 3배손해배상을 절차법적 문제로 이해하여 언제나 자국법을 적용하는데, 우리나라 법원이 이를 실체법적 문제로 이해해서 불법행위지가 미국이라는 이유 등으로 미국법을 적용하는 결과 우리나라 손해배상제도가 알지 못하는 징벌적 손해배상이나 3배손해배상을 인정해야 하는 가능성을 막기 위한 취지를 갖는다.[75]

관련판례 대법원 2015.5.28. 선고 2012다104526

외국적 요소가 있는 계약을 체결한 당사자에 대한 회생절차가 개시된 경우, 그 계약이 쌍방미이행 쌍무계약에 해당하여 관리인이 이행 또는 해제·해지를 선택할 수 있는지 여부, 그리고 계약의 해제·해지로 인하여 발생한 손해배상채권이 회생채권인지 여부는 도산법정지법인 채무자회생법에 따라 판단되어야 하지만, 그 계약의 해제·해지로 인한 손해배상의 범위에 관한 문제는 계약 자체의 효력과 관련된 실체법적 사항으로서 도산전형적인 법률효과에 해당하지 아니하므로 국제사법에 따라 정해지는 계약의 준거법이 적용된다.

관련판례 대법원 2015.2.26. 선고 2012다79866

지연손해금은 채무의 이행지체에 대한 손해배상으로서 본래의 채무에 부수하여 지급되는 것이므로, 본래의 채권채무관계를 규율하는 준거법에 의하여 결정되어야 한다. 한편 소송촉진 등에 관한 특례법 제3조 제1항에서 정하는 법정이율에 관한 규정은 비록 소송촉진을 목적으로 소송절차에 의한 권리구제와 관련하여 적용되는 것이기는 하지만 절차법적인 성격을 가지는 것이라고만 볼 수는 없고 그 실질은 금

75) 물론 이때 국제사법 제23조의 적용을 통해서 징벌적 손해배상이나 3배손해배상이 우리나라의 공서에 반한다는 근거에서 그 적용을 배제하는 방법도 가능할 것이지만, 국제사법은 제52조에서 명문의 규정을 둠으로써 제23조 공서조항의 적용과 관련해서 발생할 수 있는 불확실성의 위험을 차단했다.

전채무의 불이행으로 인한 손해배상의 범위를 정하기 위한 것이므로, 본래의 채권채무관계의 준거법이 외국법인 경우에는 위 특례법 규정을 적용할 수 없다고 해석함이 상당하다.

관련판례 대법원 2015.1.29. 선고 2012다108764

외국적 요소가 있는 채권들 사이에서의 상계의 요건과 효과에 관한 법률관계가 상계의 준거법에 따라 해석 · 적용된다고 하더라도, 채권자가 우리나라의 민사집행법에 의하여 가압류명령 또는 채권압류명령 및 추심명령을 받아 채권집행을 한 경우에, 채권가압류명령 또는 채권압류명령을 받은 제3채무자가 채무자에 대한 반대채권을 가지고 상계로써 가압류채권자 또는 압류채권자에게 대항할 수 있는지 여부는 집행절차인 채권가압류나 채권압류의 효력과 관련된 문제이므로, 특별한 사정이 없는 한 우리나라의 민사집행법 등에 의하여 판단함이 원칙이고 상계의 준거법에 의할 것은 아니다.

관련판례 대법원 1994.6.28. 자 93마1474 결정

섭외사법 제44조 제4호[국제사법 제94조 1호]는 해상우선특권에 의하여 담보된 채권의 종류와 선박에 대한 우선특권의 순위는 선적국법에 의한다고 규정하고 있으므로 이러한 선박우선특권의 성립 여부는 선적국법에 의하여야 할 것이고 따라서 외국선적의 선박이 화물을 운송하던 중 그 화물의 손상 또는 멸실로 인하여 화물소유자가 선박소유자에 대하여 손해배상채권을 취득하는 경우에 그 채권이 해상우선특권에 의하여 담보되는지의 여부 및 그 해상우선특권이 미치는 대상은 그 선적국법에 의하여 결정하여야 할 것이지만, 그러한 해상우선특권이 우리나라에서 실행되는 경우에는 그 실행방법은 우리나라의 절차법에 의하여 규율되어야 할 것이다.

3. 법률관계의 분할

법률관계의 성질 결정은 섭외적 사안이 국제사법적으로 어떤 단위의 법률관계에 해당하는지를 결정하는 것이지만, 그와 관련하여 단위법률관계를 어떻게 분할할 것인지가 부수적으로 문제된다. 예를 들어 입법 단계에서 혼인의 법률관계를 혼인의 성립과 혼인의 효과로 분할할 것인지 아니면 혼인의 실질적 성립요건,

혼인의 방식, 혼인의 효력 및 부부재산제 등으로 보다 세밀하게 분할할 것인지가 문제되는 것이다. 이것이 이른바 법률관계의 분할(dépeçage)의 문제이다. 법률관계의 분할의 예는 계약당사자가 계약의 서로 다른 부분에 대해서 상이한 준거법을 선택하는 경우 등 법 적용 단계에서도 찾아볼 수 있다.[76]

법률관계의 성질을 결정하는 단계에서 법률관계의 분할이 적절하게 이루어지지 않는다면 부당하고 왜곡된 결과가 발생한다.[77] 예를 들어 A국 국적을 가진 부부의 남편이 B국에서 과실로 교통사고를 야기해서 부인에게 상해를 입혔다고 가정할 때, 이는 전형적으로 불법행위의 문제이므로 불법행위에 관한 국제사법 일반규정에 따라 행위지법인 B국법이 적용될 것이다. 그러나 그들의 본국법, 즉 A국법에 의하면 이른바 부부간 제소금지(interspousal immunity)의 원칙에 따라 부부간에 소가 허용되지 않는다고 할 때, 불법행위에 관한 소에서 부부간 제소금지가 불법행위에 관한 문제의 일부를 구성하는 데 지나지 않는 것인지, 아니면 부부간 제소금지는 불법행위와는 구분되는 능력에 관한 문제로서 행위능력의 준거법인 그들의 본국법이 별도로 적용되어야 하는 것인지의 문제가 발생한다. 이러한 경우에 법률관계의 분할을 통해서 부부간 제소금지를 행위능력에 관한 문제로 파악해서 그들의 본국법, 즉 A국법이 적용되도록 할 수 있는 것이다.[78]

법률관계의 분할은 원하지 않는 법규의 적용을 회피함으로써 특정한 결과를 도출하기 위한 수단으로 활용될 수 있다.[79] 위의 예에서 행위능력의 준거법인 A국법은 부부간에 제소를 허용하지만, 과실상계 등을 이유로 부인에 대해서 손해배상을 허용하지 않는 반면, 불법행위의 준거법인 B국법은 부부간에 제소를 허용하지 않지만, 부인에 대해서 손해배상을 허용한다고 가정할 때, 부인은 A국법에 의해서도, B국법에 의해서도 손해배상을 구할 수 없지만, 법원은 법률관계의 분할을 통해서 부부간 제소금지에 대해서는 행위능력의 준거법인 A국법이 적용되도록 하고, 불법행위에 대해서는 불법행위의 준거법인 B국법이 적용되도록 함으로써 부인으로 하여금 손해를 배상받을 수 있도록 하는 것이다.[80]

---

76) 우리나라 국제사법 제45조 제2항은 계약의 일부에 관한 준거법의 선택을 명시적으로 허용한다.

77) *Haumschild v. Contitnetal Ca. Co.*, 7 Wis.2d 130, 95 N.W.2d 814 (1959).

78) Fawcett, Carruthers & North, *supra* note 1, pp.54-55.

79) *Haumschild v. Contitnetal Ca. Co.*, 7 Wis.2d 130, 95 N.W.2d 814 (1959).

80) Fawcett, Carruthers & North, *supra* note 1, p.55.

4. 제2차적 법률관계의 성질 결정

섭외적 사안에 대한 법률관계의 성질 결정을 통해서 적용될 준거법이 결정된 후에도 다시 정해진 준거법에 따라 문제의 섭외적 사안이 세부적으로 어떤 법률관계로서 준거법국가의 실질법 중에서 어떤 법규의 적용을 받아야 하는지가 여전히 문제된다.[81] 이것이 이른바 제2차적 법률관계의 성질 결정의 문제이다.

제2차적 법률관계의 성질 결정은 근본적으로 준거실질법의 해석과 적용에 관한 문제이며, 따라서 전적으로 정해진 준거법에 따라 해결되어야 할 것이다. 예를 들어 이혼의 준거법에 따라 배우자의 불법행위를 이유로 이혼이 허용되었다고 할 때, 준거법국가의 법률 중 구체적으로 어떤 법률을 적용할 것인지를 판단하기 위해서는 다시 이혼에 따른 위자료 청구가 이혼의 효과의 문제인지 아니면 불법행위에 기한 손해배상의 문제인지를 확정해야 하는데, 이는 전형적으로 준거법의 해석과 적용에 관한 문제로서 그 준거실질법에 따라 해결되어야 하는 것이다.

이른바 제2차적 법률관계의 성질 결정은 준거법소속국의 실질법의 해석과 적용에 관한 문제로서 준거법을 정하기 위한 단계로서 국제사법의 해석과 적용에 관한 문제인 국제사법상의 법률관계의 성질 결정과는 차원을 달리하기 때문에 이들 양자는 상호 간 구분되는 독립적 과정이다.[82]

5. 내국법지향

법률관계의 성질을 결정하는 과정에서 흔히 이른바 내국법지향 또는 내부지향의 경향(homeward trend)이 드러난다. 국제사법에서 내국법지향의 경향은 법정지 법원이 자국법이 적용될 수 있도록 법률관계의 성질을 결정하는 방식으로 나타난다. 이러한 내국법지향의 경향은 법정지 법원이 가급적 자기에게 익숙한 자국법을 적용하려는 편의적인 발상이나 또는 내국법이 우선적으로 적용되어야 한다는 내국법우선주의의 편견에 기인한다. 이러한 내국법지향의 경향은 섭외적 사안의 결정을 위해서 문제의 사안과 가장 밀접한 관련을 갖는 법이 적용되어야 한다는 국제사법의 이념에 배치하는 것으로서 지양되어야 한다.

---

81) *Ibid.*, pp.39-45.
82) 신창선 · 윤남순(주2), 88면; 윤종진(주10), 90면.

제 4 절 연결점과 연결방법

I. 의 의

섭외적 사안이 갖는 법률관계의 성질이 결정된 후에는 그 법률관계를 규율하는 국제사법 규정의 적용을 통해서 문제의 사안에 적용될 준거법을 확정하게 되는데, 이 과정에서 섭외적 사안 또는 법률관계와 준거법을 연결하는 요소가 연결점(connecting factor)이다. 즉 국제사법은 단위법률관계를 기준으로 하여 그 준거법을 지정하는 것이라고 할 때, 그 지정은 법률관계에 내포되어 있는 요소를 매개로 해서 이루어지는데, 이 요소를 연결점이라고 한다.

국제사법에서 사용되는 연결점에는 국적, 일상거소지, 물건의 소재지, 법률행위지 또는 사실발생지 등이 있는데, 이들 연결점을 매개로 하여 본국법, 일상거소지법, 소재지법, 행위지법 또는 사실발생지법 등이 준거법으로서 지정되는 것이다. 예를 들어 문제된 사안이 물권의 처분에 관한 것인 때에는 물권의 준거법을 규율하는 국제사법 제33조가 적용되는데, 이때 물건의 소재지가 연결점으로 기능하여서 물권의 목적인 물건이 소재하는 국가의 법이 준거법으로서 당해 물권의 처분을 규율한다.

연결점의 확정은 국제사법규정의 해석 및 적용의 문제로서 국제사법의 입장에서 이루어져야 한다. 왜냐하면 연결점의 확정은 문제의 섭외적 사안과 가장 밀접한 관련을 갖는 법을 준거법으로 선택한다는 국제사법의 이념의 실현에 직접적으로 영향을 미치기 때문이다. 연결점 중에서 물건의 소재지, 행위지 또는 사실발생지 등은 사실상의 개념으로서 그 확정을 위해서 사실의 확인으로써 충분하다. 그러나 국적은 법률상 개념이므로 각국의 국적법에 따라 확정되는바, 이처럼 법률개념의 성질을 갖는 연결점을 특히 연결개념이라고 한다.

연결점이 몇 개 국가에 동시에 존재하거나 또는 어느 국가에도 존재하지 않는 등 복수의 연결점이 존재하거나 또는 연결점이 불명한 경우에 연결점의 확정은 특히 중요한 의미를 갖는다. 당사자가 복수의 국적을 갖고 있거나, 일상거소가 몇 개 국가에 걸쳐 있거나 또는 원인발생지와 결과발생지가 다른 경우 등 복수의 연결점이 존재해서 이 중 한 연결점으로 확정해야 하는 경우에는 해당 국제사법 규정이 그 연결점을 선택한 취지를 고려해서 연결점을 확정하는 작업이 이루어져야 할 것이다. 이는 연결점이 불명한 경우에도 마찬가지인바, 역시 해당 국제사법 규정이 그 연결점을 선택한 취지를 고려해서 보충적 연결점을 결정하는 방법으로 연결점을 확정하는 작업이 이루어져야 할 것이다.[83)]

한편 연결점을 매개로 하여 법률관계를 준거법에 연결하는 과정이 준거법의 연결이다. 준거법을 연결하는 방법에는 누적적 연결방법, 배분적 연결방법 및 선택적 연결방법 등 다양한 방법이 존재한다.

국제사법의 각 규정은 연결점을 통해서 섭외적 법률관계에 적용될 준거법을 지정하는 방식으로 규정되어 있다. 이때 어떤 섭외적 법률관계에 어떤 연결점과 어떤 연결방법을 사용해서 준거법을 지정할 것인지에 대한 입법적 결단에는 특정 섭외적 법률관계에 대한 국제사법 입법자의 인식이 반영되어 있기 마련이다. 예를 들어 국적이나 일상거소지를 연결점으로 사용하는 속인법주의가 사용되었다면, 이는 당해 법률관계에서 당사자의 이익 보호에 주안을 둔 것이라고 할 수 있다. 반면에 행위지를 연결점으로 사용하는 속지법주의가 사용되었다면, 이는 당해 법률관계에 대한 행위지국가의 이익을 염두에 둔 것이라고 할 수 있다.

II. 연결점의 형태와 준거법

1. 국적과 본국법

우리나라 국제사법은 전통적 국제사법의 경향에 따라 많은 영역에서 속인법주의를 채택하면서, 속인법을 정하기 위해서 국적을 연결점으로 사용한다. 국제사법 제26조(권리능력), 제28조(행위능력), 제63조 제1항(혼인의 성립요건), 제64조 1호(혼인의 일반적 효력), 제67조(혼인 중의 부모 · 자녀관계), 제68조(혼인 외의 부모 · 자녀관계), 제70조(입양 및 파양), 제74조(그 밖의 친족관계) 및 제75조(후견) 등의 규정이 국적을 연결점으로 해서 본국법을 정하고 있는바, 이들 규정은 대체로 능력

---

83) 미국의 법의 충돌에 관한 제2차 리스테이트먼트는 복수의 연결점이 존재하거나 또는 연결점이 불명한 경우에 가장 중요한 관련(the most significant relationship)의 원칙을 기준으로 사용할 것을 규정하고 있다. Scoles, Hay, Borchers & Symeonides, *supra* note 1, p.127.

에 관한 규정이나 친족 또는 상속 등 신분적 법률관계에 관한 규정이다.

2. 일상거소와 일상거소지법

본래 속인법주의에는 속인법을 정하기 위해서 사용되는 연결점으로서 국적과 함께 주소(domicile)가 흔히 사용되었다. 그러나 주소의 법률상 개념이 각국의 실질법에서 상이한 내용을 갖고 있는 것이 현실이다. 이 때문에 최근 헤이그국제사법회의에서 채택된 다수의 협약 등 국제사법 관련 조약이나 많은 국가의 국제사법에서 주소 대신에 일상거소(日常居所; habitual residence) 개념이 사용되고 있다. 일상거소의 확정에는 정주의 의사 및 실제 거주기간 등이 고려될 것이다.

우리나라 국제사법도 이러한 국제적 추세에 따라 일상거소의 개념을 도입하였는바, 제47조(소비자계약), 제48조(근로계약), 제49조(계약의 성립 및 유효성) 제2항, 제52조(불법행위) 제2항 및 제78조(유언) 제3항 등의 규정에서 일상거소를 연결점으로 채택하는 한편, 제64조(혼인의 일반적 효력), 제65조(부부재산제) 및 제66조(이혼) 등의 규정에서 부부의 동일한 일상거소를 보충적 연결점으로 채택하고 있다.

3. 거소와 거소지법

우리나라 국제사법에서 거소를 연결점으로 채택하고 있는 규정으로는 원칙적으로 당사자의 일상거소지법에 의하여야 하지만, 그 일상거소를 알 수 없는 경우에 거소를 단계적으로 연결시키는 제16조(본국법) 제2항 및 제17조(일상거소지법) 등이 있다.

4. 소재지와 소재지법

국제사법 제33조와 제35조는 각각 물권과 무기명증권의 경우에 적용될 준거법을 목적물이 소재하고 있는 국가의 법으로 함으로써 물건의 소재지를 연결점으로 사용하고 있다.

5. 행위지와 행위지법

국제사법에서 행위지를 연결점으로 사용한 규정으로는 법률행위의 방식에 있어서 그 법률행위의 준거법 외에 그 행위지법도 준거법으로 하고 있는 제31조가 대표적이다.

이 외에도 어음·수표에 관하여 규정하고 있는 국제사법 제82조 내지 제88조에서 연결점으로 사용되고 있는 서명지, 지급지 및 발행지 등도 넓은 의미에서 행위지라고 할 수 있을 것이다. 또한 국제사법 제63조 제2항은 혼인의 방식의 준거법을 정함에 있어서 혼인거행지를 연결점으로 사용하고 있다.

6. (원인)사실발생지와 사실발생지법

국제사법은 각각 제50조, 제51조 및 제52조에서 각각 사무관리가 행하여진 곳, 부당이득이 발생한 곳 및 불법행위가 행하여진 곳을 연결점으로 사용하고 있다.

7. 법정지와 법정지법

국제사법은 법정지법을 준거법으로 명시하는 규정을 두고 있지는 않지만, 제27조 및 제75조 제2항에서 각각 실종선고와 후견에 관한 재판과 관련해서 일정한 요건을 갖춘 때에는 우리나라 법, 즉 법정지법이 적용될 것을 규정하고 있다.

또한 "절차는 법정지법에 의한다"는 국제사법 원칙이 일반적으로 인정되고 있는바, 이는 실체법적 문제는 외국법에 의하지만 절차법적 문제는 언제나 법정지법에 의한다는 것을 의미한다.

8. 당사자의 의사와 당사자가 합의한 법

국제사법 제45조는 국제거래에서 체결된 계약에 있어서 당사자의 의사에 따라서 준거법이 결정될 수 있음을 규정함으로써 당사자의 의사를 연결점으로 사용하고 있다.

9. 밀접관련지와 밀접관련지법

국제사법은 제21조(준거법지정의 예외)와 계약의 준거법에 관한 규정인 제46조(준거법 결정시의 객관적 연결)에서 예외적으로 밀접관련지를 연결점으로 사용해서 밀접한 관련이 있는 국가의 법을 준거법으로 지정하고 있다. 주의할 점은 밀접한 관련의 개념은 국제사법의 이념을 이루는 개념으로서 그 자체 바로 연결점으로서 사용될 수는 없고, 법원의 해석을 기다려 적용될 수 있는 개념이라는 것이다.

10. 기타 연결점

일반적으로 물권에 관한 문제는 목적물의 소재지법에 의할 것이지만(국제사법 제33조), 이동 중의 물건이나 이동이 빈번한 운송수단 그 자체의 경우에는 그 정확한 소재지가 불명한 경우가 많다. 따라서 국제사법은 제36조에서 이동 중의 물건에 대해서 물권행위가 이루어진 경우에 목적지법을 준거법으로 하고 있고, 또한 제34조에서 운송수단 그 자체에 대해서는 항공기인 경우에는 국적소속국법을, 철도차량의 경우에는 운행허가국법을 준거법으로 지정하고 있다.

Ⅲ. 연결개념으로서의 국적

1. 의　의

일정한 사안에 관하여 본국법주의를 취하여 본국법이 준거법으로 되는 경우에 그 연결점은 국적이다. 이때 어느 국가의 법으로 국적의 개념 또는 국적의 득실을 정할 것인지는 연결개념 확정의 문제이며, 일단 연결개념이 결정된 후에 복수국적이나 또는 무국적인 경우에 어느 국적 또는 무엇을 기준으로 본국법을 결정할 것인지는 연결점 확정의 문제이다.

2. 국적의 득실

(1) 국적결정의 준거법

국적은 개인이 특정 국가의 구성원이 되는 자격을 의미하는바, 한 국가의 국적을 가진 개인은 그 국가의 국민이 된다. 즉 국적은 국가와 개인간에 정치적 및 법적 유대를 형성하는 기초이다.[84)]

국적의 결정은 각 국가의 국내법에 따라 결정된다고 할 때, 어느 국가의 국적법이 국적을 결정하는지, 즉 국적 결정의 준거법이 무엇인지가 문제된다. 이러한 경우에는 국적을 부여하는 국가의 법에 따라 그 개인의 국적 소지 여부가 결정된다.[85)] 예를 들어 어떤 사람이 미국 국적을 갖고 있는지 여부가 우리나라 법원에서 문제로 된 경우에 미국 국적법에 따라 미국 국적의 유무를 결정하는 것이지 우리나라 국적법에 의하는 것이 아니다.

(2) 국적취득에 관한 입법주의

1) 출생에 의한 국적취득

출생에 의한 국적취득에는 혈통주의와 출생지주의가 있다. 혈통주의는 자의 국적을 부 또는 모와의 혈연관계나 혈통에 의하여 부여하는 입장이며, 출생지주의는 한 국가에서 출생한 자에 대하여 그 국가의 국적을 부여하는 입장이다.

원래 봉건주의가 지배했던 중세에 있어서는 출생지주의가 지배적 입장이었지만, 근대국가가 성립되고 민족주의적 인식이 확립됨에 따라 많은 국가가 혈통주의의 입장을 취하게 되었다. 우리나라를 비롯해서 일본, 중국, 독일 등의 국가는 혈통주의를 취하고 있다. 한편 출생지주의를 취하고 있는 국가로는 미국을 비롯해서 아르헨티나 등 중남미의 다수 국가들이 있다.[86)]

---

84) 신창선 · 윤남순(주2), 106-107면.

85) 상게서, 106면; 윤종진(주10), 103면.

86) 미국이나 중남미 국가의 출생지주의는 그들 국가가 토지가 광활한 데 비하여 인구가 적기 때문에 이민수입국으로서 이민자의 자식에 대하여 자국의 국적을 취득하도록 함으로써 자국에의 동화와 자국민의 증가를 도모하기 위한 것이다. 신창선 · 윤남순(주2), 107면.

2) 출생 후 국적취득

국적은 출생 후에도 일정한 사유에 의하여 취득할 수 있다. 먼저 신분행위의 효과로서 국적을 취득하는 경우가 있다. 혼인에 의하여 일방 배우자가 타방 배우자의 국적을 취득하는 경우, 인지에 의하여 자가 부모의 국적을 취득하는 경우 또는 입양에 의하여 양자가 양친의 국적을 취득하는 경우 등이 그 예이다.

한편 본인의 의사에 따라 국적을 취득하는 것을 귀화(naturalization)라고 한다. 참고로 우리나라 국적법 제5조는 5년 이상 계속하여 우리나라에 주소를 두는 등 법정요건을 갖춘 외국인에 대하여 귀화를 허가한다.

3) 국적의 상실

국적은 여러 가지 사유에 의하여 상실될 수 있는데, 그중 중요한 것으로는 이중국적자가 다른 국가의 국적을 선택하는 데 따른 우리나라 국적의 상실 등을 들 수 있다(국적법 제12조 및 제13조). 이 밖에 영토의 병합이나 할양 등 국제법상의 원인에 의한 국적상실도 있다.

3. 국적의 충돌

국적의 취득이나 상실에 관한 문제는 당해 국가의 국내 문제로서 그 국가의 국내법에 의하여 규율되기 때문에 경우에 따라서는 한 사람이 복수의 국적을 갖는 경우나 또는 전혀 국적이 없는 경우가 발생한다.

한 사람이 복수의 국적을 갖는 국적의 적극적 충돌의 경우에는 어느 국적을 연결점으로 결정할 것인지가 문제로 되는 한편, 무국적, 즉 국적의 소극적 충돌의 경우에는 무엇을 연결점으로 할 것인지가 문제된다.

(1) 국적의 적극적 충돌

복수국적, 즉 국적의 적극적 충돌은 여러 가지 사유로 발생할 수 있는데, 우선 미국과 같이 출생지주의를 취하고 있는 국가에서 우리나라와 같이 혈통주의를 취하는 국가의 국적을 가진 부모로부터 출생하는 때에 그 자(子)는 미국과 우리나라의 국적을 모두 갖게 됨으로써 이중국적의 경우가 발생한다. 또한 서로 다른 국적을 가진 배우자가 혼인하면서 한 배우자가 자기의 원래 국적을 유지하면서 타방 배우자의 국적을 취득하는 때에도 이중국적의 경우가 발생한다. 이 외에도 이민국에서 국적을 취득하면서 구국적을 유지하는 경우에도 이중국적의 경우가 발생한다.

국제사법 제16조 제1항은 "당사자의 본국법에 따라야 하는 경우에 당사자가 둘 이상의 국적을 가질 때에는 그와 가장 밀접한 관련이 있는 국가의 법을 그 본국법으로 정한다"고 규정함으로써 복수국적의 경우에 당사자의 가장 밀접한 관련을 갖는 국가의 법을 그의 본국법으로 하였다. 이때 당사자와 가장 밀접한 관련이 있는 국가의 법을 어떻게 확정할 것인지가 문제되는데, 국적의 취득시기, 주소, 일상거소 또는 거소 등 연결점의 관련성 또는 당사자의 정치 · 경제 · 사회적 활동의 중심지 등 제반 사정을 고려해서 결정해야 할 것이다.[87]

한편 국제사법 제16조 제1항 단서는 "국적 중 하나가 대한민국일 경우에는 대한민국 법을 본국법으로 한다"고 규정함으로써 우리나라 국적과 외국 국적이 충돌하는 경우에는 내국법인 우리나라 법을 본국법으로 하였다.

관련판례 대법원 1973.10.31. 선고 72다2295

이중국적인 경우 그 국적의 하나가 우리나라인 때에는 사망의제(실종선고)에 관하여는 우리나라 법률에 의하여야 한다.

(2) 국적의 소극적 충돌

국적의 소극적 충돌은 당사자가 어떤 사유로 어떤 국가의 국적도 갖지 못하는 경우이다. 국제사법 제16조 제2항은 "당사자가 국적을 가지지 아니하거나 당사자의 국적을 알 수 없는 경우에는 그의 일상거소가 있는 국가의 법에 따르고, 일상거소를 알 수 없는 경우에는 그의 거소가 있는 국가의 법에 따른다"고 규정함으로써 무국적의 경우에 본국법을 정하는 기준을 마련하였다.

87) 신창선 · 윤남순(주2), 110면; 윤종진(주10), 105면; 김연 · 박정기 · 김인유(주65), 147-149면.

4. 불통일법국의 경우에 본국법의 확정

(1) 의 의

불통일법국은 미국이나 캐나다 등 연방국가의 경우와 같이 한 국가 내에서 지역에 따라 법이 다른 국가이다. 본국법소속국이 불통일법국인 경우에 그 국가의 어느 지역의 법이 당해 섭외적 사안에 적용될 준거법인지 알 수 없기 때문에 이를 확정하는 과정이 필요하다. 예를 들어 우리나라에 거주하는 미국인이 사망하여 우리나라에서 상속과 관련해 소가 제기된 경우에 우리나라 국제사법 제77조 제1항에 의하면 피상속인의 본국법에 의하게 되는데, 이때 본국법인 미국법 중 어느 주의 법을 적용할 것인지를 확정해야 하는 것이다.

불통일법국의 경우에 준거법 확정의 문제는 국적이 연결점으로 사용되는 때에만 발생하고, 일상거소지나 행위지 등 다른 연결점이 사용되는 때에는 그 장소를 지배하는 법을 준거법으로 확정하면 되기 때문에 별도로 불통일법국 내에서 어느 지역의 법이 준거법인지를 확정해야 하는 문제는 발생하지 않는다.

(2) 준거법의 확정

불통일법국 내에서 본국법으로서 적용될 준거법을 확정하기 위한 방법에 관해서는 주소지법설과 직접지정설 및 간접지정설 등이 주장되고 있다. 먼저 주소지법설은 당사자의 본국법을 적용하는 경우로서 그 본국이 불통일법국인 경우에는 주소지법을 적용할 것이라는 입장이다.[88] 주소지법설은 당사자가 본국 이외의 다른 국가에 주소를 갖고 있는 경우에는 본국법 적용 자체가 배제되는 결과를 가져오는 불합리가 있다.

직접지정설은 본국의 어느 지역의 법을 적용할 것인지는 법정지의 국제사법이 명시적 또는 묵시적으로 직접 지정하여야 한다는 입장이다.[89]

간접지정설은 당사자의 본국이 불통일법국인 경우에 법정지의 국제사법이 결정할 것이 아니라, 본국법이 결정해야 할 것이라는 입장이다.[90] 간접지정설은 불통일법국의 법이 지정된 경우에는 그 국가의 모든 지역의 법의 총체가 지정된

---

88) 신창선 · 윤남순(주2), 126-127면.
89) 상게서, 127면; 김연 · 박정기 · 김인유(주65), 151면.
90) 신창선 · 윤남순(주2), 127면; 김연 · 박정기 · 김인유(주65), 152면.

것이고, 그 국가의 어느 지역의 법을 지정할 것인가는 그 국가에 있어서의 국내문제로서 준국제사법 등 그 국가의 관련 법규에 따르는 것이 타당하다는 점 및 법정지의 국제사법이 본국법주의를 취한 이유는 당사자와 가장 밀접한 관련이 있고, 또한 당사자로 하여금 가장 예측가능한 법의 적용을 받게 하려는 데에 있으므로 본국법 중 어느 지역의 법을 적용할 것인지의 문제도 그 본국법에 맡기는 것이 타당하다는 점 등을 근거로 내세운다.[91]

국제사법 제16조 제3항은 "당사자가 지역에 따라 법을 달리하는 국가의 국적을 가질 경우에는 그 국가의 법 선택규정에 따라 지정되는 법에 따르고, 그러한 규정이 없는 경우에는 당사자와 가장 밀접한 관련이 있는 지역의 법에 따른다"고 규정함으로써 간접지정설의 입장을 수용하였다. 국제사법 제16조 제3항의 적용과 관련해서 문제가 되는 것은 불통일법국 전역에 적용되는 준국제사법이 없는 경우이다. 예를 들어 미국은 연방준국제사법이 존재하지 아니하고, 각주가 독립한 준국제사법 관련 판례법을 갖고 있을 뿐인바, 이러한 경우는 "그 국가의 법 선택규정"이 없는 경우이므로 당사자와 가장 밀접한 관련이 있는 지역의 법이 준거법이 되어야 할 것이다.[92]

관련판례 대법원 2012.10.25. 선고 2009다77754

당사자가 계약의 준거법으로 지역에 따라 법을 달리하는 이른바 연방제국가의 어느 특정 지역의 법을 지정하지 않고 단순히 연방제국가의 법이라고만 약정한 경우, 선택된 법이 특정 지역의 법이 아니라 연방제국가의 법이라는 사정만으로 그러한 준거법 약정이 내용을 확정할 수 없는 것으로 당연 무효라고 보아서는 아니 되고 계약 문언, 계약 전후의 사정, 거래 관행 등 모든 사정을 고려하여 당사자가 그 국가의 어느 지역의 법을 지정한 것으로 합리적으로 인정되는지까지 살펴보아야 한다. 나아가 지역에 따라 법을 달리하는 연방제국가라고 하더라도, 어느 법률관계에 관하여 그 국가 전체에 통일적으로 적용되는 이른바 연방법이 존재한다면 적어도 그 법률관계에 관하여는 연방법이 적용되어 지역에 따라 법을 달리한다고 할 수는 없으므로, 당사자가 그 법률관계에 관한 준거법으로 연방제국가의 법을 준거법으로 선택한 약정은 그 국가의 연방법을 준거법으로 선택한 약정으로서 유효하다.

---

91) 신창선 · 윤남순(주2), 127면.
92) 석광현(주4), 113면.

Ⅳ. 준거법의 연결방법

연결점을 매개로 하여 법률관계를 준거법에 연결하는 경우에 하나의 단위법률관계가 단일한 준거법에 단순히 연결되는 것이 가장 일반적인 모습이다. 물권의 법률관계는 목적물의 소재지법에 연결되고(국제사법 제33조), 상속의 법률관계는 사망 당시 피상속인의 본국법에 연결되는 경우가 그러한 예이다(국제사법 제77조 제1항). 그런데 법률관계에 따라서 단일한 단위법률관계임에도 불구하고 복수의 준거법에 연결되거나 또는 궁극적으로 단일한 준거법에 연결되지만 연결과정에서 복수의 준거법이 고려되는 등 특별한 연결방법이 사용되는 경우가 있다.

1. 누적적 연결방법

하나의 법률관계에 대해서 복수의 준거법이 누적적 또는 중복적으로 연결되는 경우가 있다. 예를 들어 국제사법 제71조는 제68조(혼인 외의 부모·자녀관계), 제69조(혼인 외 출생자) 및 제70조(입양 및 파양)에 의한 친자관계의 성립에 관하여 자녀의 본국법이 자녀 또는 제3자의 승낙이나 동의 등을 요건으로 할 때에는 그 요건도 갖출 것을 요구하고 있는바, 이에 따라 혼인 외의 친자관계의 성립의 경우에 국제사법 제68조에 따라 자녀의 출생 당시 어머니의 본국법과 국제사법 제71조에 따라 자녀의 본국법이라는 두 가지 준거법이 요구하는 요건이 모두 충족되는 때에 비로소 친자관계가 성립한다. 이러한 연결방법을 누적적 연결방법 또는 중복적 연결방법이라고 하며, 이러한 준거법의 적용방법을 준거법의 누적적 적용방법 또는 중복적 적용방법이라고 한다.

누적적 연결방법은 대체로 문제된 신분관계의 성립을 엄격히 함으로써 당사자의 이익을 보호하고자 하는 경우 등에 사용된다.

2. 배분적 연결방법

하나의 법률관계에 대해서 두 개의 준거법이 배분적 또는 결합적으로 연결되는 경우가 있다. 예를 들어 국제사법 제63조 제1항은 혼인의 실질적 성립요건의 법률관계는 각 당사자의 본국법에 의하도록 규정하고 있는바, 이 규정에 따라 부

(夫)가 될 자에 대한 요건은 그의 본국법에 의하고, 처(妻)가 될 자에 대한 요건은 그녀의 본국법에 의하게 된다. 이러한 연결방법을 배분적 연결방법 또는 결합적 연결방법이라고 하며, 이러한 준거법의 적용방법을 준거법의 배분적 적용방법 또는 결합적 적용방법이라고 한다.

배분적 연결방법은 대체로 문제의 법률관계에서 양성평등의 원칙 또는 배우자평등의 원칙 등을 충실히 반영하기 위한 것이지만, 하나의 법률관계에 있어서 각 당사자에게 별도의 준거법이 적용되는 결과 법률관계의 해결을 복잡하게 하는 단점이 있다.

3. 선택적 연결방법

어떤 법률관계에 대해서 연결되는 준거법을 복수로 정하여 그중 하나의 준거법이 정한 요건이 충족된 경우에는 당해 법률관계의 효력을 인정하는 경우가 있다. 예를 들어 국제사법 제31조 제1항 및 제2항은 법률행위의 방식은 그 법률행위의 준거법이나 행위지법 중 어느 것에 의하든 그 효력을 인정한다. 또한 국제사법 제63조 제2항은 혼인의 방식 역시 혼인거행지법 또는 당사자 일방의 본국법에 의하도록 규정하고 있다. 이러한 연결방법을 선택적 연결방법 또는 택일적 연결방법이라고 하며, 이러한 준거법의 적용방법을 준거법의 선택적 적용방법 또는 택일적 적용방법이라고 한다.

선택적 연결방법은 문제의 법률관계의 성립을 가급적 인정함으로써 행위지의 거래이익을 보호하거나 또는 법률행위자의 이익을 보호하고자 하는 취지를 갖는다.

4. 단계적 연결방법

어떤 법률관계에 대해서 연결되는 준거법을 복수로, 그리고 단계적으로 순서를 정하여 제1단계의 준거법이 없는 때에는 제2단계의 준거법에 의하고, 제2단계의 준거법도 없는 때에는 제3단계의 준거법에 의하는 방법으로 준거법이 정해지는 경우가 있다. 예를 들어 국제사법 제64조가 혼인의 일반적 효력은 부부의 동일한 본국법, 부부의 동일한 일상거소지법 및 부부와 가장 밀접한 관련이 있는 곳의 법의 순위에 의하도록 규정하고 있는 것이 그러한 예이다. 이러한 연결방법을 단계적 연결방법 또는 보충적 연결방법이라고 하며, 이러한 준거법의 적용방법을 준거법의 단계적 적용방법 또는 보충적 적용방법이라고 한다.

단계적 연결방법은 배우자평등의 원칙 등 국제사법상 중요한 원칙을 견지하면서, 동시에 가급적 문제의 법률관계에 적용될 준거법을 발견함으로써 준거법의 흠결이 발생하는 경우를 막고자 하는 취지를 갖는다.

5. 보정적 연결방법

어떤 법률관계에 대해서 연결되는 준거법을 복수로, 그리고 단계적으로 순서를 정하여 제1단계의 준거법에 의해 그 법률관계가 인정되지 않는 때에는 제2단계의 준거법에 의하고, 제2단계의 준거법에 의해도 인정되지 않는 때에는 제3단계의 준거법에 의하는 경우가 있다. 국제사법 제73조 제1항은 부양의무는 우선 부양권리자의 일상거소지법에 의하나 만약 이 법에 의하여 부양의무가 인정되지 않는 경우에는 당사자의 공통 본국법에 의하도록 규정하고 있는 것이 그러한 예이다. 이러한 연결방법을 보정적(補整的) 연결방법이라고 하며, 이러한 준거법의 적용방법을 준거법의 보정적 적용방법이라고 한다. 이 연결방법도 선택적 연결과 마찬가지로 이른바 유리(有利)의 원칙에 바탕을 둔 것이다.

보정적 연결방법은 앞에서 설명한 단계적 연결방법과 구별된다. 단계적 연결방법은 제1단계의 준거법이 없는 경우에 제2단계의 준거법이 적용되는 방식으로 연결이 이루어지는 데 반해, 보정적 연결방법은 제1단계의 준거법에 의해서 법률관계가 인정되지 않는 경우에 제2단계의 준거법의 적용을 통해서 법률관계를 인정하는 방식으로 연결이 이루어지는 것이다.

보정적 연결방법은 일응 지정된 준거법에 따라 인정되지 않는 법률관계에 대해서도 다른 준거법을 통해서 이를 인정함으로써 가급적 그 법률관계를 인정하고자 하는 취지를 갖는다.

6. 종속적 연결방법

어떤 법률관계에 대해서 그 법률관계의 근거가 되는 법률관계에 연결되는 준거법과 동일한 준거법을 연결하는 것을 종속적 연결방법이라고 한다. 예를 들어 국제사법 제50조 제1항이 사무관리는 그 관리가 행하여지는 곳의 법에 의하지만, 사무관리가 당사자 간의 기존의 법률관계에 기하여 행하여진 경우에는 그 법률관계의 준거법에 의하도록 한 것, 국제사법 제51조가 부당이득은 그 이득이 발생한 곳의 법에 의하지만, 부당이득이 당사자 간의 법률관계에 기하여 행하여진 이행으로부터 발생한 경우에는 그 법률관계의 준거법에 의하도록 한 것 및 국제사법 제52조 제3항이 불법행위는 그 행위가 행해진 곳의 법에 의하지만, 가해자와 피해자 간에 존재하는 법률관계가 불법행위에 의하여 침해되는 경우에는 그 법률관계의 준거법에 의하도록 한 것 등이 그러한 예이다.

종속적 연결방법은 이미 존재하는 당사자 간의 기대, 즉 기초가 되는 법률관계로부터 파생된 법률관계에 대해서도 원법률관계에 적용되는 법이 적용될 것이라는 법률행위 당사자의 기대를 존중하는 한편, 복수의 법률관계의 성질을 겸병하는 단일한 섭외적 사안에 대해 단일한 준거법이 적용되도록 함으로써 적용상의 혼란을 막고자 하는 취지를 갖는다.

7. 임의적 연결방법

어떤 법률관계에 대해서 적용되는 준거법을 당사자가 합의를 통해 결정하는 것을 허용하는 경우가 있다. 예를 들어 국제사법 제45조 제1항이 채권계약의 성립 및 효력에 관해서는 당사자가 임의로 선택한 법을 준거법으로 하고 있는 것이 그러한 예인데, 이러한 연결방법을 임의적 연결방법이라고 한다.

임의적 연결방법은 국제거래에서 계약 등에서 문제의 법률관계에 적용될 준거법을 당사자가 선택하도록 함으로써 당사자자치의 원칙을 구현하는 취지를 갖는다.

8. 중첩적 연결방법

어떤 법률관계에 대해서 적용되는 준거법을 결정하는 데 있어서 복수의 연결점을 통해서 중첩적으로 연결되는 경우가 있다. 예를 들어 1973년 「제조물책임에 적용될 준거법에 관한 헤이그협약」(Hague Convention on the Law Applicable to Products Liability)은 제4조에서 제조물책임은 손해발생지가 직접피해자(the person directly suffering damage)의 일상거소지, 책임을 추궁당하고 있는 자의 주된 영업지 또는 직접피해자가 당해 제조물을 취득한 곳 중 어느 한 곳과 일치하는 경우에 손해발생지의 법에 의할 것을, 그리고 제5조에서 제조물책임은 직접피해자의 일상거소지가 책임을 추궁당하는 자의 주된 영업지 또는 직접피해자가 당해 제조물을 취득한 곳 중 어느 한 곳과 일치하는 경우에 직접피해자의 일상거소지의 법에 의할 것을 규정하고 있다.[93] 이러한 연결방법을 중첩적 연결방법이라고 한다. 중첩적 연결방법은 우리나라 국제사법에서는 발견되지 않는다.

93) Scoles, Hay, Borchers & Symeonides, *supra* note 1, p.935.

제4장 선결문제

제 1 절 서 설

문제된 섭외적 사안의 법률관계의 근거가 되는 또 다른 법률관계가 있어서 그 법률관계가 유효하게 성립해야만 문제된 섭외적 사안의 법률관계가 유효하게 성립하는 경우가 있는데, 이때 문제된 섭외적 사안의 법률관계를 본문제라고 하고, 본문제의 해결에 앞서 먼저 그 성립 여부가 결정되어야 하는 근거된 법률관계를 선결문제(incidental or preliminary question)라고 한다.[94] 예를 들어 문제된 섭외적 사안이 부부간의 이혼이라면 이혼의 허용 여부를 결정하기에 앞서 혼인이 유효하게 성립하였는지 여부를 확정해야 하는데, 이때 이혼의 허용 여부가 본문제라면, 혼인의 성립 여부는 선결문제가 되는 것이다. 마찬가지로 양자의 상속의 허용 여부가 본문제라면 입양의 성립 여부는 그 선결문제가 될 것이다.

제 2 절 선결문제에 적용되는 준거법 선택의 원칙

법정지법설 또는 법정지국제사법설은 선결문제도 본문제와 같이 법정지에서 문제되고 있는 한, 법정지의 국제사법이 지정한 준거법에 의해야 한다는 입장이

94) Fawcett, Carruthers & North, *supra* note 1, pp.51-52.

다.[95] 즉 선결문제는 기본적으로 본문제와 독립하여 해결되어야 할 법률관계이므로 본문제뿐만 아니라 선결문제에 대해서도 법정지의 국제사법에 따라 준거법이 정해져야 한다는 것이다. 이 설에 대해서는 선결문제는 본문제의 준거법을 적용하는 과정에서 발생한 부속적 문제인데,[96] 이를 독립한 법률문제로 파악하여 다시 법정지의 국제사법을 적용하는 것은 지나치게 형식적인 접근방법으로 타당하지 않다는 비판이 제기된다.

본문제준거법설 또는 준거법소속국 국제사법설은 선결문제는 본문제의 준거법을 적용하는 과정에서 발생하는 본문제의 준거법 적용의 문제이기 때문에 선결문제에 섭외적 요소가 있는 때에는 당연히 준거법소속국의 국제사법의 적용을 통해서 준거법이 정해져야 한다는 입장이다. 이 설은 선결문제에 관해서 법정지 법원이 본문제의 준거법소속국 법원이 당해 선결문제를 판단하는 경우와 동일한 준거법을 적용할 때에만 법정지 법원과 본문제준거법소속국 법원 간에 판결의 국제적 조화를 도모할 수 있을 것이라는 데 근거한다. 그러나 이 주장에 대하여는 동일한 선결문제가 본문제를 달리함에 따라 적용될 준거법이 달라지는 결과, 동일한 선결문제의 유효 여부가 상이하게 판단될 수 있기 때문에 오히려 판결의 국제적 부조화가 야기된다는 비판이 제기된다.[97] 예를 들어 선결문제는 모두 입양의 유효에 관한 것이지만, 본문제가 한 경우에서는 상속에 관한 것이고,[98] 다른 경우에서는 양친의 양자에 대한 부양의무에 관한 것인 경우와[99] 같이 본문제의 준거법이 달라짐에 따라 선결문제의 준거법이 달라져 동일한 성질의 선결문제에 대하여 각기 다른 법이 적용되는 것이다.

절충설은 선결문제를 법정지의 국제사법에 의한다든지 또는 준거법소속국의 국제사법에 의한다든지 등 형식적으로 결정할 것이 아니라 구체적 상황에 따라 국제사법의 이념 또는 이익을 고려하여 이를 결정해야 한다는 입장이다. 절충설은 다시 원칙적으로 법정지법설의 입장에 서는지 아니면 본문제준거법설에 서는지에 따라 세분되지만, 일반적으로 법정지법설을 원칙으로 하되, 경우에 따라 본

95) *Ibid.*, p.48.
96) 김연 · 박정기 · 김인유(주65), 172면.
97) 신창선 · 윤남순(주2), 130면; 윤종진(주10), 167면.
98) 국제사법 제77조에 따르면 이때의 준거법은 양친의 본국법이 될 것이다.
99) 국제사법 제73조에 따르면 이때의 준거법은 양자의 일상거소지법이 될 것이다.

문제의 준거법소속국의 국제사법에 의하는 것이 합리적이거나 또는 국제적 조화를 이룰 수 있다고 생각될 때에는 본문제준거법설을 보완적으로 적용함으로써 형평에 맞는 타당한 해결을 시도하는 것을 그 내용으로 한다.[100] 예를 들어 선결문제의 섭외적 사안이 법정지와 관련을 갖지 않고, 오히려 본문제의 준거법소속국과 밀접한 관련을 갖거나 또는 본문제의 법률관계의 성질에 비추어 볼 때, 당사자의 이익보호나 거래의 안전 등을 위하여 준거법소속국의 국제사법에 의하는 것이 보다 합리적인 경우에는 예외적으로 법정지 국제사법이 아닌 준거법소속국 국제사법이 적용될 수 있다는 것이다. 절충설은 종래의 형식적인 접근방법에서 벗어나 구체적 정의의 실현을 기할 수 있다는 장점을 갖지만, 이익형량에 있어서 자의적인 판단이 개입될 여지가 크기 때문에 법적 안정성을 해칠 우려가 있다는 비판을 받는다.[101]

실질법설 또는 본문제실질법설은 선결문제는 본문제와 관련하여 발생한 문제이므로 선결문제도 본문제의 준거실질법에 의하여 해결하여야 한다는 입장이다. 실질법설에 대해서는 선결문제가 본문제의 준거법소속국의 입장에서 순수한 내국적 법률관계가 되는 경우에는 타당하지만, 그것이 섭외적 법률관계인 경우에는 타당하지 않다는 비판이 제기된다.[102]

법정지법설이나 본문제준거법설에 따르면 본문제의 준거법과 선결문제의 준거법이 다른 경우가 많을 것인데, 복수의 준거법을 조사하여 정확한 내용을 파악하는 것은 법정지 법원에 지나치게 부담이 된다. 뿐만 아니라 본문제의 준거법과 선결문제의 준거법이 상호간 모순되거나 부조화하는 경우에 이를 어떻게 해결할 것인지의 어려운 문제가 발생한다. 따라서 본문제 준거법의 적용을 통해서 선결문제도 해결하도록 하는 실질법설의 입장이 보다 현실적인 접근방법이다. 실질법설의 비판자들은 실질법설이 선결문제가 그 자체 섭외적 사안임을 망각하고 있다고 비판하지만, 법정지 법원이 일단 자국 국제사법의 적용을 통해서 본문제에 적용될 준거법을 확정하였다면, 이제 본문제를 더 이상 준거법소속국의 내국적 사안과 구별할 이유는 없다고 할 것이고, 따라서 본문제의 해결과정에서 요구되는 선결문제의 해결은 여느 내국적 사안과 마찬가지로 준거법소속국의 실질법에 따

---

100) 김연 · 박정기 · 김인유(주65), 173면.
101) 신창선 · 윤남순(주2), 131-132면; 윤종진(주10), 167면.
102) 신창선 · 윤남순(주2), 130면; 김연 · 박정기 · 김인유(주65), 174면.

라 이루어져야 하는 것이 오히려 타당하다.[103)]

제 3 절 본문제의 준거법과 선결문제의 준거법 간의 관계

법정지법설이나 본문제준거법설을 따른다면, 본문제의 해결에 앞서 선결문제가 해결되어야 하는 경우에 선결문제의 준거법과 본문제의 준거법이 상호 모순되거나 또는 부조화하는 경우가 발생할 수 있는바, 이를 어떻게 해결할 것인지가 문제된다. 예를 들어 우리나라는 양자에게 상속권을 인정하고 있지만, 개정전 스페인법은 양자에게 상속권을 인정하지 않았는바,[104)] 양자에게 상속을 인정할 것인지를 내용으로 하는 섭외적 사안이 발생하였다고 할 때, 상속의 준거법은 우리나라 민법이지만, 선결문제인 양자관계의 성립 여부를 규율하는 법은 스페인법이라고 한다면 양자에게 상속권을 인정하는 본문제의 준거법과 양자에게 상속권을 인정하지 않는 선결문제의 준거법 간에 부조화가 존재한다. 즉 선결문제의 준거법인 스페인법에 따라 유효하게 성립한 입양을 통해서 양자가 된 자가 본문제의 준거법인 우리나라 민법에 따라 상속권을 갖는지의 문제가 발생하는 것이다.

위의 예에서 선결문제의 준거법, 즉 입양의 준거법에 의하면 상속권이 인정되지 않음에도 불구하고, 본문제의 준거법, 즉 상속의 준거법에 의하여 상속권을 인정한다면, 이는 상속의 준거법소속국의 상속제도가 갖는 취지나 입양의 준거법소속국의 입양제도가 갖는 취지에 반하는 결과를 초래할 수 있기 때문에 이 문제의 합리적 해결은 중요한 의미를 갖는다. 이러한 경우에 현실적으로 가능한 해결방법은 선결문제로 된 법률관계가 본문제의 준거법에서 동일한 법률관계로 대체될 수 있는지를 확인하는 방법으로 모색되어야 할 것이다. 즉 위의 예에서 그러한 대체가 가능한 때에는 양자에게 상속권을 인정하는 데 별문제가 없을 것이지만, 본문제의 준거법인 상속의 준거법에서 양자의 개념보다 선결문제의 준거법인 입양의 준거법에서 양자의 개념이 넓거나 또는 양자가 서로 다른 취지를 갖는 등의 경우에는[105)] 상속권을 인정하지 않는 방향으로 해결하는 것이 상속의 준거법소속

103) Fawcett, Carruthers & North, *supra* note 1, pp.53-54.
104) 윤종진(주10), 171면.

국의 상속제도가 갖는 취지나 입양의 준거법소속국의 입양제도가 갖는 취지를 고려할 때 오히려 타당할 것이다.

한편 선결문제에 본문제의 준거실질법이 적용된다는 실질법설에 의하면 본문제의 준거법과 선결문제의 준거법이 불일치하는 경우는 애초에 발생하지 않는다.

105) 우리나라는 양자에게 혼인 중의 출생자로서의 신분을 부여하고 있기 때문에 당연히 상속권이 인정되지만, 일부 국가에서는 아동복지 차원에서 양자제도를 운용하고 있기 때문에 양친자 간에 감호교육의 관계는 인정하지만 상속관계는 인정하지 않고 있다. 상게서, 171면.

제5장 외국법의 적용

제1절 서 설

국제사법 규정의 적용을 통해서 섭외적 법률관계에 적용되는 준거법은 법정지국의 입장에서 볼 때에 내국법일 수도 있고 외국법일 수도 있다. 예를 들어 우리나라 국제사법 제52조에 따르면 불법행위와 관련한 법률관계는 그 행위가 행하여진 곳의 법에 의하여 해결되는데, 그 행위지가 법정지인 경우에는 내국법이 적용되지만 그 행위지가 외국일 때에는 외국법이 적용된다.

준거법으로서 법정지법인 내국법을 적용하는 경우에 법정지 법원은 자국법을 적용하는 것이므로 그 적용과 관련해서 별다른 문제가 발생하지 않는다. 그러나 적용되는 준거법이 외국법인 경우에는 그 외국법의 조사와 증명을 누가 부담할 것인지 또는 외국법의 내용이 불분명한 경우에 어떻게 그 내용을 확정할 것인지 등의 문제가 발생한다.

제2절 외국법의 성질

I. 학 설

준거법이 외국법인 경우에 가장 먼저 문제되는 것은 외국법이 법정지에서 어떤 성질을 갖는가 하는 점이다. 왜냐하면 외국법이 갖는 성질, 즉 법정지에서 외국법이 법으로서 이해되는지 아니면 사실로서 이해되는지 여하에 따라 법정지 법원이 재판과정에서 수행해야 하는 조사의무 등에 있어서 차이가 있기 때문이다. 즉 외국법이 사실인 경우에는 당사자들이 그 사실을 법원에 주장하여야 하지만, 외국법이 법인 경우에는 법원이 이른바 직권조사주의에 따라 스스로 외국법의 내용을 파악해야 하는 것이다.

외국법사실설은 외국법은 단순한 사실에 지나지 않으므로 소송절차에서 하나의 사실로 다루어져야 하며, 당사자가 외국법을 원용하고 증명하지 않는 한, 법원은 그 법을 적용할 필요가 없다는 입장이다.[106] 즉 법정지 법원은 오직 내국법인 법정지법만을 적용할 수 있을 뿐이나, 예외적으로 섭외적 사안에 대해서는 국제예양에 따라 외국법을 적용할 수 있을 뿐이라는 것이다.[107] 주로 미국과 영국 등 영미법계 국가의 학설과 판례가 취하고 있는 태도이다.[108] 외국법이 사실에 불과하다면, 법원은 당사자가 외국법을 증명하지 않는 한, 외국법을 조사하거나 적용할 의무를 지지 않는다.

외국법변질설은 국제사법에 의하여 준거법으로 지정된 외국법은 내국법으로 변질되거나, 내국법에 편입되어 내국법질서의 한 구성부분으로서 내국법이 되어 적용된다는 입장이다.[109] 외국법변질설은 한 국가에 있어서 법의 성질을 갖는 규범은 본래 그 나라의 법질서에 속하는 규범뿐이고, 외국법은 준거법으로 지정되어 적용될 때까지는 내국의 법규범이라고 할 수 없다는 사고에 기초하고 있다. 외국법변질설에 의하면 외국법은 준거법 지정을 통해서 내국법으로 변질되기 때문에 법정지의 헌법질서에 구속된다. 또한 법정지 법원은 직권으로 외국법을 조사 및 적용해야 할 뿐 아니라, 그 해석도 자국법의 해석과 동일한 태도로 해야 한다.

외국법법률설은 외국법은 국제사법의 지정에 의하여 내국법으로 변질되거나 편입되는 것이 아니라, 그 자체 법으로서 적용되는 것이라는 입장이다.[110] 즉 외

---

106) Fawcett, Carruthers & North, *supra* note 1, pp.111-112; 신창선 · 윤남순(주2), 168면; 윤종진(주10), 118면; 김연 · 박정기 · 김인유(주65), 205면.

107) Scoles, Hay, Borchers & Symeonides, *supra* note 1, pp.543-544.

108) Roger C. Crampton, David P. Currie & Herma Hill Kay, *Conflict of Laws, Cases-Comments-Questions* (4th ed., West Publishing Co., 1987), pp.53-54.

109) 신창선 · 윤남순(주2), 168면; 윤종진(주10), 118면; 김연 · 박정기 · 김인유(주65), 207면.

110) 신창선 · 윤남순(주2), 168면; 윤종진(주10), 118면; 김연 · 박정기 · 김인유(주65), 206면.

국법은 본래 내국에서 법으로서의 효력을 갖지 못하는 것이지만, 국제사법의 지정에 의하여 법으로서의 효력이 인정된다는 것이다. 외국법법률설에 의하면 외국법도 내국법과 마찬가지로 법이기 때문에 법원은 직권으로 그것을 조사하여 적용해야 한다.

외국법은 재판에 있어서 준거이기 때문에 이를 사실과 동일시할 수는 없다. 즉 외국법이 준거법으로 지정될 때까지는 그 외국법이 내국법으로서의 효력을 가질 수는 없지만, 한 국가가 국제사법의 적용을 통해서 일정한 경우에는 외국법이 준거법으로 지정될 수 있도록 한 경우에는 외국법법률설이 주장하는 바와 같이 그 외국법을 내국법과 동일한 법으로서 인정하는 것이 오히려 타당하다.[111]

외국법이 준거법으로 적용되는 것은 국제사법이 그 외국법을 적용될 법으로 지정하였기 때문인바, 법정지 법원은 자국법의 하나인 국제사법에 따라야 할 의무가 있으므로 국제사법이 특정 외국법을 적용하도록 규정한 때에는 당연히 그 법을 적용하여야 하며, 당사자가 이를 증명하였는지에 따라 적용 여부를 정할 것은 아니다. 이처럼 법원은 당사자의 원용 여부를 불문하고 준거법으로 지정된 외국법을 적용하여야 할 직무를 가지는 것이지만, 현실적으로 법원이 외국법에 대한 충분한 지식을 갖추고 있을 것을 기대할 수는 없기 때문에 당사자의 증명을 통하여 법원의 외국법에 대한 무지를 보완할 수 있는 기회를 부여하는 것이 타당할 것이다.

II. 국제사법 규정

국제사법 제18조는 "법원은 이 법에 따라 준거법으로 정해진 외국법의 내용을 직권으로 조사 · 적용하여야 하며, 이를 위하여 당사자에게 협력을 요구할 수 있다"라고 규정함으로써 원칙적으로 외국법법률설을 채택하는 한편,[112] 현실적

111) 한편 외국법은 어디까지나 외국법이지 국내법으로 변질되는 것은 아니므로 외국법이 국내법으로 변질된다고 주장하는 외국법변질설은 지나치게 작위적인 것으로서 타당하지 않다. 또한 외국법변질설에 의하면 내국법으로 변질된 외국법은 내국의 헌법을 포함한 상위법의 제한을 받아야 하는데, 준거법으로 지정된 외국법은 그 적용의 결과가 공서에 반하는 등의 특별한 사유가 존재하지 않는 한, 헌법을 정점으로 하는 내국법질서의 제한을 받지 않는다고 보아야 한다. 신창선 · 윤남순(주2), 169면.

112) 우리나라 법원도 외국법법률설의 입장을 취하고 있다. 대판 1990.4.10. 선고 89다카

필요를 고려해서 법원으로 하여금 당사자에게 외국법의 조사 및 적용에 협력을 제공할 것을 요구할 수 있도록 하였다. 여기서 협력에는 당사자로 하여금 법원이 알기 어려운 법원(法源)이나 판례를 제공하도록 하거나 문제된 법적 사안에 대하여 식견을 갖춘 전문가를 알려주도록 하는 것 등이 있을 것이다.

관련판례 대법원 1990.4.10. 선고 89다카20252

우리나라 법률상으로는 준거법으로서의 외국법의 적용 및 조사에 관하여 특별한 규정을 두고 있지 아니하나 외국법은 법률이어서 법원의 권한으로 그 내용을 조사하여야 하고, 그 방법에 있어서 법원이 합리적이라고 판단하는 방법에 의하여 조사하면 충분하고, 반드시 감정인의 감정이나 전문가의 증언 또는 국내외 공무소, 학교 등에 감정을 촉탁하거나 사실조회를 하는 등의 방법만에 의하여야 할 필요는 없다.

제 3 절 외국법의 흠결 또는 불분명

I. 의 의

준거법으로 외국법이 지정되었는데, 그 외국에 분쟁의 대상이 된 섭외적 사안에 적용될 법이 없거나 또는 법원이나 당사자의 조사에도 불구하고 외국법의 존부나 그 내용을 알 수 없는 경우가 있다. 이처럼 외국법의 흠결은 적용될 관련 외국법이 아예 존재하지 않는 경우이고, 외국법의 불분명은 준거법은 결정되었지만, 준거법소속국의 관련된 구체적 실질법을 알지 못하거나 알 수 없는 경우이다. 외국법이 불분명한 경우에는 어떤 실질법이 적용되어야 하는지를 알 수 없는 경우나[113] 적용될 실질법은 확인이 되었지만, 당해 법률관계를 직접 규율할 규정을 알 수 없는 경우[114] 등이 있을 것이다.

외국법이 흠결되거나 또는 불분명한 경우에 법정지 법원은 이를 이유로 청구

20252.

113) 예를 들어 이혼법과 재산법 중 어느 법이 적용되어야 하는지가 확실하지 않은 경우.

114) 예를 들어 이혼법 중 어떤 규정이 적용되어야 하는지가 확실하지 않은 경우.

를 기각할 수 있는 것인지 또는 청구기각이 허용되지 않는 경우에 법원은 섭외적 사안을 어떻게 판단해야 할 것인지 등이 문제된다.

II. 학 설

내국법적용설은 외국법이 흠결되어 있거나 분명치 않은 경우에는 내국법을 적용해야 한다는 입장이다.[115] 이 학설은 기본적으로 "의심스러울 때에는 법정지법을 적용한다"(in dubio lex fori)는 원칙에 그 바탕을 두고 있으며, 문명국에 있어서의 법의 내용은 대체로 동일한 것으로 추정된다거나, 내국법을 객관적인 조리로 인정하여 내국법을 적용한다거나, 재판거부를 피하기 위한 비상수단으로서 내국법을 적용해야 한다는 것 등을 근거로서 제시한다.[116] 내국법적용설에 대하여는 내외국법의 동일성을 추정하거나 내국법의 우선을 주장하는 것은 논거가 박약하다는 비판이 있다.

청구기각설은 외국법이 흠결되거나 분명하지 않은 경우에는 당사자가 청구원인이 되는 사실이나 방어사실을 증명하지 못한 경우와 동일하게 취급하여 원고의 청구이건 피고의 항변이건 이를 기각하여야 한다는 입장이다.[117] 대체로 외국법사실설을 취하는 영미법계 국가에서는 당사자가 외국법을 증명하지 못하는 경우에는 쟁점되는 사실에 대한 증명이 없는 경우와 마찬가지로 증명책임분배의 원칙에 따라 그 당사자에게 불리하게 판단한다.[118] 그러나 외국법법률설의 입장에서 볼 때, 외국법의 조사는 법원의 직권조사사항이며, 당사자의 외국법 증명은 법원에 협조하는 기능에 불과하다. 원칙적으로 외국법의 증명이 당사자가 부담하는 증명책임사항이 아닌데도 불구하고, 이를 증명하지 않은 경우에 공격 · 방어의 기초가 되는 사실을 증명하지 못한 경우와 동일하게 취급해서 청구를 기각하는 것은 부당한 재판거부가 될 것이므로 청구기각설은 최소한 외국법법률설의 입장에서는 수용하기 어려운 주장이다.[119]

---

115) Fawcett, Carruthers & North, *supra* note 1, pp.111-112; 신창선 · 윤남순(주2), 170면; 윤종진(주10), 123면, 김연 · 박정기 · 김인유(주65), 210-211면.

116) Crampton, Currie & Kay, *supra* note 108, p.55.

117) *Walton v. Arabian American Oil Co.*, 233 F.2d 541 (2d Cir. 1956).

118) Scoles, Hay, Borchers & Symeonides, *supra* note 1, p.554.

119) 최근 미국이나 영국 등 영미법계 국가들의 법원은 외국법사실설을 여전히 취하면서도 당

조리적용설은 외국법이 흠결되어 있거나 분명하지 않을 경우에는 일반적인 법해석기준 또는 조리에 의하여 재판해야 한다는 입장이다.[120] 조리적용설에는 다시 이를 문명국가에서 승인된 법의 일반원칙과 같은 추상적이고 보편적인 원칙에 의해 재판하여야 한다는 의미로 새기는 입장과 이를 오히려 가능한 한 본래 적용하도록 되어 있는 외국법에 의한 해결과 가장 가까운 해결방법을 취해야 한다는 의미로 새겨야 한다는 입장이 있다.[121] 후자의 입장을 취하면, 근사법설에 가까워진다.

근사법설은 당해 외국의 법체계에 따른 여러 가지 해석방법이나 관습법 등을 통하여 그 외국법에 가장 유사한 법, 즉 근사법을 찾아 이를 준거법상의 조리로서 적용해야 한다고 한다.[122]

보충적 연결설은 외국법이 흠결되어 있거나 분명하지 않은 경우에는 문제된 섭외적 사안에 가장 밀접한 관련을 갖는 국가의 법을 적용한다는 국제사법의 이념을 고려해서 당해 섭외적 사안과 가장 밀접한 관련을 갖는 다른 국가를 찾아 그 국가의 법을 적용해야 한다는 입장이다.[123]

국제사법의 해석상 예외 규정 등 명문의 규정이 없는 경우에 다른 국가의 법을 찾아 적용하는 것은 허용되지 않는다고 할 것이므로 본래 의미의 조리적용설이 타당하다고 할 것이다.

섭외적 사건에 관하여 적용될 외국법규의 내용을 확정하고 그 의미를 해석함에 있어서는 그 외국법이 그 본국에서 현실로 해석 · 적용되고 있는 의미 · 내용대로 해석 · 적용되어야 하는 것인데, 소송과정에서 적용될 외국법규에 흠결이 있거

사자가 적용될 외국법을 증명하지 못한 때에는 청구를 기각할 것이 아니라 이른바 직권조사(judicial notice)를 통해서 적용될 외국법을 확정해서 이를 문제된 섭외적 사안에 적용해야 하며, 적용될 외국법을 찾을 수 없거나 또는 적용될 외국법의 내용이 불확실한 때에는 이른바 동일성추정(presumption of identity with forum law)의 원칙에 기초해서 법정지법을 적용해야 할 것이라는 입장을 취하고 있다. *Ibid.*, pp.543-556.

120) 우리나라 법원은 과거 청구를 기각하거나 법정지법을 적용하기도 하였지만, 근래에는 외국법의 내용을 확인할 수 없을 때에는 일반적인 법해석기준에 따라 법의 의미와 내용을 확정할 것이라고 하여 조리적용설의 입장을 따르고 있다. 대판 2003.1.10. 선고 2000다70064.

121) 신창선 · 윤남순(주2), 171-172면; 김연 · 박정기 · 김인유(주65), 211-212면.

122) 신창선 · 윤남순(주2), 172면; 김연 · 박정기 · 김인유(주65), 212면.

123) *Walton v. Arabian American Oil Co.*, 233 F.2d 541 (2d Cir. 1956).

나 그 존재에 관한 자료가 제출되지 아니하여 그 내용의 확인이 불가능한 경우 법원으로서는 법원(法源)에 관한 민사상의 대원칙에 따라 외국 관습법에 의할 것이고, 외국 관습법도 그 내용의 확인이 불가능하면 조리에 의하여 재판할 수밖에 없다.

제 4 절 적용되는 외국법의 범위

I. 실질사법

국제사법은 문제된 섭외적 사안 또는 법률관계에 적용되는 준거법을 지정한다. 이때 국제사법에 의하여 지정된 준거법은 준거법소속국의 실질법만을 의미하며, 원칙적으로 그 국가의 저촉규정, 즉 국제사법을 포함하지 않는다.[124] 또한 국제사법에 의하여 지정되는 외국의 실질법은 사법이며 공법은 포함되지 않는 것이 원칙이다. 예를 들어 형사법이나 조세법 또는 수용법 등을 포함해서 공법적 성질을 갖는 외국법은 법정지에서 내국법에 우선해서 적용되지는 않을 것이다.[125] 공법적 성질을 갖는 법의 다른 예로서는 수출입 관련 법, 공정거래 및 독점금지 관련 법 등을 들 수 있다.[126]

그러나 공법과 사법의 구별이 언제나 명확한 것은 아니고, 최근에는 사법의 공법화현상이 두드러지면서 준거법으로 지정된 외국법에 공법적 성격을 갖는 법도 포함되어야 할 현실적 필요가 생겼다.[127]

이러한 사정을 고려하여 국제사법 제19조는 "이 법에 따라 준거법으로 지정되는 외국법의 규정은 공법적 성격이 있다는 이유만으로 적용이 배제되지 아니한다"고 규정함으로써 외국의 공법적 규정이 준거법으로 적용될 수 있음을 분명히 하였다. 주의할 점은 국제사법 제19조가 "준거법으로 지정되는 외국법의 규정은

124) 다만 국제사법 제22조가 적용되어서 반정이 인정되는 경우에는 예외적으로 준거법소속국의 실질법뿐만 아니라, 국제사법 규정까지 고려된다.

125) Fawcett, Carruthers & North, *supra* note 1, pp.122-139.

126) *Ibid.*, pp.130-131.

127) 신창선 · 윤남순(주2), 173면; 윤종진(주10), 128-129면.

공법적 성격이 있다는 이유만으로 적용이 배제되지 아니한다"고 소극적으로 규정하고 있는 점에 비추어 볼 때 이 규정이 외국의 공법을 반드시 적용할 것을 요구하는 것으로 해석되지는 않는다는 것이다. 따라서 외국의 공법의 적용 여부는 국제사법적 고려에 의해 문제의 사안의 해결을 위해 그 적용이 반드시 필요한 경우로 제한되어야 할 것인바, 그 적용의 필요성 및 범위는 문제된 준거법 소속국인 외국의 관련 공법의 입법목적 등을 고려해서 판단해야 한다.

II. 외국에서 현실로 적용되는 법

문제된 사안에 적용되는 외국법은 그 국가의 영역 안에서 일반적으로 적용되는 법이면 충분하고, 그것이 성문법이나 판례법 또는 관습법 등 어떤 형태를 갖고 있는지를 묻지 않는다.

III. 미승인국 및 분단국의 법률

외국법의 적용과 관련해서 국가승인이나 정부승인이 없는 국가의 법을 적용할 수 있는지 문제된다. 미승인국 또는 미승인정부의 법은 국제사법상 준거법으로서 적용되지 않는다는 입장이 있기는 하지만, 국제사법의 이념이 섭외적 법률관계에 가장 밀접한 관련을 갖는 법을 적용하여 구체적으로 타당한 결과를 도출하는 것이라고 볼 때, 미승인국의 법이라는 이유만으로 그 적용을 배척할 수는 없다.[128)]

한편 분단국이 관련되는 섭외적 사안의 경우에도 유사한 문제가 발생한다. 이 문제는 다시 준거법의 지정이 장소적 연결점, 즉 소재지나 일상거소지를 사용해서 이루어지는지 아니면 국적을 연결점으로 사용해서 이루어지는지에 따라 나누어 살펴야 할 것이다. 첫 번째 경우에는 분단국 중에서 그 소재지나 일상거소지가 소재하는 국가의 법을 적용하면 된다. 두 번째 경우의 해결에 관하여는 국제법상 승인된 국가의 법만을 인정한다거나, 각각의 국가를 별개의 국가로 보아 속인법원칙에 따라 해결해야 한다거나, 각 분단국의 국적결정방법에 따라야 한다거나, 이중국적의 문제로 처리해야 한다는 등 학설상의 대립이 있다. 이러한 경우에

128) 신창선 · 윤남순(주2), 174면; 윤종진(주10), 129면.

는 우선 당사자가 속해 있다고 판단되는 국가의 법을 적용하고, 그것이 불확실한 때에는 당사자와 가장 밀접한 관련을 갖는 곳의 법을 적용하는 것이 타당하다.[129)]

제 5 절 외국법의 해석 및 적용

국제사법 규정에 따라 적용될 준거법으로서 외국법이 정해졌을 때, 국제사법 제18조가 취하고 있는 외국법법률설에 의하면 법정지 법원은 이 외국법을 외국법으로서 해석 및 적용하는 것이지, 내국법으로서 해석 및 적용하는 것은 아니다. 따라서 그 외국법의 해석이나 적용도 법정지 법원이 취하는 내국법의 해석 및 적용 방법에 따라 하는 것이 아니라, 당해 외국의 법원이 해석하고 적용하는 방법과 동일한 방법으로 해석하고 적용하여야 한다. 예를 들어 우리나라 법원이 미국 뉴욕주의 통일상법전(Uniform Commercial Code)의 규정을 적용해야 한다면, 우리나라 민법이나 상법상의 개념을 원용해서 적용해서는 안 되고, 뉴욕주의 통일상법전 및 이를 적용한 뉴욕주 법원의 판례 등을 고려해서 당해 규정을 적용해야 한다.

법정지 법원은 외국법에 대하여 자국법만큼 정통하지 못한 경우가 대부분이고, 외국법의 내용에 대한 조사에는 실제로 많은 어려움이 있기 때문에 외국법을 해석하고 적용할 때에는 특히 주의를 기울일 것이 요구된다.

관련판례 대법원 2021.7.8. 선고 2017다218895

외국적 요소가 있는 법률관계에 적용될 외국 법규의 내용을 확정하고 그 의미를 해석할 때는 외국법이 그 본국에서 현실로 해석·적용되고 있는 의미와 내용에 따라 해석·적용하여야 하고, 소송과정에서 적용될 외국법규에 흠결이 있거나 그 존재에 관한 자료가 제출되지 아니하여 그 내용의 확인이 불가능한 경우 법원으로서는 법원에 관한 민사상의 대원칙에 따라 외국 관습법에 의할 것이며, 외국 관습법도 그 내용의 확인이 불가능하면 조리에 의하여 재판할 수밖에 없다.

---

129) 신창선·윤남순(주2), 174면; 윤종진(주10), 129면.

관련판례 대법원 2015.3.20. 선고 2012다118846,118853

외국적 요소가 있는 법률관계에 관하여 적용될 외국법규의 내용을 확정하고 그 의미를 해석함에 있어서는 외국법이 그 본국에서 현실로 해석 · 적용되고 있는 의미와 내용에 따라 해석 · 적용하여야 하고, 그 본국에서 최고법원의 법해석에 관한 판단은 특별한 사정이 없는 한 존중하여야 할 것이나, 소송과정에서 그에 관한 판례나 해석 기준에 관한 자료가 충분히 제출되지 아니하여 그 내용의 확인이 불가능한 경우 법원으로서는 일반적인 법해석 기준에 따라 법의 의미와 내용을 확정할 수밖에 없다.

관련판례 대법원 2010.1.28. 선고 2008다54587

외국적 요소가 있는 법률관계에 관하여 적용될 외국법규의 내용을 확정하고 그 의미를 해석할 경우에는 그 외국법이 그 본국에서 현실로 해석 · 적용되고 있는 의미 · 내용대로 해석 · 적용하는 것이 원칙이며, 소송 과정에서 그 외국의 판례나 해석 기준에 관한 자료가 제출되지 아니하여 그 내용의 확인이 불가능한 경우에만 일반적인 법해석 기준에 따라 법의 의미 · 내용을 확정할 수 있다.

관련판례 대법원 2011.1.13. 선고 2008다88337

외국적 요소가 있는 법률관계에 관하여 적용될 외국법규의 내용을 확정하고 그 의미를 해석함에 있어서는 그 외국법이 그 본국에서 현실로 해석 · 적용되고 있는 의미 · 내용대로 해석 · 적용하는 것이 원칙인데, 외국법의 내용을 증명하기 위한 증거방법과 절차에 관하여는 어떤 제한도 없으므로 자유로운 증명으로 충분하다.

이 사건 환어음은 그 서명지인 싱가포르의 환어음법(Bill of Exchange Act)이 준거법으로 적용되는데, 싱가포르 대학 법학과 교수인 이. 피. 엘링거(E. P. Ellinger) 작성의 의견서의 기재에 의하면 싱가포르 환어음법은 환어음의 요건으로 환어음 문구의 기재를 요구하지 아니한다고 인정한 다음 이 사건 환어음에 환어음 문구의 기재가 없더라도 이를 무효로 볼 수 없다고 한 원심의 판단은 정당하다.

관련판례 대법원 2004.7.9. 선고 2003다23168

섭외적 사건에 관하여 적용될 외국법규의 내용을 확정하고 그 의미를 해석함에 있어서는 그 외국법이 그 본국에서 현실로 해석 · 적용되고 있는 의미 · 내용대로 해석 · 적용되어야 하고(대법원 1991.2.22. 선고 90다카19470 판결 및 1996.2.9. 선고 94다30041 판결 등 참조), 그 본국에서 최고법원의 법해석에 관한 판단은 특별한 사정이 없는 한 존중되어야 할 것인바, 기록에 의하면 위 Haiti 사건 판례는 파나마국 법원공보에 수록되어 출간되었고, 파나마국 해상법 관련 주석서에도 그대로 인용되어 소개되고 있는 사실(기록 3권 1067면 등 참조)을 알 수 있고, 위 Haiti 사건 판례 이후 그에 배치되는 판단을 한 사례는 찾아보기 어려우므로, 원심이 파나마국 상법 제1507조 제5호를 파나마 대법원의 위 Haiti 사건 판시와 다르게 해석한 것은 잘못이라 할 것이다.

제 6 절 외국법 적용의 오류

국제사법 규정에 따라 외국법이 준거법이 된 경우에 법정지 법원이 그 외국법을 적용하지 않거나 또는 이를 잘못 해석하여 적용하는 경우 등 이른바 외국법의 적용의 오류가 있는 경우에 이것이 법정지에서 상고이유가 될 수 있는지 여부가 문제된다.

먼저 국제사법에 의하여 A 외국법을 적용해야 함에도 불구하고, 법정지 법원이 B 외국법을 적용했거나 또는 아예 내국법을 적용하는 경우가 있다. 이는 법정지 법원이 자국의 국제사법 규정을 잘못 적용한 데 기인한 것으로 자국 국제사법의 적용에서 오류를 범한 것이다. 이러한 경우에는 국제사법을 잘못 적용함으로써 판결에 영향을 미치는 법률위반이 있는 경우로서 당연히 상고이유가 된다.[130]

다른 한편 외국 실질법을 적용함에 있어서 준거법으로 지정된 국가의 법 중에서 구체적으로 적용되는 실질법을 잘못 선택한 경우와 실질법은 제대로 선택되었으나, 그 법 중에서 조항을 잘못 선택한 경우, 그리고 당해 섭외적 사안에 적용되는 조항을 잘못 해석하는 경우 등이 있다. 이러한 경우에 독일이나 프랑스 등에서는 외국법 해석의 어려움과 최고법원의 권위가 외국법의 해석과정에서 실추될 우려 등을 들어 상고할 수 없다는 견해가 다수설이다.[131] 우리나라의 경우에 우리

130) 민사소송법 제423조 참조.

131) 신창선 · 윤남순(주2), 177면; 윤종진(주10), 127면. 실제로 독일 민사소송법은 외국법을

나라 민사소송법 제423조에 의하면 판결에 영향을 미친 헌법, 법률, 명령 또는 규칙의 위반이 있음을 이유로 하는 때에 상고가 가능하다고 규정하고 있는바, 이때의 법령위반에는 준거법으로 지정된 외국법의 위반도 포함된다고 볼 것이므로[132)]상고가 허용된다고 보는 것이 섭외적 사안의 합리적 해결을 구한다는 국제사법의 이념에 부합한다.[133)]

적용하지 않거나 잘못 적용하였음을 이유로 상고할 수 없다는 규정을 두고 있다. ZPO §549 I & §550; 신창선 · 윤남순(주2), 177면.

132) 외국법사실설과는 달리 외국법법률설이나 외국법변질설은 외국법을 내국법과 마찬가지로 법으로 파악한다.

133) 대법원 2004.7.9. 선고 2003다23168.

제6장

법정지국 강행규정의 적용

제1절 서 설

국제사법은 외국적 요소가 있는 법률관계, 즉 섭외적 법률관계에 적용될 준거법을 정하는 것인바, 이때 섭외적 법률관계는 구체적으로 사법적 법률관계를 의미하기 때문에 적용되는 준거법도 준거법소속국의 사법을 의미하고, 공법은 포함하지 않는다. 이와 관련해서 문제되는 것은 준거법소속국의 공법은 언제나 적용되지 않는 것인지 여부와 단순히 섭외적 사안이라는 근거에서 법정지의 강행규정의 적용이 배제되는지 여부이다. 준거법소속국의 공법의 적용 여부에 관해서 국제사법 제19조가 준거법 규정이 공법적 성격을 갖고 있다는 이유로 그 적용이 배제되지 않는다고 규정함으로써 준거법의 공법적 규정도 문제의 섭외적 사안의 해결에 필요하다면 적용될 수 있도록 하였다는 점에 대해서는 외국법의 적용과 관련해서 설명하였다.

한편 섭외적 사안에 대해서 법정지의 강행규정의 적용이 배제되는지 여부와 관련해서 대륙법계 국가는 대부분 공공복리(public welfare)를 보호하는 취지를 갖는 내국법은 외국법에 대하여 우선해서 적용된다는 이른바 공공질서이론(doctrine of ordre public)을 채택하고 있다.[134] 국제사법 제20조는 준거법이 외국법인 경우에도 우리나라의 강행규정이 적용되어야 하는 경우를 규정함으로써 공공질서이론을 수용하였다.

134) Fawcett, Carruthers & North, *supra* note 1, p.121.

국제사법의 적용에서 공공질서이론을 수용하는 데 있어서 문제는 이 이론이 포섭하는 강행규정의 내용이 매우 불확정적이어서 자칫 이 이론이 법정지법을 적용하기 위한 도구로 남용됨으로써 국제사법의 기본취지를 훼손할 수 있다는 점이다.[135] 따라서 법정지 법원은 공공질서이론을 원용함에 있어서 이 이론의 남용으로 말미암아 국제사법의 기본취지가 몰각되지 않도록 주의해야 할 것이다.

제 2 절 우리나라 강행규정의 적용

국제사법 제20조는 "입법목적에 비추어 준거법에 관계없이 해당 법률관계에 적용되어야 하는 대한민국의 강행규정은 이 법에 따라 외국법이 준거법으로 지정되는 경우에도 적용한다"고 규정하고 있다. 이때 적용되어야 하는 강행규정은 당사자의 합의에 의해 그 적용을 배제할 수 없는 일반적 강행규정의 의미로 해석되어서는 안 되고, 당사자의 합의에 의한 적용 배제가 허용되지 않을 뿐 아니라, 준거법이 외국법이라도 그 적용이 배제되지 않는 이른바 보편적 또는 국제적 강행규정을 의미하는 것으로 엄격히 해석되어야 한다.[136] 국제적 강행규정 또는 강행법규 여부의 판단은 문제된 규정 또는 법규의 의미와 목적 등을 고려하여 판단할 것이다.

대외무역법이나 외국환거래법 등과 같이 애초에 외국적 요소를 갖는 법률관계에 적용될 것을 예정하고 있는 법규나 또는 공정거래법과 같이 경제정책에 관하여 보호되어야 할 국가이익의 요소를 강하게 담고 있는 법규라면 일응 국제적 강행규정으로 볼 수 있다. 반면 약관규제법은 외국법이 준거법으로 지정되더라도 적용된다는 취지의 규정을 두고 있지 않고 준거법과 상관없이 적용하겠다는 강한 적용의지도 없으므로 국제적 강행규정으로 볼 수 없다.

국제사법 제20조가 의미하는 국제적 강행규정은 계약에서 당사자자치에 관한 규정인 제45조 제4항에서의 강행규정, 소비자계약에 관한 규정인 제47조 제1항에서의 강행규정 및 근로계약에 관한 규정인 제48조 제1항에서의 강행규정과

135) *Ibid.*, p.121.
136) 석광현(주4), 140-141면.

는 구별되는 개념이다.[137] 이들 규정에서의 강행규정은 대체로 당사자 간 권리의 무관계에서 당사자 간 이익의 강제적 조정을 그 취지로 하는 점에서 일반적 강행규정으로 보아야 한다.

관련판례 서울고등법원 2021.10.14. 선고 2021나2003630

입법목적에 비추어 준거법에 관계없이 적용되어야 하는 우리나라의 강행규정 이른바 국제적 강행법규에 해당하는지 여부는 당해 법규의 의미와 입법목적 등에 비추어 개별적으로 판단하여야 한다. 공정거래, 문화재보호 등과 같이 공적인 이익에 봉사하는 법규인지, 아니면 계약 관계에 관여하는 거래 당사자 사이의 이해관계를 조정하는 규정인지 등이 기준이 될 수 있다. 단지 당사자 합의에 의해 배제할 수 없는 국내 강행규정이라고 하여 곧바로 국제적 관계에서도 적용되어야 하는 것은 아니다.

민법 제428조의3은 불확정한 다수의 채무에 대한 보증의 경우 보증인이 부담하여야 할 보증채무의 액수가 당초 보증인이 예상하였거나 예상할 수 있었던 것보다 지나치게 확대될 우려가 있으므로, 보증인이 보증을 함에 있어 자신이 지게 되는 법적 부담의 한도액을 미리 명확하게 알 수 있도록 보증인을 보호하려는 데에 그 입법취지가 있다(대법원 2019.3.14. 선고 2018다282473 판결 등 참조).

위 민법 규정이 국제적 거래관계에 따른 상사 보증도 고려하여 도입되었다고 볼 만한 자료가 없고, 나라마다 강행법규가 다양한 상황에서 국제적 계약관계에 적용될 준거법을 계약 당사자 스스로 선택할 수 있도록 당사자 자치를 보장하는 국제사법 제25조 등의 취지에 비추어도, 미국 뉴욕주 법을 준거법으로 명시하여 상세한 여러 조항을 두어 체결된 이 사건 보증계약에 대해 법정지인 한국의 위 민법 규정이 반드시 적용되어야 한다고 볼 만한 사정도 없다.

관련판례 서울고등법원 2018.9.7. 선고 2018나2005889

원고는, 우리나라 민법의 유류분제도는 유족들의 생존권 보호 등을 입법 목적으로 한 강행규정이므로, 외국법이 준거법으로 지정되는 경우에도 국제사법 제7조[개정 국제사법 제20조]에 의해 이를 적용해야 하고, 이 사건의 경우 유류분제도를 인정하지 않는 뉴욕주법을 적용하면 우리나라의 공서양속에 명백히 위반되는 결과가 되므로 국제사법 제10조[개정 국제사법 제23조]에 의해 뉴욕주법을 적용해서는 아니

---

137) 상게서, 141면.

된다고 주장한다. 그러나 유류분반환청구권은 포기할 수 있는 재산상의 권리인 점 등에 비추어 보면, 유류분제도가 준거법에 관계없이 적용되어야 하는 우리나라의 강행규정이라고 볼 수 없고, 피상속인의 본국법이 유류분을 인정하지 않는 경우에 그 법률을 적용하는 것이 우리나라의 공서양속에 위배된다고 할 수도 없다.

관련판례 대법원 2015.3.20. 선고 2012다118846, 118853

국제사법 제27조[개정 국제사법 제47조]에서 소비자 보호를 위하여 준거법 지정과 관련하여 소비자계약에 관한 강행규정을 별도로 마련해 두고 있는 점이나 약관규제법의 입법 목적을 고려하면, 외국법을 준거법으로 하여 체결된 모든 계약에 관하여 당연히 약관규제법을 적용할 수 있는 것은 아니다.

제7장

예외조항

제1절 서 설

국제사법의 기본원칙은 섭외적 사안에 대해서 그와 가장 밀접한 관련을 갖는 법을 준거법으로 지정하는 것이고, 국제사법의 개별 규정은 가장 밀접한 관련을 갖는 법을 발견하려는 입법적 노력의 결과이다.

국제사법 규정은 각종 법률관계에 대해서 연결점을 사용하여 적용될 준거법을 정하는 방식을 취하고 있기 때문에 성질상 추상적이고, 따라서 이들 국제사법 규정의 기계적 적용은 자칫 불합리한 결과를 낳을 수 있다.[138] 이처럼 국제사법 규정의 기계적 적용으로 말미암아 불합리한 결과가 발생하는 상황을 막기 위해서 각국의 국제사법은 예외조항(escape clause)을 둠으로써 일정한 경우에는 예외조항을 적용해서 구체적으로 타당한 결과를 도모하고자 한다.

국제사법의 적용과 관련하여 일정한 유연성을 부여하기 위한 취지를 갖는 예외조항은[139] 법원으로 하여금 섭외적 사안에 대하여 국제사법 규정이 지정하고 있는 원래의 준거법이 아닌 다른 법질서가 당해 사안에 더 밀접한 관련을 갖고 있는 것으로 판단하는 때에는 예외적으로 그 다른 법을 적용할 수 있도록 허용한다.

---

138) *Babcock v. Jackson*, 12 N.Y.2d 473, 240 N.Y.S.2d 743, 191 N.E.2d 279 (1963).

139) 예외조항 대신에 회피조항이라는 용어가 사용되기도 한다. 법원이 밀접한 관련의 원칙 등 저촉법적 원칙에 의해 적용법을 달리할 수 있을 뿐 아니라, 실질법을 적용한 결과의 부당성을 이유로 적용법을 달리할 수 있는 근거를 제공하고 있는 조항을 흔히 회피조항이라고 하고, 단지 저촉법적 측면만을 고려할 때에는 예외조항이라고 하여 양자를 서로 구별하기도 하지만, 그 구별이 명확한 것은 아니다. 신창선 · 윤남순(주2), 133-134면.

국제사법 제21조 제1항은 "이 법에 따라 지정된 준거법이 해당 법률관계와 근소한 관련이 있을 뿐이고, 그 법률관계와 가장 밀접한 관련이 있는 다른 국가의 법이 명백히 존재하는 경우에는 그 다른 국가의 법에 따른다"고 규정함으로써 예외조항을 도입하였다.

예외조항은 공서조항과 구별되어야 한다. "외국법에 따라야 하는 경우에 그 규정의 적용이 대한민국의 선량한 풍속이나 그 밖의 사회질서에 명백히 위반될 때에는 그 규정을 적용하지 아니한다"고 규정하고 있는 국제사법 제23조가 공서조항의 예인데, 국제사법 제21조 제1항의 예외조항과 국제사법 제23조의 공서조항은 모두 국제사법 규정에 따라 지정된 준거법의 적용을 배척한다는 점에서 같지만, 예외조항은 국제사법 규정에 의하여 정해진 준거법보다 문제의 섭외적 사안 또는 법률관계에 더 밀접한 관련을 갖는 법이 있는 경우에 그 법을 준거법으로 하는 데 반해서, 공서조항은 국제사법 규정에 의하여 정해진 준거법의 내용 또는 그 적용 결과가 내국법의 공서에 반하는 때에는 그 적용을 배제한다는 점에서 차이가 있다.

제 2 절 예외조항의 규정방식

예외조항의 규정방식을 살펴보면, 국제사법 전반에 걸쳐 일반적으로 예외적용을 인정하는 방식과 특별한 분야에 있어서만 예외적용을 인정하는 방식으로 나눌 수 있다. 전자의 형식에 따라 설치된 조항을 일반예외조항이라고 하는데, 우리나라 국제사법 제21조와 그 모범이 된 스위스 국제사법 제15조를[140] 예로 들 수 있다.

한편 후자의 형식을 취하는 조항을 특별예외조항이라 하는데, 그 예로 오스트리아 국제사법 제48조(불법행위) 제1항 제2문,[141] 독일의 국제사법인 민법시행

140) 스위스 국제사법 제15조 제1항은 "전체적인 사정에 비추어 볼 때, 국제사법에 의하여 지정된 법이 사실관계와 근소한 관련만 있고, 오히려 다른 법이 보다 더 밀접한 관련을 가지고 있음이 명백한 경우에는 예외적으로 그 지정된 법은 적용되지 아니한다"고 규정하고 있다. 법무부 [해설](주3), 251면.

법 제28조(법선택이 없는 경우의 준거법) 제5항, 제30조(근로계약) 제2항 단서 및 제41조(본질적으로 보다 밀접한 관련) 등을[142] 들 수 있고, 그 밖에 1980년 「계약상 의무에 적용될 준거법에 관한 EC협약」(EC Convention on the Law Applicable to Contractual Obligations: 로마협약) 제4조 제5항 제2문, 제6조 제2항 단서 및 제8조 제2항 등을 들 수 있다.[143]

제 3 절 예외조항의 필요성

예외조항에 대해서는 그 적용기준이 불명확하다거나 또는 예외조항의 근거를 이루는 저촉법적 정의의 관념은 연결에 있어서의 정의라는 국제사법의 이념에 이미 반영되어 있기 때문에 예외조항의 별도 규정은 불필요하다는 등의 비판이 흔히 제기된다.[144] 다시 말해서 국제사법 규정은 모두 가장 밀접한 관련을 맺는 법질서를 확정짓는 데 그 목적을 두고 있는 바, 입법자가 그것을 할 수 없는 경우에는 침묵을 지키고 판례나 학설에 그 흠결의 보충을 맡겨야 한다는 것이다. 그러나 국제사법 규정은 정형적이고 추상적으로 규정되어 있다. 그런데 국제사법 규정을 적용한 결과, 문제의 섭외적 사안과 아무런 관련이 없는 법이 준거법으로 지정된다고 할지라도 명시적 위임규정이 없는 한, 법원으로서는 그러한 부당한 적용결과를 고수할 수밖에 없을 것이다. 따라서 그러한 부당한 경우에 법원이 적극적으로 개입하도록 명시적 권한을 부여함으로써 합리적 결과를 찾을 수 있도록 위임하는 취지를 갖는 것이 예외조항이라고 할 때, 예외조항은 그 존재이유를 분명히 갖는다.

각국의 국제사법은 일반적으로 예외조항을 두고 있는바, 이는 예외조항의 필요가 일반적으로 인정되고 있다는 것을 의미한다. 예외조항의 필요성을 주장하는

141) 상게서, 316면.
142) 상게서, 238, 240, 245면.
143) 상게서, 343-345면 참조; 예외조항의 규정방식에 관해서 상세한 설명은 신창선 · 윤남순(주2), 135면 참조.
144) 신창선 · 윤남순(주2), 136면.

입장은 먼저 국제사법 분야에 있어서도 다른 법 분야와 마찬가지로 법적 안정성을 보장할 수 있도록 가능한 한 광범위하게 모든 사안을 포섭할 수 있는 입법이 요구되기 때문에 국제사법의 임무는 분쟁의 대상이 된 섭외적 사안 내지 법률관계와 가장 밀접한 관련을 갖는 법질서를 발견하는 것이라는 것을 전제한다. 예외조항의 필요성을 긍정하는 입장은 이 전제에 기초해서 당해 사안을 가장 밀접한 법질서에 연결하려는 입법적 노력에도 불구하고 모든 상황 내지 사안을 예측하여 이를 모두 포섭하는 내용의 입법을 하는 것은 현실적으로 불가능하기 때문에 예외적인 경우에는 법원으로 하여금 국제사법에 규정된 준거법지정의 원칙으로부터 벗어나 합리적인 방법으로 준거법을 선택할 수 있도록 허용하는 명시적 조항, 즉 예외조항을 둠으로써 법원이 부당하거나 불합리한 준거법을 결정하거나 또는 그 적용으로 부당하거나 불합리한 결과에 이르는 것을 방지해야 한다고 주장한다. 즉 국제사법의 이념이나 저촉법적 정의를 충실히 구현하기 위해서는 오히려 예외조항이 필요하다는 것이다.

제 4 절 예외조항의 적용기준

국제사법 제21조 제1항은 "이 법에 따라 지정된 준거법이 해당 법률관계와 근소한 관련이 있을 뿐이고, 그 법률관계와 가장 밀접한 관련이 있는 다른 국가의 법이 명백히 존재하는 경우에는 그 다른 국가의 법에 따른다"고 규정함으로써 예외조항을 두고 있고, 제21조 제2항에서 "당사자가 합의에 따라 준거법을 선택하는 경우에는 제1항을 적용하지 아니한다"고 하여 준거법과 관련하여 당사자 간에 합의가 있는 때에는 예외조항이 적용되지 않도록 하였다. 따라서 국제사법 제21조의 예외조항이 적용되기 위해서는 먼저 국제사법에 의하여 지정된 준거법이 문제된 섭외적 사안 또는 법률관계와 별다른 관련을 갖지 않아야 할 뿐 아니라, 동시에 그 법률관계와 밀접한 관련이 있는 다른 국가의 법이 명백히 존재해야 한다.

또한 국제사법 제21조 제2항에 따라 당사자가 준거법을 선택한 경우가 아니어야 한다. 왜냐하면 국제거래의 당사자들은 필요에 따라 그들 간 거래와 아무런 관련을 갖지 않는 국가의 법을 준거법으로 합의하는 경우가 있는데, 이때에도 국제사법 제21조 제1항에 의해 관련이 없다는 이유로 합의된 준거법의 적용을 배제하는 것은 당사자 간 합의에 의한 준거법 선택을 허용하는 국제사법상 당사자자치의 원칙에 반할 것이기 때문이다.

한편 국제사법 제21조는 예외조항이 적용된다고 할 때 사용될 기준을 적시하지 않고 있다. 국제사법의 모든 규정이 가장 밀접한 관련을 갖는 국가의 법이 준거법으로 지정될 것을 의도하고 있다면, "그 법률관계와 가장 밀접한 관련이 있는 다른 국가의 법이 명백히 존재"할 것을 규정하고 있을 뿐인 국제사법 제21조는 그 적용과 관련해서 어떤 새로운 기준을 제시한 것으로는 볼 수 없기 때문에 궁극적으로 그 기준은 판례의 집적을 통해서 발전되어야 할 것이다. 참고로 미국 판례는 국가 또는 주가 문제의 법률관계의 해결에 대해서 갖는 이익의 정도나 지정된 준거법의 적용이 그 법률관계의 공정한 해결에 미치는 영향 등을 고려하도록 요구한다.[145]

예외조항의 적용과 관련해서 주의할 점은 예외조항은 전반적인 상황을 고려할 때, 국제사법이 본래 지정하고 있는 법질서가 당해 사안과 근소한 관련을 갖고 있고, 다른 법질서가 명백하게 보다 더 밀접한 관련을 갖고 있는 경우에 그 다른 법을 적용하도록 하는 취지를 갖기 때문에 그 적용은 언제나 신중하게 이루어져야 한다는 것이다. 예를 들어 실질법적인 가치판단에 기초하여 상대적으로 취약한 지위에 있는 계약당사자를 보호하기 위한 법을 연결하는 등의 방법으로 예외조항이 남용되어서는 안 될 것이다. 왜냐하면 예외조항은 국제사법의 준거법지정규정을 수정하기 위한 저촉법적인 장치인바, 그것이 이른바 '보다 좋은 법'(better law)을 적용하는 것과 같은 실질법적 가치판단의 궤에서 적용되어서는 안 될 것이기 때문이다. 또한 예외조항은 오로지 준거법의 선택에서 예외를 허용하는 규정이기 때문에 국제사법 제2조와 같은 국제재판관할이나 외국판결의 승인 등에 관한 규정의 적용과 관련해서 적용되어서는 안 된다.

관련판례 대법원 2006.5.26. 선고 2005므884

미합중국 국적을 보유하고 우리나라에 거주하는 부부인 원 · 피고가 모두 우리나라에 상거소(常居所)를 가지고 있을 뿐 아니라 종전 주소지인 미합중국 미주리 주

145) *Babcock v. Jackson*, 12 N.Y.2d 473, 240 N.Y.S.2d 743, 191 N.E.2d 279 (1963); *Lilienthal v. Kaufman*, 239 Or. 1, 395 P.2d 543 (1964).

의 법에 따른 선택에 의한 주소(domicile of choice)를 우리나라에 형성하였으므로 우리나라의 법률인 민법은 원 · 피고 사이의 이혼, 친권자 및 양육자지정 등 청구사건에 대하여 충분한 관련성을 구비한 준거법으로 볼 수 있어 국제사법 제8조 제1항이 적용되지 않는다.

제 5 절 예외조항의 적용범위

예외조항은 불법행위의 경우에 중요한 역할을 할 수 있을 것이다. 오늘날 섭외적 불법행위가 다양한 형태로 발생하고 있고, 그에 따라 다양한 연결점이 존재하는바,[146] 이들 법률행위의 규율에 적절한 준거법을 확정하기 위해서 어떤 연결점을 사용할 것인지를 결정하는 것은 용이한 일이 아니고,[147] 경우에 따라서는 불법행위지를 연결점으로 사용한 불법행위지법이 적절한 준거법이 아닐 수도 있다. 이처럼 단순히 불법행위지에 따른 준거법의 결정이 타당하지 않은 새로운 형태의 불법행위가 섭외적 사안으로 된 경우에 그와 밀접한 관련이 있는 법을 준거법으로 지정함으로써 타당한 해결을 도모하기 위해서 예외조항이 사용될 수 있을 것이다.

예외조항이 중요한 역할을 할 수 있는 또 다른 경우는 선박의 선적이 편의치적(flag of convenience)인 경우이다. 예를 들어 선박과 관련하여 분쟁이 발생하였는바, 국제사법 규정에 따라 선박의 선적국법이 준거법으로 지정되었으나, 선박의 선적이 실제로 선박과는 아무런 관련을 갖지 않는 편의치적에 불과하다면, 예외조항의 적용을 통해서 가장 밀접한 관련이 있는 다른 국가의 법을 발견하여 이를 준거법으로 적용할 수 있을 것이다.

반면에 소비자의 보호를 위한 국제사법 제47조나 근로자의 보호를 위한 국제사법 제48조의 적용과 관련해서는 예외조항이 적용되지 않는다고 보아야 한다.[148] 왜냐하면 이들 규정은 경제적 약자인 소비자나 근로자의 보호라는 실질법적 가치를 고려한 규정인바, 보다 밀접한 관련을 갖는 법을 적용한다는 근거에서

146) Fawcett, Carruthers & North, *supra* note 1, p.766.
147) 석광현(주4), 155면.
148) 상게서, 156면.

이들 규정의 적용이 배제되는 것은 이들 규정에 내포되어 있는 입법목적을 무력화할 것이기 때문이다.

한편 국제사법 제21조의 예외조항과 국제사법 제22조의 반정에 관한 규정 간에 적용순서가 문제된다.[149] 예외조항이 준거법을 결정하기 위한 원칙을 그 내용으로 하기 때문에 준거법 지정 과정의 일부로 보아야 하는 반면, 반정조항은 준거법지정규정의 적용을 통해서 준거법이 지정된 후에 준거법 소속국의 국제사법이 우리나라 법을 준거법으로 지정한 경우에는 그 국가의 의사를 존중하여 우리나라 법을 준거법으로서 적용하는 것을 취지로 하는 조항이다. 따라서 예외조항이 먼저 적용된 후에 반정조항이 적용된다고 보는 해석이 논리적으로 타당하다. 또한 만약 반정조항을 먼저 적용해서 우리나라 법이 적용되는 경우에 다시 예외조항을 적용해서 외국의 실질법을 적용하기로 한다면 반정조항의 취지는 완전히 몰각되는 결과를 초래할 것이므로 반정조항을 무의미하게 하지 않기 위해서도 반정조항에 앞서 예외조항이 적용되어야 한다.[150]

관련판례 부산고등법원 2021.1.21. 선고 2018나14154

국제사법 제8조 제1항, 제60조 제5호[개정 국제사법 제21조 제1항, 제94조 제5호]의 내용과 취지에 비추어 보면, 공동해손 관련 구상금에 관한 준거법은 원칙적으로 선적국법이라고 할 것이나, 선박이 편의치적이 되어 있어 그 선적만이 선적국과 유일한 관련이 있을 뿐이고, 실질적인 선박 소유자나 선박 운영회사의 국적과 주된 영업활동장소, 선박의 주된 항해지와 근거지 등은 선적국이 아닌 다른 특정 국가와 밀접한 관련이 있어 다툼의 대상이 되는 법률관계와 가장 밀접한 관련이 있는 다른 국가의 법이 명백히 존재하는 경우에는 다른 국가의 법을 준거법으로 보아야 한다.

살피건대, 이 사건 선박의 소유자인 을 회사는 편의치적을 위한 서류상의 회사로 보이고 이 사건 선박의 선적국인 마샬 아일랜드(Marshall Islands)와 별다른 관련성이 보이지 않는 점, 이 사건 선박의 실질적인 소유자이자 선체용선자인 병 회사는 우리나라 법인인 점, 이 사건 선박은 병 회사가 갑 회사와 장기계약을 체결하여 갑 회사가 공급하는 철광석을 브라질에서 중국 등으로 운반할 목적으로 건조되었을 뿐이고 마샬 아일랜드의 항구를 거점으로 운항한 것으로는 보이지 않는 점, 공동해손

149) 상게서, 157면.
150) 상게서, 157면.

분담자의 구상금청구의 상대방은 모두 우리나라 법인인 점 등에 비추어 보면, 공동해손 분담자의 구상금청구와 가장 밀접한 관련이 있는 법은 선적국인 마샬 아일랜드의 법이 아니라 우리나라 상법이라고 보아야 한다.

관련판례 대법원 2014.7.24. 선고 2013다34839

국제사법 제8조 제1항, 제60조 제1호, 제2호[개정 국제사법 제21조 제1항, 제94조 제1호, 제2호]의 내용과 취지에 비추어 보면, 선원의 임금채권을 근거로 하는 선박우선특권의 성립 여부나 선박우선특권과 선박저당권 사이의 우선순위를 정하는 준거법은 원칙적으로 선적국법이라고 할 것이나, 선박이 편의치적이 되어 있어 그 선적만이 선적국과 유일한 관련이 있을 뿐이고, 실질적인 선박 소유자나 선박 운영회사의 국적과 주된 영업활동장소, 선박의 주된 항해지와 근거지, 선원들의 국적, 선원들의 근로계약에 적용하기로 한 법률, 선박저당권의 피담보채권을 성립시키는 법률행위가 이루어진 장소 및 그에 대하여 적용되는 법률, 선박경매절차가 진행되는 법원이나 경매절차에 참가한 이해관계인 등은 선적국이 아닌 다른 특정 국가와 밀접한 관련이 있어 앞서 본 법률관계와 가장 밀접한 관련이 있는 다른 국가의 법이 명백히 존재하는 경우에는 다른 국가의 법을 준거법으로 보아야 한다.

☞ 파나마국에 편의치적 되어 있는 선박의 선장 갑 등이 선박의 근저당권자인 주식회사 하나은행을 상대로 '선박에 관한 임의경매절차에서 을 은행의 근저당권이 갑 등의 임금채권보다 선순위임을 전제로 작성된 배당표'의 경정을 구한 사안에서, 선박우선특권의 성립 여부 등과 가장 밀접한 관련이 있는 법은 선적국인 파나마국 법이 아니라 우리나라 상법이므로, 국제사법 제8조 제1항에 따라 우리나라 상법을 적용하여야 한다고 본 사안.

제8장

반 정

제1절 서 설

섭외적 법률관계에 관하여 어느 국가에서 소송이 제기되어도 동일한 준거법이 적용되어서 일관된 결과를 도출함으로써 섭외적 생활관계의 안정을 기한다는 것은 국제사법의 이상이다. 그러나 오늘날 전 세계에서 발생하는 모든 섭외적 사안을 통일적으로 규율하는 통일국제사법은 존재하지 아니하고, 각 국가가 나름의 이념에 기초해서 국내법으로서 국제사법을 두고 있는 것이 현실이다. 이들 각국의 국제사법은 필연적으로 그 규율내용이 상이할 수밖에 없고, 따라서 어느 국가에서 소송이 제기되었느냐는 우연적 사정에 따라 문제의 섭외적 사안에 적용되는 준거법지정원칙도 다르기 마련이다.[151] 이는 곧 동일한 사안일지라도 법정지가 어디인지에 따라서 준거법이 달라지고, 따라서 판결 결과도 달라질 수 있다는 것을 의미한다. 예를 들어 스위스에 주소를 두고 있는 우리나라 사람의 행위능력에 대해서 우리나라 국제사법 제28조의 규정에 의하면 본국법인 우리나라 법이 적용되지만, 스위스 국제사법 제35조에 의하면 주소지법인 스위스법이 적용되는 것이다.[152]

이처럼 국제사법의 충돌 또는 저촉은 각국의 국제사법 규정의 내용이 상이한 까닭에 어느 국가에서 소송이 제기되었는지에 따라서 적용되는 준거법이 달라지는 현상을 의미한다. 국제사법의 충돌에는 두 가지의 형태가 있는데, A국의 국제사법에 의하면 A국법이 적용되나, B국의 국제사법에 의하면 B국법이 적용되는

---

151) Fawcett, Carruthers & North, *supra* note 1, pp.57-58.
152) 법무부 [해설](주3), 256면.

경우와 같은 적극적 또는 평행적 충돌과 A국의 국제사법에 의하면 B국법이 적용되나, B국의 국제사법에 의하면 A국법 또는 C국법이 적용되는 경우와 같은 소극적 또는 교차적 충돌이 있다.

국제사법의 충돌 중에서 적극적 충돌의 경우에는 관련된 국가의 국제사법 규정을 통일하는 방법 이외에는 이를 해결할 방법이 없지만, 소극적 충돌의 경우에는 관련된 국가의 국제사법 규정을 통일하지 않고서도 준거법의 통일적 적용을 기할 수 있는 방법이 있는데, 그것이 반정(反定; renvoi)이다.

반정은 어떤 섭외적 사안 또는 법률관계에 대하여 법정지 국제사법이 특정 국가의 법을 준거법으로서 지정하였으나, 그 외국의 국제사법이 법정지법 또는 제3국의 법을 적용할 것을 규정하고 있는 경우에 그 규정에 따라 법정지법 또는 제3국의 법을 적용하는 것이다.

반정은 1878년 프랑스 법원이 판례를 통해 인정한 이후, 19세기 후반부터 많은 국가에서 판례로 인정되기 시작한 이래 오늘날 우리나라를 비롯해서 영국, 미국, 프랑스, 독일, 스위스, 오스트리아, 이탈리아, 포르투갈, 핀란드, 네덜란드, 헝가리, 대만, 일본 등 많은 국가의 입법과 판례에서 채용되고 있다.[153] 반면에 반정을 채택하지 않은 국가로는 스페인, 그리스, 브라질, 스웨덴, 덴마크, 이집트, 루마니아 등이 있다.[154]

국제조약의 경우에 있어서도 일찍이 1902년「혼인에 관한 헤이그협약」이나 1951년「본국법과 주소지법의 충돌을 규율하기 위한 헤이그협약」등은 반정을 수용하였으나, 1973년「부양의무에 적용될 준거법에 관한 헤이그협약」이나「로마협약」등은 반정을 인정하지 않고 있다.[155]

국제사법 제22조 제1항은 "이 법에 따라 외국법이 준거법으로 지정된 경우에 그 국가의 법에 따라 대한민국 법이 적용되어야 할 때에는 대한민국의 법(준거법의 지정에 관한 법규는 제외한다)에 따른다"고 규정함으로써 협의의 반정을 인정한다.

---

153) 신창선 · 윤남순(주2), 150면; 윤종진(주10), 140면; 김연 · 박정기 · 김인유(주65), 183-184면.

154) 신창선 · 윤남순(주2), 150면; 윤종진(주10), 140-141면; 김연 · 박정기 · 김인유(주65), 183-184면.

155) 반정에 관한 각국의 입법례에 관한 상세한 설명은 윤종진(주10), 140-142면 참조.

제 2 절 반정이론

I. 반정긍정론

반정을 인정하는 근거로는 다음과 같은 주장들이 있다.

1. 총괄지정설

총괄지정설은 섭외적 법률관계에 대해서 국제사법이 외국법을 준거법으로 지정하는 경우에 그 외국의 실질법뿐만 아니라 국제사법을 포함한 법질서 전체를 총괄해서 지정하는 것이므로 반정을 인정하여야 한다는 입장이다.156)

총괄지정설에 의하면 준거법소속국의 국제사법에 의해 지정되는 다른 국가의 법도 국제사법을 포함한 법질서 전체를 포함할 것을 의미하기 때문에 영속적 순환에 빠지게 되는 결과, 준거법을 지정할 수 없게 될 것이다. 예를 들어 우리나라 국제사법에 의하면 일본법에 의하도록 되어 있고, 일본 국제사법에 의하면 우리나라 법에 의하도록 되어 있는 경우에 우리나라 법에는 우리나라 국제사법이 포함되어 있으므로 우리나라 국제사법에 의하여 다시 일본법이 지정된다. 결국 양국 국제사법 간에 무한한 왕복이 있을 뿐, 적용할 준거법을 결정할 수 없게 된다. 총괄지정설에 대해서 "국제적 테니스경기", "끝없는 순환론", "논리적 반사경" 등의 비판이 제기되는 것은 이 때문이다.157)

2. 외국의사존중설

외국의사존중설 또는 기권설은 국제사법에 의하여 외국법이 준거법으로 지정된 경우에 그 외국의 국제사법이 다른 국가의 법을 지정하고 있다면, 그 외국은 문제의 법률관계에 관해서 자국법의 적용을 포기한 것으로 볼 수 있으므로 그 의

156) *In re Schneider's Estate*, 198 Misc. 1017, 96 N.Y.S.2d 652 (S.Ct.N.Y.Co. 1950); 신창선 · 윤남순(주2), 152면; 윤종진(주10), 143면; 김연 · 박정기 · 김인유(주65), 185면.
157) 신창선 · 윤남순(주2), 152면; 김연 · 박정기 · 김인유(주65), 186면.

사를 존중하여 그 외국법을 적용해서는 안 된다거나 또는 적용할 필요가 없고, 따라서 이러한 때에는 그 외국의 의사를 존중해서 그 외국의 국제사법에 따라 정해지는 준거법을 적용하자는 입장이다.[158]

외국의사존중설은 법정지 법원이 자국의 국제사법에 따라 지정된 외국법을 적용하는 것은 자국법의 적용을 포기하고 당해 외국법의 적용을 원하기 때문이 아니라, 섭외적 법률관계의 합리적 해결을 위한 것이고, 마찬가지 이유에서 지정된 준거법소속국의 국제사법이 다른 국가의 법을 준거법으로 지정한 것도 자국법의 포기를 의미하는 것은 아니라는 점에서 국제사법의 목적을 오해하고 있을 뿐 아니라,[159] 그 근거가 지나치게 작위적이다. 또한 당해 외국의 국제사법이 문제의 법률관계에 관하여 자국법을 지정하고 있지 않더라도 그 외국의 법을 적용하는 것이 반드시 그 국가의 이익에 반하거나 그 국가의 주권을 해치는 것이라고는 볼 수 없을 것이다.[160]

3. 내국법적용확대설

내국법적용확대설 또는 내국법관할확장설은 본래 외국법을 적용하여야 함에도 불구하고 반정을 통해서 내국법을 적용함으로써 내국의 이익을 증대하는 데 반정의 취지가 있다는 입장이다.[161] 외국법을 적용하는 것은 외국법의 내용을 확인하거나 해석하는 데 따르는 어려움 때문에 법정지 법원에게 부담을 주지만, 내국법으로의 반정을 인정함으로써 내국법을 적용하게 되는 결과 법정지 법원의 부담이 경감된다는 것이다.

그러나 내국법적용확대설은 협의의 반정만을 설명할 수 있을 뿐, 전정을 포함한 반정 일반의 근거는 제공하지 못한다. 또한 이 설은 반정을 인정하면 외국법을 확인 및 해석해야 하는 부담이 경감된다고 하나 실제로는 반정 여부를 알기 위하여 외국의 국제사법을 조사, 확인 및 해석해야 하는 부담은 여전히 남는데, 이

158) 신창선 · 윤남순(주2), 152-153면; 윤종진(주10), 144면; 김연 · 박정기 · 김인유(주65), 186면.
159) 윤종진(주10), 144면.
160) 신창선 · 윤남순(주2), 153면.
161) 상게서, 154면; 윤종진(주10), 145면.

또한 언제나 용이한 것은 아니다.[162] 무엇보다 내국법적용확대설이 추구하는 바와 같이 내국법의 적용범위를 확대하여 자국의 이익을 도모하는 방법은 국가주의적 사고방식에 근거한 것으로 국제사법의 기본이념인 국제주의와 모순된다.[163]

4. 내외판결통일설

내외판결통일설 또는 내외국법통일설은 반정을 인정하면 동일한 섭외적 법률관계에 대하여 내외국 법원이 동일한 내용의 판결을 내리게 되므로 국제사법 규정의 불통일로 인하여 발생하는 판결의 부조화, 특히 가족법 분야에서 본국법주의와 주소지법주의의 대립을 완화할 수 있다는 입장이다.[164]

내외판결통일설은 모든 국가가 반정을 인정하는 경우에는 여전히 동일한 섭외적 법률관계에 대해서 동일한 결과를 가져올 수 없다는 데 논리적 약점을 갖는다.[165] 예를 들어 우리나라 국제사법은 반정을 인정하지만, 일본의 국제사법은 반정을 인정하지 않는다고 한다면, 우리나라가 법정지이건 일본이 법정지이건 동일하게 우리나라 법이 적용되지만, 일본도 반정을 인정하는 경우에는 우리나라가 법정지인 때에는 우리나라 법, 일본이 법정지인 때에는 일본법이 적용되는 방식으로 법정지에 따라 그 준거법이 여전히 달라진다. 따라서 반정을 인정한다고 할지라도 언제나 판결의 국제적 조화가 달성되는 것은 아니다.

5. 판결집행설

판결집행설 또는 내국판결집행설은 반정을 인정하면 자국판결의 효력을 외국이 승인할 것이기 때문에 반정을 인정해야 한다는 입장이다.[166] 이 설에 의하면 반정을 인정하는 경우에는 외국의 국제사법을 적용하여 판결이 이루어진 것이 될 것이므로 당해 외국으로서는 법정지 법원의 판결의 승인이나 집행을 거부하지 않

162) 윤종진(주10), 145면.
163) 신창선 · 윤남순(주2), 154면.
164) 신창선 · 윤남순(주2), 154면; 윤종진(주10), 144-145면; 김연 · 박정기 · 김인유(주65), 187면.
165) Fawcett, Carruthers & North, *supra* note 1, p.62.
166) 신창선 · 윤남순(주2), 155면; 윤종진(주10), 145면; 김연 · 박정기 · 김인유(주65), 187면.

을 것이라는 것이다. 그러나 반정에 의하여 외국법이 지정하는 준거법에 따라 판결하면 당해 외국이 그 판결을 승인할지는 몰라도, 제3국도 그 판결을 승인할 것인지는 전혀 확실하지 않다. 왜냐하면 그 판결은 제3국의 국제사법이 지정한 준거법을 적용한 판결은 아니기 때문이다. 더구나 법정지 법원이 외국의 실질법을 바로 적용하여 판결한 경우와 외국의 국제사법을 적용하여 법정지법을 적용하여 판결한 경우를 비교할 때, 당해 외국의 법원은 오히려 전자의 경우에 법정지 법원의 판결을 승인하거나 집행할 더욱 강력한 유인을 가질 것이다.

II. 반정부정론

반정부정론은 국제사법이 문제된 법률관계의 해결을 위해 준거법을 지정하였을 때 지정된 법은 준거법소속국의 실질법만을 의미한다고 주장한다. 즉 반정부정론은 ① 세계 각국은 제각기 독자적인 입법의사에 따라 섭외적 사안에 대하여 어느 법을 적용하는 것이 당사자의 법률관계의 안정을 기할 것인가를 고려하여 국제사법 규정을 마련한 것이기 때문에 반정을 인정하는 것은 자국 국제사법의 적용을 배척하는 것으로 자국의 주권을 포기하는 의미를 가지며,[167] ② 저촉규정은 본질적으로 실질법을 지정하는 것을 그 본래의 사명으로 하는 것인데, 다시 저촉규정을 고려하는 것은 국제사법 본래의 기능을 무시하는 것이고,[168] ③ 반정이 일부 사안에만 적용된다든지 하는 등 제한적으로 인정되는 경우에는 제한된 경우에만 외국의 국제사법을 고려하게 되는데, 이는 일관성이 결여된 결과를 낳을 것이며, ④ 반정에 의하면 법정지법과 외국법의 순환적용의 가능성이 발생하고,[169] ⑤ 협의의 반정은 자국법 편중주의 또는 내부지향의 편향을 야기할 것인바, 이는 국제주의에 위반하는 것이고, ⑥ 반정은 본래 국제예양원칙에 따라 법원의 재량으로 인정되는 것일 뿐이고, ⑦ 반정이 인정되는 경우에 법정지 법원은 외국의 실질법뿐 아니라 국제사법까지 고려해야 하기 때문에 외국법 조사에 있어서 추가적 부담을 진다는[170] 등의 이유를 들어서 반정의 존재이유를 부정한다.[171]

---

167) Scoles, Hay, Borchers & Symeonides, *supra* note 1, pp.138-139; Fawcett, Carruthers & North, supra note 1, p.63.

168) Fawcett, Carruthers & North, *supra* note 1, p.63.

169) Scoles, Hay, Borchers & Symeonides, *supra* note 1, p.139.

반정의 인정근거로 주장되는 다양한 이론들은 모두 그 자체 논리적 흠결을 갖고 있고, 실제적으로 반정을 인정함으로써 섭외적 법률관계의 통일적 규율이라는 국제사법의 이상이 제고되지도 않는 것이 현실이라면 굳이 반정을 인정할 필요는 없어 보인다. 즉 입법론적으로는 반정조항을 두지 않는 것이 옳았을 것이다.[172] 그러나 협의의 반정은 법정지 법원으로 하여금 잘 알지 못하는 외국법을 적용하는 대신에 자국법을 적용함으로써 판결의 정확성과 신속성을 제고할 수 있도록 하고 또한 제한적 범위 내에서나마 내외판결의 동일(uniformity)을 기할 수 있도록 해 준다는 점에서 나름의 의의가 있다고 할 것이다.[173] 우리나라 국제사법 제22조가 협의의 반정을 인정한 것은 그러한 이유에서인 것으로 보인다. 따라서 국제사법 제22조의 반정조항을 적용함에 있어서 국제사법에서 연결점 확정 및 연결원칙, 신속한 재판, 판결의 국제적 조화 등 제반 이익을 고려해서 국제사법의 이상을 실현하는 방향으로 이루어져야 할 것이다.

---

170) Fawcett, Carruthers & North, *supra* note 1, p.64.

171) 신창선 · 윤남순(주2), 151면; 윤종진(주10), 146면; 김연 · 박정기 · 김인유(주65), 187-188면.

172) 미국 판례의 대체적인 입장은 반정에 대해서 부정적이어서 아주 제한적인 경우에만 반정을 인정하였다. Scoles, Hay, Borchers & Symeonides, *supra* note 1, p.138; Crampton, Currie & Kay, *supra* note 108, p.66. 우리나라에서도 섭외사법의 개정 과정에서 "반정에 대한 이론적 비판과 반정을 인정하는 경우에 법원이 외국의 국제사법을 조사 · 적용해야 하는 부담" 등을 고려해 반정조항을 삭제하자는 주장이 있었지만, "반정을 인정함으로써 국제적 판결의 일치를 도모할 수 있고, 제한된 범위 내에서나마 경직된 법 선택의 원칙을 완화하여 구체적인 사건에 보다 타당한 법을 적용할 수 있으며, 법정지법을 적용함으로써 외국법의 적용에 따른 어려움을 완화할 수 있다는 등의 실제적 효용"을 고려하여 개정 국제사법에서 제한적인 범위 내에서 인정하기로 하였다고 한다. 석광현(주4), 159면. 구 섭외사법은 속인법으로서 본국법이 적용되는 경우에만 반정을 허용하였으나, 개정 국제사법은 이러한 제한을 없앰으로써 오히려 반정의 적용범위를 확대하였다.

173) 예를 들어 미국의 법의 충돌에 관한 제2차 리스테이트먼트 제8조 제2항은 관련 국제사법 규정의 취지가 법정지가 문제의 섭외적 사안에 대해서 동일한 결과에 이르는 것인 경우에 그리고 제3항은 법정지가 문제된 섭외적 사안이나 분쟁당사자와 실질적 관련(substantial relationship)을 갖고 있지 않고 또한 다른 모든 관련 국가가 동일한 법을 적용할 것인 경우에 예외적으로 반정의 사용을 허용한다.

제 3 절 반정의 유형

Ⅰ. 직접반정

직접반정(single renvoi) 또는 협의의 반정은 일정한 법률관계에 대하여 법정지인 A국의 국제사법은 B국법을 적용하도록 규정하고 있으나, 동일한 법률관계에 대하여 B국 국제사법은 A국법을 지정하고 있는 경우에 법정지인 A국의 법원이 B국 국제사법에 근거해서 자국의 실질법을 지정하여 적용하는 것이다. 예를 들어 우리나라에 부동산을 남기고 사망한 영국인의 재산의 상속에 관한 소가 우리나라 법원에서 제기된 경우에 우리나라 국제사법 제77조 제1항에 의하면 피상속인의 본국법인 영국법이 준거법이 되지만, 영국의 국제사법에 의하면 부동산소재지법인 우리나라 법이 준거법이 된다고 할 때, 우리나라 법원이 영국법을 적용하는 대신에 우리나라 법을 적용하는 것이 그러한 경우이다.

협의의 반정만을 인정하는 경우에는 반정에 대한 주된 비판 중의 하나인 끝없는 순환적용의 결과를 회피할 수 있다.[174)]

Ⅱ. 전 정

전정(轉定) 또는 재정(再定)은 법정지인 A국 국제사법에 의하면 B국법을 적용하도록 되어 있으나 B국 국제사법은 제3국인 C국의 법을 지정하고 있는 경우에 법정지인 A국 법원이 C국의 실질법을 적용하는 것이다. 예를 들어 독일에 주소를 두고 있는 영국인이 우리나라에 동산을 두고 사망하여서 상속에 관한 문제가 우리나라 법원에서 제기된 경우에 우리나라 국제사법에 의하면 피상속인의 본국법인 영국법이 준거법이 되지만, 영국 국제사법에 의하면 피상속인의 주소지법인 독일법에 의하도록 되어 있다고 할 때, 우리나라 법원이 독일법을 적용하는 것이 그러한 경우이다.[175)]

---

174) Scoles, Hay, Borchers & Symeonides, *supra* note 1, p.139.

175) 그러나 실제에 있어서 우리나라 국제사법은 원칙적으로 전정을 인정하지 않기 때문에 위 예에서 영국법이 준거법으로서 적용될 것이다. 김연 · 박정기 · 김인유(주65), 190면.

국제사법 제80조 제1항 단서는 어음 · 수표의 행위능력과 관련하여 예외적으로 전정을 인정한다.

Ⅲ. 간접반정

간접반정은 법정지인 A국 국제사법에 의하면 B국법을 적용하도록 되어 있으나, B국 국제사법은 C국법을 적용하도록 되어 있고, 다시 C국 국제사법에 의하면 A국법을 적용하도록 되어 있는 경우에 법정지인 A국 법원이 자국의 실질법을 적용하는 것이다. 예를 들어 미국 뉴욕주에 주소를 둔 아르헨티나인이 우리나라에 부동산을 남기고 사망하여 우리나라 법원이 상속문제를 다루게 된 경우에 우리나라 국제사법에 의하면 피상속인의 본국법인 아르헨티나법이 적용되지만, 아르헨티나 국제사법에 의하면 피상속인의 최후의 주소지법인 미국 뉴욕주법이 준거법이 되고, 다시 뉴욕주 국제사법에 의하면 부동산소재지법인 우리나라 법이 준거법으로 되어 있어 우리나라 법원이 우리나라 법을 적용하는 것이 그러한 경우이다.[176)]

Ⅳ. 이중반정

이중반정(double renvoi)은 법정지인 A국 국제사법에 의하면 B국법을 적용하도록 되어 있고, B국 국제사법에 의하면 A국법을 적용하도록 되어 있는데, 법정지인 A국 법원이 협의의 반정에 의하여 자국 실질법을 적용하는 대신에 B국에서 소송이 제기되었다면 B국 법원이 준거법이 A국법이지만 A국 국제사법이 B국법을 지정하고 있는 경우에 B국법을 적용한다고 규정하고 있는 B국 국제사법의 반정조항에 의하여 B국법을 적용할 것이라는 점을 고려하여 B국법을 적용하는 것이다. 즉 이중반정은 법정지 법원이 마치 준거법소속국인 외국의 법원이 재판하는 것처럼 재판하는 것이다.[177)] 예를 들어 우리나라에 주소를 둔 영국인이 동산을

---

176) 그러나 실제에 있어서 우리나라 국제사법은 간접반정을 인정하지 않기 때문에 위 예에서 아르헨티나법이 준거법으로서 적용될 것이다. 상게서, 191면.

177) 이중반정은 영국에서 판례를 통해서 발전된 것인데, 외국법원이론(foreign court theory) 또는 영국반정이론(English doctrine of renvoi)이라고도 한다. *Re Annesley*, [1926] Ch. 692; Fawcett, Carruthers & North, *supra* note 1, p.61.

남기고 사망하여 동산상속의 문제가 영국 법원에서 제기된 경우에 영국 국제사법에 의하면 피상속인의 주소지법인 우리나라 법에 의하나, 우리나라 국제사법에 의하면 동산상속은 피상속인의 본국법인 영국법에 의하도록 되어 있다. 이때 영국 법원은 협의의 반정에 의하여 영국법을 적용할 수 있을 것이다. 그러나 영국 법원이 우리나라 국제사법이 반정을 인정하고 있고, 따라서 위 사건이 우리나라 법원에서 제기된 경우에는 우리나라 법원은 반정조항에 의하여 영국법을 적용하는 대신에 우리나라 법을 적용할 것이라는 점을 고려하여 우리나라 법을 적용하는 것이다.[178)]

이중반정은 최초로 지정된 준거법 소속국이 반정제도를 채택하고 있는 경우에만 인정되고, 그 국가가 반정을 인정하지 않는 경우에는 직접반정으로 끝맺게 된다.

Ⅴ. 숨은 반정

미국의 각주는 이혼이나 입양 등의 문제에 대해서는 당사자의 주소지가 재판관할을 갖는다고 하는 등 재판관할에 관한 규정만 두고 있을 뿐, 준거법지정에 관한 규정을 따로 두고 있지 않다. 이 때문에 미국 판례는 일반적으로 이혼에 대해서는 소송이 제기된 주의 법, 즉 법정지법이 적용된다는 입장이다.[179)]

법정지 법원이 미국의 위 판례와 같은 준거법소속국의 재판관할에 관한 규정을 통해서 자국법을 적용하는 것이 이른바 숨은 반정(hidden renvoi)이다. 예를 들어 미국 국적을 갖는 부부가 우리나라 법원에서 이혼을 구하는 경우에 우리나라 국제사법 제66조는 이혼에 관하여 부부의 동일한 본국법을 준거법으로 하고 있기 때문에 적용될 준거법은 부부가 마지막으로 주소를 둔 주의 법이 된다. 그런데 부부의 미국 내 주소지법은 이혼에 관해서는 법정지법이 적용된다는 전제하에 이혼에 관해서 재판관할에 관한 규정을 두고 있을 뿐, 별도의 준거법 규정을 두고 있지 않다. 이러한 경우에 우리나라 법원은 미국 내 주소지법에 따라 우리나라 법원이 재판관할권을 갖는다고 판단하는 때에는 그 사실에 기초해서 우리나라 실질법으로의 반정을 추론하는 방법으로 우리나라의 이혼에 관한 실질법, 즉 민법을 적용할 수 있다.

---

178) 김연 · 박정기 · 김인유(주65), 192-193면.
179) Scoles, Hay, Borchers & Symeonides, *supra* note 1, p.630.

위의 예에서 우리나라 법원은 숨은 반정을 통해서 자국법을 적용함으로써 외국법인 미국법을 조사하고 적용해야 하는 부담을 지지 않는 한편, 우리나라 법원의 이혼판결은 미국 내 준거법소속주의 재판관할에 관한 법에 따라 적법하게 이루어졌기 때문에 미국 내에서 집행되는 데 별다른 문제를 갖지 않을 것이다. 숨은 반정은 우리나라뿐만 아니라[180] 오스트리아, 독일, 스위스 등의 국가에서도 활용되고 있다.[181]

그러나 미국 각 주의 법원은 당사자의 주소가 자기 주에 있지 않으면, 자기 주가 재판관할을 갖지 않는다고 할 뿐, 어떤 주 또는 어떤 국가가 법정지로 되는지에 대해서, 또한 법정지법이 과연 준거법이 되는지 등에 대해서 아무런 규정을 두고 있지 않다. 즉 주 법원은 당사자의 주소가 자기 주에 있지 않으면 사안을 심리할 관할을 갖지 않으므로 소를 각하할 뿐이지, 당사자의 주소가 다른 주에 있다는 이유로 주소지법인 그 주의 법을 적용할 가능성은 애초에 존재하지 않는 것이다. 따라서 이러한 가능성을 상정해서 반정 규정을 유추적용하는 이른바 숨은 반정의 법리가 타당한지는 의문이다.

관련판례 대법원 2006.5.26. 선고 2005므884

미합중국 국적을 보유하고 우리나라에 거주하는 부부 쌍방이 모두 선택에 의한 주소(domicile of choice)를 우리나라에 형성한 상태에서 남편(원고)이 처(피고)를 상대로 우리나라 법원에 이혼, 친권자 및 양육자지정 청구의 소를 제기한 경우, 원·피고의 현재 주소(domicile)가 소속된 법정지의 법률이 준거법이 되어야 할 것이므로, '준거법 지정시의 반정(反定)'에 관한 국제사법 제9조 제1항을 유추적용한 '숨은 반정'의 법리에 따라 법정지법인 우리나라 민법을 적용해야 한다.

---

180) 서울가정법원 판결 1977.5.3. 76드3021; 동 1977.3.2. 76드1955; 동 1976.6.10. 75드1849.
181) Hay, "The American 'Covenant Marriage' in the Conflict of Laws," 64 La. L. Rev. 43 (2003).

제 4 절 국제사법에서 반정조항

국제사법 제22조 제1항은 "이 법에 따라 외국법이 준거법으로 지정된 경우에 그 국가의 법에 따라 대한민국 법이 적용되어야 할 때에는 대한민국의 법(준거법의 지정에 관한 법규는 제외한다)에 따른다"고 규정함으로써 이른바 협의의 반정을 인정하고 있다.

Ⅰ. 적용요건

1. 외국법이 준거법으로 지정되었을 것

국제사법에서 반정은 준거법이 외국으로 지정된 경우에 인정된다. 구 섭외사법 제4조는 당사자의 본국법에 의하여야 할 경우에만 반정을 인정하였으나, 개정 국제사법은 널리 '외국법'이 준거법으로 지정된 경우에 반정을 인정함으로써 반정의 허용 범위를 확대하였다. 즉 여기서 외국법은 당사자의 본국법뿐만 아니라 일상거소지법, 행위지법, 목적물소재지법 등도 포함하는 것이다.

물권법 등의 분야에서는 각 국가의 국제사법이 대체로 통일된 연결원칙을 채용하고 있기 때문에 반정을 인정할 실익이 그다지 크지 않지만, 혼인 등 신분적 법률행위의 분야에서는 각 국가의 국제사법이 상이한 연결원칙을 채용하고 있어서 반정을 인정할 실익이 크다.

2. 그 국가의 법에 의하여 우리나라 법이 적용되어야 할 것

국제사법 제22조 제1항에 따르면, 반정은 외국의 국제사법이 직접적으로 우리나라 법에 따를 것을 규정한 때에만 적용된다. 따라서 원칙적으로 직접반정 또는 협의의 반정만이 인정될 뿐, 전정, 간접반정 및 이중반정은 인정되지 않는다. 다만 국제사법 제80조 제1항은 "환어음, 약속어음 및 수표에 의하여 채무를 부담하는 자의 능력은 그의 본국법에 따른다"고 규정한 후, 단서에서 "그 국가의 법이 다른 국가의 법에 따르도록 정한 경우에는 그 다른 국가의 법에 따른다"고 규정함으로써 어음 및 수표행위능력의 경우에는 전정까지 인정한다.

외국의 국제사법이 우리나라 법을 지정하는 경우에 우리나라에 연결점이 존재하는지 여부는 그 외국의 국제사법에 따라 판단되어야 한다. 예를 들어 외국의 국제사법이 행위지법으로서 우리나라 법을 지정하기 위해서는 연결점인 행위지가 우리나라이어야 하는데, 이때 우리나라가 행위지인지 여부는 그 외국의 국제사법에 따라 인정되어야 하는 것이다.

또한 외국의 국제사법이 일정한 법률관계를 우리나라 법에 반정하고 있는지 여부를 판단하는 데 기초가 되는 법률관계의 성질 결정도 그 외국의 국제사법에 의한다. 예를 들어 우리나라 국제사법상 일정한 법률관계를 상속의 법률관계로 성질 결정하여 국제사법 제77조 제1항에 의하여 피상속인의 본국법에 의하여야 할 경우에 그 본국의 국제사법이 역시 그 법률관계를 우리나라 국제사법과 마찬가지로 상속의 법률관계로 성질 결정하여 피상속인의 주소지법으로서 우리나라 법을 지정하였다면 반정이 성립하여 우리나라 법이 적용된다.

위의 예에서 본국의 국제사법이 문제의 법률관계를 상속이 아닌 부부재산제의 법률관계로 성질 결정하여 혼인 당시 부(夫)의 본국법인 우리나라 법을 지정하는 경우에도 반정을 인정하여 우리나라 법을 적용할 것인지가 문제된다. 그러한 경우에 동일한 법률관계에 관해서 법적용의 통일을 도모한다는 내외판결통일설의 입장에 의한다면, 반정이 인정되지 않는다고 할 것이지만, 총괄지정설, 외국의 사존중설 또는 내국판결확대설 등의 입장에 선다면 굳이 법정지의 국제사법의 적용결과 결정된 법률관계의 성질과 준거법소속국의 국제사법의 적용결과 결정된 법률관계의 성질이 동일할 필요는 없을 것이다.

관련판례 수원지방법원 2021.6.2. 선고 2020나76548

우리 국제사법 제49조 제1항[개정 국제사법 제77조 제1항]은 "상속은 사망 당시 피상속인의 본국법에 의한다."라고 정하고 있으므로 이 사건에서 피상속인인 망인의 본국법인 중국법이 적용되어야 할 것이나, 우리 국제사법에 해당하는 중국의 섭외민사관계법률적용법 제31조는 "법정상속은 피상속인의 사망시의 상거소지법을 적용한다"라고 규정하고 있는 바, 이 사건 망인의 상거소지는 우리나라이었으므로 망인 사망시의 상거소지법은 우리나라법이다. 한편 우리 국제사법 제9조 1항은 "이 법에 의하여 외국법이 준거법으로 지정된 경우에 그 국가의 법에 의하여 우리나라 법이 적용되어야 하는 때에는 우리나라의 법(준거법의 지정에 관한 법규를 제외한다)에 의한다."라고 규정하여 반정을 인정하고 있으므로 망인의 상속문제는 결국 우리나라의 실질법이 적용되어야 할 것이다.

관련판례 서울가정법원 1991.5.9. 선고 90드75828

우리나라 국적의 처가 미합중국 펜실베이니아주 시민인 부를 상대로 우리나라 법원에 이혼소송을 제기한 경우의 준거법은, 섭외사법 제18조 본문의 규정에 따라 부의 본국법인 미합중국법이라 할 것인데, 미합중국은 지방에 따라 법이 상이한 국가이므로 섭외사법 제2조 제3항에 의하여 부가 속하는 지방인 펜실베이니아주의 법이 적용되어야 할 것이나, 한편 미합중국의 경우 판례와 학설에 의하여 인정된 이혼에 관한 섭외사법의 일반원칙에 따르면 부부 일방의 주소지에 재판관할권이 인정됨과 동시에 그 법정지법이 준거법으로 인정되므로, 결국 처가 우리나라에 미합중국법상의 주소를 가지고 있다면 섭외사법 제4조[국제사법 제22조]의 규정에 의하여 우리나라 민법이 준거법이 된다.

II. 예외적으로 반정이 허용되지 않는 경우

1. 당사자가 합의에 의하여 준거법을 선택하는 경우

국제사법 제22조 제2항 1호는 "당사자가 합의로 준거법을 선택하는 경우"에는 반정을 인정하지 않는다. 당사자가 준거법을 선택한 경우에도 반정을 인정하는 것은 그들 간 법률관계에 적용될 준거법을 선택한 당사자의 의사에 반하기 때문이다.

2. 국제사법에 의하여 계약의 준거법이 지정되는 경우

국제사법 제22조 제2항 2호는 "이 법에 따라 계약의 준거법이 지정되는 경우"에 반정을 인정하지 않는다. 국제사법에 규정된 계약의 준거법에 관한 규정은 「계약상 의무에 적용될 준거법에 관한 EC협약」, 즉 로마협약을 모범으로 한 것인

데, 협약 제15조는 채권의 준거법에 있어서 반정을 인정하지 않고 있기 때문이다.[182]

3. 국제사법 제73조의 규정에 의하여 부양의 준거법이 지정되는 경우

국제사법 제22조 제2항 3호는 "제73조에 따라 부양의 준거법이 지정되는 경우"에 반정을 인정하지 않는다. 부양과 관련한 법률관계에 적용될 준거법을 정하는 국제사법 제73조는 1973년 「부양의무에 적용될 준거법에 관한 헤이그협약」(Hague Convention on the Law Applicable to Maintenance Obligations)의 입장을 수용해서 협약과 마찬가지로 반정을 배제한 것이다.

4. 국제사법 제78조 제3항에 따라 유언의 방식의 준거법이 지정되는 경우

국제사법 제22조 제2항 4호는 "제78조 제3항에 따라 유언의 방식의 준거법이 지정되는 경우"에 반정을 인정하지 않는다. 유언의 방식과 관련한 법률관계에 적용될 준거법을 정하는 국제사법 제78조 제3항의 규정 역시 1961년 「유언에 의한 처분의 방식과 관련한 법의 충돌에 관한 헤이그협약」(Hague Convention on the Conflicts of Laws Relating to the Form of Testamentary Dispositions)의 입장을 수용해서 협약과 마찬가지로 반정을 배제한 것이다.

5. 국제사법 제94조에 따라 선적국법이 지정되는 경우

국제사법 제22조 제2항 5호는 "제94조에 따라 선적국법이 지정되는 경우"에 반정을 인정하지 않는다. 선적국법이 지정되는 경우에 반정을 배척한 것은 반정의 적용범위를 확대하는 데 비판적 견해가 있었다는 점과 선적국법으로 군소 국가들의 법이 지정되는 경우에 그들 국가의 국제사법을 파악하여 반정이 있는지 여부를 파악하는 데 현실적인 어려움이 따른다는 점 때문이다.

---

182) 로마협약 제15조는 "이 협약에 의하여 적용되는 국가의 법은 그 국가에서 효력있는 법규 중 국제사법 법규를 제외한 법규를 의미한다"고 규정함으로써 계약에 적용될 준거법의 지정과 관련해서 반정을 인정하지 않는다. 법무부 [해설](주3), 348면.

6. 반정의 적용이 국제사법의 지정 취지에 반하는 경우

국제사법 제22조 제2항 6호는 "그 밖에 제1항을 적용하는 것이 이 법의 준거법 지정 취지에 반하는 경우"에 반정을 인정하지 않는다고 규정한다.

반정의 적용이 국제사법의 지정 취지에 반하는 경우로는 다음과 같은 경우를 생각해 볼 수 있다.

(1) 선택적 연결의 경우

국제사법 제31조의 법률행위의 방식에 관한 규정이나 제78조 제3항의 유언의 방식에 관한 규정 등은 선택적 연결을 인정하여 법률행위나 유언의 방식의 유효성을 쉽게 인정하고자 하는 취지를 갖는 것인데, 반정을 인정하면 선택적 준거법이 하나의 준거법으로 축소되는 경우가 발생할 수 있기 때문에 그 취지가 몰각될 수 있다. 따라서 선택적 연결방법을 사용한 국제사법 규정이 적용되는 경우에는 원칙적으로 반정이 인정되지 않는다.

(2) 종속적 연결의 경우

국제사법 제52조 제3항은 "가해자와 피해자 간에 존재하는 법률관계가 불법행위에 의하여 침해되는 경우에는 제1항 및 제2항에도 불구하고 그 법률관계의 준거법에 따른다"고 규정하고 있는바, 이러한 경우에 반정을 인정해서 법률행위의 원인된 법률관계에 적용될 준거법 소속국의 국제사법이 불법행위에 관해서 우리나라 법을 준거법으로 지정하고 있다고 해서 우리나라 법을 적용한다면, 원인된 법률관계와 관련해서 통일된 규율을 시도하는 위 규정의 취지는 몰각된다. 따라서 국제사법 제52조 제3항의 경우와 같이 그 취지가 복잡한 법률관계를 하나의 법질서에 연결시킴으로써 당사자의 신뢰 또는 기대를 보호하려는 경우에도 반정을 인정해서는 안 된다.

(3) 기타의 경우

반정을 인정하는 것이 공서에 반하는 결과를 초래할 때에는 반정을 인정하지 않아야 할 것이다. 예를 들어 국제사법 제64조에 따라 부부의 동일한 본국법을 준거법으로 지정하였는데, 부부 본국의 국제사법이 부(夫)의 본국법인 우리나라 법을 준거법으로서 지정한다고 해서 부의 본국법을 적용하는 것은 배우자 간 평등의 원칙을 관철하려는 국제사법 제64조의 취지를 훼손할 것이므로 반정이 부인되어야 한다.[183]

또한 격지의 불법행위의 경우에 국제사법 제52조의 해석상 원인행위지법과 결과발생지법이 모두 준거법이 될 수 있는데, 만약 행위지인 외국의 국제사법이 결과발생지인 우리나라 법으로 반정하는 경우에 이는 피해자를 두텁게 보호한다는 국제사법 제52조의 취지에 반하는 결과를 초래할 것이므로 반정이 허용되지 않는다고 보아야 한다.[184]

어음·수표에 관한 준거법 지정의 경우에도 반정은 허용되지 않는다. 왜냐하면 국제사법의 어음·수표에 관한 규정들은 대체로 당해 분야의 저촉규범을 통일하기 위한 국제조약에 근거한 것이기 때문이다. 그러나 국제사법 제80조 제1항 단서의 경우와 같이 명시적으로 전정을 허용하는 경우는 물론 예외이다.

반면에 밀접한 관련이 있는 곳이 준거법으로 지정된 경우에는 반정이 허용될 수 있다. 왜냐하면 그 경우만이 아니라 국제사법의 모든 연결규정은 가장 밀접한 관련이 있는 법을 지정하는 것인데, 유독 단계적 연결의 최후 단계로서 가장 밀접한 관련이 있는 법을 명시한 경우에만 반정을 배제할 이유는 없기 때문이다.[185]

---

183) 석광현(주4), 169면.
184) 상게서, 169면.
185) 상게서, 169면.

제9장

공서조항

제1절 서 설

국제사법에 의하여 지정된 준거법을 적용함으로써 내국, 즉 법정지의 공서양속에 반하거나 내국의 사법적(私法的) 질서를 해치는 결과가 발생할 수 있다. 예를 들어 일부다처혼을 인정하는 국가의 국민이 이미 혼인한 처가 있음에도 불구하고, 우리나라에서 다시 혼인을 하고자 하는 경우에 혼인의 성립에 관한 규정인 국제사법 제63조 제1항에 의하여 그의 본국법을 적용한다면, 그의 본국법에 따라 일부다처제가 인정되는 까닭에 우리나라에서도 제2의 혼인의 성립을 인정해야 한다.[186] 그러나 우리나라는 일부다처혼을 허용하지 않기 때문에 이러한 혼인을 유효하게 성립한 것으로 인정한다면, 이는 우리나라의 공서에 반하는 결과를 초래한다.

이처럼 자국의 공서나 사법적 질서가 교란되는 것을 막기 위하여 대부분의 국가는 자국의 국제사법이 외국법을 준거법으로 지정한 때에도 일정한 경우에는 지정된 준거법의 적용을 배척할 수 있도록 하였다. 예를 들어 우리나라 국제사법 제23조는 "외국법에 따라야 하는 경우에 그 규정의 적용이 우리나라의 선량한 풍속이나 그 밖의 사회질서에 명백히 위반될 때에는 그 규정을 적용하지 아니한다"고 규정하고 있다.

186) 신창선 · 윤남순(주2), 178면; 윤종진(주10), 152면.

제 2 절 공서조항의 규정방식

Ⅰ. 배척조항과 유보조항

공서 위반에 근거해서 외국법 적용의 배척을 인정하는 국제사법 규정을 공서조항이라고 한다. 공서조항에는 우리나라 국제사법 제23조의 경우와 같이 외국법의 적용을 배척할 수 있는 경우를 직접적으로 규정하는 형식을 취하는 배척조항과 프랑스 민법 제3조 제1항의[187] 경우와 같이 강행적으로 적용되는 내국법을 열거함으로써 간접적으로 이에 반하는 외국법의 적용을 배척하는 유보조항이 있다. 이러한 개념적 구분에도 불구하고, 배척조항과 유보조항의 구별이 언제나 명확한 것은 아니다.[188]

Ⅱ. 일반배척조항과 특별배척조항

일반배척조항은 우리나라 국제사법 제23조와 같이 "선량한 풍속 그 밖의 사회질서" 등 추상적 기준을 사용해서 외국법의 적용이 배척되는 경우를 규정한 조항이다.

특별배척조항은 특정 법률관계에 적용될 준거법을 정함에 있어서 원칙적으로 외국법에 의할 것을 정하면서 그 법률관계 중 특정 사항에 관해서는 내국법의 적용도 받을 것을 정한 조항, 즉 본래의 준거법과 내국법의 누적적 적용을 정한 조항이다. 예를 들어 국제사법 제52조 제4항은 "제1항부터 제3항까지의 규정에 따라 외국법이 적용되는 경우에 불법행위로 인한 손해배상청구권은 그 성질이 명백히 피해자의 적절한 배상을 위한 것이 아니거나 또는 그 범위가 본질적으로 피해자의 적절한 배상을 위하여 필요한 정도를 넘을 때에는 인정하지 아니한다"고 규정함으로써 지정된 준거법과 우리나라 법이 누적적으로 적용될 것을 규정하고 있다.

---

187) 프랑스 민법 제3조 제1항은 "경찰 및 치안에 관한 법률은 영토 내에 거주하는 모든 자를 구속한다"고 규정하고 있다. 윤종진(주10), 154면.

188) 상게서, 153면.

주의할 점은 외국법 적용의 배척은 국제사법 일반원칙에 대한 중대한 예외로서 그 외국법의 적용이 내국의 사법적 질서를 해하는 경우 등 부득이한 경우에만 제한적으로 인정되어야 한다는 것이다. 또한 그러한 경우에 해당한다고 할지라도 국제사법 제23조와 같은 일반배척조항의 엄격한 적용을 통해서 해결을 도모해야 할 것이다.[189)]

제 3 절 국제사법에서 공서조항

I. 국제사법 규정

국제사법 제23조는 "외국법에 따라야 하는 경우에 그 규정의 적용이 대한민국의 선량한 풍속이나 그 밖의 사회질서에 명백히 위반될 때에는 그 규정을 적용하지 아니한다"고 규정함으로써 공서조항을 두고 있다.

국제사법 제23조는 외국법의 적용이 우리나라의 선량한 풍속 기타 사회질서에 반할 것을 요건으로 하고 있는바, 이때 공서위반 여부의 판단의 기준이 되는 것은 '우리나라'의 공서이다.

II. 공서조항의 적용

국제사법 제23조의 공서조항이 적용되기 위해서는 외국법의 적용이나 그 적용결과가 우리나라의 선량한 풍속 그 밖의 사회질서, 즉 공서에 반해야 한다.

189) 다만 국제사법이 일반배척조항인 제23조에도 불구하고, 특별배척조항으로서 제52조 제4항을 둔 것은 과도한 손해배상 등을 방지하고자 하는 경우에 그것이 당연히 "우리나라의 선량한 풍속 그 밖의 사회질서에 명백히 위반"된다고 볼 수 있다는 판단에서 둔 것으로 보인다.

1. 적용기준으로서 공서

외국법의 적용을 공서에 반하는 것으로서 배척할 것인지 여부를 판단함에 있어서 사용되는 기준은 국가마다 다를 수밖에 없다. 그러나 각국이 외국법 적용의 배척 여부를 오로지 자국의 국가이익에 기초해서 결정한다면 설사 국제사법의 국제적 통일이 달성된다고 할지라도 지정된 준거법이 법원의 판단에 따라 어떤 국가에서는 적용되고 다른 국가에서는 그 적용이 배척되는 경우가 발생할 것이다. 따라서 국제사법에 있어서 공서의 기준은 최소한 문명 국가 모두에 대해서 공통된 것이어야 한다. 즉 외국법 적용의 제한은 문명 국가 또는 최소한의 사법질서를 갖춘 국가 모두에서 일반적으로 인정되는 공서에 반한 때에만 허용되어야 하고, 자국의 국가적 이익의 입장에서 볼 때에는 특정 외국법의 적용을 인정할 수 없는 경우라 할지라도 그것이 문명 국가 일반을 통하여 공서에 반하는 것으로 인정되지 않는 때에는 그 외국법은 그대로 적용되어야 한다. 이것이 이른바 보편적 공서의 접근방법이다.[190]

국제사법의 통일이라는 관점에서 볼 때, 보편적 공서의 접근방법이 타당하다고 볼 수 있다. 그러나 이러한 보편주의는 특정 입장에 따른 독선에 함몰될 수 있다. 한 국가의 법제도를 비문명적이라고 단정하는 데는 언제나 어려움이 따른다. 또한 어떤 국가의 법이 초국가적 또는 보편적 공서에 반한다는 판단이 허용된다면, 자국법에 대해서도 동일한 판단이 허용되어야 할 것이지만, 자국법이 보편적 공서에 반한다고 이를 적용하지 않는 것은 생각할 수 없다. 결국 정의관념이 국가에 따라 다를 수밖에 없다는 점을 고려한다면, 공서칙은 자국의 법질서의 유지를 목적으로 하는 자국의 입장에 의할 수밖에 없는 것이다.

오늘날 사법적 관계가 일반적으로 국가를 단위로 영위되고 있는 현실에서[191] 국제사법상 외국법의 적용을 배제하는 것은 그 적용의 결과가 법정지국이 유지하고자 하는 기본적 법질서를 파괴하기 때문이다. 따라서 외국법적용배제의 기준인 공서는 국가공서일 수밖에 없다. 국제사법의 통일을 위한 헤이그국제사법회의의 여러 협약에서도 공서에 관해서 기본적으로 국가공서의 입장을 취한 것은 이러한 현실적 이유 때문이다. 또한 우리나라 국제사법 제23조가 "대한민국의 선

190) 신창선 · 윤남순(주2), 179면; 윤종진(주10), 155면.
191) 석광현(주4), 177면.

량한 풍속 그 밖의 사회질서"를 규정함으로써 우리나라의 관념에 따라 공서위반 여부를 판단할 것을 요구한 것도 동일한 맥락에서이다. 그럼에도 불구하고, 법정지 법원으로 하여금 공서의 기준을 지나치게 자국의 입장에서 결정하도록 허용해서 외국법 적용의 배척을 널리 인정한다면, 이는 국제사법의 근본정신에 반하는 것으로서 궁극적으로 국제사법의 존재를 무의미하게 할 것이다. 따라서 국제사법에서 공서의 개념은 실질법상의 공서 개념보다 제한적으로 인정되어야 하며,[192] 내국의 공서에 의한 외국법 적용의 배척은 남용되지 않도록 제한적으로 허용되어야 한다.[193]

2. 공서기준의 적용

공서조항은 외국법의 내용을 비난하는 것이 아니다. 왜냐하면 외국법의 내용은 당해 국가의 주권행사의 결과이고, 다른 국가가 간섭할 일이 아니기 때문이다. 즉 공서조항은 외국법을 우리나라에서 준거법으로서 적용한 결과가 우리나라의 공서에 반할 때에 한해 적용되는 것이다. 공서조항이 적용되는지 여부는 구체적으로 외국법적용결과의 이상성(異常性)의 정도와 사안의 내국관련성의 정도 간의 상관관계에서 결정될 것이다.

외국법 규정이 공서에 반하는 내용을 담고 있는 때에는 일반적으로 그 적용결과도 공서에 반할 것이다. 그러나 외국법 규정 자체는 공서에 반하는 내용을 담고 있지만, 그 적용결과는 공서에 반하지 않을 수 있고, 반대로 외국법 규정 자체는 공서에 반하는 내용을 담고 있지 않지만, 그 규정을 구체적 사안에 적용한 결과가 공서에 반할 수도 있다. 먼저 외국법 규정 자체가 공서에 반할 뿐 아니라 그 적용결과도 공서에 반하는 예는 다음과 같다. 즉 일부다처제는 명백히 우리나라의 공서에 반하며 그것을 인정하는 것은 우리나라의 사법적 질서를 해치는 것이

192) Fawcett, Carruthers & North, *supra* note 1, p.140.

193) 예를 들어 1956년 「자에 대한 부양의무에 적용될 준거법에 관한 헤이그협약」(Hague Convention on the Law Applicable to Maintenance Obligations Towards Children)에서 최초로 규정된 이후 헤이그국제사법회의의 많은 협약에서 나타나는 공서조항은 국가적 공서의 입장을 취하는 한편, 외국법 적용 배척은 그 국가의 공서에 "명백히(manifestly)" 반하는 경우에 한한다는 취지의 규정을 두고 있는데 이는 공서를 이유로 한 외국법 적용의 배척의 남용을 억제하기 위한 것으로 이해할 수 있다. 신창선 · 윤남순(주2), 179면.

다. 따라서 일부다처제를 인정하는 국가의 국민이 그 본국법에 따라 본국에서 일부다처혼을 하고 우리나라에 왔거나 또는 우리나라에서 그러한 혼인을 한 경우 등에 그 일부다처혼을 유효한 것으로 할 수는 없다.[194)]

한편 외국법 규정 자체는 공서에 반하는 내용을 담고 있지만, 그 적용결과는 공서에 반하지 않는 예는 다음과 같다. 즉 일부다처제는 명백히 우리나라의 공서에 반하는 제도이지만 그 유효성이 직접 문제가 되지 않는 경우가 있을 수 있다. 예를 들어 본국에서 유효하게 성립된 제2, 제3의 혼인으로부터 출생한 자가 우리나라에서 혼인 중의 출생자로서 부(父)의 유산의 상속을 주장하는 경우에 그 본국법에 의해 그 자(子)를 혼인 중의 출생자로서 인정하는 것을 굳이 우리나라의 공서에 반하는 것으로 볼 필요는 없다. 일부다처혼으로부터 출생한 자를 혼인 중의 출생자로서 인정하는 것은 그 전제가 되는 본국에서 성립한 일부다처혼을 우리나라에서 인정하는 결과가 되기는 하지만, 그것이 곧 우리나라에서 일부다처혼 자체를 인정한 것을 의미하는 것은 아니고 또한 우리나라의 사법적 질서를 현실로 해치는 결과가 나타나는 것도 아니기 때문이다.[195)]

다른 한편 외국법 규정 자체는 공서에 반하는 내용을 담고 있지 않지만, 그 규정을 구체적 사안에 적용한 결과가 공서에 반하는 예는 다음과 같다. 즉 이혼을 금지하는 외국법의 적용 결과의 예가 있을 것이다. 이혼의 금지는 가톨릭교 교리에 기초하는 것으로 오늘날 필리핀이나 아일랜드 등의 국가에서 인정되고 있는 제도이며, 이탈리아나 스페인에 있어서도 비교적 최근까지 인정되었던 제도이다.[196)] 이혼을 금지하는 제도 자체가 우리나라의 공서에 반하는 제도라고 보기는 어려울 것이다. 따라서 필리핀인 남편으로부터 유기된 필리핀인 처가 우리나라에서 이혼을 구하는 경우에 이혼을 허용하지 않는 필리핀법을 적용하여 이혼을 인정하지 않는다 해도 문제의 사안이 우리나라와 밀접한 관련을 갖고 있지 않다는 점에서 특히 우리나라의 공서에 반한다고 볼 것은 아니다. 그러나 필리핀 국적의 남편이 우리나라 국적의 처와 필리핀에 거주하고 있던 중 소재불명이 되었고, 그 후에 처가 국내로 귀국해서 이혼을 구하는 경우에 우리나라 법원이 이혼을 인정하지 않는 필리핀법을 적용하여 처의 이혼청구를 인정하지 않는 것은 그 처의 재

194) 상게서, 182면.
195) 상게서, 183면.
196) 상게서, 183면.

혼 기회를 박탈하는 부당한 결과를 가져오는 것으로 공서에 반한다고 볼 수 있다.

관련판례 서울고등법원 2018.4.13. 선고 2017나2031522

국제사법 제25조 제1항[개정 국제사법 제45조 제1항] 본문은 "계약은 당사자가 명시적 또는 묵시적으로 선택한 법에 의한다"고 규정하고 있는데, 이 사건 약속어음금 청구에 관한 준거법이 베트남 법임에 관하여 당사자 사이에 다툼이 없으므로, 원고의 이 사건 청구에 관한 준거법은 베트남 법이다. 한편, 국제사법 제10조[개정 국제사법 제23조]는 "외국법에 의하여야 하는 경우에 그 규정의 적용이 대한민국의 선량한 풍속 그 밖의 사회질서에 명백히 위반되는 때에는 이를 적용하지 아니한다"고 규정하고 있다. 따라서 원고의 이 사건 청구에 관하여 베트남 법을 적용한 결과가 우리나라의 선량한 풍속 그 밖의 사회질서에 명백히 위반되는 때에는 우리나라 법에 의하여 원고의 이 사건 청구를 기각할 것이다.

피고가 甲으로부터 호텔 카지노로부터 원정도박자에게 제공할 도박 칩을 빌릴 수 있도록 지급보증을 서달라는 부탁을 받고 원고에게 미화 645,160달러, 513,833달러를 지급할 수 있다는 취지의 marker 증서 (instrument) 및 백지로 이 사건 약속어음을 발행하였다. 甲은 이를 이용하여 호텔에 보증금을 입금한 후 소외인 명의의 계좌를 개설하고 이후 그 계좌를 통하여 구입한 카지노 칩을 甲이 유치한 해외 원정도박자에게 제공한 것으로 보이며, 원고가 허가받은 카지노는 관광, 휴양 등을 위하여 원고의 이 사건 호텔에 온 고객들에게 게임 및 오락 목적으로 제공하는 카지노이다. 그렇다면 피고가 이 사건 약속어음을 발행할 당시 원고는 베트남에 있는 이 사건 호텔의 카지노 VIP룸을 甲에게 빌려주고, 甲은 우리나라에서 해외 원정도박자들을 모집한 후 그들로 하여금 위 VIP 룸에서 거액의 도박을 하게 하는 범죄행위를 하였고, 이러한 형태의 영업까지도 베트남 법에 의하여 허가된 것이라고 볼 수 없으므로, 도박자금의 융통을 원인관계로 한 이 사건 약속어음 발행은 우리나라의 선량한 풍속 그 밖의 사회질서에 위반되는 때에 해당하여 무효라고 할 것이다. 따라서 원고의 이 사건 약속어음금 청구는 우리나라의 선량한 풍속 그 밖의 사회질서에 위반되므로 우리나라 법에 의하여 기각할 것이다.

관련판례 대법원 2012.5.24. 선고 2009다22549

일제강점기에 국민징용령에 의하여 강제징용되어 일본국 회사인 미쓰비시중공업 주식회사에서 강제노동에 종사한 우리나라 국민 갑 등이 구 미쓰비시가 해산된 후 새로이 설립된 미쓰비시중공업 주식회사를 상대로 국제법 위반 및 불법행위를 이유로 한 손해배상과 미지급 임금의 지급을 구한 사안에서, 일본법을 적용하게 되면, 갑 등은 구 미쓰비시에 대한 채권을 미쓰비시에 대하여 주장하지 못하게 되는데, 구 미쓰비시가 미쓰비시로 변경되는 과정에서 미쓰비시가 구 미쓰비시의 영업재산, 임원, 종업원을 실질적으로 승계하여 회사의 인적·물적 구성에는 기본적인 변화가 없었음에도, 전후처리 및 배상채무 해결을 위한 일본 국내의 특별한 목적 아래 제정된 기술적 입법에 불과한 회사경리응급조치법과 기업재건정비법 등 일본 국내법을 이유로 구 미쓰비시의 우리나라 국민에 대한 채무가 면탈되는 결과로 되는 것은 우리나라의 공서양속에 비추어 용인할 수 없으므로, 일본법의 적용을 배제하고 당시의 우리나라 법률을 적용하여 보면, 구 미쓰비시가 책임재산이 되는 자산과 영업, 인력을 중일본중공업 주식회사 등에 이전하여 동일한 사업을 계속하였을 뿐만 아니라 미쓰비시 스스로 구 미쓰비시를 미쓰비시 기업 역사의 한 부분으로 인정하고 있는 점 등에 비추어 구 미쓰비시와 미쓰비시는 실질적으로 동일성을 그대로 유지하고 있는 것으로 봄이 타당하여 법적으로는 동일한 회사로 평가하기에 충분하고, 일본국 법률이 정한 바에 따라 구 미쓰비시가 해산되고 중일본중공업 주식회사 등이 설립된 뒤 흡수합병의 과정을 거쳐 미쓰비시로 변경되는 등의 절차를 거쳤다고 하여 달리 볼 것은 아니므로, 갑 등은 구 미쓰비시에 대한 청구권을 미쓰비시에 대하여 행사할 수 있다.

관련판례 대법원 2006.5.26. 선고 2005므884

국제사법 제10조[개정 국제사법 제23조]는 "외국법에 의하여야 하는 경우에 그 규정의 적용이 대한민국의 선량한 풍속 그 밖의 사회질서에 명백히 위반되는 때에는 이를 적용하지 아니한다"라고 규정하고 있는데, 이는 우리나라 법원이 외국적 요소가 있는 소송사건에 대하여 준거법으로 외국법을 적용해야 할 경우에 이로 인하여 우리나라의 선량한 풍속 그 밖의 사회질서에 명백히 위반되는 결과가 발생하는지 여부 등을 심리해야 한다는 것일 뿐이고, 이와는 달리 우리나라 법원이 국내법을 적용함으로 인하여 외국법상의 공서양속에 위반하는 결과가 야기되는지 여부를 심리해야 한다는 취지는 아니다.

관련판례 대법원 2005.11.25. 선고 2002다59528, 59535

영국 협회선박기간보험약관은 그 첫머리에 이 보험은 영국의 법률과 관습에 따른다고 규정하고 있는바, 이러한 영국법 준거약관은 오랜 기간에 걸쳐 해상보험업계의 중심이 되어 온 영국의 법률과 관습에 따라 당사자 사이의 거래관계를 명확하게 하려는 것으로서, 그것이 우리나라의 공익규정 또는 공서양속에 반하는 것이라거나 보험계약자의 이익을 부당하게 침해하는 것이라고 볼 수 없어 유효하다.

관련판례 대법원 1996.3.8. 선고 95다28779

해상보험증권 아래에서 야기되는 일체의 책임문제는 영국의 법률 및 관습에 의하여야 한다는 영국법준거약관은 오랜 기간 동안에 걸쳐 해상보험업계의 중심이 되어 온 영국의 법률과 관습에 따라 당사자간의 거래관계를 명확하게 하려는 것으로서 우리나라의 공익규정 또는 공서양속에 반하는 것이라거나 보험계약자의 이익을 부당하게 침해하는 것이라고 볼 수 없어 유효하므로, 영국법 준거약관이 적용되는 선박보험계약에 있어서 고지의무 위반을 이유로 한 보험계약의 해지에 관하여는 영국해상보험법 제18조, 제17조가 적용되고 같은 법 소정의 고지의무 위반을 이유로 한 보험계약의 해지는 우리 상법 제651조 소정의 그것과는 그 요건과 효과를 달리하고 있어 이에 대하여 상법 제655조의 인과관계에 관한 규정은 적용될 여지가 없다.

관련판례 서울지방법원동부지원 1995.2.10. 선고 93가합19069

징벌적 배상이란 가해자에게 특히 고의 등의 주관적인 악사정이 있는 경우에 보상적 손해배상에 덧붙여 위법행위에 대한 징벌과 동종행위의 억지를 주목적으로 하여 과하여지는 손해배상으로 코먼로(common law)상 인정되고 있는 구제방법의 일종으로서, 불법행위의 효과로 손해의 전보만을 인정하는 우리의 민사법 체계에서 인정되지 아니하는 형벌적 성질을 갖는 배상형태로서 우리나라의 공서양속에 반할 수 있다.

관련판례 서울가정법원 1990.11.28. 선고 89드73468

우리나라 국민인 양자가 미합중국 국민인 양친을 만난 일조차 없고 양친 역시 양자를 전혀 돌보지 아니하는 등 그들 사이에 실질적인 양친자관계가 전혀 존재하지 아니할 뿐 아니라 양자가 그 관계의 청산을 간절히 바라고 있는 이 사건에 있어서 섭외사법 제21조 제2항[국제사법 제70조]에 따른 그들 사이의 파양에 관한 준거법으로서 파양을 인정하지 아니하는 미합중국 테네시주법을 적용하여 양자에게 형식적인 양친자관계의 존속을 강요하는 것은 우리나라의 선량한 민속 기타 사회질서에 위반되는 결과가 되므로 섭외사법 제5조[국제사법 제23조]에 따라 위 법을 적용하지 아니하고 법정지법인 우리나라 법률을 적용함이 상당하다.

관련판례 서울가정법원 1984.2.10. 선고 83드209

부의 본국법인 필리핀공화국의 민법은 이혼을 금지하고 있는 것으로 해석되며 반정도 인정되지 아니하므로 결국 부의 본국법인 필리핀공화국의 법률이 준거법으로 적용되어야 할 것이나 필리핀공화국의 이혼에 관한 위 법제도는 우리의 선량한 풍속이나 사회질서에 위반하는 것이라고 할 수밖에 없어서 본건에서는 우리의 섭외사법 제5조[국제사법 제23조]에 의하여 필리핀공화국의 법률을 적용하지 아니하고 우리의 민법을 적용하기로 한다.

Ⅲ. 내부지향의 경향

법정지 법원은 일반적으로 내국법을 지향하는 경향, 즉 가능하면 외국법이 아니라 내국법을 적용하고자 하는 이른바 내부지향(homeward trend)의 경향을 보인다. 즉 법원이 "의심스러운 경우에는 법정지법에 의한다"는 원칙을 남용하거나, 내부지향적 의도를 갖고 법률관계의 성질을 결정하거나 또는 반정조항 등을 남용하는 경우가 흔한데, 섭외적 사안 또는 법률관계의 합리적 해결이라는 국제사법의 이념에 비추어 볼 때, 이러한 현상이 바람직하지 못하다는 것은 자명하다. 마찬가지로 공서조항도 내국법을 적용하기 위한 방편으로 남용되어서는 안 될 것이므로 법정지 법원은 공서조항의 적용에 있어서 신중할 것이 요청된다.

제 4 절 외국법 적용 배척에 따른 법의 보충

국제사법 제23조는 외국법의 적용이 우리나라의 공서에 반하는 경우에는 이를 적용하지 않는다고 규정하고 있을 뿐, 배척된 외국법을 대체해서 어떤 국가의 법을 준거법으로 적용할 것인지에 관해서는 아무런 규정을 하고 있지 않다. 따라서 국제사법 제23조의 해석과 관련해서 외국법의 적용이 공서위반을 이유로 배척된 때에 문제된 섭외적 사안 또는 법률관계를 어떤 법에 의해서 해결할 것인지의 문제가 발생한다.

I. 외국법 적용의 배척과 내국법의 적용

공서조항이 적용되어서 외국법의 적용이 배척되는 경우에 문제된 섭외적 사안을 목적으로 하는 소는 각하될 것이라는 입장이 있다. 예를 들어 미국의 일부 판례는 내국의 공서(forum's public policy)를 이유로 외국법의 적용이 배척된 경우에 법정지가 문제된 섭외적 분쟁이나 또는 분쟁 당사자와 합리적 관련을 갖지 않는 한, 법정지 법원은 법정지법, 즉 내국법을 적용해서는 안 되고, 문제의 소를 각하할 것이라는 입장이다.[197] 그러나 법정지 법원이 법정지의 공서, 즉 내국의 공서 때문에 외국법의 적용을 배척한 후에 적용 법규의 부재를 이유로 소를 각하하는 것은 분쟁의 공정한 해결이라는 국제민사소송법이나 국제사법의 이념에 비추어 볼 때 정당화될 수 없다. 따라서 법정지 법원으로서는 외국법의 적용을 배척한 때에도 소를 각하하는 것은 허용되지 아니하고, 소를 통해서 제기된 섭외적 분쟁을 판단해야 할 것인바, 이때 어느 국가의 법을 적용할 것인지가 문제된다.

외국법의 적용이 배척된 경우에 어느 국가의 법이 적용될 것인지에 대해서는 외국법으로 보충해야 한다는 입장과 내국법으로 보충해야 한다는 입장이 있다. 외국법보충설은 당해 외국법의 적용만 배척되는 것이지, 그 외국의 법 전체가 배

197) *Loucks v. Standard Oil Co.*, 224 N.Y. 99 (1918); *Home Insurance Co. v. Dick*, 281 U.S. 397 (1930); *Pearson v. Northeast Airlines, Inc.*, 309 F.2d 553 (2d Cir. 1962, cert. denied 372 U.S. 912 (1963); Restatement, Second, Conflict of Laws §90, comment (a) (1971).

척되는 것은 아니므로 외국법의 흠결에 준해서 가능한 한 그 외국의 법에서 적용할 법규를 찾아야 한다고 주장한다. 반면에 내국법보충설은 외국법 적용의 배척은 법정지, 즉 내국의 공서를 위한 것이기 때문에 그 배제의 결과로 생긴 공백은 내국법, 즉 법정지법에 의해서 보충되어야 할 것이라고 주장한다.

특정 외국법의 적용을 공서를 이유로 배척하는 것은 곧 그 배척된 범위 내에서 내국의 공서에 관한 법을 적용한다는 것을 의미하는 것으로 보아야 할 것이기 때문에 내국법보충설이 주장하는 바와 같이, 외국법의 적용이 공서를 이유로 배척된 때에는 내국법이 이를 보충해야 한다.[198]

주의할 점은 외국법보충설이나 내국법보충설 모두 이른바 국가적 공서론의 입장에 선 주장들이라는 것이다. 외국법 적용의 배척 여부를 판단하는 데 있어서 사용되는 기준이 국가공서가 아닌 보편공서이어야 한다는 보편적 공서론은 이른바 보충적 연결설을 주장하는바, 이 설은 외국법 적용의 배척은 그 외국법이 내국의 사법적 질서에 반하는 경우에 배척되는 것이 아니라 보편적인 사법적 질서에 반하는 경우에 문제되는 것이기 때문에 외국법 적용이 배척된 경우에는 내국법을 적용할 것이 아니라, 배척된 준거법 다음으로 그 법률관계와 밀접한 관련을 갖는 다른 준거법에 의하여야 한다고 주장한다.[199]

관련판례 대법원 2012.5.24. 선고 2009다22549

우리나라의 저촉규범에 따라 준거법으로 지정된 일본법을 적용한 결과가 우리나라의 공서양속에 위반되면 일본법의 적용을 배제하고, 법정지인 우리나라의 법률을 적용하여야 한다.

II. 내국법적용의 범위

외국법 적용이 배척되는 결과로서 내국법이 적용되는 경우에 내국법의 적용은 외국법 적용이 배척되는 범위에 국한되어야 한다. 채권의 소멸시효를 예로 든다면, 일반적으로 채권의 소멸시효를 인정하지 않는 외국법의 적용은 일반적으로

198) 신창선 · 윤남순(주2), 186면; 윤종진(주10), 157면.
199) 보충적 연결설에 관한 상세한 설명은 신창선 · 윤남순(주2), 188면 참조.

공서에 반하는 것으로 이해되고 있다.[200] 즉 어떤 사실상태가 오랫동안 계속된 경우에 그 사실을 존중하여 채권관계를 안정시키고 또한 증거보전의 곤란성을 구제하고자 하는 것이 시효제도의 목적이기 때문에[201] 무시효제도(無時效制度)의 원칙하에서 오랜 시간이 경과한 후에 청구를 인정하는 것은 시효제도를 인정하는 국가의 공서에 반한다는 것이다. 그러나 적용되는 외국법이 채권의 소멸시효 자체를 인정하지 않는 게 아니라 특정한 종류의 채권에 대해서만 이를 인정하지 않는 때에는 이를 그 자체 공서에 반하는 것으로 볼 수는 없다. 따라서 소멸시효는 인정되지만, 인정되는 기간이 다르거나 또는 일부 형태의 채권에 대해서만 소멸시효를 인정하지 않는 등의 경우에는 애초에 준거법으로 지정된 외국법 소멸시효에 관한 일반규정이 적용되어야 한다.[202]

제 5 절 공서조항과 예외조항

공서조항은 국제사법에 의하여 준거법으로 지정된 법의 적용이 법정지 또는 내국의 공서에 반하는 경우에 그 적용을 배척할 것을 정한 규정이다. 반면에 국제사법 제21조의 예외조항 또는 회피조항은 국제사법에 의하여 원칙적으로 지정된 법보다 문제의 법률관계에 보다 더 밀접한 관련을 갖는 법이 있는 경우에는 원칙적으로 정해지는 준거법을 배제하고 그 법에 의할 것을 정하는 규정이다.

공서조항이나 예외조항 모두 준거법을 예외적으로 적용하지 않는 경우를 규정하고 있지만, 공서조항이 준거실질법의 적용결과를 기준으로 적용 여부를 결정

200) 신창선 · 윤남순(주2), 186면; 윤종진(주10), 157면.
201) 김형배 · 김규완 · 김명숙, 『민법학강의[제15판]』(신조사, 2016), 355면.
202) 예를 들어 어떤 국가에서 일반적인 채권에 대해서는 30년의 소멸시효기간을 인정하지만 특정한 종류의 채권에 대해서는 소멸시효를 전혀 인정하지 않는다고 할 때, 이 특정 채권에 대한 시효의 불인정이 우리나라 국제사법상 공서에 반하는 것으로서 그 적용이 배척되는 때에 적용되는 법규는 그 외국의 일반 채권에 대한 30년의 소멸시효기간이지, 우리나라 민법 제162조 제1항이 정하고 있는 10년의 소멸시효기간은 아니다. 이처럼 적용이 배척되는 것이 외국법 중에서 예외규정 또는 특별규정인 경우에는 그를 대신하여 일반규정이 적용되어야 한다. 신창선 · 윤남순(주2), 187면.

하는 데 반하여 예외조항은 준거법의 내용이나 그 적용결과와는 상관없이 법률관계와 준거법 간의 관련의 정도를 기준으로 한다는 점에서 구별된다. 공서조항이나 예외조항의 적용에 있어서 주의할 점은 어느 경우에나 원칙적 준거법의 적용을 배제하는 것이기 때문에 제한적으로 인정되어야 한다는 것이다.

제10장

법률회피

제1절 서 설

법률회피는 당사자가 원래 적용되어야 할 국가의 법의 적용을 회피하기 위하여 고의로 국적이나 일상거소 또는 행위지 등의 연결점을 변경함으로써 자기에게 유리한 국가의 법을 준거법으로 하려는 행위이다. 이혼을 목적으로 완화된 이혼요건을 두고 있는 국가의 법이 준거법으로 지정될 수 있도록 국적이나 일상거소를 변경하는 경우가 그 예이다. 이러한 법률회피는 이혼뿐 아니라 혼인이나 법인의 설립 등의 경우에서도 흔히 나타난다. 또한 예외적으로 유언 등 법률행위의 방식의 편의를 위해서 연결점의 변경이 시도되기도 한다.

법률회피는 기본적으로 당사자가 준거법소속국의 강행규정의 적용을 회피하거나 또는 자기에게 불리한 법의 적용을 회피하기 위한 목적에서 이루어지는 것인바, 국제사법의 입장에서 이에 대한 효력을 인정할 것인지 여부가 문제된다.

한편 법률회피와 구별되는 개념으로 이른바 부진정(不眞正) 법률회피가 있다. 부진정 법률회피는 법률회피의 경우와는 달리 연결점을 변경하는 것이 아니라, 당사자가 자기에게 가장 유리한 법을 준거법으로 지정하는 국가에서 소송을 제기하는 행위, 즉 이른바 법정지쇼핑(forum shopping)이다.

제 2 절 법률회피의 효력

법률회피의 효력에 관해서 무효설은 법률회피가 법질서의 안정을 해친다는 점과 법률회피가 갖는 기망적 측면을 용인하는 것은 정의관념에 반한다는 점 등을 들어 법률회피에 대해서는 효력을 인정해서는 안 된다고 주장하는 반면에[203] 유효설은 법률회피에 기망적 의사가 있었는지 여부를 확인하는 것이 거의 불가능하다는 점과 국제사법에서 준거법의 지정은 객관적 기준의 적용을 통해서 이루어지는데, 이때 당사자의 내심의 의사를 고려할 이유가 없다는 점 등을 들어 법률회피에 대해서 효력을 인정해야 한다고 주장한다.

연결점을 변경하는 행위가 법률회피가 되는지 여부는 결국 당사자에게 법률회피의 의사가 있었는지 여부에 좌우되는데, 그의 내심의 의사를 정확히 파악한다는 것은 불가능하다. 또한 법률회피의사를 수반하지 않는 연결점의 변경에 대해서는 효력을 인정하지 않을 이유가 없는데, 그렇다면 연결점을 변경하는 데 법률회피의사가 있다고 해서 이를 금지하는 것이 국제사법상 어떤 이익을 제고하는지가 분명하지 않다. 뿐만 아니라 법률회피를 무효로 보려는 입장은 다분히 내국법중심의 사고에 기초하고 있다. 즉 일반적으로 법률회피는 내국법의 적용을 회피하기 위한 수단으로 행해지는데, 이때 법률회피를 무효로 하려는 입장은 내국법의 적용이 방해되어서는 안 된다는 편견을 반영하는 것이다.[204] 이러한 점을 고려할 때, 연결점의 변경이 있었다고 할지라도 연결점의 객관적 연결을 통해서 준거법의 결정이 이루어지는 한, 연결점의 변경에 법률회피의사가 있었는지 여부를 묻지 않고 그 효력을 인정하는 것이 타당하다.

---

203) 윤종진(주10), 114면. 예를 들어 1974년 스페인 민법 제12조 제4항은 "스페인의 강행법을 면탈할 목적에 의한 저촉규칙의 이용은 법률회피로 간주된다"고 규정하고 있고, 1966년 포르투갈 민법 제21조도 "저촉규칙의 적용에 있어서 다른 경우였더라면 관할을 갖는 법률의 적용을 회피할 사기적 의도에 의해 창설된 사실상태 또는 법률상태는 고려하지 아니한다"고 규정하고 있다. 신창선 · 윤남순(주2), 117면.

204) 신창선 · 윤남순(주2), 117면.

제 3 절 법률회피와 법정지쇼핑

법률회피와 유사하지만 구별되는 것이 이른바 법정지쇼핑(forum shopping)이다. 법률회피가 연결점의 변경 등을 통하여 법정지의 국제사법을 이용하여 자기에게 유리한 준거법의 적용을 받도록 하는 것인 데 반하여, 법정지쇼핑은 각국의 국제사법의 내용이 서로 다른 것을 이용하여 자기에게 유리한 준거법을 정한 국제사법이 적용되도록 하기 위하여 그러한 국제사법 규정을 가진 국가에서 소송을 제기하는 것을 말한다. 이를 부진정 법률회피라고도 한다.

당사자가 자기가 원하는 국가에서 소송을 제기하는 것은 그 국가가 재판관할권을 갖는 한, 이를 막을 이유는 없다고 할 것이기 때문에 법정지쇼핑은 유무효의 측면에서 논의되기보다는 소송이 제기된 국가, 즉 법정지의 법원이 그 국가에서 소송이 진행되는 것이 피고에게 과도한 불편을 야기한다는 이유로 재판관할권을 포기할 수 있는지 여부, 즉 비편의법정원칙(forum non conveniens)과 관련해서 주로 논의된다.

법정지쇼핑은 각국의 국제사법이 통일되면 소멸하지만, 법률회피의 문제는 국제사법이 통일되어도 발생하는 문제이다.

제 4 절 법률회피와 편의치적

자국에 선박등기를 유치하기 위해서 등록세 등의 조세부담을 경감하거나 선박노동규제라든가 선박안전규제를 완화하는 국가에[205] 선적을 두고 있는 선박을 '편의치적선'이라 하며, 그와 같은 선적을 '편의치적'(flag of convenience)이라고 한다.

편의치적의 문제도 일종의 법률회피의 문제이나, 세법 기타 공법상의 문제로서 그 자체는 국제사법상의 문제는 아니다. 그러나 국제사법 제94조 내지 제96조에서 규정하고 있는 바와 같이 선박에 관하여는 선적국법, 즉 기국법(law of flag)

---

205) 예를 들어 리베리아, 파나마 및 오만 등.

에 의한 경우가 많은데, 이때 이와 같은 편의치적을 기국법의 결정기준으로 할 것인지의 문제가 발생한다. 이 문제는 국제사법 제21조에 따라 선적국법 대신에 가장 밀접한 관련이 있는 국가의 법을 준거법으로 선택하는 방법으로 해결할 수 있다.

제 5 절 법률회피와 조세회피

조세가 전혀 부과되지 않거나 또는 부과되어도 세율이 현저하게 낮아 국제적 조세회피에 이용되는 국가 또는 지역을 조세피난처(tax haven)라고 한다. 우리나라에서는 경과세국(輕課稅國)이라든가 또는 조세회피국, 조세피난국, 조세오아시스국 등으로도 불리운다. 조세피난처를 이용한 국제적 조세회피(tax evasion)는 내국의 모회사가 조세피난처 지역에 자회사를 설립하고, 수출입 시에 서류상 그곳을 통하는 것으로 하여 이익을 자회사에 유보시킴으로써 내국세법에 의한 과세를 회피하는 등의 방법으로 많이 행하여지고 있다.[206)]

조세회피는 일종의 법률회피이지만, 공법인 세법상의 문제이며 국제사법상의 문제는 아니다. 따라서 이 문제는 세법 등 공법의 규제에 속하는 문제로서 각국은 조세회피행위에 대처하는 세제를 도입하여 조세피난처 지역에 설립된 자회사의 유보소득의 일정 부분을 과세대상으로 하고 이를 모회사의 소득에 합산하여 과세하고 있다.

206) 조세피난처는 파나마, 리베리아, 홍콩 등 전 세계에 30여 개 국이 있는 것으로 알려지고 있는데, 소규모의 국가가 대부분이어서 국가에 따라서는 자연인의 수보다도 법인의 수가 많은 경우도 있다고 한다. 신창선 · 윤남순(주2), 119면.

제11장

준거법 적용에서 발생하는 문제

제 1 절 법규의 중첩 및 흠결

I. 의 의

단일한 섭외적 사안이 복수의 법률관계로 분해되어서 그 각각에 대하여 다른 준거법이 지정될 수 있는 경우가 있는가 하면, 문제의 섭외적 사안에 적용될 준거법이 존재하지 않는 예외적인 경우도 있다. 전자의 경우를 법규의 중첩이라고 한다면, 후자의 경우는 법규의 흠결이라고 할 수 있다.[207] 이처럼 법규의 중첩 또는

---

207) 법규의 중첩과 흠결을 구체적 예를 들어서 살펴본다면, 배우자 일방이 사망한 경우에 A국법에 의하면 부부재산제에 따라서 생존 배우자는 부부공유로 되어 있는 부부재산의 일부를 분배받지만, 유산은 상속받지 못한다. 반면에 B국법은 생존 배우자에게 유산에 대한 상속권을 인정한다. 이러한 경우에 우리나라 국제사법에 의하면 부부재산제에 대하여는 부부의 동일한 본국법, 부부의 동일한 일상거소지법 또는 부부와 가장 밀접한 관련이 있는 곳의 법 순으로 적용되며(국제사법 제65조 제1항 및 제64조), 재산상속에 대하여는 사망 당시 피상속인의 본국법(국제사법 제77조 제1항)이 적용된다.
예를 들어 혼인 당시에는 A국 국적을 갖고 있었으나 후에 B국 국적을 취득하여 사망 당시에는 B국 국적인 남편이 사망하여 A국 국적의 처의 재산권취득에 관한 문제가 우리나라 법정에서 발생하였고, 이 부부가 A국에 일상거소를 두고 있었다고 가정할 때(다만 이 경우에 우리나라 법원은 국제사법 제2조에 따른 "분쟁이나 사안이 우리나라와 실질적 관련"을 갖지 않기 때문에 근본적으로 국제재판관할권을 갖지 않는다고 보아야 할 것이다), 이 경우에 국제사법 제65조 제1항 및 제64조에 의하면 부부의 동일한 본국법이 없으므로 부부의 동일한 일상거소지법인 A국의 부부재산제법에 따라서 처는 부부재산의 일부를 분배받게 되고, 또한 제77조에 따라 B국 상속법에 의하여 상속도 받을 수 있다고 할 것인바, 이른

흠결이 발생한 경우에 이를 해결하는 방안을 모색하는 과정이 준거법의 적응 또는 조정이다.

준거법의 적응은 기본적으로 적용될 수 있는 준거법이 복수로 존재하는 경우에 이를 어떻게 해결할 것인지를 탐색한다는 점에서 문제의 섭외적 사안이 복수의 법률관계로 해석될 수 있는 경우에 이를 어떻게 해결할 것인지를 모색하는 과정인 법률관계의 성질 결정과 유사하다. 그러나 법률관계의 성질 결정이 준거법을 지정하기 위한 전 단계로서 이루어지는 반면에 준거법의 적응은 복수로 지정된 준거법 중에서 실제로 적용할 준거법을 지정하는 과정이라는 점에서 양자 간에는 차이가 있다.

II. 해결방법

적용가능한 복수의 준거법이 존재하는 경우에 이를 해결하기 위한 방법으로는 이른바 국제사법적 방법과 실질법적 방법이 있다.

국제사법적 방법은 국제사법의 취지에 비추어 법규의 중첩의 경우에는 문제된 섭외적 사안이 담고 있는 각 법률관계의 성질을 고려하여서 각 법률관계에 적용되는 국제사법 규정의 적용범위를 수정하는 방법으로, 그리고 법규의 흠결의 경우에는 유추적용될 수 있는 국제사법 규정을 찾는 등의 방법으로 복수의 준거법이 지정되거나 또는 적용될 준거법이 발견되지 않는 경우를 예방하는 방법이다. 이 방법은 사전적 해결을 시도한다는 점에서 예방적 해결방법으로 불린다.

반면에 실질법적 방법은 적용가능한 복수의 준거법으로 지정된 실질법의 내용을 비교해서 문제의 섭외적 사안의 해결에 보다 타당하다고 생각되는 준거법을 선택하는 방법이다. 이 방법은 사후적 해결을 도모한다는 점에서 치료적 해결방

바 법규의 중첩이 발생한다.

반면에 남편이 혼인 당시에는 B국 국적을 갖고 있었으나 사망 당시에는 A국 국적을 갖고 있었고, 그 처는 혼인 당시에는 A국 국적이었으나, 남편의 사망 당시에는 B국 국적을 갖고 있었고, 그들의 일상거소가 B국에 있었다고 가정할 때, 이 경우에는 국제사법 제65조 제1항 및 제64조에 의거할 때 공동의 본국법이 없으므로 공동의 일상거소지법인 B국법이 적용되는 결과, 처는 부부재산의 분배를 받지 못하고, 또한 사망 당시에 남편의 본국법인 A국법은 상속을 인정하지 않으므로 국제사법 제77조 제1항에 의한 상속도 받지 못한다고 할 것인바, 이른바 법규의 흠결이 발생한다. 신창선 · 윤남순(주2), 121면.

법으로 불린다. 이 실질법적 방법은 법규의 중첩의 경우에만 사용될 수 있고, 법규의 흠결의 경우에는 도움이 되지 않는다.

실질법의 내용을 비교해서 타당한 결과를 추구하는 것은 법정지 법원에 지나치게 부담을 주고, 또한 법정지 법원에게 지나친 재량을 부여한다는 점에서 바람직한 해결방법이라고 할 수 없으므로 준거법의 적응에 있어서 국제사법적 방법이 보다 우수하다. 한편 문제된 섭외적 사안이 담고 있는 각 법률관계의 성질을 고려하여서 각 법률관계에 적용되는 국제사법 규정의 적용범위를 수정할 때 당사자의 이익을 비교형량해서 보다 강한 이익을 우선하는 이른바 최소무리(저항)의 원칙이 사용될 수 있다.[208] 이러한 해결방법은 법률관계의 성질을 결정하는 과정의 일부로서 시도될 수 있을 것이다.

제 2 절 법률관계의 대체

대체(substitution) 또는 대용은 본문제의 준거법과 선결문제의 준거법 간의 관계에서 발생하는 모순이나 부조화를 조정하는 방법이다. 예를 들어 우리나라는 양자에게 상속권을 인정하고 있지만, 개정전 스페인법은 양자에게 상속권을 인정하지 않았는바, 양자에게 상속을 인정할 것인지를 내용으로 하는 섭외적 사안이 발생하였다고 할 때, 상속의 준거법은 우리나라 민법이지만, 선결문제인 양자관계의 성립 여부를 규율하는 법은 스페인법이라고 한다면, 양자에게 상속권을 인정하는 본문제의 준거법과 양자에게 상속권을 인정하지 않는 선결문제의 준거법 간에 부조화가 존재한다. 즉 선결문제의 준거법인 스페인법에 따라 유효하게 성립한 입양을 통해서 양자가 된 자가 본문제의 준거법인 우리나라 민법에 따라 상속권을 갖는지의 문제가 발생하는데, 이러한 부조화를 해결하는 방법이 대체인 것이다.

위의 경우에 선결문제의 준거법, 즉 입양의 준거법에 의하면 상속권이 인정되지 않음에도 불구하고, 본문제의 준거법, 즉 상속의 준거법에 의하여 상속권을

208) 상게서, 122면; 윤종진(주10), 170면.

인정한다면, 이는 상속의 준거법소속국의 상속제도가 갖는 취지나 입양의 준거법소속국의 입양제도가 갖는 취지에 반하는 결과를 초래할 수 있기 때문에 이 문제의 합리적 해결은 중요한 의미를 갖는다.

이러한 경우에 현실적으로 가능한 해결방법은 선결문제로 된 법률관계가 본문제의 준거법에서 동일한 법률관계로 대체될 수 있는지를 확인하는 방법으로 모색되어야 한다. 즉 위의 예에서 그러한 대체가 가능한 때에는 양자에게 상속권을 인정하는 데 별문제가 없을 것이지만, 본문제의 준거법인 상속의 준거법에서 양자의 개념보다 선결문제의 준거법인 입양의 준거법에서 양자의 개념이 넓거나 또는 양자가 서로 다른 취지를 갖는 등의 경우에는[209] 상속권을 인정하지 않는 방향으로 해결하는 것이 상속의 준거법소속국의 상속제도가 갖는 취지나 입양의 준거법소속국의 입양제도가 갖는 취지를 고려할 때 오히려 타당하다.

제 3 절 준거법의 변경에 따른 권리나 신분의 내용의 치환

치환(transposition) 또는 전치는 계속적 법률관계에서 준거법이 변경되는 경우에 구준거법에 의하여 발생한 권리나 신분의 내용이 신준거법상의 권리나 신분의 내용으로 치환되는 것을 의미한다. 예를 들어 국제사법 제33조는 물권에 관하여 목적물의 소재지법을 준거법으로 하고 있는바, 물건의 소재지가 변경된 경우에 그 물건에 적용될 준거법의 변경이 있게 되고, 그 물건에 대한 물권은 새로운 소재지법상의 동등의 권리로 치환된다. 마찬가지로 국제사법 제64조는 혼인의 효력에 관해서 부부의 동일한 본국법에 의하도록 하고 있는바, 부부가 그 국적을 변경한 때에는 그 부부의 혼인관계는 새로운 본국법에 따라 그 효력이 정해지는 것이다.

치환에서 주로 논의되는 문제는 이전의 준거법상의 권리나 신분이 새로운 준

209) 우리나라는 양자에게 혼인 중의 출생자로서의 신분을 부여하고 있기 때문에 당연히 혼인 중의 출생자와 마찬가지로 양자에게는 상속권이 인정된다. 그러나 일부 국가는 아동복지 차원에서 양자제도를 실시하고 있어서 양친자 간에 감호교육의 관계는 인정하지만, 상속관계는 인정하지 않는다.

거법상의 권리나 신분과 어느 정도로 유사해야 치환이 허용될 것인지의 문제이다. 일반적으로 외국에서 성립된 권리나 신분이 내국법에 반해서 행사되거나 인정될 수는 없다고 할 것이므로 특정한 권리나 신분에 인정하는 보호나 내용이 구준거법의 경우보다 신준거법의 경우에서 보다 강력하거나 넓을 때에는 그 한도에서 치환은 인정되지 않는다.[210)]

제 4 절 외국 실체법과 내국 절차법의 부조화

섭외적 사안을 해결함에 있어서 실체법적 문제가 아닌 절차법적 문제에 대해서는 따로 적용될 준거법을 찾지 아니하고, 바로 법정지의 절차법이 적용된다. 그러나 법정지의 절차법은 법정지의 실체법의 적용을 상정하고 제정되었기 때문에 외국의 실체법을 적용하는 경우에 그 적용절차를 규율하기에 적당하지 않을 수가 있다. 예를 들어 미국의 많은 주에서는 별거를 인정하고 있는데, 이들 주법이 준거법으로 지정된 경우에 별거를 인정하고 있지 않은 우리나라 법원이 그 준거법에 따라서 별거판결을 내릴 수 있는지의 문제가 발생하는 것이다.

절차법은 일반적으로 절차상의 공정성을 담보하는 취지를 갖기 때문에 대체로 강행규정이고, 또한 법정지의 공서와 밀접한 관련을 갖기 때문에 외국의 실체법에 효력을 부여하기 위해서 그 내용이 변경되는 것은 일반적으로 허용되지 않는다. 따라서 위의 예에서 미국 주법이 별거를 인정하고 있다고 해서 우리나라 법원이 일반적으로 별거판결을 내릴 수 있다고 할 수는 없을 것이다.[211)] 실제로 미국의 국제사법 관련 판례는 비편의법정원칙이나 공서 등에 근거해서 문제의 섭외적 분쟁에 적용될 절차법적 규정이 없는 경우에 법원은 재판관할권을 행사해서는 안 된다는 입장이다.[212)] 그러나 일반적으로 절차법은 실체법상의 권리를 실현하

---

210) 신창선 · 윤남순(주2), 124면; 윤종진(주10), 172면.

211) 이 경우에 우리나라의 절차를 별거를 인정하는 외국법에 적응해야 할 필요가 있다는 주장에 관해서는 신창선 · 윤남순(주2), 124면 참조.

212) *Slater v. Mexican National Railroad*, 194 U.S. 120 (1904); Restatement, Second, Conflict of Laws §95, comment (b) (1971).

는 데 그 목적이 있는 것이라는 점을 고려한다면, 가능한 준거법에 의해 인정되는 권리의 실현을 위해 필요한 경우에는 법정지의 절차법을 수정해서 적용하는 것도 허용될 수 있을 것이다.

제 5 절 총괄준거법과 개별준거법의 부조화

총괄준거법과 개별준거법이 충돌하는 경우에도 준거법을 조정해야 하는 문제가 발생한다. 예를 들어 부부재산제의 준거법과 개별재산의 준거법이 서로 그 규율내용을 달리하고 있어서 부부재산제의 준거법에 의하면 인정되는 권리가 개별재산의 준거법에 의하면 인정되지 않는 경우에 당해 권리를 인정할 것인지의 문제가 발생하는 것이다.

개별준거법은 총괄준거법을 깨뜨린다는 원칙이 국제사법상 일반원칙으로서 인정되고 있기 때문에 위의 예에서 부부재산제의 준거법이 어떤 물건을 부부재산으로 인정한다고 할지라도, 그 물건의 준거법이 그 물건을 부부재산으로 인정하지 않는 때에는 그 물건은 부부재산으로서 인정되지 않는다.

제 3 편

국제사법 각칙

제1장 서 론

국제사법은 제1장 총칙 제2절에서 국게재판관할에 관한 일반규정을 둔 후에 제3절에서 예외조항, 반정, 공서조항 등 준거법의 확정에서 보완적 역할을 하는 규정들을 비독립적 저촉규정의 형태로 두고 있다.

국제사법 각칙은 제2장 사람, 제3장 법률행위, 제4장 물권, 제5장 지식재산권, 제6장 채권, 제7장 친족, 제8장 상속, 제9장 어음 · 수표, 제10장 해상 등으로 구성되어 있는바, 제3장과 제4장을 제외하고 제1절 국제재판관할에서 특별관할에 관하여 규정하고, 제2절 준거법에서는 대체로 민법의 체제를 따르면서 상사와 관련한 준거법지정규정들을 독립적 저촉규정의 형태로 두고 있다.

제2장

사 람

제 1 절 국제재판관할

1. 실종선고 등 사건의 관할

(1) 일반원칙

실종선고는 부재자의 생사가 불명한 상태가 일정기간 동안 계속되는 경우에 그 자의 신분관계와 재산관계를 정리하기 위하여 부재자를 사망한 것으로 추정 또는 간주하는 법원 또는 공적 기관의 선고이다(민법 제27조).[1]

우선 실종선고의 원칙적 재판관할에 관해서 주소지(일상거소지)설은 실종선고의 원칙적 재판관할은 부재자의 최후의 주소지(일상거소지)국에 있다는 입장이다. 이 설은 실종선고제도는 부재자 본인의 이익을 위한 것이 아니라 부재자의 채권자, 배우자 또는 상속인 등의 이익을 보호하기 위한 취지를 갖는 것이므로 부재자의 생활근거지였던 주소지(일상거소지)국이 관할을 갖는 것이 타당하다는 데 근거한다. 한편 본국설은 실종선고의 원칙적 관할은 부재자의 본국에 있다는 입장이다. 이 설은 실종선고제도는 부재자의 신분 및 재산관계와 관련해서 사망에 준하는 법률효과를 발생시킨다는 데 근거한다. 실종선고는 근본적으로 권리능력의 소멸을 그 내용으로 하는 것이므로 실종선고의 원칙적 관할은 부재자의 본국에 있다고 보는 것이 타당하다.

1) 김형배 · 김규완 · 김명숙, 『민법학 강의[제15판]』(신조사, 2016), 111면.

(2) 국제사법 규정

1) 실종선고에 관한 사건의 관할

앞에서 설명한 것처럼, 실종선고는 권리능력의 소멸에 관한 문제이므로 원칙적으로 당사자의 본국법에 의하는 것이 타당하다. 그러나 본국에서 실종선고가 이루어지지 않거나 또는 본국이 그러한 제도를 두고 있지 않은 때에는 외국인의 생사가 분명하지 아니한 상태에서 우리나라에 소재하는 그의 재산의 처리가 불가능하거나 우리나라 법에 의해야 할 법률관계가 확정되지 못하는 경우가 발생한다. 따라서 이러한 경우에는 예외적으로 우리나라 법원에 재판관할이 인정되어 그의 재산의 처리나 법률관계의 확정이 가능하도록 해야 할 것이다.

이러한 사정을 고려하여 실종선고에 관한 사건에 대해서 국제사법 제24조 제1항은 ① 부재자가 대한민국 국민인 경우, ② 부재자의 마지막 일상거소가 대한민국에 있는 경우, ③ 부재자의 재산이 대한민국에 있거나 대한민국 법에 따라야 하는 법률관계가 있는 경우 (다만, 그 재산 및 법률관계에 관한 부분으로 한정한다) 또는 ④ 그 밖에 정당한 사유가 있는 경우에 대한민국 법원에 국제재판관할을 인정한다.

국제사법 제24조가 "실종선고에 관한 소"라는 문언 대신 "실종선고에 관한 사건"이라는 문언을 사용한 것은 우리나라에서 실종선고는 비송사건이기 때문이다.

① 부재자가 우리나라 국민인 경우

국제사법은 개정을 통해 부재자가 대한민국 국민인 경우 대한민국 법원에 국제재판관할이 있다고 함으로써 개정 전 해석을 통해 인정되어 온 부재자의 원칙적 재판관할을 명시적으로 규정하였다.

② 부재자의 마지막 일상거소가 우리나라에 있는 경우

또한 국제사법은 개정을 통해 부재자의 마지막 일상거소가 대한민국에 있는 경우에도 대한민국 법원에 특별재판관할을 인정하였다. 즉 부재자가 실종되기 직전까지 우리나라에 일상거소를 두고 생활을 영위하고 있었다면, 당연히 그와 관련한 법률관계가 우리나라에서 발생할 것이고, 이들 법률관계를 대한민국 법원이 다룰 수 있어야 한다는 것은 국제재판관할 원칙상 당연한 요청일 것이므로 그의 실종선고에 관한 사건에 대해서 우리나라 법원에 국제재판관할을 인정한 것이다.

③ 부재자의 재산이 우리나라에 있거나 우리나라 법에 따라야 하는 법률관계가 있는 경우

제24조 제1항 제3호에서 재산은 물권, 채권 및 지식재산권을 포함하는 바, 물권의 경우에는 물권의 목적인 동산이나 부동산이 우리나라에 있는 경우를 의미하고, 채권의 경우에는 채무의 이행장소가 우리나라인 까닭에 우리나라에서 그 권리를 행사할 수 있거나 또는 우리나라에서 재판상 청구를 할 수 있는 경우를 의미하며, 지식재산권의 경우에는 문제의 지식재산권이 우리나라에서 등록되거나 또는 발행되어서 우리나라에서 그 권리를 행사할 수 있거나 또는 보호받을 수 있는 경우를 의미한다. 이때 인정되는 재판관할은 부재자의 재산에 관한 부분으로 제한된다.

한편 우리나라 법에 따라야 하는 법률관계가 있는 경우는 문제의 법률관계에 우리나라 법이 준거법으로서 적용되는 경우를 의미한다. 실종된 외국인이 당사자인 매매계약의 경우에 그 매매계약에 적용될 법이 우리나라 법인 경우가 그러한 예가 될 것이다. 마찬가지로 이때 인정되는 재판관할은 문제의 법률관계에 관한 부분으로 제한된다.

④ 그 밖에 정당한 사유가 있는 경우

"그 밖에 정당한 사유가 있는 경우"는 외국인 부재자의 재산이 우리나라에 없거나 또는 우리나라 법에 의하여야 하는 법률관계가 존재하지 않는 때에도 경우에 따라서는 형평의 요청 또는 법률관계의 확정의 필요 등의 이유로 우리나라 법원이 실종선고를 해야 할 필요가 있는 경우에 대비한 규정이다. 예를 들어 외국인 부재자의 처가 우리나라에 일상거소를 두고 있는 경우에는 비록 부재자가 우리나라에 재산을 갖고 있지 않거나 또는 우리나라 법에 의하여야 하는 법률관계가 없다고 할지라도 혼인관계의 해소 등 법률관계의 확정을 위하여는 처의 생활의 중심지인 우리나라에서 남편인 부재자에 대하여 실종선고를 할 필요가 있다고 할 것인데,[2] 이러한 경우에 이 규정에 따라 우리나라 법원은 필요한 실종선고를 할 수 있을 것이다.

---

2) 석광현, 『국제사법 해설』(박영사, 2013), 191면.

2) 부재자의 재산관리에 관한 사건의 관할

국제사법 제24조 제2항은 부재자 재산관리에 관한 사건에 대해서는 부재자의 마지막 일상거소 또는 재산이 우리나라에 있는 경우에 한해서 대한민국 법원에 국제재판관할을 인정한다.

3) 합의관할 및 변론관할의 불허

국제사법 제13조는 제24조가 적용되는 실종선고 등의 사건에 대해서는 합의관할이나 변론관할을 인정하지 않는다.

2. 사원 등에 대한 소의 관할

우리나라 민사소송법은 제15조 내지 제17조에서 사원 등에 대한 특별재판적을 두고 있는바, 국제사법은 개정을 통해 이들 특별재판적에 상응하는 국제재판관할 규칙을 제25조에 두었다.

국제사법 제25조는 제3조 제3항에 따라 일정한 법인이나 단체에 대해서 우리나라 법원에 일반관할이 인정되는 경우에 그 법인이나 단체의 내부관계에 기한 소에 대해서 대한민국 법원에 특별재판관할을 인정한다. 즉 ① 그 법인 또는 단체가 그 사원 또는 사원이었던 사람에 대하여 소를 제기하는 경우로서 그 소가 사원의 자격으로 말미암은 것인 경우(민사소송법 제15조 제1항 참조), ② 그 법인 또는 단체의 사원이 다른 사원 또는 사원이었던 사람에 대하여 소를 제기하는 경우로서 그 소가 사원의 자격으로 말미암은 것인 경우(민사소송법 제15조 제1항 참조) 또는 ③ 그 법인 또는 단체의 사원이었던 사람이 법인·단체의 사원에 대하여 소를 제기하는(민사소송법 제17조 참조) 경우로서 그 소가 사원의 자격으로 말미암은 것인 경우에는 이들 각 소에 대해서 대한민국 법원에 국제재판관할을 인정한다.

제 2 절 자연인의 준거법

I. 권리능력의 준거법

권리능력은 일반적 권리능력과 개별적 권리능력으로 구분된다. 일반적 권리능력은 모든 권리와 의무의 주체가 될 수 있는 일반적 또는 추상적 지위나 자격이다.[3] 개별적 권리능력은 일반적 권리능력을 갖는 자가 개별적 법률관계에 근거해서 권리와 의무의 주체가 될 수 있는 지위나 자격을 의미한다.

1. 일반적 권리능력의 준거법

일반적 권리능력에 적용될 준거법에 관한 학설로는 효과법설(법률관계준거법설), 법정지법설, 본국법설(속인법설) 등이 있다. 먼저 본국법설은 인격에 대한 이해는 각 국가의 역사나 문화와 밀접한 관련을 갖기 때문에 권리능력은 본국법에 따라 확정되어야 한다는 입장이다. 법정지법설은 권리능력의 내용은 법정지국가의 사회질서에 중대한 영향을 미치므로 권리능력은 법정지법에 따라 확정되어야 한다는 입장이다. 효과법설은 일반적 권리능력과 개별적 권리능력을 구분하지 않고, 일반적 권리능력의 문제도 개별적 권리의무에 적용될 준거법, 즉 문제된 법률관계의 준거법에 따라 해결되어야 한다는 입장이다.

일반적 권리능력의 준거법에 관하여 이러한 다양한 학설이 주장되고 있으나, 이러한 학설의 대립은 오늘날에는 별다른 의미를 갖지 않는다. 왜냐하면 대부분의 국가가 일반적 권리능력을 인정하고 있기 때문에 법률의 충돌이 생길 여지가 없고, 노예제나 민사사(民事死)를 인정하는 등 일반적 권리능력을 부인하는 법이 있다고 할지라도 우리나라 국제사법이 적용되는 한, 제23조 공서조항에 의하여 그 적용이 배척될 것이기 때문이다.[4]

국제사법 제26조는 "사람의 권리능력은 그의 본국법에 따른다"고 규정하여 본국법설을 수용하였다.

---

3) 김형배 · 김규완 · 김명숙(주1), 87면.

4) 신창선 · 윤남순, 『신국제사법[제2판]』(fides, 2016), 217면; 윤종진, 『개정 현대 국제사법』(한올출판사, 2003), 277면.

2. 개별적 권리능력의 준거법

개별적 권리능력에 관한 문제는 개별적 법률관계에 근거한 권리의무의 주체가 될 수 있는지에 관한 것이므로 개별적 권리 자체의 귀속이나 취득요건에 관한 문제이다. 따라서 개별적 법률관계 또는 권리의 준거법이 개별적 권리능력의 준거법이 될 것이다. 예를 들어 누가 상속받을 것인지 여부는 상속의 준거법(국제사법 제77조 제1항), 즉 피상속인의 본국법에 따라 정해질 것이고, 불법행위가 있는 경우에 누가 어떤 내용의 손해배상청구권을 갖는지 여부는 불법행위의 준거법인 불법행위지법에 따라 정해질 것이다(국제사법 제52조 제1항).

국제사법은 개별적 권리능력의 준거법에 관해서 규정을 두고 있지 않은데, 이는 개별적 권리능력에 관한 문제는 개별적 권리능력 또는 권리의 준거법에 따라 정해질 것이라는 입장을 수용한 결과이다.[5)]

3. 권리능력에 관한 준거법의 적용범위

권리능력의 준거법은 권리능력의 존부 및 그 시기와 종기에 적용된다.

II. 실종선고의 준거법

실종선고의 준거법에 관해서는 본국법설(속인법설)과 법률관계준거법설(효과설) 등이 주장되고 있는데, 먼저 법률관계준거법설은 실종선고가 실제에 있어서 문제된 법률관계의 안정을 위한 제도임을 고려한다면, 실종선고의 준거법은 그로 인해 확정될 법률관계의 준거법에 의하는 것이 타당하다는 입장이다. 이에 반해서 본국법설은 실종선고는 근본적으로 부재자의 인격 또는 권리능력에 관한 결정이므로 권리능력의 준거법과 마찬가지로 당사자의 본국법이 준거법이 되어야 한다는 입장이다.[6)]

실종선고의 준거법은 실종선고의 요건과 효력에 적용된다. 이때 실종선고의 준거법이 적용되는 실종선고의 효과는 사망의 의제나 추정 등, 즉 직접적 효과만

5) 신창선 · 윤남순(주4), 218면.
6) 우리나라에서는 본국법설이 일반적이다. 신창선 · 윤남순(주4), 221면; 윤종진(주4), 287면.

을 의미한다. 실종선고로 인해 간접적으로 발생하는 효과인 혼인의 소멸이나 상속의 개시 등의 법률관계는 당해 법률관계의 준거법에 의해야 할 것이다.[7)]

국제사법 제27조 제1항은 "실종선고 및 부재자 재산관리는 실종자 또는 부재자의 본국법에 따른다"고 규정함으로써 원칙적으로 본국법주의를 채택하였다.

한편 국제사법 제27조 제2항은 "제1항에도 불구하고 외국인에 대하여 법원이 실종선고나 그 취소 또는 부재자 재산관리의 재판을 하는 경우에는 대한민국 법에 따른다"라고 규정하고 있다. 즉 제24조에 따라 우리나라 법원에 재판관할이 인정되어, 법원이 이를 행사하는 때에는 부재자의 본국법이 아닌 우리나라 법을 예외적으로 적용하도록 하였다. 이는 제24조에 따라 외국인 부재자에 대해서 우리나라 법원에 재판관할이 인정되었다면, 이는 그 부재자의 마지막 일상거소가 우리나라에 있거나, 그의 재산이 우리나라에 있거나 우리나라 법에 따라야 하는 법률관계가 있다는 것을 의미하는바, 그러한 경우라면 오히려 부재자의 본국이 아닌, 우리나라가 당해 사안에 대해서 가장 밀접한 관련을 갖는다고 보는 것이 타당할 것이라는 판단에 근거한 것이다.

관련판례 대법원 1973.10.31. 선고 72다2295

이중국적인 경우 그 국적의 하나가 우리나라인 때에는 사망의제(실종선고)에 관하여는 우리나라 법률에 의하여야 한다.

Ⅲ. 행위능력의 준거법

1. 의 의

행위능력은 사람이 단독으로 법률행위를 할 수 있는 능력이다.[8)] 법률행위는 재산적 법률행위와 신분적 법률행위로 나누어 볼 수 있는바, 행위능력도 재산적 행위능력과 신분적 행위능력으로 구분할 수 있다. 재산적 행위능력의 경우에는 그 장애사유 등에 관해서 일반적 논의가 가능하지만, 신분적 행위능력의 경우에

7) 신창선 · 윤남순(주4), 221면; 윤종진(주4), 288면.
8) 김형배 · 김규완 · 김명숙(주1), 93면.

는 장애사유 등이 개별 신분행위에 따라 동일하지 아니하다. 따라서 재산적 행위능력에 관해서는 그 법률행위로부터 분리하여 독립적으로 규율하는 것이 가능하지만, 신분적 행위능력에 관해서는 개별 신분행위와 분리하여 규율하는 것이 불가능하다. 국제사법은 재산적 행위능력에 관해서는 일반규정을 두고 있으나, 신분적 행위능력에 관해서는 개개의 신분행위에 적용될 준거법에 따라 정해질 것을 예정하고 있다.

국제사법은 제28조에서 행위능력의 준거법에 관한 일반규정을 둔 후에 혼인에 있어서의 행위능력(국제사법 제63조 제1항), 유언능력(국제사법 제78조 제1항), 어음·수표행위능력(국제사법 제80조) 등에 관해서는 별도의 규정을 두고 있다. 또한 국제사법 제29조는 제28조의 규정에 대해서 거래보호에 관한 특칙을 두고 있다.

이와 같은 국제사법의 규정 태도를 살펴볼 때, 제28조는 일반적 행위능력의 준거법에 관한 규정으로서 재산적 법률행위에 있어서 행위능력에 적용될 준거법에 관한 규정으로 해석되어야 하고, 신분적 법률행위에 있어서 행위능력의 문제는 개별 신분행위의 준거법에 따라 확정되는 것으로 보아야 한다. 즉 혼인, 입양, 인지 또는 유언 등 신분적 법률행위를 단독으로 할 수 있는지 여부는 해당 법률관계의 준거법에 따라 결정되어야 하는 것이다.

2. 준거법 선택의 원칙

(1) 일반원칙

국제사법 제28조 제1항 제1문은 “사람의 행위능력은 그의 본국법에 따른다”고 규정하고 있다. 즉 사람의 능력이나 신분 문제는 각국이 역사나 관습 또는 윤리관에 그 기초를 두고 있으므로 당사자의 본국법에 의하여야 한다는 대륙법계 국가의 입장에 따라 속인법주의 중에서도 본국법주의를 선택한 것이다. 본국법주의는 국적은 확정이 용이하다는 점에서 또다른 속인법주의인 주소지법주의에 비해서 보다 법적 안정성을 도모하는 한편, 다른 측면에서 거래당사자의 보호보다는 제한능력자의 보호에 치중하는 입장이다.

주의할 점은 국제사법 제28조 제1항의 본국법은 행위 당시의 본국법을 의미한다는 것이다. 따라서 당사자가 법률행위 후 국적을 변경한 경우에는 행위 당시의 본국법인 구 본국법에 의한다(국제사법 제28조 제2항 참조).

(2) 혼인에 의한 성년의제

국제사법 제28조 제1항 제2문은 "행위능력이 혼인에 의하여 확대되는 경우에도 또한 같다"고 규정함으로써 혼인에 의한 성년의제(成年擬制)의 경우에 그 준거법을 당사자의 본국법으로 명시하였다. 구 섭외사법하에서 혼인에 의한 성년의제를 혼인의 효력 문제로 볼 것인지 여부에 관하여 이견이 있었는바,[9] 혼인에 의한 성년의제의 취지가 혼인하고자 하는 자에 대해서는 미성년자라 할지라도 재산적 법률행위를 단독으로 할 수 있는 충분한 성숙도를 추정할 수 있다는 데 있다는 점에 근거해서 국제사법은 이를 일반적인 행위능력의 문제로 본 것이다.

(3) 국적 변경의 경우

국제사법 제28조 제2항은 "이미 취득한 행위능력은 국적의 변경에 의하여 상실되거나 제한되지 아니한다"고 규정하고 있다. 예를 들어 외국인이 자국법에 의하여 성년이 되었다면, 후에 그가 우리나라 국적을 취득하였는데, 우리나라 법에 따라 미성년자에 해당한다 할지라도 성년자로 취급되는 것이다.

3. 준거법의 적용범위

후견개시의 선고 등에 따른 행위능력의 제한에 관해서는 국제사법 제75조가 따로 규정하고 있으므로 국제사법 제28조는 재산적 행위능력 중에서도 연령에 기한 행위능력의 제한에 대해서만 적용된다. 즉 이 규정에 따른 행위능력의 준거법인 당사자의 본국법은 성년과 미성년의 구분기준인 성년연령, 미성년자의 법률행위의 효력, 법정대리인의 허가나 동의 또는 추인 등 미성년자의 행위능력의 보충 및 미성년자 영업의 허락 등을 포함한 미성년자의 행위능력에 관한 문제 전반에만 적용되는 것이다.[10]

---

9) 신창선 · 윤남순(주4), 223면; 김연 · 박정기 · 김인유, 『국제사법[제3판 보정판]』(법문사, 2014), 247-248면.

10) 윤종진(주4), 293면; 김연 · 박정기 · 김인유(주9), 248면.

관련판례 대법원 2021.7.21. 선고 2021다201306

원심은, 국제사법에 의하면 행위능력은 그 본국법에 의하고(제13조 제1항)[개정 국제사법 제28조 제1항], 후견은 피후견인의 본국법에 의하도록(제48조 제1항)[개정 국제사법 제75조 제1항] 각 규정되어 있는바 미합중국인인 원고의 행위능력과 후견은 미합중국의 법률에 따라야 하므로 재산권에 관한 계약을 체결할 권리에 대해 행위무능력자가 된 원고의 재산에 관해 그 후견인인 소외 1의 동의 없이 체결된 이 사건 계약은 모두 무효라고 판단하였다. 이어서 원심은 그 판시와 같은 사유로 소외 1로부터 소송위임을 받은 원고 소송대리인의 소송행위는 기존의 흠이 있는 소송행위를 적법하게 추인한 것을 비롯하여 모두 유효라고 판단하였다. 원심판결 이유를 관련 법리와 기록에 비추어 살펴보면, 원심의 판단에 상고이유 주장과 같이 필요한 심리를 다하지 않은 채 논리와 경험의 법칙을 위반하여 자유심증주의의 한계를 벗어나거나 후견인의 법정대리권 및 소송대리인 선임의 효력, 소송대리권의 존부 등에 관한 법리를 오해하여 판결에 영향을 미친 잘못이 없다.

Ⅳ. 거래보호에 관한 규정

1. 의 의

권리능력이나 행위능력과 관련한 문제에 적용될 준거법을 속인법주의에 따라 제한능력자의 본국법으로 한 것은 근본적으로 제한능력자의 보호가 우선된다는 점을 고려한 것이다. 그러나 최근 제한능력자가 당사자인 법률관계에서 제한능력자의 보호와 함께 그의 거래상대방의 보호도 중요하다는 인식이 확산되고 있다.

이러한 최근의 경향을 반영하여 국제사법은 제29조에서 거래보호에 관한 규정을 둠으로써 제한능력자가 당사자인 섭외적 법률관계에서 그의 본국법에 의함을 원칙으로 하되, 일정한 경우에는 제한능력자와 거래한 상대방을 보호하기 위해서 행위지법이 우선적으로 적용될 수 있음을 규정하였다.

2. 거래보호의 원칙

한 국가 내에서 법률행위가 이루어지는 경우에 당사자는 상대방이 행위능력의 제한에 대해 다른 법제의 적용을 받을 가능성이 있는 외국인인지 여부를 파악하기 어려울 것이므로 행위무능력자의 상대방은 자기의 상대방의 행위능력이 다른 국가의 법에 의해 제한될 수 있다는 예상을 할 수 없을 것이다. 따라서 법률행위가 행해지는 국가의 법과 다른 국가의 법이 적용되는 결과 발생할 수 있는 불측의 손해로부터 그 당사자를 보호할 필요가 크다. 그러나 반대로 국경을 넘어 행해지는 격지 간 법률행위의 경우에는 당사자는 상대방이 외국인일 가능성, 따라서 법률행위지의 법이 아닌 다른 국가의 법이 적용되어서 행위제한능력자일 가능성을 예상해야 할 것이므로 당사자 보호의 필요성은 상대적으로 높지 않다.

이러한 사정을 고려하여 국제사법 제29조 제1항은 "법률행위를 한 사람과 상대방이 법률행위의 성립 당시 동일한 국가에 있는 경우에 그 행위자가 그의 본국법에 따르면 무능력자이더라도 법률행위가 있었던 국가의 법에 따라 능력자인 때에는 그의 무능력을 주장할 수 없다"고 규정함으로써 일정한 경우에는 제한능력자가 당사자인 법률행위의 경우에도 그 법률행위지법이 제한능력자의 본국법에 우선하여 적용되도록 함으로써 법률행위지의 거래안전을 도모하고 있다. 이 규정은 법률행위지가 우리나라인 경우뿐만 아니라 외국인 경우에도 마찬가지로 적용된다.[11] 거래의 보호는 양 당사자 간의 거래가 동일한 국가 내에서 이루어진 경우에만 인정되기 때문에 당사자가 법률행위지를 달리하는 경우, 즉 격지적 법률행위의 경우에는 국제사법 제29조 제1항이 적용되지 않는다. 이때 거래가 동일한 국가 내에서 이루어졌는지 여부의 판단은 객관적으로 이루어질 뿐, 거래 당사자의 주관적 사정은 고려되지 않는다. 따라서 한 당사자가 주관적으로 동일한 국가 내에서 거래하고 있는 것으로 이해했다고 하더라도, 객관적으로 상대방이 행위지 이외에 소재하고 있었다면, 이 규정은 적용되지 않는다.

구 섭외사법이 거래의 보호를 행위능력에 관한 조항인 제6조의 일부로서 규정하였던 것을 국제사법은 제29조에서 별개의 조항으로 규정하고 있는데, 이는 거래의 보호가 단순히 행위능력에 관련된 경우뿐만 아니라 그 밖의 경우, 예를 들어 법정대리나[12] 법인의[13] 경우에도 이루어지도록 하기 위해서이다. 나아가 국제

11) 구 섭외사법 제6조 제2항은 외국인이 우리나라에서 법률행위를 한 때에만 거래보호를 위해서 행위지, 즉 우리나라 법이 적용되도록 하였다.

12) 예를 들어 부부의 일상가사대리권(민법 제827조 제1항) 등 재산적 거래행위에 관한 경우에는 원인된 법률관계의 준거법에 더하여 내국거래보호를 위하여 국제사법 제29조의 규정이 적용될 수 있다.

13) 예를 들어 법인의 행위능력이 문제가 되는 경우에도 국제사법 제29조가 적용될 수 있다.

사법 제29조는 권리능력이 제한되는 경우에도[14] 유추적용될 수 있을 것이다.[15]

국제사법 제29조의 적용범위와 관련하여 이 규정이 한정후견이나 성년후견에 대하여도 적용될 수 있는지 여부가 문제된다. ① 한정후견이나 성년후견 선고는 법원 등 관련 당국의 선고를 기다려 이루어지는데, 그러한 선고가 언제나 본국에서 이루어지는 것은 아니고, ② 한정후견이나 성년후견 선고의 효력, 즉 한정후견이나 성년후견 선고를 받은 자의 행위능력제한이 선고한 국가의 법에 의한다고 해석하는 경우에 선고한 국가가 국제사법 제29조가 규정하는 본국과 일치하지 않을 수도 있으며, ③ 법률행위가 이루어진 국가에서 한정후견이나 성년후견 선고를 받지 않았다고 해서 제한능력자를 그 국가에서는 능력자로 본다는 것은 굳이 형식적 선고를 통해서 제한능력자를 보호하려고 하는 취지를 훼손시킨다는 점 등을 고려할 때, 국제사법 제29조는 한정후견이나 성년후견 선고를 받은 자에 대해서는 적용되지 않는다고 보아야 한다.

3. 거래보호에 대한 예외

국제사법 제29조 제1항 단서는 "상대방이 법률행위 당시 그의 무능력을 알았거나 알 수 있었을 경우에는 그러하지 아니하다"고 규정함으로써 거래상대방이 법률행위 당시 그의 상대방이 제한능력자임을 알았거나 알 수 있었을 경우에는 제한능력자는 그의 무능력을 주장할 수 있도록 하였다. 이러한 경우에도 제한능력자의 거래상대방을 보호하는 것은 거래보호의 취지에 반하기 때문이다. 그러나 상대방의 무능력을 알 수 있었는지 여부는 실질법적 판단을 수반하는 것인데, 국제사법에 이러한 규정을 두는 것이 타당한지는 의문이다.

또한 국제사법 제29조 제2항은 "제1항은 친족법 또는 상속법의 규정에 따른 법률행위 및 행위지 외의 국가에 있는 부동산에 관한 법률행위에는 이를 적용하지 아니한다"고 규정하고 있다. 이는 친족이나 상속에 관한 행위는 거래행위가 아니라 신분행위이기 때문에 그 보호의 법리를 달리하기 때문이다. 부동산의 경우에는 거래와 관련한 행위능력의 문제를 다룸에 있어서 신중을 기하는 것이 바람직하고, 또한 부동산에 대해서는 그 소재지에서 강제집행 등의 절차가 수반되는

14) 예를 들어 내국법에 의해 외국법인의 권리능력이 제한되는 경우를 생각해 볼 수 있다.
15) 석광현(주2), 200면.

경우가 많은데, 소재지에서 집행될 가능성이 없는 거래가 행위지법에 의해 유효한 것으로 되는 부당한 결과가 발생할 수 있기 때문이다.

제 3 절 법인 및 단체의 준거법

I. 의 의

법인은 법률에 의하여 권리능력이 인정된 단체 또는 재산이다.[16] 어떠한 요건을 갖춘 때에 단체나 재산에 대해서 법인격을 부여할 것인지, 또는 부여한다면 그 법인격의 내용은 무엇인지 등에 대해서 각 국가는 그 입장을 달리하고 있다. 따라서 사단이나 재단 등 법인이나 기타 단체에 대해서 어떤 국가의 법이 적용될 것인지의 문제는 당해 법인이나 단체가 관련된 법률관계의 해결과 관련해서 중요한 의미를 갖는다.[17]

II. 준거법 선택의 원칙

법인이나 단체와 관련하여 주로 문제되는 것은 법인이나 단체가 어느 범위에서 권리능력 또는 행위능력을 갖는지에 관한 것이다. 권리능력 및 행위능력에 적용되는 준거법은 속인법이라는 것이 국제사법상 일반원칙인바,[18] 결국 법인이나 단체에 적용될 준거법은 그의 속인법을 무엇으로 볼 것인지에 따라 결정된다.

국제사법상 어느 국가의 법을 법인의 속인법으로 해야 할 것인지에 관해서는 설립준거법주의와 본거지법주의가 대립하고 있다. 설립준거법주의는 법인은 특허주의, 허가주의 또는 준칙주의 등 일정한 원칙에 의해 설립되는 데서 볼 수 있

16) 김형배 · 김규완 · 김명숙(주1), 117-118면.

17) 한편 각국의 실질법은 법인을 내국법인과 외국법인으로 구별하여 인허가, 국가의 감독, 권리의 향유 등에 관하여 취급을 달리하고 있는데, 이때 내외법인 구별의 기준이 문제된다. 그러나 이는 당해 국가의 실질법인 외인법(外人法)상의 문제로서 국제사법적 문제는 아니다. 신창선 · 윤남순(주4), 226면.

18) 상게서, 227면; 윤종진(주4), 304면; 김연 · 박정기 · 김인유(주9), 257면.

는 바와 같이, 항상 특정 국가의 법에 의해 법인격을 부여받는 것이기 때문에 법인이 설립될 때에 준거한 법을 그 속인법으로 해야 한다는 입장이다.[19] 따라서 이 주의는 특정 사단 또는 재단의 법인격의 존부는 그것이 설립될 때에 준거한 법에 의하여 결정되어야 한다고 주장한다. 설립준거법주의는 영미법계 국가들이 일반적으로 채용하고 있는 입장이다. 설립준거법주의는 법인에 적용될 법이 고정적이고 또 그 확인이 용이하기 때문에 법인의 법률관계의 안정성에 기여한다는 장점이 있지만, 거래상대방의 보호에는 미흡하다는 단점이 있다.[20]

본거지법주의는 법인과 가장 밀접한 관련을 갖는 곳은 그 본거지라는 점과 법인과 거래관계에 있는 상대방의 보호라는 관점에서 법인의 본거지를 그 속인법으로 해야 한다는 입장이다.[21] 따라서 이 주의는 어떤 사단 또는 재단의 법인격의 존부는 그 사단 또는 재단의 본거지가 있는 곳의 법에 의하여 결정되어야 한다고 주장한다. 한편 본거지법주의는 다시 영업활동의 중심지를 본거지로 보아야 한다는 입장과[22] 주된 사무소의 소재지(the seat of the corporation)를 본거지로 보아야 한다는 입장으로 나뉜다.[23] 본거지법주의는 독일이나 오스트리아를 비롯한 유럽 국가들이 일반적으로 채택하고 있다. 본거지법주의는 본거지의 개념이 불확정적이고, 법인의 영업소나 사무소가 변경됨에 따라 법인에 적용될 준거법도 변경된다는 점이 단점이지만, 거래상대방의 보호에 충실하다는 장점을 갖는다.[24]

법인의 속인법은 권리능력이나 행위능력에 관한 문제뿐만 아니라 법인의 조직이나 내부관계 등의 문제에도 적용되기 때문에 고정적이어서 그 확인이 용이할 것이 무엇보다도 요청된다고 할 것이므로 설립준거법주의가 타당하다.

국제사법 제30조는 "법인 또는 단체는 그 설립의 준거법에 따른다"고 규정함으로써 원칙적으로 설립준거법주의를 채택하고 있다. 다만 설립준거법주의는 거래의 보호에 소홀한 단점이 있는바, 우리나라에서 일어나는 거래의 보호를 위해

---

19) 미국과 영국 등 영미법계 국가는 일반적으로 설립준거법주의를 따르고 있다. Eugene F. Scoles, Peter Hay, Patrick J. Borchers & Symeon C. Symeonides, *Conflict of Laws* (4th ed., Thomson West, 2004), p.1219.

20) 신창선 · 윤남순(주4), 228면; 윤종진(주4), 305면.

21) Scoles, Hay, Borchers & Symeonides, *supra* note 19, p.1219.

22) 과거 프랑스가 채용하고 있던 입장이다. *Ibid.*

23) 본거지법주의를 채용하고 있는 국가들은 대부분 이 입장을 따르고 있다. *Ibid.*

24) 윤종진(주4), 305면.

서 국제사법 제30조 단서는 "외국에서 설립된 법인 또는 단체가 대한민국에 주된 사무소가 있거나 대한민국에서 주된 사업을 하는 경우에는 대한민국 법에 따른다"고 보충적으로 본거지법주의를 채용하는 방식으로 우리나라에서 주된 영업을 하는 법인이나 단체에 대해서 우리나라 법이 적용되도록 함으로써 우리나라에서 거래의 보호를 도모하였다.

관련판례 부산고등법원 2021.5.20. 선고 2020다55926

국제사법 제16조[개정 국제사법 제30조] 본문은 "법인 또는 단체는 그 설립의 준거법에 의한다"라고 하여 법인의 준거법은 원칙적으로 설립 준거법을 기준으로 규정하고 있는바, 위 조항의 적용 범위는 법인의 설립과 소멸, 조직과 내부관계, 기관과 구성원의 권리와 의무, 행위능력 등 법인에 관한 문제 전반을 포함한다고 봄이 타당하다. 따라서 법인의 구성원이 법인 또는 법인의 채권자에 대 하여 책임을 부담하는지, 만일 책임을 부담한다면 그 범위는 어디까지인지 등에 관하여도 해당 법인의 설립 준거법에 따라야 한다.

국제사법 제16조[개정 국제사법 제30조]의 규정 및 위와 같은 법리에 비추어 보면, 원고가 위 인도네시아 법인의 이사 · 감사인 피고들을 상대로 그 이사 · 감사로서의 임무해태 내지 의무위반에 따른 손해배상을 구하는 이 부분 청구에 관한 준거법은 국제사법 제16조 본문에 따라 위 법인의 설립 준거법인 인도네시아 법이 된다.

관련판례 대법원 2018.8.1. 선고 2017다246739

국제사법 제16조[개정 국제사법 제30조] 본문은 "법인 또는 단체는 그 설립의 준거법에 의한다."라고 하여 법인의 준거법은 원칙적으로 설립 준거법을 기준으로 정하고 있다. 이 조항이 적용되는 사항을 제한하는 규정이 없는데, 그 적용 범위는 법인의 설립과 소멸, 조직과 내부관계, 기관과 구성원의 권리와 의무, 행위능력 등 법인에 관한 문제 전반을 포함한다고 보아야 한다. 따라서 법인의 구성원이 법인의 채권자에 대하여 책임을 부담하는지, 만일 책임을 부담한다면 그 범위는 어디까지인지 등에 관하여도 해당 법인의 설립 준거법에 따라야 한다.

이 사건 법인은 우리나라의 구 농어업경영체법에 의하여 설립되었으므로, 이 사건 법인의 구성원인 피고들이 이 사건 법인의 채권자인 원고에 대하여 연대책임을 지는지가 문제 된 이 사건에 관하여는 이 사건 법인의 설립 준거법인 우리나라의 법이 준거법이 된다.

Ⅲ. 준거법의 적용범위

1. 법인의 설립, 조직과 내부관계 및 소멸

법인의 준거법은 정관의 작성, 관련 관청의 허가, 설립등기 또는 설립무효의 원인 등 법인설립의 실질적 및 형식적 요건에 관한 모든 문제에 적용된다. 법인의 설립 여부 자체에 관해서 설립의 준거법에 의한다는 것은 일응 논리적으로는 모순이라고 할 것인데, 결국 설립이 유효하게 성립하였을 경우의 설립의 준거법을 의미한다고 할 것이다(국제사법 제49조 제1항 참조).

법인의 준거법은 법인의 기관의 종류, 성질, 인원 및 대내적 권한과 책임뿐 아니라 법인과 사원 간의 관계, 사원의 권리의무 및 사원권의 양도 등 법인의 조직 및 내부관계에 관한 모든 문제에도 적용된다.

한편 법인의 준거법은 법인의 소멸원인이라든가 청산절차 등 법인의 소멸에 관한 모든 문제에도 적용된다.

2. 법인의 권리능력

법인은 자연인과 달리 일정한 법, 즉 그 속인법에 의하여 법인격이 부여되기 때문에 적용되는 준거법에 따라 그 부여된 일반적 권리능력의 범위가 같지 않으며, 외국법인의 권리의 향유는 그 준거법이 정한 범위에 한한다. 즉 외국법인의 경우에는 외국자연인의 경우와 달리 개개의 권리를 향유하는지 여부에 관한 개별적 권리능력의 문제 이전에 속인법에 의하여 부여된 일반적 권리능력의 범위가 먼저 문제된다.

외국법인의 일반적 권리능력의 범위가 적용되는 속인법, 즉 준거법에 따라 정해지는 것은 법인의 성질상 당연하다고 하겠지만, 그 때문에 행위지에서의 거래의 안전이 침해될 수 있다. 예를 들어 외국법인과 거래를 하는 상대방은 그 외국법인이 최소한 행위지국의 동종의 법인과 동일한 범위의 권리능력을 갖고 있을 것으로 예상하는 것이 일반적인데, 만약 법인의 준거법에 의하여 어떤 외국법인의 권리능력이 정관의 목적에 의해 제한된다고 하면, 행위지법에 의하면 유효한 거래가 법인의 준거법에 의하면 능력 외의 행위로서 무효가 될 것이기 때문에 거래의 상대방은 불측의 손해를 입는다. 따라서 행위지에서의 거래보호의 관점에서 경우에 따라서는 국제사법 제29조 제1항의 내국거래보호의 취지를 고려하여 법인의 경우에도 이 규정을 적용해서 법인의 준거법에 의한다면 권리능력을 갖지 않는 경우라 할지라도, 법인과 상대방이 동일한 국가 안에 있고 행위지법에 의하여 권리능력이 인정되는 때에는 권리능력이 있는 것으로 보아야 한다.[25] 다만 행위지법에 의하여 권리능력을 인정한다면, 법인의 사원이라든가 채권자의 보호가 소홀해질 수 있기 때문에 국제사법 제29조 제1항의 확대적용은 신중해야 한다.[26]

한편 법인의 개별적 권리능력, 즉 개개의 권리의 향유능력은 개개의 권리의 준거법에 의해야 한다는 점은 자연인의 경우와 다르지 않다. 다만 법인의 준거법이 법인에게 그 향유를 인정하지 않은 권리를 법인이 그 권리의 준거법에 따라 향유할 수 있는지 여부가 문제된다. 이때 법인의 준거법이 법인으로 하여금 그 향유를 인정하지 않은 권리는 법인이 그 성질상 향유할 수 없는 권리를 의미하는 것이 아니라, 원래 법인에게 향유가 인정되는 것이지만, 국가의 정책 등에 따라서 법인에게 그 향유를 인정하지 않는 권리를 의미한다. 예를 들어 상속권이라든가 명예권 및 그 침해에 기한 비재산적 손해의 배상청구권 등이 그러한 권리의 예이다.[27] 권리의 준거법이 법인에게 그 향유를 인정한다고 할지라도 법인의 준거법이 이를 인정하지 않는 때에는 법인에게 그 권리의 향유가 인정되지 않을 것이다.

3. 법인의 행위능력

법인의 행위능력, 즉 법인의 기관의 권한 범위는 원칙적으로 법인의 준거법에 따라 결정되는 것이 원칙이지만, 그것이 법인과 거래한 상대방과의 관계에 영

25) 신창선 · 윤남순(주4), 230면; 윤종진(주4), 307면.

26) 예를 들어 우리나라에 있어서는 계속적 영업을 하는 외국회사의 경우에는 우리나라의 영업소에서 회사설립의 준거법을 등기하도록 하고 있는 바(상법 제614조 제3항), 이러한 경우에는 거래의 상대방이 문제된 외국회사의 속인법에 의하여 당해 회사의 일반적 권리능력의 범위를 알 수 있을 것이므로 국제사법 제29조 제1항 단서규정은 적용되지 않는다고 보아야 할 것이다. 신창선 · 윤남순(주4), 230면.

27) 상게서, 231면.

향을 미치는 경우에는 거래의 원활과 안전의 관점에서 법인의 준거법의 적용이 행위지법에 의해 제한되어야 한다. 따라서 이른바 법인의 행위능력, 즉 법인은 어떤 기관에 의해 법률행위를 하는지의 문제나 법인의 기관의 대표권의 유무 및 범위 등의 문제는 본래 법인의 준거법에 따라 확정되어야 할 것이지만, 그것이 제3자, 즉 법인과 거래한 상대방과의 관계에 있어서 문제가 되는 경우에는 거래보호의 관점에서 국제사법 제29조 제1항의 유추적용을 통해서 법인의 준거법에 의해 부여되는 행위능력의 범위가 행위지법에 의해 확대될 수 있다고 보아야 한다. 예를 들어 외국 회사의 이사가 우리나라에서 그 회사를 위해 일정한 법률행위를 한 경우에 법인의 이사의 권한에 대한 제한이 법인의 준거법에 의하면 선의의 제3자에 대하여 대항할 수 있다고 할지라도 우리나라에서는 등기하지 않으면 대항할 수 없는 것으로 되어 있으므로(민법 제60조) 그 제한으로 제3자에 대해 대항할 수 없다고 보아야 한다.[28)]

한편 법인이 소송상 원 · 피고가 될 수 있는 자격, 즉 당사자자격에 관한 문제도 법인의 준거법에 따라 정해진다. 이때 주의할 점은 법인을 대표하여 소송을 수행할 수 있는 법인의 기관의 소송능력에 관한 문제는 소송법상의 문제이기 때문에 법정지법에 따라 정해진다는 것이다.

4. 법인의 불법행위능력

법인의 불법행위능력에 관한 문제는 기본적으로 누구의 행위를 법인의 불법행위로 보아 그것에 대하여 법인 스스로 또는 연대하여 배상책임을 부담하도록 할 것인지의 문제이다. 법인의 불법행위능력에 관한 문제는 법인의 속인법에 의하여 정해진다는 입장과 자연인의 불법행위능력의 경우와 마찬가지로 불법행위지법에 의하여 정해진다는 입장이 대립하고 있다. 속인법설이 법인이 불법행위지법에 의하여 법인이나 그 사원이 속인법상 예상하지 못한 배상책임을 부담하게 되는 것을 방지한다는 점에서 법인, 그 사원 및 그 채권자의 이익 보호에 충실한 반면, 불법행위지법설은 법인이 속인법상 책임을 부담하지 않는 경우에도 불법행위지법상 책임을 지게 함으로써 피해자 보호에 충실하다.[29)] 불법행위의 피해자의

28) 상게서, 231면.
29) 상게서, 232면; 윤종진(주4), 309면.

보호에 대해 갖는 행위지국의 이익을 존중하고, 또한 불법행위에 관해서는 불법행위지법에 의한다는 국제사법 일반원칙과 궤를 같이한다는 점에서 불법행위지법설이 타당하다.

Ⅳ. 권리능력 없는 사단 또는 재단

영미법계 국가에서 인정되는 조합(partnership)이나 유한책임조합(limited liability partnership) 등과 같이 사단의 실체를 가졌지만 법인격이 없거나 또는 재산의 집합체로서 독립된 활동을 하고 있지만 법인격이 없는 권리능력 없는 사단이나 재단과 관련한 법률관계의 준거법을 어떻게 정할 것인지가 문제된다.

권리능력 없는 사단이나 재단에 적용되는 준거법에 관해서 종속법설은 법인에 관한 법리를 준용하자는 입장이다. 반면에 계약준거법설은 사단이나 재단을 계약관계로 파악하여 준거법을 정하자는 입장이다. 국제사법 제30조는 단체에 대해서도 법인의 경우와 마찬가지로 설립지법을 준거법으로 할 것을 규정함으로써 이른바 종속법설의 입장을 수용하였다. 단체의 경우에는 설립행위 자체는 없었지만, 법인의 설립행위에 유사한 행위를 한 곳을 설립지로 볼 수 있을 것이다.

한편 민법상 조합에 대해서 국제사법 제30조가 적용될 수 있는지 여부가 문제된다. 조합은 원칙적으로 계약관계이기 때문에 계약의 준거법이 적용된다. 다만 조합계약에 기초해서 조합원 간에 조직이 구성되는 경우에는 그 조직의 내부관계에 대해서는 국제사법 제30조가 유추적용될 수 있을 것이다.[30] 물론 조합의 대외적 법률행위에 대해서는 개별적 법률관계의 준거법에 의할 것이다.

Ⅴ. 법인에 대한 외인법의 적용

1. 의 의

외인법은 외국인 또는 외국법인에게 적용되는 실질법이다. 따라서 법인에 외인법이 적용되기 위해서는 먼저 그 적용대상인 법인이 외국법인인지 여부가 확정

30) 이에 관해서 상세한 설명은 석광현(주2), 209면.

되어야 한다. 주의할 점은 외인법의 적용을 위한 외국법인의 확정은 국제사법의 적용을 통해서 이루어지는 것이 아니라, 바로 실질법인 당해 외인법의 해석을 통해서 이루어진다는 것이다. 이러한 점에서 법인에 대한 외인법의 적용에 관한 문제는 진정한 의미에서의 국제사법적 문제는 아니다.

2. 내외법인의 구별기준

법인에 대한 외인법의 적용은 내외국법인의 구별을 전제로 하기 때문에 내외국법인의 구별기준이 문제된다. 설립준거법주의는 법인이 설립 당시에 준거로 한 법에 따라 그것이 내국법인 경우에는 내국법인, 그것이 외국법인 경우에는 외국법인으로 보는 입장이다. 영미법계 국가의 일반적 입장이다.

본거지법주의 또는 주소지법주의는 주소가 내국에 있는 경우에는 내국법인, 외국에 있는 경우에는 외국법인으로 보는 주의이다. 이때 무엇을 주소로 볼 것인지에 관하여는 영업중심지설과 주사무소소재지설이 대립되고 있다.

우리나라 민법은 외국법인에 관한 규정을 두고 있지 않다. 그러나 상법은 제614조 이하에서 외국회사에 대한 감독규정을 두고 있는바, 상법학자들은 대체로 외국회사 또는 법인은 설립준거법설에 입각하여 외국법에 의하여 인격을 부여받은 법인을 의미한다는 입장이다.[31)]

그러나 설립지 또는 본거지 등 단일한 기준에 의하여 내외국법인을 일률적으로 구별하여 외인법상의 문제를 일률적으로 처리하려고 하기보다는 오히려 문제된 사안에 따라 다른 기준을 적용하는 것이 보다 유연한 태도일 것이다.[32)] 우선 법인에 대한 국가적 감독의 문제에 관해서는 법인의 활동의 중심지인 본거지를 기준으로 내외국법인을 구별하여 외국에 본거를 가진 채 내국에서 활동하는 법인은 외국법인으로서 외국법인에 관한 감독규정을 적용함으로써 내국에서의 거래의 보호를 도모할 것이 요청된다. 다른 한편 법인의 권리의 향유에 관하여 내외국법인을 구별하는 경우에는 법인의 구성원, 자본의 귀속, 관리권 등을 기준으로 내외국법인을 구별함으로써 내국적 요소가 강한 법인을 내국법인, 외국적 요소가 강한 법인을 외국법인으로 파악하는 것이 타당할 것이다. 왜냐하면 그 구성원이

---

31) 이기수 · 최병규 · 조지현, 『회사법[제10판]』(박영사, 2015), 96면.
32) 신창선 · 윤남순(주4), 233-234면; 윤종진(주4), 311면; 김연 · 박정기 · 김인유(주9), 256면.

라든가 자본의 귀속이 외국적임에도 불구하고 단순히 설립준거법이 내국법이라든가 그 본거가 내국에 있다는 이유로 내국법인으로 취급하여, 외국자연인에게는 향유를 인정하지 않는 권리의 향유를 인정한다는 것은 부당하기 때문이다.[33]

33) 예를 들어 내국에서 외국자연인에게는 광업권을 인정하지 않거나 또는 선박이나 항공기의 소유권을 인정하지 않고 있음에도 불구하고, 외국자연인의 집합인 법인에 대하여는 그 설립준거법이 내국법이라든가 또는 본거가 내국에 있다는 이유로 내국법인으로서 그와 같은 권리의 향유를 인정하는 것은 분명히 불합리하다. 신창선 · 윤남순(주4), 235면; 김연 · 박정기 · 김인유(주9), 256면.

제3장

법률행위

제1절 의 의

법률행위는 일정한 법률효과의 발생을 목적으로 하는 의사표시를 불가결한 구성요소로 하는 법률요건이다.[34] 법률행위는 일반적으로 그 성립요건과 효력을 중심으로 논의되며, 법률행위의 성립요건은 다시 실질적 성립요건과 형식적 성립요건, 즉 법률행위의 방식으로 나뉘어 논의된다.

국제사법에서 법률행위는 일반적으로 법률행위의 실질과 방식으로 구분되어 논의되는데, 이때 법률행위의 실질은 법률행위의 실질적 성립요건과 효력을 의미하고,[35] 법률행위의 방식은[36] 법률행위의 형식적 성립요건을 의미한다. 법률행위의 실질과 방식을 구분하여 논의하는 이유는 법률행위의 실질에 관하여는 모든 법률행위에 공통하는 일반원칙이 존재하지 않는 데 반하여, 법률행위의 방식에 관하여는 일정한 예외를 제외하고는 모든 법률행위에 공통된 일반원칙을 찾는 게 가능하기 때문이다.

---

34) 김형배 · 김규완 · 김명숙(주1), 58면.

35) 법률행위의 성립요건 또는 유효성에는 당사자의 행위능력, 법률행위의 목적의 적법성, 의사표시의 하자 등이 포함되고, 법률행위의 효과에는 당사자의 권리 · 의무, 채무불이행과 그에 대한 구제방법 등이 포함된다. 다만 행위능력에 관해서 국제사법은 제28조에서 별도로 규정하고 있다.

36) 법률행위의 방식은 법률행위가 유효하게 성립하기 위하여 필요한 의사표시의 외부적 표현방식을 의미하는데, 여기에는 구두 또는 서면 등 의사표시의 방식 및 날인, 서명, 공적 기관의 증명이나 신고 등 서면의 방식 등이 포함된다.

제 2 절 법률행위의 실질의 준거법

국제사법은 법률행위의 실질, 즉 실질적 성립요건 및 효력에 관해서 행위능력에 관한 문제 중 재산법적 행위능력을 규정한 제28조와 임의대리에 관한 제32조의 규정을 제외하고는 모든 법률행위에 공통된 일반적인 준거법 규정을 두고 있지 않으며, 개개의 법률행위에 관해서는 개별적으로 그 준거법을 정하도록 하였다. 예를 들어 물권행위에 관해서는 물권의 준거법에 관한 규정(국제사법 제33조 이하), 채권행위에 관해서는 채권의 준거법에 관한 규정(국제사법 제45조 이하), 친족법상의 법률행위에 관해서는 각 친족관계의 준거법에 관한 규정(국제사법 제63조 내지 제75조), 상속법상의 법률행위에 관해서는 상속의 준거법에 관한 규정(국제사법 제77조), 유언행위에 관해서는 유언의 준거법에 관한 규정(국제사법 제78조)에 따라 준거법이 각각 정해진다.

I. 의사표시

법률행위는 의사표시, 즉 일정한 법률효과의 발생을 목적으로 하는 의사의 표시를 주된 요소로 하는바, 의사표시에 관한 문제는 법률행위의 실질적 성립요건의 문제이고, 따라서 국제사법상 법률행위의 실질에 관한 문제로서 각각의 법률행위와 관련을 갖는 법률관계의 준거법에 의한다. 즉 의사표시의 내용의 확정과 적법성, 비진의의사표시, 허위표시 또는 착오, 사기, 강박 등에 의한 의사표시 등 의사표시의 하자, 의사표시의 효력발생시기 및 의사표시의 해석 등에 관한 문제는 모두 각각의 법률관계의 준거법에 의한다.

II. 의사표시 이외의 요건

법률행위의 실질적 성립요건으로서 당사자의 의사표시 이외의 요건, 즉 제3자의 동의나 공적 기관 허가의 필요 여부 등에 관한 문제도 각각의 법률행위의 준거법에 의한다. 다만 제한능력자가 유효한 법률행위를 하기 위한 법정대리인의 동의 등 행위능력에 관한 문제에 대해서는 행위능력의 준거법에 관한 규정인 국제사법 제28조가 적용된다.

조건이나 기한 등 법률행위의 부관이나 기간에 관한 문제도 각각의 법률행위의 준거법에 의한다고 할 것이다.

Ⅲ. 대　리

대리는 대리인이 본인을 위하여 제3자에 대해서 의사표시를 하거나 또는 제3자로부터 의사표시를 수령하되, 그 법률효과가 직접 본인에게 귀속하도록 하는 제도이다.[37]

어떤 법률행위에 대리가 허용되는지에 관한 문제는 의사표시의 문제이므로 법률행위의 실질적 성립요건의 문제로서 각각의 법률행위의 준거법에 의한다. 예를 들어 어떤 물권을 처분하는 것에 관하여 대리가 허용되는지 여부에 관한 문제는 물권의 준거법인 목적물의 소재지법에 의하며(국제사법 제33조), 입양에 대리가 허용되는지에 관한 문제도 입양의 준거법(국제사법 제70조)에 의하여 양친의 본국법에 의하는 것이다.

대리는 흔히 법정대리와 임의대리로 구분되어 논의된다. 국제사법은 임의대리에 관해서 제32조에서 규정하고 있으나, 법정대리에 관해서는 별도의 규정을 두지 않았는데, 이는 법정대리는 본인의 의사가 아니라 법률의 규정에 의하여 직접 발생하므로 부부간에 있어서 혼인이나 친자 간에 있어서 친자관계 등 대리권 발생의 원인이 되는 법률관계의 준거법에 의하면 충분하다고 보았기 때문이다.[38]

대리에는 본인과 대리인 간, 본인과 제3자 간, 대리인과 제3자 간이라는 3개의 법률관계가 존재한다.

1. 법정대리

법정대리에서 대리권은 본인의 의사에 의하지 않고 법률의 규정에 의하여 당연히 발생하는바,[39] 본인과 대리인 간의 관계, 즉 대리권의 발생, 범위 및 소멸 등

37) 김형배 · 김규완 · 김명숙(주1), 241면.
38) 석광현(주2), 230면.
39) 김형배 · 김규완 · 김명숙(주1), 251면.

에 관한 문제는 대리권 발생의 원인이 된 법률관계의 준거법에 의한다. 예를 들어 국제사법에서 친권자의 대리권은 친권의 준거법, 즉 친자 간의 법률관계의 준거법인 제72조에 의하고, 후견인의 대리권은 후견의 준거법인 제75조에 의하는 것이다.

대리인이 대리행위를 한 경우에 있어서 본인과 제3자 간의 관계, 즉 대리행위의 효과의 본인에게로의 귀속에 관한 문제도 대리권 발생의 원인이 된 법률관계의 준거법에 의한다.[40)]

대리인과 제3자 간의 관계, 즉 대리행위의 성립과 효과에 관한 문제는 그 대리행위에 적용될 준거법에 의한다. 예를 들어 국제사법에서 대리행위가 매매계약인 경우에는 계약채권의 준거법에 관한 규정인 제45조 이하의 규정에 의하고, 물권행위인 경우에는 물권의 준거법에 관한 규정인 제33조에 의한다.

2. 임의대리

(1) 본인과 대리인 간의 관계

임의대리는 법률의 규정에 의해 당연히 발생하는 법정대리와는 달리 오직 본인과 대리인 간의 수권행위에 의해서 발생하기 때문에[41)] 대리권의 수여 여부나 수여받은 대리권의 범위 등은 원칙적으로 본인과 대리인 간의 수권행위, 즉 대리권을 수여하는 법률행위의 준거법에 의하는 것이 타당하다. 그러나 수권행위는 법률적으로 독립한 법률행위이지만, 그 자체 독립해서 행사되기보다는 위임계약, 고용계약 또는 도급계약 등에 있어서 그 이행을 돕기 위해 이루어지는 경우가 많기 때문에 원인관계에 있는 이들 기본계약과 불가분의 관계에 있다.

국제사법 제32조 제1항은 이러한 사정을 고려하여 본인과 대리인 간의 대리권관계에 적용될 준거법을 정함에 있어서 수권행위에 적용될 법을 준거법으로 하는 대신에 “본인과 대리인 간의 관계는 당사자 간의 법률관계의 준거법에 따른다”고 규정함으로써 종속적 연결방법을 통해서 본인과 대리인 간의 법률관계를 가급적 단일한 준거법에 의해서 규율되도록 했다. 즉 계약으로서의 수권행위의 준거

---

40) 다만 부부의 일상가사대리권(민법 제827조 제1항) 등 재산적 거래행위에 관한 경우에는 원인된 법률관계의 준거법에 더하여 내국거래보호를 위하여 국제사법 제29조의 규정이 적용될 수 있을 것이다. 신창선 · 윤남순(주4), 237면.

41) 김형배 · 김규완 · 김명숙(주1), 251면.

법이 아닌, 대리권 수여의 원인이 된 당사자 간의 법률관계의 준거법이 적용되는 것이다. 이 규정에 따라 위임계약, 고용계약 또는 도급계약 등과 관련해서 대리권이 수여된 경우에 본인과 대리인 간의 내부관계는 그러한 기본계약의 준거법에 의한다.[42)]

(2) 본인과 제3자 간의 관계

대리인임을 주장하는 자의 대리권의 존부 및 그 대리권의 범위가 본인과 제3자 또는 상대방 간에 문제된 경우에 적용될 준거법에 관해서는 종래 입장이 대립하였다. 먼저 수권행위준거법설은 대리권의 존부 및 그 범위는 수권행위의 준거법에 의하여 정해지기 때문에 상대방과 본인 간에 문제된 경우에도 본인의 보호를 위해서 수권행위의 준거법에 의하여야 한다는 입장이다. 대리행위지법설은 제3자를 보호한다는 입장에서 대리행위의 행위지법에 의하여야 한다는 입장이다. 한편 절충설은 원칙적으로 수권행위의 준거법에 의하지만, 제3자의 보호를 위하여, 수권행위의 준거법에 의하여 대리권이 존재하지 않는 경우라도 대리행위의 행위지법에 의하면 대리권이 존재하는 것으로 인정되는 경우에는 대리권을 인정하고 또한, 수권행위의 준거법에 의하면 대리권의 범위 밖에 있는 경우일지라도 대리행위지법에 의하여 그 범위 내에 있다면 대리권의 범위 내에 속하는 것으로 보는 입장이다.

국제사법 제32조 제2항은 "대리인의 행위로 인하여 본인이 제3자에 대하여 의무를 부담하는지 여부는 대리인의 영업소가 있는 국가의 법에 따르며, 대리인의 영업소가 없거나 영업소가 있더라도 제3자가 알 수 없는 경우에는 대리인이 실제로 대리행위를 한 국가의 법에 따른다"고 규정함으로써 단계적 연결방법을 택하고 있는바, 제1단계에서는 대리인의 영업소 소재지법을, 제2단계에서 대리행위지법을 준거법으로 한 것이다.[43)] 이처럼 원칙적으로 대리행위지법을 취하되, 예외적으로 대리인이 영업소를 두고 있는 경우에 대리인의 영업소 소재지법을 택한 이유는 대리인의 제3자 또는 상대방으로서는 그들 간의 법률관계가 대리인의 영업소가 있는 국가의 법에 의할 것이라고 일반적으로 기대할 것인바, 그 기대를 보

42) 석광현(주2), 230면.
43) 대리행위지법은 대법원 판례의 입장이기도 하다. 대법원 1987.3.24. 선고 86다카715 및 대법원 1988.2.9. 선고 84다카1003.

호하기 위한 것이다.[44]

대리인과 본인 간에 근로계약관계가 존재하는 경우에 국제사법 제32조 제2항의 대리인 영업소의 확정과 관련하여 국제사법 제32조 제3항은 "대리인이 본인과 근로계약관계에 있고, 그의 영업소가 없는 경우에는 본인의 주된 영업소를 그의 영업소로 본다"고 규정하고 있다. 즉 근로계약에 한해서 대리인이 영업소를 갖고 있지 않은 때에는 본인의 주된 영업소를 대리인의 영업소로 간주함으로써 제32조 제2항에 따라 대리행위지법이 적용되는 대신 본인의 영업소 소재법이 적용되도록 한 것인데, 이러한 경우에는 대리인과 거래한 상대방은 본인의 영업소가 있는 국가의 법이 적용될 것이라고 일반적으로 기대할 것이기 때문이다. 이 규정은 근로계약관계가 있는 경우만을 규정하고 있으나, 그 취지를 고려할 때 위임계약관계가 있는 경우에도 적용될 수 있을 것이다.[45]

한편 국제사법 제32조 제4항은 "본인은 제2항 및 제3항에도 불구하고 대리의 준거법을 선택할 수 있다"고 규정함으로써 본인이 제3자와의 관계에 적용될 준거법을 지정할 수 있도록 허용함으로써 제한된 범위에서 당사자자치를 인정하였다. 이 규정은 본인이 의도하지 않은 국가의 법에 의하여 대리행위의 효과가 그에게 귀속하는 결과를 막기 위한 것이다. 다만 이 경우에 제3자를 보호하기 위해서 국제사법 제32조 제4항 단서 규정은 "준거법의 선택은 대리권을 증명하는 서면에 명시되거나 본인 또는 대리인이 제3자에게 서면으로 통지한 경우에만 그 효력이 있다"고 규정하였다.

관련판례 대법원 1990.4.10. 선고 89다카20252

임의대리에 있어서 대리인 혹은 대리인으로 칭한 자와 거래를 한 상대방에 대하여 본인에게 거래당사자로서의 책임이 있는지의 여부는 거래의 안전 내지 상대방 보호를 위한 측면을 고려할 때 대리행위지법에 의하여 판단되어야 함이 상당하다고 하겠으므로 영국에서 한국회사인 을의 런던사무소책임자인 병이 을을 대리하여 영국회사인 갑과 사이에 중재계약을 체결한 경우에 있어서 위 병의 중재계약상의 대리

44) 석광현(주2), 231면.
45) 상게서, 231면. 섭외사법 개정작업 당시에 위임계약관계 등 계속적 계약관계도 국제사법 제18조 제3항[2022년 개정 국제사법 제32조 제3항]에 삽입할 것인지의 여부가 검토되었으나, 논의과정에서 삭제되었다고 한다.

행위에 관한 준거법은 대리행위지법인 영국법이다.

(3) 대리인과 제3자 간의 관계

대리인과 제3자 간의 관계, 즉 대리행위 자체의 성립과 효력에 관해서 국제사법은 별도의 규정을 두고 있지 않으나, 법정대리의 경우와 마찬가지로 각각의 대리행위의 준거법에 의할 것이다. 따라서 이에 대해서는 법률행위, 특히 행위능력에 관한 규정인 국제사법 제28조, 법률행위의 방식에 관한 규정인 국제사법 제31조 및 계약에 관한 규정인 국제사법 제45조 이하의 규정 등이 적용될 것이다.[46]

(4) 무권대리 및 표현대리

무권대리에서는 일반적으로 본인이 무권대리인과 제3자 간의 법률행위를 추인할 수 있는지, 추인한 때에 그 효과는 어떻게 되는지 등이 주로 문제된다. 왜냐하면 본인과 무권대리인 간에는 애초에 수권행위가 없었기 때문에 대리권의 성립이나 범위 등의 문제는 일반적으로 발생하지 않고,[47] 또한 무권대리인과 제3자 간의 관계는 그들 간의 법률행위 또는 법률관계에[48] 적용될 법에 의하여 규율될 것이기 때문이다.

국제사법 제32조 제5항은 "대리권이 없는 대리인과 제3자 간의 관계에 관하여는 제2항의 규정을 준용한다"고 규정함으로써 무권대리인과 제3자 간의 법률행위의 효과가 본인에게 귀속되는지, 즉 본인과 제3자 간의 관계에 대해서 (무권)대리인의 영업소가 있는 경우에는 그 영업소가 있는 국가의 법에 의하고, 그 영업소가 없거나 제3자가 영업소를 알 수 없는 경우에는 (무권)대리행위를 한 국가의 법에 의하도록 한 제32조 제2항이 적용된다는 점을 명문화했다.

국제사법 제32조 제5항은 무권대리에 관해서만 규정하고 있으나, 무권대리의 한 형태인 표현대리에도 적용된다고 보아야 한다.

---

46) 상게서, 231면.

47) 그러나 예외적으로 본인과 무권대리인 간의 관계를 규율할 필요가 있는 때에는 국제사법 제32조 제1항에 따라 당사자 간 법률관계의 준거법이 적용될 것이다.

48) 이때 무권대리인의 제3자에 대한 행위는 대리행위로서의 성질을 갖지 않기 때문에 이를 대리행위라고 하지 않고, 그들 간 법률행위라고 한 것이다.

관련판례 서울고등법원 2017.4.4. 선고 2016나2040321

국제사법 제18조[개정 국제사법 제32조]는 대리인의 행위로 인하여 본인이 제3자에 대하여 의 무를 부담하는지의 여부는 대리인의 영업소가 있는 국가의 법에 의하며, 대리인의 영업소가 없거나 영업소가 있더라도 제3자가 이를 알 수 없는 경우에는 대리인이 실제로 대리행위를 한 국가의 법에 의하고(제2항), 대리인이 본인과 근로계약 관계에 있고, 그의 영업소가 없는 경우에는 본인의 주된 영업소를 그의 영업소로 보며(제3항), 대리권이 없는 대리인과 제3자 간의 관계에 관하여는 제2항의 규정을 준용한다(제5항)고 규정하고 있다.

위와 같은 규정의 취지는 임의대리에 있어서 대리인 또는 대리인으로 칭한 자와 거래를 한 상대방에 대하여 본인에게 거래당사자로서의 책임이 있는지의 여부는 거래의 안전 내지 상대방 보호를 위한 측면을 고려하여 대리인의 영업소 소재지 국가의 법이나 대리행위지법에 의하여 이를 판단하도록 한 것으로 봄이 상당하다. 따라서 피고를 대리하여 중재 합의 조항이 포함된 이 사건 호두공급계약을 체결한 위 구매담당자가 개인적인 영업소를 따로 두고 있었다고 볼만한 증거가 없는 이 사건에서는, 위 구매담당자가 피고와 근로계약을 체결한 자이므로 피고의 주된 영업소를 위 구매담당자의 영업소로 보아야 하고, 따라서 피고의 영업소 소재지인 우리나라법이 준거법이 된다. 또한, 위 구매담당자가 승낙의 의사표시를 발송한 장소는 우리나라이고, 도달한 장소는 원고가 소재한 미국 캘리포니아 주인바, 대리행위지는 일반적으로 대리인이 의사표시를 한 곳을 의미하므로, 구매담당자의 위와 같은 의사표시를 행한 장소인 우리나라를 대리행위지로 보는 것이 타당하다. 결국, 위 구매담당자에게 중재합의 조항이 포함된 이 사건 호두공급계약을 체결할 대리권이 존재하는지에 관한 준거법은 우리나라법이다.

제 3 절 법률행위의 방식의 준거법

I. 의 의

법률행위의 방식은 법률행위의 형식적 성립요건으로서 법률행위가 유효하게 성립하기 위해서 필요한 의사의 외부적 표현방식이다. 의사표시에 있어서 구두 또는 서면의 요부, 서면에의 서명 또는 기명의 요부, 공적 기관의 증명의 요부, 제출의 요부, 물권적 법률행위에 있어서 등기나 인도, 증여에 있어서 서면의 방식 또는 유언에 있어서 자필방식이나 증인의 참여 등이 그러한 예가 될 것이다.[49]

II. 준거법 선택의 원칙

법률행위의 방식은 법률행위의 실질과 밀접한 관련을 갖고 있기 때문에 법률행위의 실질의 준거법과 동일한 준거법에 의하는 것이 바람직하다.

국제사법 제31조 제1항은 "법률행위의 방식은 그 행위의 준거법에 따른다"고 규정함으로써 법률행위의 방식은 원칙적으로 그 행위의 준거법, 즉 법률행위의 실질의 준거법에 의하도록 하였다. 이 규정은 '계약'이 아닌 '법률행위'의 방식에 관하여 규정하고 있으므로 채권행위뿐만 아니라 물권행위와 친족·상속법상의 법률행위에도 적용되고, 계약뿐만 아니라 단독행위에도 적용된다.[50] 국제사법 제31조 제1항의 적용과 관련해서 주의할 점은 소비자계약의 방식(국제사법 제47조 제3항), 혼인의 방식(국제사법 63조 제2항) 또는 유언의 방식(국제사법 제78조 제3항) 등의 경우와 같이 국제사법이 별도의 규정을 둔 때에는 이들 규정이 우선하여 적용된다는 것이다.

한편 국제사법 제31조가 혼인이나 유언 이외의 친족관계에 대해서 어떻게 적용되어야 하는지가 문제된다. 이러한 의문은 국제사법 제39조(지식재산권 침해에 관한 소의 특별관할), 제67조(혼인 중의 부모·자녀관계), 제68조(혼인 외의 부모·자녀관계), 제69조(혼인 외의 출생자) 및 제70조(입양 및 파양) 등의 규정이 방식에 관한

---

49) 법률행위의 방식과 관련해서 흔히 제한능력자의 법률행위와 법정대리인의 동의가 논의되지만, 이는 궁극적으로 제한능력자의 법률관계의 성질에 따라 정해지는 것으로 본인의 의사표시의 방법이 아니므로 방식의 문제로 보기 어려우며, 오히려 법률행위의 실질적 성립요건의 문제로 보아야 할 것이다. 신창선·윤남순(주4), 241면.
법률행위의 방식은 의사표시의 방식을 의미하기 때문에 단순한 증거방법은 이에 포함되지 않는다. 예를 들어 공정증서는 유언의 경우에는 법률행위의 방식이지만, 그 외 다른 경우에는 증거방법에 지나지 않고, 따라서 법률행위의 방식이 아니다. 증서에 인지를 첨부해야 하는지의 문제도 이는 인지세법, 즉 공법상의 제도이기 때문에 법률행위의 방식의 문제는 아니다. 법률행위방식의 형식, 예를 들어 서면에 의함을 요하는 경우에 있어서의 서면 자체의 서식 등도 법률행위의 방식과는 구별된다. 상게서, 241면.

50) 석광현(주2), 224면.

별도의 규정을 두고 있지 않기 때문에 발생한다. 특히 친자관계의 성립요건의 준거법(국제사법 제67조 내지 제70조)과 그 효력의 준거법(국제사법 제72조)이 같지 아니한바, 만일 국제사법 제31조가 적용된다면, 방식의 준거법은 친자관계의 성립요건의 준거법에 따를 것인지 아니면 친자관계의 효력의 준거법을 따를 것인지가 문제된다. 왜냐하면 국제사법 제31조의 '행위'는 법률행위의 '실질'을 의미하는바, 이 '실질'에는 법률행위의 성립요건 중 실질적 성립요건과 효력이 포함되는데, 국제사법 제67조 내지 제70조는 실질적 성립요건에 관한 규정이고, 제72조는 효력에 관한 규정이기 때문이다.[51] 법률행위의 방식은 법률행위의 실질적 성립요건과 보다 밀접한 관련을 갖는다고 본다면, 실질적 성립요건의 준거법과 효력의 준거법이 다른 경우에 법률행위의 방식은 법률행위의 실질적 성립요건의 준거법에 따라야 할 것이다. 따라서 국제사법 제67조 내지 제70조가 규정하는 친자관계의 경우에 그 행위의 방식은 국제사법 제67조 내지 제70조에 규정된 각각의 준거법에 따라 정해진다. 그렇게 해석할 때에만 "제68조부터 제70조까지의 규정에 따른 부모·자녀관계의 성립에 관하여 자녀의 본국법이 자녀 또는 제3자의 승낙이나 동의 등을 요건으로 할 때에는 그 요건도 갖추어야 한다"고 규정한 국제사법 제71조의 취지를 살릴 수 있다.

Ⅲ. 행위지법주의

법률행위의 방식은 그 실질의 준거법에 의한다는 원칙만을 고집하는 때에는 실질의 준거법이 정하고 있는 방식을 인정하지 않는 국가에 있어서는 유효한 법률행위를 할 수 없다는 불합리한 경우가 발생할 수 있다.

국제사법 제31조 제2항은 "행위지법에 따라 한 법률행위의 방식은 제1항에도 불구하고 유효하다"고 규정함으로써 법률행위의 방식은 법률행위의 실질의 준거법뿐만 아니라 행위지법에 의해서도 유효한 것이 될 수 있음을 분명히 하였다. 이 규정은 "장소는 행위를 지배한다"(locus regit actum)라는 원칙에 입각한 것으로 법률행위의 성립을 용이하게 하고 당사자의 편의와 행위지의 거래이익을 도모하기 위한 취지를 갖는다. 이때 국제사법 제31조 제2항의 행위지는 일반적으로 의

51) 상게서, 149면.

사표시를 한 곳을 의미할 것이다.

한편 국제사법 제31조 제2항에 따라 행위지법이 적용되는 경우에 격지자 간의 법률행위에 있어서 연결점인 행위지를 어떻게 정할 것인지가 문제된다. 국제사법 제31조 제3항은 "당사자가 계약체결 시 서로 다른 국가에 있을 때에는 그 국가 중 어느 한 국가의 법에서 정한 법률행위의 방식에 따를 수 있다"고 규정함으로써 계약체결을 위한 법률행위가 있었던 모든 곳이 행위지가 될 수 있도록 해서 계약의 성립을 더욱 용이하게 하였다. 이 규정은 격지자 간 계약체결에 국한되어 적용되므로 이 규정의 법률행위의 방식은 계약의 방식의 의미로 해석되어야 한다.[52]

또한 국제사법 제31조 제4항은 "대리인에 의한 법률행위의 경우에는 대리인이 있는 국가를 기준으로 행위지법을 정한다"고 규정함으로써 대리인에 의한 법률행위에 있어서는 대리행위지가 아닌, 대리인이 영업소를 두거나 또는 소재하는 곳을 행위지로 본다. 이 규정은 그 해석상 제31조 제3항의 경우에도 적용되어야 할 것이므로 대리인이 계약체결 당시에 다른 국가에 있는 경우에는 대리인이 속한 국가의 법이 정한 법률행위의 방식에 의할 수 있다.[53]

관련판례 대법원 1988.2.23. 선고 86다카737

섭외사법 제20조 제1항, 제2항[국제사법 제68조]에 의하여 인지의 요건과 효력은 부의 본국법에 의하되 인지의 방식은 법률행위 방식에 관한 같은 법 제10조[국제사법 제31조]에 따라야 할 것인즉, 같은 조 제1항에는 법률행위의 방식은 그 행위의 효력을 정한 법에 의한다고 규정하고 제2항에는 행위지법에 의하여 한 법률행위의 방식은 전항의 규정에 불구하고 이를 유효로 한다고 규정하고 있으므로, 외국에서 하는 한국인의 인지는 한국법이 정한 방식에 따라 외국에 주재하는 한국의 재외공관의 장에게 인지신고를 할 수도 있고 행위지인 외국법이 정하는 방식에 따라 그 나라 가족관계등록공무원에게 인지신고를 할 수도 있다.

Ⅳ. 행위지법주의에 대한 예외

국제사법 제31조 제5항은 "제2항부터 제4항까지의 규정은 물권이나 그 밖에 등기하여야 하는 권리를 설정하거나 처분하는 법률행위의 방식에는 적용하지 아

52) 석광현(주2), 227면.
53) 상게서, 227면.

니한다"고 규정함으로써 법률행위의 방식과 관련한 행위지법주의가 부동산의 양도 방식이나 저당권의 설정 방식 등 물권행위의 방식에 대해서는 적용되지 않도록 하였다. 왜냐하면 물권에 대해서는 목적물소재지가 거의 언제나 가장 큰 이해관계를 갖는다고 할 수 있고, 등기 등 공시가 목적물소재지에서 이루어진다는 점을 고려하면 거래안전 및 제3자의 이익보호를 위해 굳이 행위지법을 따를 이유도 크지 않기 때문이다. 또한 물권행위의 방식에 관한 규정은 대체로 강행규정의 성질을 갖는데, 물권행위의 준거법이 아닌 행위지법이 적용됨으로써 물권행위 준거법의 강행규정의 적용이 배제되는 것은 타당하지 않을 것이다. 따라서 물권행위의 방식에 대하여는 국제사법 제31조 제1항에 따라 오로지 그 행위의 준거법, 즉 목적물의 소재지법에 의한다(국제사법 제33조). 이때 물권행위의 대항요건인 등기나 인도방식에 관한 준거법도 목적물의 소재지법에 따른다.

Ⅴ. 법률행위의 방식에 관한 특칙

이상과 같은 법률행위의 방식에 관한 준거법 원칙에 대하여 다음과 같은 특칙이 있다. 먼저 소비자계약의 방식은 소비자의 일상거소지법에 의한다(국제사법 제47조 제3항). 혼인의 방식은 혼인거행지법 또는 당사자 일방의 본국법에 의한다(국제사법 제63조 제2항 본문). 유언의 방식은 유언 또는 사망 당시 유언자의 본국법, 유언 또는 사망 당시 유언자의 일상거소지법, 유언 당시 유언행위지법 및 부동산에 관한 유언의 방식에 대하여는 그 부동산의 소재지법 중 어느 하나의 법에 의한다(국제사법 제78조 제3항). 어음행위의 방식은 서명지법을 원칙으로 하지만(국제사법 제82조 제1항 본문), 예외로 수표행위의 방식은 지급지법에 의할 수도 있다(국제사법 제82조 제1항 단서).

제4장

물 권

산업사회 이전의 농경사회에서 부동산, 특히 토지는 언제나 고유한 것으로 인식되었을 뿐 아니라 주된 재산이었기 때문에 토지가 소재하는 곳의 법이 그 토지를 둘러싼 법률관계를 규율한다는 원칙이 자연스럽게 확립되었다.54) 이처럼 부동산에 대해서 그 소재지법이 규율한다는 원칙은 오늘날에 있어서도 미국과 유럽의 대부분의 국가에서 확고하게 수용되고 있다.55)

그러나 동산을 규율하는 준거법에 관해서는 동산은 부동산과는 달리 소유자의 주소지법에 의해야 한다는 이칙주의(또는 구별주의)와 동산도 부동산과 마찬가지로 소재지법에 의해야 한다는 동칙주의(또는 통일주의)가 있다. 이칙주의는 동산은 부동산과 달리 그 소재지가 용이하게 변경될 수 있고, 따라서 동산의 현실의 소재지법에 의하게 되면 권리관계가 불확정하게 될 가능성이 높다는 데 근거한다.56) 이칙주의는 동산의 종류가 다양하지 않고, 동산이 원칙적으로 소유자의 주소지에 소재하며, 소유자의 주소도 비교적 고정되어 있던 산업사회 이전의 경제상황을 반영한다.57)

중세에 이르기까지 동산을 둘러싼 법률관계를 규율하는 준거법은 그 소유자의 주소지법이라는 것이 일반원칙이었다.58) 그러나 산업사회에 이르러 동산의 종

54) Scoles, Hay, Borchers & Symeonides, *supra* note 19, p.1054.

55) James Fawcett, Janeen M. Carruthers & Sir Peter North, *Cheshire, North & Fawcett: Private International Law* (14th ed., Oxford University Press, 2008), p.1199.

56) 동산은 소유자의 주소지법에 의한다는 이칙주의의 입장은 "동산은 사람에 따른다"(*mobilia sequuntur personam*)라는 중세의 법언에서 잘 드러난다. Scoles, Hay, Borchers & Symeonides, *supra* note 19, pp.1056, 1073.

57) *Ibid.*, pp.1056, 1073.

류와 이를 둘러싼 거래의 양태가 다양해지고, 그 경제적 가치도 커지게 되었다. 또한 거래가 활발해짐에 따라 동산의 소재지가 일정하지 않게 되고, 소유자의 주소도 고정적이지 않게 됨에 따라 동산의 소재지와 소유자의 주소지가 반드시 일치하는 것은 아니라는 인식이 형성되기 시작하였고, 이는 다시 동산에 관한 물권관계를 오직 소유자의 주소지법에 의하도록 하는 것이 오히려 거래의 안전과 원활을 저해할 수 있다는 인식을 야기했다.[59] 특히 19세기 중엽에 이르러 사비니가 이른바 동산삼분설(動産三分說)을[60] 주장함에 따라 동산에 대해서도 소재지법이 적용되어야 한다는 주장이 널리 수용되기 시작하였고, 오늘날에 이르러서는 대부분 국가의 국제사법이 일반적으로 동칙주의를 채택하고 있다.

기본적으로 동산과 부동산의 구분은 법률적 개념에 따른 인위적인 것이어서 각국의 법률에 따라 그 구분이 동일하지 않고, 따라서 국제사법의 적용에 있어서 동산과 부동산을 구분하여 각각 다른 준거법을 적용하는 것이 용이하지 않다. 또한 동산의 경우에 주소를 달리하는 당사자 간에 소유권이 이전하거나 주소를 달리하는 수인이 동산을 공유하는 등의 경우에 적용할 주소지법을 확정하는 것도 마찬가지로 용이한 것은 아니다. 이러한 점을 고려할 때, 동산과 부동산을 규율하는 준거법을 정함에 있어서 동일한 원칙을 사용하는 동칙주의가 보다 합리적이라고 할 것이다.[61]

---

58) *Ibid.*, pp.1072-1075.

59) Fawcett, Carruthers & North, *supra* note 55, p.1210.

60) 동산삼분설은 동산을 세 가지로 분류하여, 첫째, 여행자의 수하물이나 이동 중인 물건 등은 소유자의 주소지법에 의하고, 둘째, 비치된 가구, 도서 또는 미술품 등과 같이 그 소재지가 확정되어 있는 동산은 그 소재지법에 의하며, 셋째, 양자의 중간에 있는 물건, 예를 들어 소유자가 주소지 이외의 장소에서 기간을 정하여 타인에게 보관시킨 물건이나 외국에 일시 체류하는 여행자의 수하물 등은 그 체류기간이나 법규의 성질 등에 기초해서 소유자의 주소지법 또는 목적물의 소재지법에 의한다는 입장이다. 신창선 · 윤남순(주4), 246면 주 38; 윤종진(주4), 329면.

61) 윤종진(주4), 330면; 김연 · 박정기 · 김인유(주9), 278면. 그러나 미국과 영국에서는 물건의 준거법을 정함에 있어서 동산과 부동산을 구별하는 이칙주의가 여전히 존재한다. Fawcett, Carruthers & North, *supra* note 55, p.1193. 미국과 영국의 판례에 따르면, 부동산에 대해서는 그 물건의 소재지법(the law of situs)이 적용된다는 것이 확립된 원칙이다. 반면에 동산에 적용될 준거법에 관해서는 물건의 소재지법이 준거법이 된다는 게 대체적인 입장이지만, 예외적으로 소유자의 사망 후 그의 동산의 처리는 주소지법에 의한다거나 또는 동산의 처분은 매매 등 원인된 법률행위의 준거법에 의한다는 등의 입장도 나타난다. *Ibid.*, pp.939-941.

동칙주의를 채용하는 대부분의 국가는 물권에 관하여 소재지법주의를 채택하고 있는바, 물권은 물건에 대한 직접적인 지배권이기 때문에 물건이 현실로 소재하는 곳의 법에 따르는 것이 가장 자연스럽다거나, 물권은 물건에 대한 배타적인 지배권이기 때문에 제3자의 이익보호, 즉 소재지의 공익을 보호하는 견지에서 목적물의 소재지법에 의하는 것이 타당하다거나 또는 부동산의 저당권 설정에 관한 규율을 그 부동산의 소재지법이 아닌 다른 법에 의한다는 것은 기술적으로 곤란하고 경우에 따라서는 불가능한 데서 볼 수 있는 바와 같이 물권관계에 소재지법 이외의 법을 적용하는 것은 기술적으로 곤란한 경우가 적지 않다는 것 등을 그 근거로 한다.[62)]

제 1 절 국제재판관할

국제사법은 물권의 국제재판관할에 관하여 별도의 규정을 두지 않았다. 이는 총칙 제5조에 따라 재판관할의 확정이 가능하기 때문이다.

국제사법 제5조 1호에 따라 물권에 관한 소는 그 물권의 목적인 동산·부동산이 대한민국에 있는 경우 대한민국 법원에 특별재판관할이 인정된다.

제 2 절 준거법

I. 준거법 선택의 일반원칙

국제사법 제33조 제1항은 "동산 및 부동산에 관한 물권 또는 등기하여야 하는 권리는 그 동산 · 부동산의 소재지법에 따른다"고 규정함으로써 동산과 부동산에 관한 물권적 법률관계에 대해서 동일한 준거법이 적용되도록 하는 동칙주의를 채택하고, 나아가 물건과 관련한 법률관계는 물건이 있는 곳의 법이 가장 밀접한

62) 신창선 · 윤남순(주4), 247면; 윤종진(주4), 330면; 김연 · 박정기 · 김인유(주9), 278면.

관련을 갖는다는 입장에서 소재지법주의를 채택하였다.

한편 국제사법 제33조 제2항은 "제1항에 규정된 권리의 취득 · 상실 · 변경은 그 원인된 행위 또는 사실의 완성 당시 그 동산 · 부동산의 소재지법에 따른다"고 규정하고 있는바, 이는 물권의 득실변경의 준거법에 관한 규정으로서 물권의 변동에 있어서 연결점의 확정 시점에 관하여 그 원인된 법률요건이나 법률사실이 완성될 당시의 시점을 기준으로 할 것을 정한 것이다.

II. 준거법의 적용범위

1. 물권의 준거법과 채권의 준거법

물권의 준거법은 물권의 득실변경 및 그 내용 등 물권에 관한 모든 문제에 적용된다. 특히 물권변동을 일으키는 물권행위에는 그 원인행위로서 채권행위가 존재하는바, 물권의 준거법인 목적물의 소재지법은 물권행위에만 적용되고, 그 원인행위인 채권행위에는 적용되지 않는다. 따라서 매매계약의 이행의 일부로서 물건의 소유권이 이전되는 경우에 소유권의 이전은 당사자의 의사표시만에 의하여 가능한 것인지 아니면 인도 또는 등기 등 별도의 법률행위를 필요로 하는 것인지 여부는 물건의 소재지법에 의하지만, 물권변동의 원인이 된 매매계약 자체의 유효 여부 및 유효인 경우에 발생하는 채권 · 채무의 내용 등은 채권의 문제로서 매매계약 자체의 준거법인 국제사법 제45조 이하의 규정에 따라 정해지는 매매계약 자체의 준거법에 의하는 것이다.

물권의 준거법의 확정과 관련해서 주의할 점은 프랑스나 일본과 같이 이른바 의사주의를 취하는 법제에서는 하나의 의사표시에 의하여 채권의 발생과 물권의 이전이라는 효과가 동시에 발생하지만, 이때에도 우리나라 국제사법의 적용에 있어서는 그 법률행위의 채권법적 측면과 물권법적 측면은 구별되어 취급되어야 한다는 것이다.

2. 물권의 준거법과 총괄재산의 준거법과의 관계

어떤 개별적 물건이 부부재산제에서의 부부재산이라든가 상속에서의 상속재산과 같은 총괄재산 중에 포함되는지 여부는 일응 총괄재산의 준거법에 의한다. 그러나 개개의 물건이 그와 같은 총괄재산의 구성부분에 포섭될 수 있는지의 문제는 그 물건에 대한 물권의 문제이기 때문에 그 목적물의 소재지법에 의해서도 인정되어야 한다. 예를 들어 상속의 준거법이 토지소유권을 상속재산 중에 인정한다고 할지라도 그 토지에 대한 물권의 준거법, 즉 그 토지의 소재지법이 그 물권, 즉 토지소유권의 상속을 인정하지 않는 경우에는 그 토지는 상속의 대상으로 되지 아니한다.[63] 마찬가지로 부부재산 중에 법정저당권이 인정될 수 있는지는 총괄재산의 준거법인 부부재산제의 준거법에 의하지만, 법정저당권이 그 재산의 소재지법에 따라 부부재산의 일부로서 인정되지 않는다면 그 법정저당권은 부부재산의 일부가 되지 못한다.[64]

한편 개별재산의 준거법과 총괄재산의 준거법 간의 충돌은 물권에 한하지 않고 채권 기타의 재산권에 대해서도 발생할 수 있다. 예를 들어 국제사법 제77조에 따른 상속의 준거법이 불법행위에 기한 손해배상청구권이 상속재산에 포함되는 것을 인정하더라도 국제사법 제52조에 따른 불법행위의 준거법이 그 권리의 상속성을 부정하고 있다면 문제의 손해배상청구권은 상속의 대상이 되지 않는 것이다.[65]

관련판례 대전지방법원 천안지원 1989.3.14. 선고 88드2012

재판상이혼에 따른 위자료, 결혼비용반환청구는 이혼의 준거법에 따라야 할 것이므로 섭외사법 제18조[국제사법 제66조] 본문에 의하여 부의 본국법에 의할 것이나, 재판상이혼청구에 이혼당사자 사이의 소유재산반환청구가 병합되어 제기된 경우에는 그 준거법은 성질상 별도로 결정되어야 하며 이 경우 그 준거법은 섭외사법

---

63) 신창선 · 윤남순(주4), 249면; 윤종진(주4), 332-333면. 이때 당해 물권의 처리는 그 물권의 목적물의 소재지법에 따라 이루어질 것이다.

64) 신창선 · 윤남순(주4), 249면; 윤종진(주4), 332-333면. 총괄재산의 준거법과 개별 물권의 준거법 간의 이러한 관계는 "개별준거법은 총괄준거법을 파괴한다"거나 또는 "재산준거법은 개별준거법의 승인에 의하여만 존속한다"라고 표현된다.

65) 예를 들어 상속의 준거법은 상속인에게 손해배상청구권의 상속을 인정하고 있는 반면, 불법행위의 준거법은 손해배상청구권의 상속을 인정하지 않지만, 대신에 상속인에게 가해자에 대한 직접 손해배상청구권을 인정한다고 할 때, 피상속인의 손해배상청구권은 상속의 대상이 되지 않는다. 그러나 이 경우에 불법행위의 준거법에 따라 상속인은 가해자에게 직접 손해배상청구권을 행사할 수 있을 것이다.

제12조 제1항[국제사법 제33조]에 의하여 목적물 소재지법이 된다.

3. 물권적 권리능력, 물권행위능력 및 물권행위의 방식

어떤 물건이 물권의 대상이 될 수 있는지, 즉 물권의 목적이나 동산이나 부동산의 구분, 즉 물건의 구분 등에 관한 문제는 모두 그 물건의 소재지법에 의한다.

물권을 취득할 수 있는 권리능력을 갖는지 여부는 개별적 권리능력에 관한 문제이기 때문에 당해 물권의 준거법, 즉 목적물의 소재지법에 의한다.[66] 반면에 물권적 효력을 갖는 법률행위를 할 수 있는 능력, 즉 물권행위능력은 행위능력에 관한 문제이기 때문에 국제사법 제28조에 따라 당사자의 본국법에 의할 것이다.[67] 이때 물권행위에 대해서도 거래보호를 위한 행위능력에 관한 특칙인 국제사법 제29조 제1항이 적용되지만, 국제사법 제29조 제2항은 행위지 외에 있는 부동산에 관한 법률행위에 대해서는 제29조 제1항이 적용되지 않도록 함으로써 다시 행위능력의 일반원칙에 따라 당사자의 본국법에 의하도록 하였다. 이는 부동산에 대해서는 행위지의 거래의 보호보다 당사자의 이익의 보호를 우선한 것이다.

국제사법 제31조 제5항은 "제2항부터 제4항까지의 규정은 물권이나 그 밖에 등기하여야 하는 권리를 설정하거나 처분하는 법률행위의 방식에는 적용하지 아니한다"고 규정함으로써 물권행위의 방식에 관한 문제는 행위지법에 의하지 않고, 오직 목적물의 소재지법에 의하도록 하였다. 이는 소재지의 공익을 보호하기 위한 것이다.

4. 물권의 종류, 내용 및 효력

물권의 종류, 내용, 효력 및 존속기간 등 물권에 관한 모든 문제는 목적물의 소재지법에 의한다.

점유권에 있어서 점유권의 취득과 소멸(민법 제192조), 점유자의 과실수취권(민법 제201조), 악의의 점유자의 과실반환의무, 대리점유의 인정 여부, 공동점유의 인정 여부, 점유권의 양도나 상속의 인정 여부, 선의취득의 인정 여부(민법 제

66) Fawcett, Carruthers & North, *supra* note 55, pp.1202-1204.
67) 윤종진(주4), 333면.

249조) 등과 소유권에 있어서 소유권의 내용(민법 제211조), 상린관계에 의한 통행권(민법 제219조), 공동소유관계의 태양과 그 법률관계(민법 제215조) 등은 모두 목적물의 소재지법에 의한다.

지상권, 지역권, 전세권 등 용익물권에 관한 문제도 목적물의 소재지법에 의한다. 지역권의 경우에 요역지와 승역지가 다른 국가에 속하는 경우에는 양 국가에서 모두 지역권이 물권으로서 인정되는 때에만 지역권이 성립된다고 보아야 한다.

질권이나 저당권과 같은 약정담보물권 중 유형의 물건에 대한 약정담보물권의 성립요건이나 효력은 물권의 문제로서 목적물의 소재지법에 의한다. 이 경우에 피담보채권의 준거법에 따라 그와 같은 담보물권이 인정될 것을 필요로 하지 않는다.[68]

채권이나 주주권 또는 기타의 권리를 담보로 하는 경우, 즉 권리질의 경우에 관해서 국제사법 제37조는 "채권 · 주식, 그 밖의 권리 또는 이를 표창하는 유가증권을 대상으로 하는 약정담보물권은 담보대상인 권리의 준거법에 따른다"고 규정함으로써 권리질은 모두 그 목적인 권리의 준거법에 의하도록 하였다. 원래 질권은 유체물에 대하여 인정되고 있는 제도인데, 권리질은 질권을 무체재산인 권리에 확장하여 인정하는 것이다. 국제사법 제33조가 목적물의 소재지법에 의한다고 한 것은 유체물을 전제로 한 것인데, 권리질의 경우에는 그 목적인 권리가 유체물에 상당하므로 그 권리의 근거가 된 법률관계에 적용될 법, 즉 권리의 준거법에 의하는 것이 타당할 것이기 때문에 국제사법 제37조는 권리질의 준거법을 권리의 준거법에 의하도록 규정한 것이다. 국제사법 제37조에 따르면 채권질은 채권의 준거법, 즉 채권발생의 원인이 된 계약의 준거법에 의하고, 주식질은 주식의 준거법, 즉 주식회사의 준거법에 의하게 될 것이다. 다만 국제사법 제37조 단서는 무기명증권을 대상으로 하는 약정담보물권은 무기명증권에 화체된 권리의 준거법이 아니라, 무기명증권에 관한 규정인 국제사법 제35조에 따라 정해지는 준거법, 즉 무기명증권의 소재지법에 따르도록 하였다. 이는 국제사법 제35조가 무기명증권을 동산으로 취급하고 있다는 점을 반영한 것이다.

권리질의 제3자에 대한 대항요건의 문제에 관해서 국제사법 제54조 제1항 단

---

68) 신창선 · 윤남순(주4), 251면; 김연 · 박정기 · 김인유(주9), 281면. 그러나 피담보채권의 준거법이 담보권의 존재를 인정해야 한다는 주장에 관해서는 윤종진(주4), 334면.

서는 채권양도의 제3자에 대한 효력의 준거법을 양도되는 채권의 준거법으로 규정하고 있는바, 이 규정을 준용하여 권리질의 제3자에 대한 대항요건도 권리질의 목적인 권리의 준거법에 의한다.

국제사법 제37조는 권리질에 대해서뿐만 아니라 채권, 주식 그 밖의 권리를 표창하는 유가증권을 대상으로 하는 약정담보물권에 대해서도 화체된 권리의 준거법에 의하도록 규정하고 있다. 따라서 채권(債券)과 같이 화체된 권리가 채권(債權)인 경우에는 채권계약에 있어서와 마찬가지로 국제사법 제45조에 따라 당사자가 지정한 법이나 또는 국제사법 제46조에 따라 당해 채권(債權)과 가장 밀접한 관련을 갖는 국가의 법이 적용될 것이다. 주의할 점은 무기명증권을 대상으로 하는 약정담보물권의 득실변경에 관해서는 국제사법 제37조 단서 및 제35조에 따라 화체된 권리의 준거법이 아니라 무기명증권 자체의 소재지법에 의한다는 것이다. 무기명증권은 동산과 마찬가지로 취급되기 때문이다.

유치권과 같은 법정담보물권도 물권이기 때문에 그 성립 및 효력이 목적물의 소재지법에 의하여야 함은 물론이다. 다만 법정담보물권은 일정한 채권을 담보하기 위하여 법률에 의해 특히 인정된 권리이기 때문에 피담보채권의 준거법이 그와 같은 권리를 인정하지 않을 때에는 그것을 인정해서는 안 될 것이고, 따라서 피담보채권의 준거법에 의해서도 그 법정담보물권의 성립이 인정되어야 할 것이다.[69] 이때 법정담보물권의 성립에 관하여 피담보채권의 준거법과 물권의 준거법이 누적적으로 적용되는 것은 그 법률관계가 피담보채권의 효력과 물권의 이중적인 성질을 가졌기 때문이 아니다. 법정담보물권의 성립의 문제는 법률관계의 성질 결정의 관점에서 분명히 물권의 문제이고 채권의 문제는 아니지만, 법정담보물권은 일정한 채권을 담보하기 위해서 법률에 의해 특히 인정된 권리이기 때문에 물권의 준거법이 인정해도 피담보채권의 준거법이 그것을 인정하지 않는 경우에 있어서까지 이것을 인정할 필요는 없다고 생각되기 때문에 물권의 준거법에 더하여 피담보채권의 준거법이 제한된 범위에서 누적적으로 적용되는 것이다.[70]

법정담보물권의 성립에 관해서 목적물의 소재지법과 피담보채권의 준거법을 누적적으로 적용하기 때문에 그 효력에 대해서도 양 준거법을 누적적으로 적용하여야 한다는 주장이 있다. 그러나 법정담보물권의 성립에 목적물의 소재지법과

69) 신창선 · 윤남순(주4), 252면; 김연 · 박정기 · 김인유(주9), 281면.
70) 신창선 · 윤남순(주4), 253면.

피담보채권의 준거법이 누적적으로 적용된다고 해서 그것이 곧 효력에 대해서도 양 준거법이 동시에 적용되어야 한다는 논리적 결과를 낳지는 않는다. 누적적 적용에 친하지 않은 문제라든가 누적적 적용에 의하여 모순이 생기는 문제에 관해서는 법정담보물권의 문제는 어디까지나 물권의 문제이기 때문에 전적으로 물권의 준거법에 의하여야 할 것이다.[71)]

한편 물권적 반환청구권, 방해배제청구권이나 방해예방청구권 등과 같은 물권적 청구권의 문제도 목적물의 소재지법에 의한다. 물권적 청구권과 관련된 손해배상청구권(민법 제202조)이라든가 비용상환청구권(민법 제203조) 등은 법정채권의 문제로서 원칙적으로 국제사법 제52조 제1항 또는 제2항을 유추적용해서 행위지법에 의하여야 할 것이지만, 물권적 청구권과의 밀접한 관련을 갖고 있는 한에서 국제사법 제52조 제3항을 유추적용해서 물권의 준거법에 의할 수도 있을 것이다.

관련판례 서울중앙지법 2017.8.25. 선고 2017가합518187

갑이 미국의 인터넷 경매사이트에서 '일본 석재 거북(Japanese Hardstone Turtle)'이라는 제목으로 경매에 부친 물건을 낙찰받아 국내로 반입한 다음, 전문가들에게 확인한 결과 위 물건이 '인조계비 장렬왕후 어보'인 사실을 확인하였고, 국립고궁박물관에 어보를 매수할 것을 신청한 후 인도하였는데, 국립고궁박물관이 심의한 결과 어보가 인조계비 장렬왕후 어보로서 도난품에 해당한다는 이유로 매입 및 반환을 거부하자 우리나라를 상대로 하여 주위적으로 어보의 반환을, 예비적으로 매도신청가액 상당의 손해배상을 구한 사안에서, 어보는 우리나라가 소유 · 관리하던 중 6 · 25 전쟁 당시 도난당한 다음 미국 등 해외로 반출되었다고 추인할 수 있으므로 도품에 해당하는데, 갑이 경매사이트에서 어보를 낙찰받을 당시 어보가 미국 버지니아주에 있었고, 그 후 갑이 어보를 국내로 반입하였으므로, 갑이 어보에 관한 소유권을 취득하였는지 여부에 관한 준거법은 원인된 행위 또는 사실의 완성 당시 목적물의 소재지법인 미국 버지니아주법인바, 영미법에서는 도품에 관하여 '누구도 자신이 가지지 않는 것을 양도할 수 없다(nemo dat quod non habet)'는 원칙이 지배하고 있어 도품에 대한 선의취득을 인정하고 있지 않고, 버지니아주법 또한 도품에 대한 선의취득을 인정하지 않고 있어 갑이 비록 경매사이트에서 어보를 낙찰받았다고 하더라

71) 상게서, 253면.

도 어보는 도품이어서 갑이 버지니아주법에 따라 어보에 관한 소유권을 취득하지 못하였으므로, 갑의 반환 청구는 이유 없고, 제반 사정 등에 비추어 보면 갑이 어보에 관하여 어떠한 재산권을 가진다고 볼 수 없으며, 우리나라 산하 국립고궁박물관이 갑에게 어보에 관한 대가를 지급하지 않은 채 반환을 거부하는 것이 불법행위를 구성한다고 보기 어렵다고 한 사례.

관련판례 서울고등법원 2013.3.28. 선고 2012나72225

국제사법 제23조[개정 국제사법 제37조]는 채권을 대상으로 하는 약정담보물권은 담보 대상인 권리의 준거법에 의한다고 규정하고 있으므로, 이 사건 임대차보증금 반환채권에 관한 질권이 유효하게 성립하였는지 여부는 이 사건 임대차보증금 반환채권의 준거법인 우리나라법에 따라 판단하여야 한다.

5. 등기하여야 할 권리

국제사법 제33조 제1항은 등기하여야 하는 권리도 물권과 마찬가지로 목적물의 소재지법에 의하도록 규정하고 있다. 이때 등기하여야 할 권리는 물건에 관한 권리로서 등기를 하면 물권과 동일한 효력 또는 유사한 효력, 즉 대항력이 생기는 권리를 의미한다.[72)]

물권은 아니지만 등기하면 물권과 동일한 효력이 생기는 권리의 종류에 관해서 국제사법은 아무런 규정을 두고 있지 않으나, 우리 민법상 부동산환매권(민법 제590조 및 제592조)이나 부동산임차권(민법 제618조 및 제621조) 등을 생각해 볼 수 있다. 이러한 권리들은 본래 채권이지만 법률의 규정에 의해 등기하면 대항력이 생기기 때문에 그 한도에서 물권적 효력을 갖는다고 볼 수 있으므로 최소한 그 대항력에 관한 한, 목적물의 소재지법을 준거법으로 한다. 주의할 점은 이 경우에 목적물의 소재지법에 의한다는 것은 등기에 의하여 생기는 물권적 대항력에 관한 문제뿐이고 그 권리의 성립 및 효력의 문제는 여전히 그 권리의 발생원인인 법률관계, 즉 매매계약이라든가 임대차계약의 준거법에 의한다는 것이다.

---

72) 석광현(주2), 236면.

6. 무기명증권

국제사법 제35조는 "무기명증권에 관한 권리의 취득 · 상실 · 변경은 그 원인된 행위 또는 사실의 완성 당시 그 무기명증권의 소재지법에 따른다"고 규정하고 있다. 왜냐하면 무기명으로 발행된 주권, 사채권 또는 상품권 등과 같이 그 자체로서 권리를 화체하고 있고, 그 권리의 득실변경이 증권의 양도에 의하여 이루어지고 있는 무기명증권은 일반 동산과 다를 바 없기 때문이다. 그러나 어떤 증권이 무기명증권인지의 여부는 당해 증권에 화체된 권리의 준거법에 따라 정해진다.[73)]

국제사법 제35조의 무기명증권에 관한 권리가 무기명증권 자체에 대한 권리만을 의미하는지 아니면 무기명증권에 화체된 권리까지 포함하는지에 대해서는 의견의 대립이 있다. 이 규정은 무기명증권 자체 및 그에 화체된 권리의 득실변경에만 적용된다. 즉 무기명증권에 화체된 권리의 구체적 내용은 여전히 당해 권리의 준거법에 의하는 것이다.

Ⅲ. 물건의 소재지 변경과 준거법

1. 의 의

물권의 준거법 확정과 관련해서 물건 소재지의 변경은 다음과 같은 문제를 야기한다. 첫째, 물건에 관한 물권이 이미 외국에서 성립한 후에 그 물건의 소재지가 변경된 경우에 구소재지법에 따라 인정된 기존 물권은 신소재지에서도 그대로 인정될 것인지 여부, 둘째, 물권변동의 원인이 되는 요건 또는 사실이 완성되지 아니한 상태에서 물건의 소재지가 변경된 경우에 어느 시점을 기준으로 소재지를 확정해서 준거법을 결정할 것인지 여부, 셋째, 이동 중인 물건이나 운송수단 등은 그 소재지가 계속하여 변동되는데, 이들 물건에 적용될 준거법을 확정하기 위해서 고정된 연결점이 필요한지 여부 등이 그것이다.

---

73) 상게서, 251-254면.

2. 물건의 소재지 변경과 기존 물권

물건의 소재지가 바뀜에 따라 준거법의 변경이 있는 경우에 그 물건에 대한 물권의 내용이나 효력이 신소재지법에 따라 바뀌는지 여부는 중요한 문제이다. 왜냐하면 구소재지법에 의하여 취득된 물권 자체는 인정된다고 하더라도, 신소재지가 물권법정주의를 취하고 있는 한, 그 물권의 내용이나 효력이 완전히 동일할 수는 없기 때문이다.

외국에서 물건의 소유권이 매수인에게 이미 양도된 경우처럼 물권법적 요건이 완성된 후에 물건이 내국으로 들어온 경우에 외국법에 따라 이미 형성된 사실은 내국에서도 존중되어야 할 것이다.[74] 따라서 이 경우에 물건에 대한 소유권을 인정하기 위해서 내국에서 다시 소유권 이전의 요건을 구비할 필요는 없다. 그러나 물권의 내용 또는 효력은 신소재지법에 의한다. 예를 들어 독일에서 성립된 질권의 목적인 동산이 우리나라로 이전된 경우에 우리나라에서도 그 동산에 대한 질권은 인정되지만, 그 질권의 내용은 우리나라 민법에 따라 정해진다. 즉 소재지가 변경되는 경우에 기존 물권의 내용이 신소재지법의 물권의 내용으로 치환 또는 전치되는 것이다. 또한 구소재지법에서 인정되는 물권이 신소재지법에서 인정되지 않는 경우에 그 물권 자체를 부인할 수는 없기 때문에 그 물권은 신소재지법이 인정하는 물권 중에서 그에 유사한 물권으로 치환 또는 전치된다.[75]

한편 구소재지에서 유효하게 취득된 물권이 신소재지에서 행사되기 위해서는 신소재지법이 요구하는 요건을 갖추어야 할 것이다. 예를 들어 구소재지의 질권이 점유를 요건으로 하지 않지만, 신소재지에서는 질권이 점유를 요건으로 하는 경우에 구소재지에서 성립한 질권이 신소재지에서 행사되기 위해서는 질권의 목적인 물건에 대한 점유가 있어야 한다.[76]

---

74) 상게서, 237면.

75) 섭외사법의 개정과정에서 "다른 국가에서 물권이 설정된 물건이 국내에 들어오는 경우 그 물권은 한국의 법질서에 반하여 행사될 수 없다"는 내용의 규정을 두어서 준거법의 변경의 경우에 물권법정주의를 소극적으로 선언하자는 내용의 논의가 있었으나, 개정법에 치환의 법리를 명시하는 조항을 두지 않더라도 동일한 결론을 도출할 수 있다는 이유에서 채택되지 않았다. 상게서, 237면.

76) 윤종진(주4), 340면.

3. 물건의 소재지 변경과 물권의 변동

물권변동의 원인이 되는 요건 또는 사실이 완성되지 아니한 상태에서 물건의 소재지가 변경된 경우에 어느 시점을 기준으로 소재지를 확정해서 준거법을 결정할 것인지가 문제된다. 국제사법 제33조 제2항은 "제1항에 규정된 권리의 취득·상실·변경은 그 원인된 행위 또는 사실의 완성 당시 그 동산·부동산의 소재지법에 따른다"고 규정함으로써 물권변동의 원인이 되는 요건이나 사실이 완성되지 아니한 상태에서 물건의 소재지가 변경된 경우에 물권의 변동은 그 법률요건 또는 법률사실이 완성된 때의 소재지의 법에 의하도록 하였다.

등기하여야 하는 권리의 득실변경과 관련해서 주의할 것은 권리 자체는 여전히 채권이고, 다만 등기를 통해서 물권적 효력, 즉 대항력을 갖는 것뿐이므로 득실변경되는 것은 권리 그 자체가 아니라 그 대항력에 국한된다는 점이다.

국제사법 제33조 제2항의 적용과 관련해서 구소재지에서 형성된 요건이나 사실을 전혀 고려하지 않고 신소재지에서 형성된 요건이나 사실만을 고려할 것인지, 아니면 구소재지에서 형성된 요건이나 사실도 고려할 것인지가 문제된다. 이러한 경우에는 구소재지에서 형성된 요건이나 사실도 고려해야 한다.[77] 따라서 취득시효의 기간이 진행 중에 물건이 우리나라에 들어온 경우에 외국에서 이루어진 취득시효의 진행은 국내에서도 이루어진 것으로 보아야 한다.

4. 이동 중인 물건에 관한 물권의 준거법

이동 중인 물건에 대해서는 소유권의 이전이나 질권의 설정 등 물권의 변동

---

77) 참고로 독일의 국제사법인 민법시행법 제43조 제3항은 "내국에 들어온 물건에 대한 권리가 이미 취득된 것이 아닐 경우 내국에서의 취득에 있어서 외국에서 이루어진 과정들을 내국에서 이루어진 것처럼 고려한다"고 규정하고 있고, 스위스 국제사법 제102조 제1항은 "어떤 동산이 스위스에 도착하고 그에 대한 물권의 취득 또는 상실이 아직 외국에서 이루어지지 아니한 때에는 외국에서 발생한 과정은 스위스에서 이루어진 것으로 본다"고 규정하고 있다. 법무부, 『국제사법 해설』(2001), 245, 275면. 우리나라 섭외사법 개정을 위한 논의과정에서 위에 유사한 규정을 두자는 의견이 있었지만, 직접적인 규정을 두지 않기로 하였다고 한다. 석광현(주2), 241면. 그러나 외국에서 진행된 과정을 고려하지 않겠다는 취지라기보다는 명문의 규정을 두지 않더라도 그간의 판례나 학설의 입장에 비추어 충분히 동일한 결론에 이를 수 있다고 보았기 때문인 것으로 보인다.

이 있는 경우에 적용될 준거법을 어떻게 결정할 것인지가 문제된다. 왜냐하면 이동중인 물건에 대해서는 물권의 변동이 복수로 일어나는 경우가 많고, 각 변동에 대한 원인된 행위 또는 사실의 완성도 복수로 일어나는 것이 일반적인데, 이때 동일한 물건의 득실변경을 복수의 준거법에 의해서 규율되도록 하는 것은 불합리하고, 또한 국제사법 제33조 제2항에 규정된 연결점인 원인된 행위 또는 사실이 완성된 곳이 그 물건과 밀접한 관련을 갖지 않는 경우가 많을 것인데, 그에 기초해서 준거법을 정하는 것은 타당하지 않을 수 있기 때문이다. 이동 중인 물건에 대한 물권은 대부분의 경우에 도착예정지 또는 목적지가 목적물과 밀접한 관련을 갖는다는 점을 고려할 때 그 도착예정지 또는 목적지법을 준거법으로 하는 것이 오히려 타당하다고 할 것이다.[78]

이러한 사정을 고려해서 국제사법 제36조는 “이동 중인 물건에 관한 물권의 취득 · 상실 · 변경은 그 목적지가 속하는 국가의 법에 따른다”고 규정함으로써 목적지법주의를 채택하였다.[79] 국제사법 제36조의 적용과 관련해서 주의할 것은 우선 물건이 운송 중에 있다 할지라도 그 물건이 운송경유지의 창고에 일시 보관되어 있는 경우와 같이 그 소재지가 비교적 안정되고 확실한 때에는 그 현실의 소재지법에 의할 것이라는 점이다.

운송 중의 물건 중에서 특히 선박에 의한 운송 중의 물건에 관해서는 적하는 선박의 일부라는 사고에 기초하여 기국법(旗國法)에 의하여야 할 것이라는 견해가 있다. 기국법은 선박이 게양하고 있는 기(旗)의 소속국, 즉 선적국의 법을 말하는데, 그 법이 널리 선박에 관한 문제에 적용되고 있기 때문에 운송 중의 물건에 대하여도 기국법에 의하자는 것이다. 그러나 운송 중의 물건에 대해서 선적국보다 목적지국이 보다 밀접한 관계를 갖는 것이 일반적일 것이므로 선박에 의한 운송 중의 물건에 대해서도 목적지법이 적용되도록 하는 것이 보다 타당하다.

한편 운송 중의 물건에 대해서 화물상환증이라든가 선하증권이 발행되어 있는 경우에 그 물건의 처분은 증권에 의해서만 가능하다. 이때 그 증권의 인도가 그 물건에 관한 물권, 즉 소유권이나 질권 등의 취득에 관하여 그 물건 자체의 인

---

78) 석광현(주2), 260면.

79) 스위스 국제사법 제101조 제1항도 원칙적으로 이 입장을 취하고 있으나, 다만 발송지법, 목적지법 또는 원인행위의 준거법 중에서 당사자가 선택할 수 있도록 하였다. 법무부 [해설](주77), 277면.

도와 동일한 효력을 갖고 있는지 여부를 판단하는 준거법이 무엇인지에 대하여는 입장이 대립하고 있다. 여기에는 운송 중의 물건에 관한 문제이기 때문에 물건의 목적지의 법에 의하여야 한다는 입장,[80] 증권의 성질 및 효력에 관한 문제이기 때문에 증권발행의 기초가 된 운송계약의 준거법에 의하여야 할 것이라는 입장 및 이것을 증권의 물권적 효력의 문제로 파악하고, 증권의 소재지법에 의하여야 할 것이라는 입장 등이 있다.[81] 화물상환증이나 선하증권과 같은 증권은 운송중의 물건을 화체한 것으로 그 자체 독립적인 거래의 대상인 것은 사실이지만,[82] 선하증권이 발행된 경우에도 예외적으로 선하증권에 의하지 않고 운송물이 처분될 수 있는 점을 고려한다면,[83] 무기명의 화물상환증이나 선하증권이 발행된 경우에도 운송 중의 물건에 관한 물권의 득실변경은 무기명증권에 적용될 준거법에 관한 규정인 국제사법 제35조가 아니라 이동 중의 물건의 물권에 적용될 준거법에 관한 규정인 제36조가 적용되어 그 물건의 목적지법에 의한다고 할 것이다. 다만 목적지에서 증권의 제시를 통해서 운송물을 인도받을 것이므로 그 한도에서 물건의 목적지와 증권의 소재지가 일치하는 경우가 많을 것이다.

5. 운송수단에 관한 물권의 준거법

항공기나 철도차량 등 운송수단은 성질상 계속적으로 이동하는 물건이므로 목적물의 소재지를 연결점으로 해서 준거법을 정하는 것이 용이하지 않고, 또한 특정의 목적지를 갖고 있지 않기 때문에 목적지를 연결점으로 사용할 수도 없다.

이러한 사정을 고려해서 국제사법 제34조는 "항공기에 관한 물권은 그 항공기의 국적이 소속된 국가의 법에 따르고, 철도차량에 관한 물권은 그 철도차량의 운행을 허가한 국가의 법에 따른다"고 규정함으로써 운송수단 그 자체 중 항공기에 관한 물권은 그 국적소속국법에 의하고, 철도차량에 관한 물권은 그 운행허가국법에 의하도록 하였다. 항공기의 경우에 등록국을 연결점으로 하는 것도 가능하지만, 항공기는 등록국의 국적을 취득하는 것이 일반적이기 때문에 양자는 원

80) 이 설은 독일의 다수설이라고 한다. 신창선 · 윤남순(주4), 257면.
81) 스위스 국제사법 제106조 제2항이 취하고 있는 입장이다. 법무부 [해설](주77), 276면.
82) 신창선 · 윤남순(주4), 257면; 윤종진(주4), 346면; 김연 · 박정기 · 김인유(주9), 291면.
83) 석광현(주2), 262면.

칙적으로 동일하다는 이유에서 국적소속국법을 준거법으로 하였다.[84] 철도의 경우에 운행허가국법을 준거법으로 한 것은 독일 민법시행법 제45조 제1항 제3호의 규정을 수용한 것이다.[85] 이때 운행허가국은 철도차량의 본원국으로서 당해 철도차량을 운행할 수 있도록 허가한 국가를 의미하는 것이지, 단순히 자국 내 일정 구간의 통행을 허가하였을 뿐인 국가를 의미하는 것은 아니다.[86]

선박에 대해서는 국제사법 제94조의 규정에 따라 선적국법이 적용된다.

자동차의 경우에는 자동차의 소재지법에 의하더라도 별다른 문제가 없을 것으로 판단되어 별도의 규정을 두지 않고 일반원칙에 따르도록 하였다.[87]

84) 석광현(주2), 248-249면.
85) 법무부 [해설](주77), 246면.
86) 석광현(주2), 249면.
87) 상게서, 249면; 윤종진(주4), 347면.

제5장 지식재산권

개정 국제사법은 개정전 물권의 일부로서 규정되어 있던 지식재산권에 관한 규정을 분리해서 별도의 장으로 편제하는 한편, 국제재판관할에 관해 상세한 규정을 추가하였다.

제 1 절 국제재판관할

I. 지식재산권 계약에 관한 소의 관할

국제사법 제38조 제1항은 지식재산권의 양도, 담보권 설정, 사용허락 등의 계약에 관한 소에 대해서 ① 그 지식재산권이 대한민국에서 보호되거나 사용 또는 행사되는 경우 또는 ② 지식재산권에 관한 권리가 대한민국에서 등록되는 경우에는 대한민국 법원에 특별관할을 인정하였다.

그런데 국제사법은 제41조에서 계약에 관한 소의 특별관할에 관한 규정을 두고 있어서, 지식재산권을 목적으로 하는 계약에 관한 소에 제38조 제1항뿐 아니라 제41조도 적용되는지의 문제가 발생한다. 이러한 사정을 고려하여, 국제사법은 제38조 제2항에서 제38조 제1항이 규정하는 지식재산권 계약에 관한 소에는 제39조가 적용되지 않는다고 규정함으로써 제38조 제1항이 제41조에 대해서 특칙의 의미를 갖는다는 점을 분명히 하였다.

II. 지식재산권 침해에 관한 소의 관할

국제사법 제39조 제1항은 지식재산권 침해에 관한 소에 대해서 ① 침해행위를 대한민국에서 한 경우, ② 침해의 결과가 대한민국에서 발생한 경우 또는 ③ 침해행위를 대한민국를 향하여 한 경우에는 대한민국 법원에 특별관할을 인정하였다.

제39조 제1항에 따라 소를 제기하는 경우에는 ① 이 소를 포함하여 여러 개의 청구가 있고, ② 그중 하나에 대하여 대한민국 법원에 국제재판관할이 있으며, ③ 이들 청구 간의 상호 밀접한 관련이 있다고 하여도 제6조 제1항에 따라 이들 여러 개의 청구를 하나의 소로 병합하여 법원에 제기하는 것이 허용되지 않는다(국제사법 제39조 제2항).

그러나 지식재산권에 대한 주된 침해행위가 대한민국에서 일어난 경우에는 제39조 제1항 및 제2항에도 불구하고 외국에서 발생하는 결과를 포함하여 침해행위로 인한 모든 결과에 관한 소를 법원에 제기할 수 있다(국제사법 제39조 제3항).

한편 제39조 제1항 및 제3항은 불법행위에 관한 소의 특별관할에 관한 규정인 제44조에 대해 특칙의 의미를 가지므로, 제39조 제1항 및 제3항에 따라 제기된 소에 대해서는 제44조가 적용되지 않는다(국제사법 제39조 제4항).

제 2 절 준거법

I. 의 의

국제사법 분야에서 지식재산권에 관한 논의는 저작권, 특허권 또는 상표권 등 배타적 권리의 취득과 양도 및 그러한 권리의 침해에 대한 구제수단을 어느 국가의 법에 의하여 판단할 것인지 여부 등을 중심으로 이루어진다.

지식재산권에 적용될 법을 결정함에 있어서 우선 염두에 둘 점은 다수의 국제조약이 있음에도 불구하고, 지식재산권이 한 국가의 경제체제나 정책과 밀접한 관련을 맺고 있는 까닭에 그 지식재산권이 인정되는지 여부 및 그 범위가 국가마다 상이하다는 사실이다. 즉 지식재산권은 속지적인 성격을 강하게 갖고 있으며,

그 효력도 그 권리를 부여한 국가에 한정되는 것이 현실이다.[88]

지식재산권에 적용될 준거법의 결정에 관해서는 등록국, 부여국 또는 최초사용국의 법이 준거법이 된다는 본원국법주의와 지식재산권의 보호가 요구되는 국가, 즉 그 권리의 침해가 주장되고 있는 국가의 법에 의해야 한다는 보호국법주의 또는 침해지법주의가 대립하고 있다.

II. 준거법 선택의 원칙

국제사법 제40조는 "지식재산권의 보호는 그 침해지법에 따른다"고 규정함으로써 지식재산권의 보호에 관해서 보호국법주의 또는 침해지법주의를 수용하였다. 국제사법 제40조는 단지 지식재산권의 보호만을 언급하고 있으나, 지식재산권과 관련해서 가장 흔한 분쟁사례가 되고 있는 지식재산권의 침해를 다루고 있기 때문에 지식재산권 전반에 관한 규정을 둔 경우와 결과에 있어 크게 다른 점은 없다.[89] 이때 침해지는 그의 영토 내에서 지식재산권의 보호가 청구되고 있는 국가를 의미하는 것이지, 소를 제기함으로써 보호를 구하는 국가, 즉 법정지국을 의미하는 것이 아니다. 예를 들어 영국에서 특허를 등록한 A가 우리나라 사람 B가 독일에서 그 특허를 침해하였다고 주장하면서 침해자의 주소지인 우리나라에서 손해배상을 구하는 소를 제기한 경우에 당해 특허권의 등록국(부여국)은 영국이고, 침해국(보호국)은 독일이며, 법정지국은 우리나라가 된다.[90]

국제사법 제40조가 지식재산권의 침해에 관한 규정을 별도로 두고 있는 까닭에 그 한도에서 불법행위의 준거법인 국제사법 제52조는 적용되지 않는다. 이와 관련해서 불법행위의 경우에 과도한 손해배상을 제한할 수 있도록 허용하는 국제사법 제52조 제4항을 지식재산권 침해로 인한 손해배상청구소송에 대해서도 적

88) 신창선 · 윤남순(주4), 260면.

89) 섭외사법 개정 당시에 국제사법 제24조[개정 국제사법 제40조]를 신설하면서 지식재산권의 침해뿐만 아니라, 그 성립이나 이전까지 포함하는 규정을 두고자 하였으나, 기술적으로 보호국법주의를 표시하는 적절한 문언에 관한 합의가 이루어지지 않아서 현재의 모습의 규정을 두게 되었다고 한다. 석광현(주2), 279면. 그렇다면 그 문언의 형식에도 불구하고, 국제사법 제24조[개정 국제사법 제40조]는 지식재산권의 제반 문제에 관한 준거법을 정한 규정이라고 할 것이다.

90) 석광현(주2), 279면.

용할 수 있는지가 문제된다. 즉 국제사법 제40조에 의하여 지식재산권침해의 준거법이 특정 외국법으로 지정되고, 이를 적용한 결과 가해자가 과도한 손해배상을 부담하게 되는 경우에 국제사법 제52조 제4항을 적용하여 손해배상액을 제한할 수 있는지의 문제이다. 지식재산권의 침해는 침해지국 내에서 불법행위를 구성하는 경우가 많을 것인바, 그 한도에서 국제사법 제40조는 제52조에 대한 특칙을 구성한다고 볼 수 있기 때문에 지식재산권의 침해가 동시에 불법행위로서 성질 결정된 경우에는 국제사법 제52조 제4항이 적용되어서 과도한 손해배상에 대한 제한이 허용되어야 한다.

한편 국제사법 제53조는 불법행위가 발생한 후 합의에 의하여 우리나라 법을 그 준거법으로 선택할 수 있도록 허용하고 있는바, 지식재산권 침해소송에 있어서도 이러한 준거법에 관한 사후적 합의가 가능한지가 문제된다.[91] 문제의 지식재산권 침해가 동시에 불법행위로 성질 결정될 수 있는 때에는 국제사법 제53조에 의한 준거법의 사후적 합의가 허용될 것이다.

관련판례 대법원 2004.7.22. 선고 2003다62910

국제사법 제24조[개정 국제사법 제40조]에 의하면, 지적재산권의 침해로 인한 불법행위의 준거법은 그 침해지법이 된다 할 것이므로 일본 보따리상들의 일본에서의 일본 상표권 침해행위에 피고가 교사 또는 방조하였음을 이유로 하는 이 부분 손해배상청구의 당부는 침해지법인 일본 상표법 제37조 등의 해석에 따라야 할 것인데, 위조한 상표를 부착한 의류를 일본 보따리상들에게 대량으로 판매함으로써 일본에서의 일본 상표권 침해행위를 용이하게 하여 준 피고의 행위가 위 침해행위에 대한 방조가 될 수 있다 하더라도, 기록에 나타난 지적재산권에 관한 일본 법원의 해석론에 비추어 보면, 속지주의 원칙을 채용하고 있는 일본 상표법하에서는 상표권이 등록된 나라의 영역 외에서 당해 상표권의 등록국에서의 침해행위를 유도하는 등 이에 관여하는 행위는 불법행위를 구성하지 아니하는 것으로 해석됨을 알 수 있으므로 이 부분 원심의 설시에 일부 적절하지 아니한 점은 있으나 피고의 공동불법행위책임의 성립을 인정하지 아니한 그 결론에 있어서는 정당하다 할 것이고 거기에 상고이유에서 주장하는 바와 같은 법리오해 및 심리미진 등의 위법이 있다고 할 수 없다.

---

91) 지식재산권의 준거법에 관한 규정을 두고 있는 스위스 국제사법 제110조 제2항은 이에 관한 명문의 규정을 두고 있는데, 국제사법 제33조와 마찬가지로 법정지법의 적용에 합의할 수 있도록 허용하고 있다. 법무부 [해설](주77), 278면.

제6장

채 권

제 1 절 국제재판관할

계약이행지가 로마법에 의하여 재판관할권의 기초로서 인정된 이후, 이들 연결점은 주소지를 보충하는 개념으로서 대륙법계나 영미법계 국가에서 모두 인정되고 있다. 따라서 원고는 계약이행지(*forum contractus*)의 법원에서 계약과 관련한 소를 제기하는 것이 허용된다.[92)]

피고의 주소나 일상거소에 기초하여 인정되는 재판관할은 피고의 주소 또는 일상거소와 분쟁 간에 어떤 관계가 있을 것이 요구되지 않기 때문에 피고의 주소나 일상거소는 일반관할의 기초가 되는 반면, 계약의 경우에는 발생한 분쟁과 소가 제기된 장소 간에 일정한 관련이 있을 것이 요구되므로[93)] 계약의 이행지는 특별재판관할권의 기초가 된다.

브뤼셀규칙은 계약에 관한 사건인 경우에는 그로 인한 채무의 이행지의 법원이 재판관할권을 갖는다고 규정하면서, 이때 이행지를 물품매매계약의 경우에는 계약에 따라 물품이 인도되었거나 인도되었어야 하는 장소, 그리고 서비스제공계약의 경우에는 계약에 따라 서비스가 제공되었거나 제공되었어야 하는 장소가 이행지라고 규정하고 있다(브뤼셀규칙 제5조 제1항).

---

92) 우리나라 민사소송법은 제8조에서 "재산권에 관한 소를 제기하는 경우에는 거소지 또는 의무이행지의 법원에 제기할 수 있다"고 규정하고 있고, 제18조 제1항에서 "불법행위에 관한 소를 제기하는 경우에는 행위지의 법원에 제기할 수 있다"고 규정하고 있다.

93) *World-Wide Volkswagen Corp. v. Woodson*, 444 U.S. 286 (1980).

참고로 브뤼셀규칙은 보험계약, 소비자계약 및 근로계약과 관련한 분쟁에 있어서 어느 국가의 법원이 재판관할권을 갖는지에 대해서는 별도의 기준을 두고 있다(브뤼셀규칙 제2장 제3절, 제4절, 제5절).

I. 일반규정

국제사법 제41조 제1항은 계약에 관한 소에 대해서 ① 물품공급계약의 경우에는 물품인도지, ② 용역제공계약의 경우에는 용역제공지, ③ 물품인도지와 용역제공지가 복수이거나 물품공급과 용역제공을 함께 목적으로 하는 계약의 경우에는 의무의 주된 부분의 이행지가 대한민국에 있는 경우에는 대한민국 법원에 특별재판관할을 인정한다.

한편 국제사법 제41조 제1항에서 정한 계약 외의 계약에 관한 소에 대해서, 국제사법 제41조 제2항은 ① 청구의 근거인 의무가 이행된 곳 또는 ② 그 의무가 이행되어야 할 곳으로 계약당사자가 합의한 곳이 대한민국에 있는 경우 대한민국 법원에 특별재판관할을 인정한다.

II. 특수한 형태의 계약에 관한 소의 관할

1. 소비자계약의 관할

(1) 소비자가 제기하는 소의 관할

국제사법 제42조 제1항은 소비자가 자신의 직업 또는 영업활동 외의 목적으로 체결하는 계약으로서 일정한 요건을 충족하는 경우에는 대한민국에 일상거소가 있는 소비자는 계약의 상대방(직업 또는 영업활동으로 계약을 체결하는 자를 말한다 이하 "사업자"라 한다)에 대해서 법원에 소를 제기할 수 있다고 규정하고 있다. 이때 국제사법 제42조 제1항이 적용되기 위해서 동 규정이 정한 추가 요건은 ① 사업자가 계약체결에 앞서 소비자의 일상거소가 있는 국가, 즉 일상거소지국에서 광고에 의한 거래권유 등 직업 또는 영업활동을 하거나 소비자의 일상거소지국 외의 지역에서 소비자의 일상거소지국을 향하여 광고에 의한 거래의 권유 등 직업 또는 영업활동을 하고, 그 계약이 사업자의 직업 또는 영업활동의 범위에 속하는 경우, ② 사업자가 소비자의 일상거소지국에서 소비자의 주문을 받은 경우 또는 ③ 사업자가 소비자로 하여금 소비자의 일상거소지국이 아닌 국가에 가서 주문을 하도록 유도한 경우 등이다.

이 규정은 소비자는 상대방인 사업자의 주소지나 의무이행지 등에서 소송을 제기할 수 있을 것이나, 그의 일상거소지인 우리나라에서도 소송을 제기할 수 있도록 한 것인바, 소비자가 원고인 경우 그가 제소할 수 있는 국가의 범위를 확대함으로써 소비자를 보호하는 취지를 갖는다.

국제사법 제42조가 적용되기 위해서는 문제의 계약이 소비자가 직업 또는 영업활동 외의 목적으로 체결하는 계약, 즉 소비자계약이어야 한다.[94] 구체적으로 소비자계약의 개념이나 범위에 관해서 이를 동산의 공급, 용역의 제공과 그러한 거래를 위하여 금융을 제공하기 위한 계약을 의미한다고 보는 입장과[95] 널리 소비자의 통상적인 소비를 위한 급부에 관한 계약을 의미한다고 보는 입장이[96] 있는바, 국제사법 제42조가 경제적 약자인 소비자의 보호를 위해 특별히 신설된 규정인 점을 고려할 때, 소비자계약의 범위를 넓게 파악하는 후자의 입장이 보다 타당하다.[97]

(2) 사업자가 제기하는 소의 관할

국제사법 제42조 제2항은 제1항의 소비자계약의 경우에 소비자의 일상거소가 대한민국에 있는 경우에는 사업자가 소비자에 대하여 제기하는 소는 대한민국 법원에만 제기할 수 있도록 함으로써 사업자가 소비자에 대하여 소를 제기하는 때에는 그러한 소를 제기할 수 있는 국가의 범위를 제한하였다. 이 규정에 따라

---

94) 국제사법 제47조 제1항은 소비자가 체결하는 일정한 계약을 소비자계약으로 정의하고 있기 때문에 동 조항의 적용과 관련해서 소비자계약을 정의하고자 할 때, 중심되는 개념은 '소비자'가 될 것이지만, 국제사법은 소비자에 대한 정의 규정을 두고 있지 않다. 참고로 소비자기본법 제2조는 소비자를 "사업자가 제공하는 물품 또는 용역을 소비생활을 위하여 사용하는 자 또는 생산활동을 위하여 사용하는 자로서 대통령령이 정하는 자"로 규정하고 있다. 그러나 국제사법 제47조가 적용되는 소비자계약을 정의하기 위해서 법정지의 내국 실질법상의 개념을 원용할 수 있는지에 대해서는 논란이 있다.

95) 로마협약 제5조 제1항 참조. 법무부 [해설](주77), 343면.

96) 스위스 국제사법 제120조 제1항 참조. 상게서, 281면.

97) 석광현(주2), 327면. 이 입장에 따르면, 동산의 공급 또는 용역의 제공과 관련 없는 소비자금융의 제공도 소비자계약이 될 것이다.

사업자가 소비자에 대해 제기하는 소에 대해서 소비자의 일상거소가 우리나라에 있는 경우에는 우리나라 법원이 전속적 재판관할을 갖는다.

이 규정은 “원고는 피고의 법정지를 따른다(actor sequitur forum rei)”는 일반원칙을 벗어난 것은 아니지만, 연결점이 주소지가 아니라 일상거소지인 점 및 이 규정에 의한 재판관할은 소비자의 상대방에 관한 한, 전속적이라는 점에 그 특색이 있다.

(3) 관할합의의 제한적 허용

국제사법 제42조 제3항은 소비자계약의 당사자 간에 제8조에 따른 국제재판관할의 합의를 원칙적으로 허용하되, ① 분쟁이 이미 발생한 후 국제재판관할의 합의를 하거나 또는 ② 국제재판관할의 합의에서 우리나라 법원 외에 외국법원에도 소비자가 소를 제기할 수 있는 경우로 이를 제한한다. 이 규정은 당사자자치의 원칙에 따라 국제재판관할에 관한 합의를 인정하면서도, 부당한 재판관할합의를 막기 위해서 원칙적으로 사후 합의에 대해서만 효력을 인정하고, 사전 합의의 경우에는 그 합의가 소비자에게 원칙적 재판관할에 더하여 추가적으로 재판관할을 허용하는 것일 때에만 인정한 것이다.

이 규정은 경제적 강자인 사업자 일방의 주도하에 부당하게 재판관할의 합의가 이루어지는 것을 방지하기 위한 것이다.

2. 근로계약의 관할

(1) 근로자가 제기하는 소의 관할

국제사법 제43조 제1항은 근로자가 대한민국에서 일상적으로 노무를 제공하거나 최후로 일상적 노무를 제공한 경우에는 사용자에 대한 근로계약에 관한 소를 대한민국 법원에 제기할 수 있도록 허용하는 한편, 근로자가 일상적으로 대한민국에서 노무를 제공하지 아니하거나 아니하였다고 할지라도 사용자가 그 근로자를 고용한 영업소가 대한민국에 있거나 있었을 때에는 역시 대한민국 법원에 재판관할을 인정한다. 이때 근로계약은 근로자가 사용자에게 근로를 제공하고 사용자는 이에 대하여 임금을 지급하는 것을 내용하는 계약을 의미한다.

(2) 사용자가 제기하는 소의 관할

국제사법 제43조 제2항은 사용자가 근로자에 대하여 제기하는 근로계약에 관한 소는 근로자의 일상거소가 대한민국에 있거나 근로자가 대한민국에서 일상적으로 노무를 제공하는 경우에는 대한민국 법원에만 제기할 수 있도록 하였다.

소비자계약의 경우와 마찬가지로 사용자가 근로자에 대해 제기하는 소에 대해서 근로자의 일상거소지나 노무제공지가 우리나라인 경우에는 우리나라 법원에 전속적 재판관할을 인정한 것이다.

(3) 관할합의의 제한적 허용

국제사법 제43조 제3항은 소비자계약의 경우와 마찬가지로 근로계약의 당사자 간에 제8조에 따른 국제재판관할의 합의를 원칙적으로 허용하되, ① 분쟁이 이미 발생하였거나 또는 ② 국제재판관할의 합의에서 우리나라 법원 외에 외국법원에도 근로자자가 소를 제기할 수 있도록 한 때에만 이를 인정한다.

관련판례 대법원 2006.12.7. 선고 2006다53627

국제사법 제2조 제1항에 의하면, 우리나라 법원은 당사자 또는 분쟁이 된 사안이 우리나라와 실질적 관련이 있는 경우에 국제재판관할권을 갖는 것이고, 같은 법 제28조 제5항[개정 국제사법 제43조 제3항]에 의하면, 국제재판관할에 관한 합의는 분쟁이 이미 발생한 경우(제1호) 또는 근로자에게 이 조에 의한 관할법원에 추가하여 다른 법원에 제소하는 것을 허용하는 경우(제2호)에 한하여 허용되는 것이므로, 근로계약의 당사자가 분쟁이 발생하기 전에 우리나라 법원의 국제재판관할권을 배제하기로 하는 내용의 합의를 하였다고 하더라도, 그러한 합의는 국제사법 제28조 제5항[개정 국제사법 제43조 제3항]에 위반하는 것이어서 아무런 효력이 없다.

Ⅲ. 불법행위에 관한 소의 관할

계약이행지와 마찬가지로 불법행위지도 로마법에 의하여 재판관할권의 기초로서 인정된 이후, 이들 연결점은 주소지를 보충하는 개념으로서 대륙법계나 영미법계 국가에서 모두 인정되고 있다. 따라서 원고는 불법행위지(*forum delicti commissi*)의 법원에서 계약 또는 불법행위와 관련해서 소송을 제기하는 것이 허용된다.[98] 불법행위에 기한 소의 경우에는 발생한 분쟁과 소송이 제기된 장소 간에 일정한 관련이 있을 것이 요구되므로[99] 불법행위지는 특별재판관할권의 기초가 된다.

브뤼셀규칙은 불법행위로 인한 소송의 경우에는 불법행위지의 법원이 재판관할권을 갖는다고 규정하고 있다(브뤼셀협약 제5조 제3항 및 브뤼셀규칙 제5조 제3항).

국제사법 제44조는 불법행위에 관한 소에 대해서 ① 그 행위가 대한민국에서 행하여지거나 ② 대한민국을 향하여 행하여지는 경우 또는 ③ 대한민국에서 그 결과가 발생하는 경우에 대한민국 법원에 특별관할을 인정한다.

주의할 것은 세 번째 경우에 대한민국 법원에 특별관할이 인정되기 위해서는 그 불법행위의 결과가 대한민국에서 발생할 것을 예견할 수 있었어야 한다는 점이다(국제사법 제44조 단서).

제 2 절 계약의 준거법

I. 의 의

오늘날의 세계경제에서 국제거래가 차지하는 중요성은 매우 크다. 이는 곧 섭외적 사법관계에서 계약에 기초한 법률관계가 중요한 부분을 차지한다는 것을 의미한다. 따라서 국제사법에서도 계약 또는 계약에 의한 채권에 적용될 준거법의 확정은 가장 중요하게 논의되는 부분 중의 하나이다.

국제사법에서 계약에 적용될 준거법을 결정하는 방법에 관해서는 객관주의(또는 비의사주의)와 주관주의(또는 의사주의)의 두 가지 입장이 있다. 먼저 객관주의는 채권계약의 성립 및 효력의 준거법을 물권 등 다른 법률관계와 마찬가지로 당사자의 의사가 아닌, 일정한 객관적 기준에 따라 결정하는 입장이다.[100] 객관주

98) 민사소송법은 제8조에서 "재산권에 관한 소를 제기하는 경우에는 거소지 또는 의무이행지의 법원에 제기할 수 있다"고 규정하고 있고, 제18조 제1항에서 "불법행위에 관한 소를 제기하는 경우에는 행위지의 법원에 제기할 수 있다"고 규정하고 있다.

99) *World-Wide Volkswagen Corp. v. Woodson*, 444 U.S. 286 (1980).

100) 미국에서 20세기 중반에 이른바 국제사법이론의 혁명이 있기 전까지 계약은 계약체결지법 또는 계약이행지법에 의해 규율되어야 한다는 것이 일반적인 입장이었다. Fawcett,

의는 다시 사용되는 구체적인 객관적 기준에 따라 계약체결지법주의, 계약이행지법주의 및 채무자속인법주의 등이 있다. 계약체결지법주의는 계약의 체결을 통해서 비로소 채권이 발생하는 것이므로 계약채권과 가장 밀접한 관련을 갖는 곳은 계약체결지라고 주장한다. 계약이행지법주의는 채권은 궁극적으로 이행을 통해서 그 목적을 달성하는 것이므로 계약채권과 가장 밀접한 관련을 갖는 곳은 계약이행지라고 주장한다. 한편 채무자속인법주의는 계약에 따른 의무를 이행하는 자로서 채권관계의 중심에 서는 채무자의 이익 보호라는 관점에서 볼 때, 계약과 가장 밀접한 관련을 갖는 곳은 채무자의 본국이라고 주장한다.

한편 주관주의는 계약의 성립 및 효력의 준거법을 당사자의 의사에 따라 결정하는 입장, 즉 당사자자치의 원칙에 근거한 입장이다.[101)]

국제사법 제45조 제1항은 "계약은 당사자가 명시적 또는 묵시적으로 선택한 법에 따른다"고 규정함으로써 계약과 관련하여 당사자자치의 원칙을 채택하였다. 국제사법은 계약의 준거법의 지정과 관련해서 1980년 「계약상 의무에 적용될 준거법에 관한 EC협약」(EC Convention on the Law Applicable to Contractual Obligations: 로마협약)의 내용을 포괄적으로 수용하였다.

II. 당사자자치의 원칙

1. 의 의

당사자자치의 원칙(principle of party autonomy)은 계약의 성립 및 효력의 준거법을 당사자의 의사에 따라 결정한다는 원칙이다.[102)]

Carruthers & North, *supra* note 55, p.666.

101) 대부분의 유럽 국가는 계약의 준거법에 관해서 객관주의적 입장을 배척하고 당사자자치의 원칙을 포괄적으로 수용하면서, 당사자에 의한 준거법의 합의가 없는 때에는 법원으로 하여금 계약의 다양한 요소와 계약을 둘러싼 상황으로부터 결정적인 연결점을 찾아서 준거법을 결정하도록 하는 유연한 접근방법을 취하였다. *Ibid.*, pp.666-667. 유럽에서는 계약의 준거법과 관련해서 당사자자치의 원칙을 근간으로 하면서 객관적 연결기준을 마련한 로마협약이 1991년에 발효함으로써 최소한 계약의 준거법지정에 있어서는 통일된 원칙이 마련되었다. *Ibid.*, pp.667-669.

102) 당사자자치의 원칙은 프랑스 법규분류학파 학자인 뒤물랭(Dumoulin)에 의해서 최초로 제창되었다. 이 책 제1편 제3장 국제사법의 발전 참조.

당사자가 특정 국가의 실질법상 인정되고 있는 사적자치 또는 계약자유의 원칙에 기하여 계약 내용을 스스로 상세하게 결정하는 대신에 당사자 간 계약에 적용될 외국법을 지정하는 경우가 있는바, 이것은 외국법의 실질법적 지정으로서 국제사법의 당사자자치의 원칙에 기한 외국법의 지정과는 개념적으로 구별된다. 즉 실질법적 지정은 국내 실질법상의 사적자치의 원칙에 따른 것이고, 따라서 실질법적 지정에 따라 지정된 법은 계약의 내용을 지배하는 법이지, 계약 그 자체를 지배하는 법은 아니다. 이에 반하여 국제사법의 당사자자치의 원칙은 계약의 성립 및 효력의 근거가 되는 법의 지정에 관한 것으로, 이른바 외국법의 저촉법적 지정에 관한 원칙이다. 따라서 국제사법의 당사자자치의 원칙은 당사자의 의사를 연결점으로 사용하여 준거법을 결정하는 것이며, 이에 따라 지정된 준거법은 계약 그 자체를 지배하는 것이다. 주의할 점은 국제사법 원칙은 섭외적 법률관계의 존재를 전제로 하기 때문에 국제사법의 당사자자치의 원칙은 섭외적 요소를 갖는 계약, 즉 국제계약의 경우에만 인정되는 반면에 계약법상 사적자치의 원칙에 기한 적용법규의 선택은 국내계약에서도 허용된다는 것이다.

2. 당사자자치의 원칙의 근거

국제사법이 일반적으로 객관적 기준에 의해서 섭외적 법률관계에 적용될 준거법이 지정되도록 하면서도, 계약에 있어서는 당사자에게 적용될 준거법을 선택할 수 있도록 허용하는 데에는 몇 가지 이유가 있다. 우선 현실적인 이유는 계약에 기한 채권관계에서는 물권관계에 있어서의 목적물의 소재지법이나 신분관계에 있어서의 속인법 등과 같이 채권적 법률관계와 밀접한 관련을 갖는 법을 발견하기 위한 일반원칙을 정하기가 어렵다는 점이다.[103] 왜냐하면 개개의 계약에서는 계약체결지법, 계약이행지법, 목적물의 소재지법, 당사자의 속인법 중에서 그 계약관계 또는 채권관계와 가장 밀접한 관련을 갖는 법을 찾을 수 있을지 모르나, 매매계약, 임대차계약, 소비대차계약 또는 고용계약 등 다양한 형태의 계약을 모두 포섭하는 일반적이고 추상적인 계약을 상정한다면, 객관적 연결점을 사용하는 방법으로 다른 법에 우선하여 특히 밀접한 관련을 갖는 법을 파악한다는 것은 거

103) Fawcett, Carruthers & North, *supra* note 55, pp.665-666.

의 불가능하기 때문이다.[104]

또 다른 이유는 계약 내용을 정할 실질법을 당사자가 합의에 의해서 정할 수 있도록 허용하는 것이 계약법상 사적자치의 원칙에 따라 인정된다고 하면, 계약 자체를 지배할 법을 당사자가 합의에 의해서 정할 수 있도록 허용하지 않을 이유가 없다는 것이다. 즉 당사자는 그들 간 계약과 관련한 제반 사정을 잘 알고 있어서 개별 사안에 대해서 최선의 해결을 모색할 수 있는 지위에 있다는 현실에 기초해서 당사자들로 하여금 계약 내용을 정할 실질법을 정할 수 있도록 허용한다면, 같은 이유에서 그들이 계약과 관련한 문제에 최선의 해결을 기할 수 있는 법질서를 선택하는 것도 허용되어야 한다는 것이다.

3. 당사자자치의 원칙에 대한 비판

일부 학자는 당사자자치의 원칙은 논리적으로 그 성립이 불가능하다고 주장하면서, 이 원칙을 부정한다. 당사자자치부정론은 당사자자치의 원칙이 성립하기 위해서는 당사자에 의한 준거법의 지정이 먼저 유효하게 성립해야 하는데, 이 지정행위 자체의 유효성, 특히 준거법지정에 관한 합의의 유효성을 어느 국가의 실질법에 따라 판단하는 것인지가 필연적으로 문제되는바, 이를 당사자가 지정한 준거법에 의한다고 한다면, 이는 결국 순환의 모순에 빠지는 결과가 된다는 것이다. 예를 들어 일방 당사자가 준거법지정에 중대한 착오가 있음을 이유로 그 무효를 주장하는 경우에 그 준거법에 의하여 준거법 지정행위의 유효 여부를 판단한다고 한다면 이는 논리적 모순이라는 것이다. 또한 준거법지정의 유효 여부를 계약체결지법이나 법정지법에 의한다고 함으로써 순환의 모순을 피하려고 한다면, 이는 국제사법상 준거법의 결정은 당사자의 지정에 의한다고 하는 당사자자치의 원칙과 모순된다.

당사자자치부정론의 주장에 대해서 당사자자치의 원칙을 옹호하는 입장은 당사자자치부정론이 국제사법상의 문제와 실질법상의 문제를 혼동하고 있으며, 국제사법에서 준거법지정의 유효 여부는 특정 국가의 실질법에 따라 결정되는 것이 아니라, 국제사법 자체에 의하여 결정되는 것이라고 반박한다.[105] 그러나 당사

104) *Ibid.*, pp.665-666.
105) 윤종진(주4), 360면; 김연 · 박정기 · 김인유(주9), 301면.

자자치긍정론은 구체적으로 준거법지정에 관한 의사표시의 하자의 유무 및 그 효력에 관한 문제가 어떻게 저촉법인 국제사법의 해석을 통해서 해결될 수 있다는 것인지에 관한 구체적 논거를 제공하지 못하고 있다. 또한 당사자가 선택한 법에 의하여 준거법 합의의 성립과 유효성을 판단하는 것이 준거법의 합의의 유효를 전제로 한 것이 아니라, '당사자가 준거법을 선택하였다는 사실'에 근거한 것이라고 설명하면 논리적 순환론에 빠지는 것은 아니라는 주장이[106] 있지만, '당사자가 준거법을 선택하였다는 사실'을 연결점으로 본다고 하더라도 그 선택의 유효 여부의 문제는 여전히 발생하고, 법률적으로 해결되어야 하는 문제인 것이다. 따라서 이 역시 당사자자치부정론이 제기하는 순환의 모순에 대한 충분한 대답이 되지는 못하는 것으로 보인다.

최소한 준거법지정에 관한 당사자의 합의의 성립 및 유효성에 대해서 선택된 준거법이 적용되도록 하는 것은 분명히 순환의 모순에 빠져 있는 것으로 보인다. 그럼에도 불구하고, 국제사법 제45조 제5항의 경우처럼 많은 국가의 국제사법이 준거법지정에 관한 당사자의 합의의 성립 및 유효성에 대해서 당사자가 합의한 준거법이 적용되도록 한 것은 논리적 완결성을 추구하기보다는 그것이 계약에 기초한 법률관계의 보다 간명한 해결에 유용하다는 현실적 이유에 근거한 것이라고 보아야 한다.[107]

---

106) 석광현(주2), 303면.

107) 헤이그국제사법회의의 여러 협약을 비롯한 일부 조약은 순환의 모순의 문제에도 불구하고, 준거법지정행위 자체의 유효성도 당사자가 지정하는 준거법에 의한다는 준거법설의 입장을 명시적으로 취하고 있다. 예를 들어 1951년 「유체동산의 국제적 성질을 가진 매매의 준거법에 관한 헤이그협약」은 제2조 제3항에서 "준거법으로서 표시된 법률에 관한 당사자의 합의에 관한 요건은 그 법률에 의한다"고 규정하고 있다. 또한 1978년 「부부재산제의 준거법에 관한 헤이그협약」도 제10조에서 당사자자치의 원칙을 채용하여 "준거법의 지정에 관한 부부의 합의의 요건은 그 법률이 정하는 바에 의한다"고 규정하고 있다. 최흥섭, 『국제사법의 현대적 흐름』(인하대학교 출판부, 2005), 246면. 준거법설은 로마협약 제3조 제4항에서도 채용되고 있다. 법무부 [해설](주77), 342면.
준거법설이 갖는 순환의 모순에도 불구하고 여러 조약이 준거법설을 채택한 현실적 이유는 만약 준거법지정행위 자체의 유효성을 조약의 해석문제로서 해결하려고 하면, 체약국에 따라 그 해석이나 해결이 달라질 것이고, 이는 조약에 의한 국제사법의 통일을 어렵게 할 것이라는 데 있다. 물론 조약 자체에 구체적으로 준거법 지정행위가 중대한 착오에 기한 경우에는 무효이며 사기나 강박에 의한 경우에는 취소할 수 있다는 규정을 두는 방법도 가능할 것이지만, 각국의 법이 이 점에 관하여 상이한 규율을 하고 있기 때문에 이러한 방법에 의한 해결은 불가능하고, 결국 준거법설을 취하는 것이 가장 현실적인 방법이다. 신

4. 당사자자치의 원칙의 적용범위

당사자의 합의에 의한 준거법의 결정을 인정하는 당사자자치의 원칙은 계약에 의한 채권의 준거법의 결정에 대해서만 인정되는 것이 일반적이지만, 최근 일부 국가나 국제조약의 경우에서 객관주의를 원칙으로 하는 다른 법률관계, 예를 들어 물권관계, 불법행위, 혼인의 효력, 이혼 및 부부재산제 등의 법률관계에서 제한적인 범위에서 당사자자치의 원칙을 인정한다.[108]

이러한 국제적 추세를 반영하여 국제사법은 제53조(준거법에 관한 사후적 합의), 제65조(부부재산제), 제77조(상속) 등의 규정을 통해서 사무관리, 부당이득, 불법행위, 부부재산제 및 상속 등의 법률관계에서 제한적으로 당사자자치의 원칙을 도입하였다.

5. 당사자자치의 원칙에 대한 제한

국제사법에서 당사자자치의 원칙을 인정한다 할지라도 그것이 제한 없이 인정되어서는 안 되고, 일정한 범위 내에서만 인정될 것이라는 주장이 있는데, 여기에는 질적 제한설, 양적 제한설, 법률회피이론에 의한 제한설 및 공서에 의한 제한설 등이 있다.

질적 제한설은 당사자에 의한 준거법의 지정은 임의법에 한해서, 즉 강행법에 반하지 않는 한도에서만 인정되어야 한다는 입장이다. 그런데 임의법과 강행법의 구별은 실질법적인 문제이다. 이 설은 계약이 따라야 하는 법의 지정을 어떤 특정 국가의 실질법 중에서 임의법의 범위에 한정한다는 것인데, 이 입장은 임의법의 규율범위 내에서 계약 내용을 정할 실질법을 정할 수 있다는 계약법상의 사적자치의 원칙과 계약 자체를 규율할 준거법으로서 사법질서 전체를 지정한다는 국제사법상 당사자자치의 원칙을 혼동하고 있다는 점에서 타당하지 않다.

양적 제한설은 당사자의 지정에 의한 준거법의 범위를 당해 계약과 관련을

창선 · 윤남순(주4), 268면.

108) 독일 민법시행법 제15조, 스위스 국제사법 제52조, 1978년「부부재산제의 준거법에 관한 헤이그협약」제11조 및 1989년「상속의 준거법에 관한 헤이그협약」제11조 등. 법무부 [해설](주77), 232, 261면; 최흥섭(주107), 229-234, 269-270면.

갖는 법질서, 즉 계약체결지법, 계약이행지법, 목적물의 소재지법 또는 당사자의 본국법이나 주소지법 등에 한정하고, 그 계약과 아무런 관련을 갖지 않는 법질서를 지정할 수는 없도록 한다는 설이다. 그러나 당사자의 의사에 따라 자유로이 준거법을 선택하는 것이 당사자자치의 원칙의 정신에 부합되는 것이라면 어떠한 법질서의 지정이라도 이를 인정해야 할 것이기 때문에 굳이 그 범위를 제한해야 하는 합리적 근거가 없다는 점에서 이 설은 타당하지 않다.

법률회피이론에 의한 제한설은 당사자에 의한 준거법의 지정은 그 계약에 본래 적용되어야 할 법률질서를 회피하기 위한 것이 되어서는 안 된다는 입장이다. 그러나 법률회피를 언제나 금지해야 하는 것인지 자체에 대해서 논란이 있다는 점을 고려하면 이 주장도 타당하지 않다.[109)]

그러나 당사자자치의 원칙에 따라 당사자로 하여금 준거법을 선택할 수 있도록 허용할지라도, 선택된 준거법의 적용이 내국, 즉 법정지국의 공서에 위반되는 때에는 선택된 준거법이 그들 간 계약에 적용될 수 없음은 물론이다. 이는 국제사법 제23조가 구현하고 있는 바의 공서조항이 적용되는 결과이다.

III. 준거법 선택의 원칙

1. 당사자자치의 원칙

국제사법 제45조 제1항은 "계약은 당사자가 명시적 또는 묵시적으로 선택한 법에 따른다"고 규정함으로써 당사자자치의 원칙을 채택하고 있다.[110)] 즉 계약의 성립이나 효력은 원칙적으로 당사자에 의하여 지정된 국가의 법에 의한다. 계약

---

109) 또한 법률회피이론에 의한 제한설에 대해서 국제사법에서 당사자자치의 원칙은 당사자의 선택에 의해서 적용될 준거법이 정해지는 것을 의미하기 때문에 당사자의 선택이 있기 전에는 적용되어야 할 준거법이 존재하지 않고, 따라서 회피될 법률이 아예 존재하지 않는다고 보아야 하기 때문에 당사자자치의 경우에는 법률회피 그 자체가 성립하지 않는다는 비판이 제기된다. 신창선 · 윤남순(주4), 272면; 윤종진(주4), 367면; 김연 · 박정기 · 김인유(주9), 304면. 그러나 당사자의 선택이 없으면, 객관적 연결기준에 따라 준거법이 정해질 것이기 때문에 그 준거법의 적용을 회피하기 위해서 당사자가 다른 국가의 법을 준거법으로 하기로 합의함으로써 법률을 회피하는 것이 가능하다는 점에서 이 비판은 그 논거가 박약하다.

110) 로마협약 제3조 제1항. 법무부 [해설](주77), 341면.

은 매우 다양한 요소를 담고 있어서 밀접한 관련을 갖는 국가를 상정하기 어려운 까닭에 국제사법은 계약의 성립 및 효력에 관한 준거법을 당사자자치의 원칙에 따라 정하고 있다.

관련판례 대법원 2005.11.25. 선고 2002다59528, 59535

영국 협회선박기간보험약관은 그 첫머리에 이 보험은 영국의 법률과 관습에 따른다고 규정하고 있는바, 이러한 영국법 준거약관은 오랜 기간에 걸쳐 해상보험업계의 중심이 되어 온 영국의 법률과 관습에 따라 당사자 사이의 거래관계를 명확하게 하려는 것으로서, 그것이 우리나라의 공익규정 또는 공서양속에 반하는 것이라거나 보험계약자의 이익을 부당하게 침해하는 것이라고 볼 수 없어 유효하다.

관련판례 부산고등법원 2001.2.2. 선고 99나5033

독일법인과 러시아법인 사이의 매매계약의 준거법을 섭외사법 제9조[국제사법 제45조] 및 제11조 제2항[국제사법 제46조]에 따라 러시아법으로 한다.

주된 계약의 준거법이 그대로 보증계약의 준거법이 된다고 할 수는 없으며, 일반적으로 보증채무는 주채무에 대하여 어떤 의미에서든 부종성이 있다고 보아야 할 경우가 많겠지만, 그 부종성은 주채무와 관련하여 보증채무의 내용과 범위를 결정하는 것으로 먼저 보증계약의 준거법이 결정된 다음, 그 준거법에 따라 판단되어야 한다.

관련판례 대법원 1997.5.9. 선고 95다34385

수입신용장 개설은행의 신용장에 따른 대금지급의무는 법률행위인 신용장상의 지급확약에 의하여 발생하는 것인바, 그 법률행위의 성립과 효력 등에 관하여는 섭외사법 제9조[국제사법 제45조]에 따라 당사자가 지정한 준거법에 의하며, 당사자가 명시적으로나 묵시적으로 준거법을 정하지 아니한 경우에는 같은 조의 단서를 적용하여 행위지법에 의하나, 신용장 매입은행이 개설은행의 소재지와는 다른 법률이 적용하는 곳에 존재하는 경우에는 같은 법 제11조[국제사법 제46조]에 의하여 신용장 개설은행의 지급확약 의사표시를 통지한 곳, 즉 개설은행의 소재지에서 시행되는 법이 행위지법으로 간주된다.

관련판례 서울고등법원 1994.3.4. 선고 92나61623

한국법에 의하여 설립된 회사들 사이에 체결된 보증계약이라 하더라도 그 보증계약이 미합중국 뉴욕주에서 뉴욕주법에 따라 체결된 것이고, 보증대상인 주채무도 외국회사가 채권자와 사이에 뉴욕주법에 따라 체결한 계약으로 인하여 부담하는 채무라면 이는 섭외적 생활관계를 내용으로 하는 것인바, 보증계약의 내용으로 그 보증이 뉴욕주법에 따라 규율, 해석, 이해되며 채권자가 뉴욕주 통일상법전에 따라 보증인에 대한 권리 및 구제책을 보유하는 것으로 약정하고 있다면 그 준거법은 미합중국 뉴욕주법이 된다.

관련판례 대법원 1991.12.10. 선고 90다9728

스테인레스 주방용품을 제조 수출하는 한국법인인 원고가 벨기에 법인인 피고 갑회사 및 갑회사의 주식을 100% 소유하고 있던 네덜란드법인인 소외 을회사와의 사이에 향후 8년 동안 월 300,000개 정도의 물품을 위 두 회사에게만 판매하기로 독점판매권계약을 체결하였는데, 그 후 소외 을회사의 주식이 전부 네델란드 법인인 피고 병회사에게 양도되고 또 소외 을 회사가 피고 갑회사의 주식을 전부 타에 처분하여 소외 을회사와 피고 갑회사 간의 주식을 통한 결합관계가 종료되기에 이르자, 원고가 위 계약은 소외 을회사가 피고 갑회사의 주식을 계속 전부 소유함으로써 경제적 단일체를 구성하여 공동으로서 유럽에서 시장을 조성할 것을 계약의 기초로 하여 체결한 것인데 위 주식의 변동으로 위와 같은 계약의 기초사정이 현저히 변경되었으며 나아가 이제는 소외 을회사와 피고 갑회사가 상호 협력하여 공동으로 원고를 위하여 시장을 조성할 것을 기대할 수 없게 되었다는 이유로 피고 갑회사에 대하여 위 계약을 해지한다고 통보하였다면 원고의 위 계약해지는 위 계약의 준거법으로 정한 독일법상의 행위기초론에 의거한 것으로서 적법하다.

국제사법 제45조 제1항 단서는 "묵시적인 선택은 계약내용이나 그 밖의 모든 사정으로부터 합리적으로 인정할 수 있는 경우로 한정한다"고 규정함으로써 준거법에 관한 당사자 간 합의는 묵시적으로도 이루어질 수 있음을 인정하면서, 묵시적인 선택의 경우에 계약의 구체적 내용을 비롯해서 계약과 관련된 제반 사정을 고려할 것을 요구한다. 따라서 당사자가 명시적으로 준거법을 지정하지 않은 경우에도 그 계약의 양태나 성질 또는 내용, 당사자의 국적이나 주소, 목적물의 소재지, 재판관할의 합의 또는 중재지의 합의 등 제반 사정을 고려하여 당사자의 묵시적 의사를 추단하여 당사자가 준거법으로 하고자 하는 법을 결정할 수 있다.[111]

관련판례 대법원 2022.7.28. 선고 2019다201662

구 국제사법(2022.1.4. 법률 제18670호로 전부개정되기 전의 것, 이하 같다) 제34조 [개정 국제사법 제54조]는 채권의 양도인과 양수인 간의 법률관계는 이들 간의 계약의 준거법에 의하도록 정하고(제1항 본문), 채무자 및 제3자에 대한 채권양도의 효력은 양도되는 채권의 준거법에 의하도록 정하면서(제1항 단서), 채무인수에 대해서도 이를 준용하고 있다(제2항). 이때 채무인수에는 면책적 채무인수뿐만 아니라 병존적 채무인수도 포함된다고 봄이 타당하다. 병존적 채무인수의 경우 채무자와 인수인 사이의 법률관계는 이들 사이의 계약의 준거법에 의하고, 채권자에 대한 채무인수의 효력은 인수되는 채무의 준거법, 즉 채권자와 채무자 사이의 법률관계에 적용되는 준거법에 의하게 되며, 이는 채권자, 채무자, 인수인이 함께 채무인수에 관한 합의를 한 경우에도 마찬가지이다. 따라서 채권자, 채무자, 인수인 사이의 합의를 통해 병존적 채무인수가 이루어진 경우, 인수인이 채권자에 대하여 부담하는 채무에 관한 준거법은 채권자와 채무자 사이의 법률관계에 적용되는 준거법과 동일하다.

구 국제사법 제25조[개정 국제사법 제45조]는 당사자자치의 원칙에 따라 계약 당사자가 명시적 또는 묵시적으로 계약에 적용할 준거법을 선택하도록 정하고 있다(제1항 본문). 따라서 계약상 채무의 준거법은 채무자가 채권자와 계약을 체결하면서 명시적 또는 묵시적으로 선택한 법이 된다. 다만 묵시적 선택은 계약내용 그 밖에 모든 사정으로부터 합리적으로 인정할 수 있는 경우로 제한되는데(같은 조 제1항 단서), 이는 계약의 준거법이 부당하게 확대되는 것을 방지하기 위한 것이다(대법원 2022.1.13. 선고 2021다269388 판결 등 참조). 따라서 준거법에 관한 묵시적 선택을 인정할 때에는 계약내용을 기초로 하여 계약당사자의 국적이나 설립준거법, 주소나 본점소재지 등 생활본거지나 주된 영업활동지, 계약의 성립 배경과 그 경위 등 객관적 사정을 종합적으로 고려하여 신중하게 판단해야 한다.

---

111) Fawcett, Carruthers & North, *supra* note 55, pp.701-707.

관련판례 대법원 2022.1.13. 선고 2021다269388

국제사법 제25조 제1항[개정 국제사법 제45조 제1항]은 "계약은 당사자가 명시적 또는 묵시적으로 선택한 법에 의한다. 다만 묵시적인 선택은 계약 내용 그 밖에 모든 사정으로부터 합리적으로 인정할 수 있는 경우에 한한다."라고 규정하고, 국제사법 제26조 제1항[개정 국제사법 제46조 제1항]은 "당사자가 준거법을 선택하지 아니한 경우에 계약은 그 계약과 가장 밀접한 관련이 있는 국가의 법에 의한다."라고 규정하고 있는데, 같은 조 제2항 제1호[개정 국제사법 제46조 제2항 제1호]에 의하면 양도계약의 경우에는 법인인 양도인의 주된 사무소가 있는 국가의 법이 가장 밀접한 관련이 있는 것으로 추정된다.

국제사법 제25조 제1항[개정 국제사법 제45조 제1항]에서 계약의 준거법을 당사자가 자유롭게 선택할 수 있도록 하면서도 그것이 부당하게 확대되는 것을 방지하기 위하여 묵시적인 선택은 계약 내용 그 밖에 모든 사정으로부터 합리적으로 인정할 수 있는 경우로 제한하고 있으므로, 준거법에 관한 명시적인 합의가 없더라도 묵시적인 합의를 인정할 수도 있으나 소송절차에서 당사자가 준거법에 관하여 다투지 않았다는 사정만으로는 준거법에 관한 묵시적 합의를 인정하기는 어렵다.

관련판례 대법원 2004.6.25. 선고 2002다56130, 56147

구 섭외사법(2001.4.7. 법률 제6465호 국제사법으로 전문 개정되기 전의 것) 제9조[국제사법 제45조]는 법률행위의 성립 및 효력에 관하여 당사자의 의사에 의하여 법을 정하되 당사자의 의사가 분명하지 아니한 때에는 행위지법에 의하도록 규정하고 있는 바, 근로계약의 당사자 사이에 준거법 선택에 관한 명시적인 합의가 없는 경우에 있어서는 근로계약에 포함된 준거법 이외의 다른 의사표시의 내용이나 소송행위를 통하여 나타난 당사자의 태도 등을 기초로 당사자의 묵시적 의사를 추정하여야 할 것이고, 그러한 묵시적 의사를 추정할 수 없는 경우에도 당사자의 국적, 주소 등 생활본거지, 사용자인 법인의 설립 준거법, 노무 급부지, 직무 내용 등 근로계약에 관한 여러 가지 객관적 사정을 종합하여 볼 때 근로계약 당시 당사자가 준거법을 지정하였더라면 선택하였을 것으로 판단되는 가정적 의사를 추정하여 준거법을 결정할 수 있다.

당사자 간 합의에 의해서 지정되는 준거법은 반드시 어느 국가의 법이어야 하는지, 아니면 상인법(lex mercatoria)이나 UNIDROIT 국제상사계약원칙 등과 같은 관습법이나 법원칙도 준거법으로서 지정될 수 있는지가 문제된다. 국제사법은 본질적으로 섭외적 법률관계 또는 사안에 어느 '국가의 법'이 적용될 것인지를 정하는 법이므로 국제사법 제45조에 따라 당사자 간 합의에 의해서 지정되는 준거법도 어느 국가의 법이어야 한다.[112] 따라서 당사자 간에 상인법이나 UNIDROIT 국제상사계약원칙을 준거법으로 정한 경우에 그러한 합의는 저촉법적 지정이 아닌 실질법적 지정에 불과하므로 이러한 경우에는 당사자 간 준거법에 관한 합의가 없는 경우로 보아 객관적 연결기준에 의해서 준거법이 지정되어야 할 것이다. 주의할 점은 국제사법상 당사자자치의 원칙이 적용되는 이른바 저촉법적 지정에서 국가의 법만이 준거법이 될 수 있다는 것이지, 계약법상 사적자치의 원칙에 기한 실질법적 지정에서는 상인법(lex mercatoria)이나 UNIDROIT 국제상사계약원칙 등도 얼마든지 준거법으로서 지정될 수 있다는 것이다.

한편 국제사법 제22조 제2항 1호에 따라 당사자 간 합의에 의해서 정해진 준거법에 대해서는 반정이 적용되지 않는다. 왜냐하면 당사자가 합의에 의하여 준거법을 선택한 경우에도 반정을 인정하는 것은 준거법을 정한 당사자의 의사에 반하는 결과를 초래할 것이기 때문이다.[113]

(1) 계약의 국제성

당사자자치를 인정하는 국제사법 제45조 제1항이 외국적 요소를 포함하지 않는 내국계약에도 적용될 수 있는지 여부가 문제된다. 예를 들어 우리나라에서 우리나라 사인 간에 계약을 체결하면서 당사자들이 외국법을 준거법으로 지정할 수 있는지가 문제로 되는 것이다.

섭외적 요소를 갖지 않는 사안에 대해서는 기본적으로 국제사법이 적용될 수 없으며, 내국계약에서 당사자 간의 외국법 선택은 실질법적 지정의 한 형태일 뿐이다. 그럼에도 불구하고, 국제사법은 이러한 경우에 대비하여 특별한 조항을 두고 있는바, 제45조 제4항에서 "모든 요소가 오로지 한 국가와 관련이 있음에도 불구하고 당사자가 그 외의 다른 국가의 법을 선택한 경우에 관련된 국가의 강행규정은 적용이 배제되지 아니한다"고 규정하고 있다.[114] 즉 우리나라에서 우리나라

112) *Ibid.*, pp.698-700.
113) 석광현(주2), 165-166면.
114) 로마협약 제3조 제3항. 법무부 [해설](주77), 342면.

의 사인 간에 매매계약을 체결하면서 영국법을 계약의 준거법으로 지정한 경우에도 우리나라의 강행규정은 여전히 적용되는 것이다.[115] 순수한 내국계약에 외국법을 준거법으로 한 것은 계약법상 사적자치의 원칙에 의한 실질법적 지정에 지나지 않고, 실질법적 지정은 임의규정의 영역으로 제한되는 것이므로 내국의 강행규정은 별도의 규정이 없더라도 당연히 적용된다고 보아야 한다. 이런 점에서 국제사법 제45조 제4항은 주의규정의 성질을 갖는다.

관련판례 서울고등법원 2021.11.24. 선고 2021나2006745

국제사법 제25조 제4항[개정 국제사법 제45조 제4항]은 모든 요소가 오로지 한 국가와 관련이 있음에도 불구하고 당사자가 그 외의 다른 국가의 법을 선택한 경우에 관련된 국가의 강행규정은 그 적용이 배제되지 아니한다고 규정하고 있다. 이 사건 보험계약이 준거법 지정 외에 외국적 요소가 없는 순수 국내계약인 경우 국제사법 제25조 제4항[개정 국제사법 제45조 제4항]에 따라 강행규정인 약관규제법이 적용될 수 있다.

이 사건 보험계약의 보험명세서가 영어로 되어 있기는 하나, 보험계약의 당사자가 모두 한국 국적 회사인 점, 이 사건 선박도 한국 국적 선박인 점, 보험계약에서 정한 항행구역이 한국 연안 해역이고 이 사건 사고 발생지도 한국인 점, 보험가액, 보험료 등이 한국 통화로 표시된 점에 비추어 보면 이 사건 보험계약은 보험약관에 의해 영국법에 따르도록 정한 것 외에 외국적 요소가 전혀 없으므로, 국제사법 제25조 제4항[개정 국제사법 제45조 제4항]에 의하여 강행규정인 약관의 설명의무를 규정한 약관규제법 제3조가 이 사건 보험계약에 적용된다.

(2) 준거법의 분할

계약에 대해서 당사자 간 합의에 의한 준거법의 지정이 인정되는 경우에 그 준거법의 지정이 하나의 계약에 대해서 하나의 법만이 인정되는지, 아니면 분할 가능한 계약의 각 구성부분에 대하여 각각 다른 준거법을 지정할 수 있는지가 문제된다. 예를 들어 계약의 성립에 관해서는 계약체결지법을, 효력에 관해서는 계약이행지법을 지정하는 것과 같이 별개의 준거법을 선택하는 합의가 유효한지의

115) 우리나라의 해상보험실무계에서는 국내해상화물운송과 관련된 적하보험계약의 경우에 일반적으로 영국법을 준거법으로 하는 준거법조항이 사용되고 있다. 석광현(주2), 301면.

문제이다.

계약에 있어서 준거법의 분할(dépeçage)의 허용 여부와 관련해서 국제사법은 제45조 제2항에서 "당사자는 계약의 일부에 관하여도 준거법을 선택할 수 있다"고 규정함으로써 준거법의 분할지정을 명문으로 허용하였는데, 이는 준거법의 분할이 당사자의 이익에 도움이 된다는 점, 이미 판례가 준거법의 분할을 인정하고 있다는 점[116] 및 준거법 분할의 인정이 국제적 추세에 부응한다는 점 등을 고려한 것이다.[117] 물론 준거법의 분할이 허용되는 경우에도 서로 다른 준거법이 적용되는 계약의 구성부분들이 그 성질상 분할가능한 것이어야 하고, 준거법의 분할이 문제의 계약의 해석과 관련해서 논리적 모순을 야기해서는 안 될 것이다.[118]

관련판례 대법원 2016.6.23. 선고 2015다5194

국제사법 제25조[개정 국제사법 제45조]는 제1항 본문 및 제2항에서, "계약은 당사자가 명시적 또는 묵시적으로 선택한 법에 의한다.", "당사자는 계약의 일부에 관하여도 준거법을 선택할 수 있다."라고 규정하고, 제26조[개정 국제사법 제46조] 제1항에서 "당사자가 준거법을 선택하지 아니한 경우에 계약은 그 계약과 가장 밀접한 관련이 있는 국가의 법에 의한다."라고 규정하고 있다. 따라서 외국적 요소가 있는 계약에서 당사자가 계약의 일부에 관하여만 준거법을 선택한 경우에 그 해당 부분에 관하여는 당사자가 선택한 법이 준거법이 되지만, 준거법 선택이 없는 부분에 관하여는 계약과 가장 밀접한 관련이 있는 국가의 법이 준거법이 된다.

이 사건 준거법 약관은 이 사건 보험계약 전부에 대한 준거법을 지정한 것이 아니라 보험자의 '책임' 문제에 한정하여 영국의 법률과 관습에 따르기로 한 것이므로 보험자의 책임에 관한 것이 아닌 사항에 관하여는 이 사건 보험계약과 가장 밀접한 관련이 있는 우리나라의 법이 적용된다고 할 것인데, 약관의 설명의무에 관한 사항은 약관의 내용이 계약내용이 되는지 여부에 관한 문제로서 보험자의 책임에 관한 것이라고 볼 수 없으므로, 이에 관하여는 영국법이 아니라 우리나라의 약관규제법이 적용된다.

---

116) 대법원 1998.7.14. 선고 96다39707.

117) 로마협약 제3조 제1항. 법무부 [해설](주77), 341면.

118) Fawcett, Carruthers & North, *supra* note 55, pp.691-692. 예를 들어 매도인의 권리의 준거법은 영국법으로 하고, 매수인의 의무의 준거법은 우리나라 법으로 하기로 하는 준거법의 분할 지정은 허용되지 않을 것이다. 석광현(주2), 298면.

관련판례 대법원 1998.7.14. 선고 96다39707

해상적하보험증권상 "이 보험증권에 포함되어 있거나 또는 이 보험증권에 첨부되는 어떠한 반대되는 규정이 있음에도 불구하고, 이 보험은 일체의 전보청구 및 결제에 관해서 영국의 법률과 관습에만 의한다"라는 영국법 준거약관은 보험계약의 보험목적물이 무엇인지 여부에 관한 사항, 즉 보험계약의 성립 여부에 관한 사항에까지 영국의 법률과 실무에 따르기로 하기로 한 것으로는 볼 수 없으므로, 이와 같은 사항에는 우리나라의 법률이 적용되어야 한다.

(3) 준거법의 사후적 변경과 합의

당사자에 의한 준거법지정의 합의는 계약체결 시에 이루어진 경우에만 유효한지 아니면 계약체결 후, 예를 들어 소송의 진행 중에 이루어진 경우에도 유효한지 여부 및 이미 합의된 준거법을 그 후에 변경하는 것이 인정되는지 여부 등이 문제된다. 계약의 준거법과 관련해서 당사자자치의 원칙을 포괄적으로 인정하는 한, 준거법의 사후적 합의를 부인할 이유는 없을 것이다. 또한 준거법의 사후적 변경도 그것이 제3자의 권리를 해하지 않는 한 인정된다고 보아야 한다.[119]

국제사법 제45조 제3항은 "당사자는 합의에 의하여 이 조 또는 제46조에 따른 준거법을 변경할 수 있다"고 규정함으로써 당사자가 선택한 준거법을 사후에 변경하는 것을 허용함은 물론, 제46조에 따라 객관적 연결기준을 통해 지정된 준거법도 사후에 이를 변경할 수 있도록 하였다.[120]

그러나 준거법의 변경으로 계약의 방식에 적용되는 법이 바뀌는 결과, 원래 유효했던 계약의 방식이 사후 무효로 된다면, 이는 법률행위의 방식을 가급적 유효하게 하려는 제31조의 취지를 훼손하는 결과를 낳을 것이다. 또한 준거법의 사후 변경으로 제3자의 권리가 박탈 또는 훼손된다면, 이는 제3자에게 불측의 손해를 야기하는 것이 될 것이다. 이러한 사정을 고려하여, 국제사법 제45조 제3항 단서는 "계약체결 후 이루어진 준거법의 변경은 계약 방식의 유효 여부와 제3자의 권리에 영향을 미치지 아니한다"고 규정함으로써 변경된 준거법이 ① 계약의 방

119) 로마협약 제3조 제2항 참조, 스위스 국제사법 제116조 제3항, 독일 민법시행법 제27조 제2항 및 오스트리아 국제사법 제11조 제3항도 같은 취지로 규정하고 있다. 법무부 [해설](주77), 238, 280, 309, 342면.

120) 로마협약 제3조 제2항 참조. 상게서, 342면.

식 및 ② 제3자를 위한 계약에서 제3자, 보증되는 채무의 주채무자에 대해서 제3자 또는 양도되는 채권·채무의 양수인 등 제3자의 권리에 대해서는 소급적 효력을 갖지 않음을 분명히 하였다.[121]

준거법의 사후합의에 관해서 국제사법은 명문의 규정을 두고 있지 않으나, 사전합의가 없는 경우에는 국제사법 제46조의 객관적 연결기준에 의해서 준거법이 지정될 것이므로 준거법의 사후합의는 결국 제46조 규정에 의한 준거법의 변경을 의미하고, 따라서 당연히 허용된다.

관련판례 대법원 2016.3.24. 선고 2013다81514

당사자 자치의 원칙에 비추어 계약 당사자는 어느 국제협약을 준거법으로 하거나 그중 특정 조항이 당해 계약에 적용된다는 합의를 할 수 있고 그 합의가 있었다는 사실은 자백의 대상이 될 수 있지만, 소송절차에서 비로소 당해 사건에 적용할 규범에 관하여 쌍방 당사자가 일치하는 의견을 진술하였다고 해서 이를 준거법 등에 관한 합의가 성립된 것으로 볼 수는 없다. 소송대리인이 그러한 합의를 하려면 소송대리권의 수여 외에 별도로 정당한 수권이 있어야 함은 물론이다.

그러므로 설사 원심에 이르기까지 원고와 피고 사이에 이 사건 운송계약에 관한 분쟁에 몬트리올 협약을 적용하는 데 대하여 이견이 없었다고 볼 여지가 있다고 하더라도, 규범 체계로 볼 때 이 사건 운송계약이 위 협약에서 정한 적용대상에 해당하지 않는 이상 이를 근거로 하여 손해배상책임의 범위 등을 판단할 수는 없다.

(4) 합의가능한 준거법의 범위

당사자 간 준거법에 관한 합의가 있었으나, 계약체결 당시에 합의한 국가의 법이 개정되고, 신법이 소급하여 적용되는 경우에 신법이 적용되는지 아니면 구법이 적용되는지가 문제된다. 또한 계약당사자가 계약 당시의 그 국가의 법을 고정적으로 적용할 것을 합의하는 이른바 화석화(化石化)조항이 유효한지 여부도 문제된다.

이에 관해서는 국제사법의 지정에 의하여 준거법으로 지정되는 것은 일반적으로 실정성(實定性)을 갖는 법이어야 하기 때문에 당사자가 지정한 준거법의 국

121) 로마협약 제3조 제2항 참조. 상게서, 342면.

가에서 법의 개정이 있는 경우에 구법 또는 신법 중 어느 법에 의할 것인지는 전적으로 그 국가의 시제법(時際法)이 정한 바에 따라야 한다는 입장이 있다. 이 입장에 따르면, 그 국가에서 신법의 소급효과가 인정되는 경우에는 신법이 적용되어야 하는 것이지, 이미 효력을 잃고 실정성이 결여된 구법이 적용될 수는 없다. 이 입장은 동일한 논리적 선상에서 이른바 화석화조항은 신법의 강행규정의 적용성을 박탈하는 효과를 갖기 때문에 허용될 수 없다고 한다. 그러나 이에 반대하는 입장은 당사자의 합의에 의하여 선택된 법은 당사자의 의사의 표현이기 때문에 선택 당시 그 법이 존재했던 대로 적용되어야 한다고 주장한다. 즉 당사자가 적용하고자 한 법은 선택 당시의 법이기 때문에 그 법을 적용하여야 한다는 것이다.

국제사법의 적용을 통해서 지정되는 준거법은 현실적 효력을 갖는 실정법이어야 한다. 따라서 당사자 간 합의에 의해 지정된 법이 개정되었다면, 당연히 개정된 바의 법이 실정법으로서 준거법이 되어야 한다. 다만 당사자의사를 추단할 때 합의 당시의 법, 즉 개정 전의 법이 그들 간 계약에 적용될 것을 의도한 것이 분명한 때에는 그 계약 내용에 합의 당시의 법이 적용될 수 있다. 그러나 이것은 이른바 계약법상 사적자치의 원칙에 따른 실질법적 지정에 효력을 부여하는 것이지,[122] 국제사법에서 논하는 당사자자치의 원칙에 따른 저촉법적 지정에 따라 그 효력이 인정되는 것은 아니라는 점에 주의해야 한다.

(5) 단독행위의 준거법

국제사법 제45조는 계약에 적용될 준거법의 선택에 관하여 규정하고 있을 뿐, 단독행위에 적용될 준거법의 선택에 관해서는 규정하고 있지 않다. 단독행위는 당사자 일방만의 의사표시에 의하여 성립하는 법률행위로서 원인된 법률관계의 일부로서 고려되어야 할 것이다. 따라서 계약의 취소나 해제 등 계약과 관련해

---

122) 신창선 · 윤남순(주4), 291면. 계약법상 당사자간 합의에 의해서 계약 내용에 적용될 준거법을 정함에 있어서 반드시 실정법에 국한하는 것은 아니고, 상인법이나 UNIDROIT 국제상사계약원칙 등도 얼마든지 준거법으로서 지정될 수 있다. 따라서 당사자가 국제상업회의소(International Chamber of Commerce)가 작성한 무역조건에 관한 해석규칙(INCOTERMS)과 같이 법은 아니지만, 당사자간에 규율될 수 있는 통일규칙을 지정하는 경우는 계약법상 사적 자치의 원칙에 따라 개정 이전의 통일규칙이 적용될 수 있다. INCOTERMS에 관한 상세한 설명은 이기수 · 신창섭, 『국제거래법[제7판]』(세창출판사, 2019), 181-231면 참조.

서 행해지는 단독행위가 유효한지 여부는 문제된 계약의 성립 또는 효력의 문제로서 그 계약의 준거법에 의하여 판단되는 것이지, 단독행위에 관하여 따로 당사자 의사를 통하여 준거법을 정하는 것은 허용되지 않는다.[123)]

2. 객관적 연결기준

국제사법 제46조 제1항은 "당사자가 준거법을 선택하지 아니한 경우에 계약은 그 계약과 가장 밀접한 관련이 있는 국가의 법에 따른다"고 규정함으로써 로마협약 등 국제조약과 외국의 입법례를 수용하여서 계약의 객관적 연결점을 행위지 대신에 가장 밀접한 관련이 있는 국가로 하였다.[124)]

계약과 가장 밀접한 관련이 있는 국가를 파악하는 것이 언제나 용이한 것은 아니다. 이 때문에 국제사법 제46조 제2항은 특징적 이행을 기준으로[125)] 밀접한 관련이 있는 국가를 추정하고 있는바, ① 양도계약의 경우에는 양도인의 이행(1호), ② 이용계약의 경우에는 물건 또는 권리를 이용하도록 하는 당사자의 이행(2호) 및 ③ 위임 · 도급계약 및 이와 유사한 용역제공계약의 경우에는 용역의 이행(3호)과 같이 특징적 이행을 해야 하는 경우에 있어서 이행의무자의 일상거소가 있는 국가의 법(당사자가 법인 또는 단체인 때에는 주된 사무소가 있는 국가의 법)이 가장 밀접한 관련이 있는 것으로 추정한다.[126)] 이때 주의할 점은 국제사법 제46조 제2항 단서에 따르면, 계약이 당사자의 직업 또는 영업 활동으로 체결된 경우에는 당사자의 영업소가 있는 국가의 법이 가장 밀접한 관련이 있는 것으로 추정된다

---

123) 신창선 · 윤남순(주4), 293면.

124) 로마협약 제4조 제1항 참조. 법무부 [해설](주77), 342면. 구 섭외사법 제9조 단서는 당사자의 준거법 선택의 의사가 분명하지 않은 경우에는 행위지법을 적용하도록 하였다. 그러나 이러한 행위지법주의는 다양한 유형의 계약의 특성을 전혀 고려하지 않은 것으로서 공간적 이동이 용이한 현대사회에서는 우연한 사정에 의하여 행위지가 결정되는 경우가 많기 때문에 행위지를 연결점으로 하는 것은 적절하지 않은 경우가 많게 되었다. 석광현(주2), 308면.

125) 계약에 적용될 준거법을 선택함에 있어서 연결점으로서 특징적 이행의 개념을 사용하는 것은 이들 개념이 계약의 바탕이 되는 사회 · 경제적 환경과 계약을 본질적으로 연결시키는 기능을 하고 있기 때문에 특징적 이행의 개념을 통하여 밀접한 관련성의 존부를 추정하는 것이 보다 실제적이기 때문이다. 상게서, 309-310면.

126) 로마협약 제4조 제2항 참조. 법무부 [해설](주77), 342면.

는 것이다.

국제사법 제46조 제2항의 해석과 관련해서 주의할 점은 특징적 이행을 해야 하는 의무의 이행이 있어야 하는 국가의 법이 아니라, 특징적 이행을 해야 하는 당사자의 일상거소지, 주된 사업소 또는 영업소가 소재하는 국가의 법이 가장 밀접한 관련을 갖는 것으로 추정된다는 것이다. 또한 국제사법 제46조 제2항은 어디까지나 추정규정이므로 반증을 통해서 보다 밀접한 관련을 갖는 국가의 법이 존재함을 증명하는 때에는 국제사법 제46조 제1항에 따라 그 법이 계약의 준거법이 되어야 한다.

한편 가장 밀접한 관련을 갖는 국가의 법의 판단은 구체적 계약의 종류에 따라 다르다. 국제사법 제46조 제2항의 적용과 관련해서, 구체적 계약의 예에 따라 가장 밀접한 관련을 갖는 국가의 법을 찾아본다면, 매매계약의 경우에는 국제사법 제46조 제2항 제1호에 따라 계약체결 당시 매도인의 일상거소지법, 주된 사무소 소재지법 또는 영업소 소재지법이 가장 밀접한 관련을 갖는 국가의 법으로서 준거법이 된다.

임대차계약의 경우에는 국제사법 제46조 제2항 제2호에 따라 계약체결 당시 임대인의 일상거소지법, 주된 사무소 소재지법 또는 영업소 소재지법이 가장 밀접한 관련을 갖는 국가의 법으로서 준거법이 된다. 다만 부동산임대차의 경우에는 국제사법 제46조 제3항이 "부동산에 대한 권리를 대상으로 하는 계약의 경우에는 부동산이 소재하는 국가의 법이 가장 밀접한 관련이 있는 것으로 추정한다"고 규정하고 있는바, 이 규정에 따라 목적물소재지법이 가장 밀접한 관련을 갖는 국가의 법으로서 적용된다.[127)]

---

127) 부동산의 임대차와 관련해서 임차인의 보호를 위한 강행규정의 적용이 문제된다. 예를 들어 A국에 소재하는 부동산에 관하여 B국법을 준거법으로 하는 임대차계약이 우리나라 법원에서 문제된 경우에 A국에는 우리나라 임대차보호법과 같은 임차인보호를 위한 강행규정이 있지만, 당사자에 의하여 지정된 B국법에는 그러한 임차인 보호규정이 없기 때문에 B국법의 적용이 임차인에게 현저하게 불리한 결과를 초래하는 경우에 이를 어떻게 해결할 것인지가 문제로 된다. 이런 경우에는 강행규정의 특별연결이론에 의하여 객관적으로 밀접한 관련을 갖는 A국의 강행규정을 적용하거나 또는 "입법목적에 비추어 준거법에 관계없이 해당 법률관계에 적용되어야 하는 우리나라의 강행규정은 이 법에 따라 외국법이 준거법으로 지정되는 경우에도 적용한다"고 규정하고 있는 국제사법 제20조에 의하여 법정지법인 우리나라 법의 강행규정이 적용될 수도 있다.

부동산임차권은 우리 민법상 등기하면 대항력이 생기는바, 이러한 권리는 "동산 및 부동산

위임이나 도급 등 용역제공계약의 경우에는 국제사법 제46조 제2항 제3호에 따라 계약체결 당시 수임인이나 수급인 등 용역제공의 의무를 지는 자의 일상거소지법이나 주된 사무소 소재지법 또는 영업소 소재지법이 가장 밀접한 관련을 갖는 국가의 법으로서 적용된다.

보증계약의 경우에는 보증인의 보증계약은 주된 채권의 담보를 목적으로 하는 독립된 계약이므로 보증인의 일상거소지법, 주된 사무소 소재지법 또는 영업소 소재지법이 가장 밀접한 관련을 갖는 국가의 법으로서 준거법이 된다.[128]

부동산에 대한 권리를 대상으로 하는 계약의 경우에는 국제사법 제46조 제3항에 따라서 부동산이 소재하는 국가의 법이 가장 밀접한 관련이 있는 것으로 추정된다.

한편 국제사법 제22조 제2항 2호에 따라 국제사법에 의하여 지정된 계약의 준거법에 대해서는 반정이 적용되지 않는다. 이는 로마협약 등 국제조약의 규정 내용을 수용한 것이다.[129]

관련판례 대법원 2011.1.27. 선고 2009다10249

국제사법 제26조 제1항[개정 국제사법 제46조 제1항]은 외국적 요소가 있는 법률관계에서 당사자가 준거법을 선택하지 아니한 경우에 계약은 그 계약과 가장 밀접한 관련이 있는 국가의 법에 의하여야 한다고 규정하고, 제26조 제2항 제3호[개정 국

에 관한 물권 또는 등기하여야 하는 권리는 그 목적물의 소재지법에 의한다"고 규정하고 있는 국제사법 제33조 제1항에 의하여 물권과 동일하게 취급되어 목적물의 소재지법에 의한다. 이때 주의할 것은 국제사법 제33조 제1항이 적용되는 것은 물권적 대항력에 국한한다는 것이다.

128) 그러나 보증채무의 종속성을 고려할 때, 경우에 따라서는 주된 채무의 준거법이 가장 밀접한 관련을 갖는 법으로서 적용된다고 보아야 할 경우도 있을 것이다. 신창선 · 윤남순(주4), 298면; 윤종진(주4), 394-395면. 보증계약의 준거법은 보증계약의 성립과 효력에 적용되는바, 보증채무의 담보범위, 최고 · 검색의 항변권 또는 보증채무의 면책 등 보증채무의 내용이나 범위 등에도 적용된다. 주의할 점은 채무자에 대한 보증인의 구상권 등 보증인과 채무자 간의 관계, 즉 내부관계의 문제는 보증계약의 준거법에 의하지 않고 그들 간 법률관계의 준거법에 의한다는 것이다. 이때 채무자와 보증인 간에 보증계약 체결의 원인이 된 법률관계는 일반적으로 위임의 관계인 경우가 많을 것인데, 그러한 경우에는 위임계약의 준거법이 적용된다.

129) 석광현(주2), 166면.

제사법 제46조 제2항 제3호]에서는 위임사무의 준거법은 위임사무 이행의무 당사자의 계약체결 당시의 주된 사무소 등의 소재지법을 가장 밀접한 관련이 있는 법으로 추정하고 있다. 그런데 신용장에 기한 환어음 등을 매입하는 매입은행은 신용장 개설은행의 수권에 의하여 매입하긴 하지만, 이는 어디까지나 자기의 계산에 따라 독자적인 영업행위로서 매입하는 것이고 신용장 개설은행을 위한 위임사무의 이행으로서 신용장을 매입하는 것은 아니므로, 신용장 개설은행과 매입은행 사이의 신용장대금 상환의 법률관계에 관한 준거법의 결정에는 위임사무의 이행에 관한 준거법의 추정 규정인 국제사법 제26조 제2항 제3호를 적용할 수 없고, 환어음 등의 매입을 수권하고 신용장대금의 상환을 약정하여 신용장대금 상환의무를 이행하여야 하는 신용장 개설은행의 소재지법이 계약과 가장 밀접한 관련이 있는 국가의 법으로서 준거법이 된다.

관련판례 대법원 2003.1.10. 선고 2000다70064

용선계약상의 중재조항이 선하증권에 편입되어 선하증권의 소지인과 운송인 사이에서도 효력을 가지는지 여부는 선하증권의 준거법에 의하여 판단하여야 할 것인데, 구 섭외사법(2001.4.7. 법률 제6465호 국제사법으로 전문 개정되기 전의 것) 제9조[국제사법 제45조]는 "법률행위의 성립 및 효력에 관하여는 당사자의 의사에 의하여 적용할 법을 정한다. 그러나 당사자의 의사가 분명하지 아니한 때에는 행위지법에 의한다"고 규정하고 있는바, 따라서 선하증권이 그 약관에서 명시적으로 적용할 나라의 법을 정하고 있는 경우에는 그 정한 법률에 의하여, 선하증권의 발행인이 선하증권에 적용될 법을 명시적 혹은 묵시적으로 지정하지 않은 경우에는 선하증권이 발행된 나라의 법에 의하여 이를 판단하여야 한다.

섭외적 사건에 관하여 적용될 외국법규의 내용을 확정하고 그 의미를 해석함에 있어서는 그 외국법이 그 본국에서 현실로 해석 · 적용되고 있는 의미 · 내용대로 해석 · 적용되어야 하는 것인데, 소송과정에서 적용될 외국법규에 흠결이 있거나 그 존재에 관한 자료가 제출되지 아니하여 그 내용의 확인이 불가능한 경우 법원으로서는 법원(法源)에 관한 민사상의 대원칙에 따라 외국 관습법에 의할 것이고, 외국 관습법도 그 내용의 확인이 불가능하면 조리에 의하여 재판할 수밖에 없다.

3. 준거법의 적용범위

국제사법 제45조 및 제46조에 의하여 정해진 계약의 준거법은 원칙적으로 계약의 성립 및 효력과 관련한 모든 문제에 적용된다. 특히 계약의 성립에 적용될 준거법에 관해서 국제사법 제49조 제1항은 "계약의 성립 및 유효성은 그 계약이 유효하게 성립하였을 경우 이 법에 의하여 적용되어야 하는 준거법에 따라 판단한다"고 규정함으로써 계약의 유효한 성립에 관한 문제도 계약의 준거법이 적용될 것을 분명히 하였다.

(1) 계약의 성립 및 유효성

계약의 성립에 적용될 계약의 준거법은 행위능력과 법률행위의 방식을 제외한 모든 문제에 적용된다. 왜냐하면 행위능력에 관하여는 국제사법 제28조, 법률행위의 방식에 관하여는 국제사법 제31조가 우선 적용되기 때문이다. 국제사법 제49조 제1항은 "계약의 성립 및 유효성은 그 계약이 유효하게 성립하였을 경우 이 법에 의하여 적용되어야 하는 준거법에 따라 판단한다"고 규정하고 있는바, 계약의 준거법은 계약의 실질적 성립요건에 관한 문제,[130] 즉 의사표시의 하자나 계약내용의 가능성,[131] 확정성[132] 또는 적법성[133] 등에 적용된다.

국제사법 제45조 또는 제46조에 의하여 지정된 준거법이 계약과 관련한 제반 문제에 적용됨에도 불구하고, 계약의 성립 및 유효성에 적용될 준거법에 관해서 국제사법 제49조 제1항이 별도로 규정을 둔 것은 계약의 준거법은 당사자의 합의 또는 특징적 이행을 기준으로 하고 있기 때문에 법률관계로서의 계약이 유효하게 성립된 경우에 비로소 확정되는데 계약의 성립 및 유효성을 계약의 준거법에 의하여 규율한다는 것은 논리적으로 모순이기 때문에 계약의 성립 및 유효성을 규율할 준거법에 관하여 따로 규정하되, "계약이 유효하게 성립하였을 경우 적용될" 법을 그 준거법으로 함으로써 규율의 일관성을 도모한 것이다.[134]

국제사법 제45조 제5항은 "준거법 선택에 관한 당사자 간 합의의 성립 및 유효성에 관하여는 제49조를 준용한다."고 규정하고 있는바, 이는 이른바 주된 계약뿐만 아니라 그와 논리적으로 독립한 계약이라고 할 수 있는 준거법합의 또는 준

130) 계약의 형식적 성립요건에 관한 문제는 법률행위의 방식의 문제이기 때문에 이에 대해서는 법률행위의 방식의 준거법이 적용될 것이다.
131) 타인의 권리가 매매목적으로 될 수 있는지 여부 등.
132) 선택채권에 있어서의 선택권이나 종류채권에 있어서의 특정의 방법 등.
133) 계약이 위법한 내용을 담고 있는 경우에 그 계약의 효과 등.
134) 석광현(주2), 371면.

거법지정계약도 준거법합의가 유효하게 성립하였더라면 국제사법에 의하여 적용되어야 하는 준거법에 따라 판단해야 함을 분명히 한 것이다.[135]

한편 국제사법 제49조 제2항은 "제1항에 따른 준거법에 따라 당사자의 행위의 효력을 판단하는 것이 모든 사정에 비추어 명백히 부당한 경우에는 그 당사자는 계약에 동의하지 아니하였음을 주장하기 위하여 그의 일상거소지법을 원용할 수 있다"고 규정하여서[136] 계약의 성립과 유효성에 관해서 그 계약의 유효한 성립을 전제로 적용될 법이 적용됨으로써 당사자 일방이 예측하지 못한 불이익을 당하지 않도록 배려하였다. 그러한 경우에 그 당사자는 계약의 성립과 관련한 자기의 행위에 대해서 그의 일상거소지법이 적용될 것을 주장할 수 있다.[137]

관련판례 대법원 1998.7.14. 선고 96다39707

해상적하보험증권상 "이 보험증권에 포함되어 있거나 또는 이 보험증권에 첨부되는 어떠한 반대되는 규정이 있음에도 불구하고, 이 보험은 일체의 전보청구 및 결제에 관해서 영국의 법률과 관습에만 의한다"라는 영국법 준거약관은 보험계약의 보험목적물이 무엇인지 여부에 관한 사항, 즉 보험계약의 성립 여부에 관한 사항에까지 영국의 법률과 실무에 따르기로 하기로 한 것으로는 볼 수 없으므로, 이와 같은 사항에는 우리나라의 법률이 적용되어야 한다.

(2) 계약의 효력

계약에 적용될 준거법은 계약의 효력에 관한 모든 문제에 적용된다. 즉 계약의 준거법은 당사자의 권리 · 의무의 내용, 계약위반에 대한 구제수단, 불가항력

135) 상게서, 372면.
136) 로마협약 제8조 제2항과 독일의 국제사법인 민법시행법 제31조 제2항도 마찬가지의 내용이다. 법무부 [해설](주77), 241, 345면.
137) 예를 들어 청약에 대하여 상대방이 침묵하고 있는 경우에 이것을 승낙으로 볼 것인지 여부에 관해서 국제사법은 제49조 제1항에 따라 국제사법 제45조 또는 제46조에 의해서 계약에 적용될 준거법이 적용되어야 한다. 그러나 국제사법은 제49조 제2항에 의해서 계약의 준거법이 침묵을 승낙으로 보는 경우라 할지라도 그 당사자는 자기의 일상거소지법을 들어 계약에 합의하고 있지 않다는 것을 주장할 수 있다. 신창선 · 윤남순(주4), 295면. 이 밖에 일방 당사자가 계약조건을 확인하는 서면을 송부하면서 자신의 약관을 첨부하여 그것이 적용됨을 선언하였으나 상대방이 침묵한 경우 등에도 이 규정이 적용될 수 있다. 석광현(주2), 374면.

적 사유에 기한 면책, 동시이행의 항변 및 매매계약에서 하자담보책임이나 환매권[138] 등에 적용된다.

계약의 준거법은 이외에도 계약의 해석, 이자나 위약금과 같은 부수적 의무, 채권자대위권이나 채권자취소권 등 채권의 대외적 효력, 이행불능이나 이행지체에 의한 채권내용의 변경, 채무인수나 채권양도와 같은 당사자의 변경 및 채무의 소멸 등에도 적용된다.[139]

(3) 계약의 방식의 준거법

계약의 형식적 성립요건인 계약의 방식은 국제사법 제31조 제1항에 따라 원칙적으로 계약의 준거법에 의한다.[140] 그런데 국제사법 제45조 제2항은 계약의 준거법의 분할지정을 인정하고 있는바, 계약의 성립과 효력의 준거법이 다르게 지정된 경우에 어느 법이 계약의 방식에 적용될 것인지가 문제된다. 이러한 경우에는 계약의 방식은 계약의 형식적 성립요건으로서 개념상 계약의 성립의 일부로서 볼 수 있으므로 계약의 실질적 성립요건에 적용되는 계약의 성립의 준거법의 적용을 받는 것이 타당하다. 다만 예외적으로 계약에 적용되는 다른 준거법이 계약의 방식에 보다 밀접한 관련을 갖는 것으로 판단되는 때에는 그 준거법이 적용될 수 있다.

4. 소비자계약과 근로계약의 준거법에 관한 특칙

최근 계약법의 영역에서 경제적 약자인 소비자나 근로자를 보호함으로써 실

138) 우리나라 민법은 제592조에서 매매의 목적물이 부동산인 경우에 매매등기와 동시에 환매권의 보류를 등기한 때에는 제3자에 대하여 그 효력이 있다고 하여 등기에 의한 물권적 대항력을 인정하고 있다. 그리고 국제사법 제33조는 이러한 종류의 권리를 등기하여야 할 권리로서 목적물의 소재지법에 의하고 있다. 환매권은 매매계약에 부수된 환매특약에 의하여 생기는 채권법상의 해제권의 일종으로서 그 자체 물권은 아니고, 등기함으로써 대항력을 갖는 데 지나지 않는다. 김형배 · 김규완 · 김명숙(주1), 1374-1375면. 따라서 목적물의 소재지법의 적용을 받는 것은 환매권이 등기로써 갖는 물권적 대항력에 한정될 뿐이고 환매특약의 허용 여부 및 환매권의 존속기간, 환매권의 행사방법, 환매권 행사의 효과 등은 여전히 매매계약의 준거법에 의한다. 신창선 · 윤남순(주4), 295-296면.

139) 윤종진(주4), 388-389면.

140) 국제사법 제31조 제2항에 따라 행위지법에 의한 계약의 방식도 유효함은 물론이다.

질적 평등을 구현하기 위한 입법이 활발하게 진행되고 있다. 이러한 법들은 당사자 간 합의에 의해서 그 적용을 배제할 수 없는 강행법규의 성질을 갖는다. 그런데 소비자나 근로자가 한 당사자인 계약에서도 국제사법상의 당사자자치의 원칙이 제한 없이 인정된다면, 경제적 강자인 생산자나 사업주는 자기에게 유리한 외국법이 준거법으로 지정되도록 사실상 강제함으로써 소비자나 근로자의 보호를 목적으로 하는 법의 적용을 회피하고자 할 것이다.

본래 국제사법의 저촉법적 정의 또는 지도이념은 병존하는 각국의 실질법 중에서 가장 밀접한 관련을 갖는 국가의 법을 선택하여 적용하는 데 있기 때문에 준거법의 결정과정에서 실질법의 내용이나 입법목적 등은 고려되지 않는다. 그러나 최근 국제사법의 영역에서도 경제적 약자인 소비자와 근로자의 보호라는 실질법적 정의를 저촉법적 차원에서 고려하고, 일정한 범위 내에서 당사자자치의 원칙을 제한하는 추세에 있는바, 우리나라 국제사법도 소비자계약과 근로계약에 있어서 당사자자치의 원칙을 일정한 범위에서 제한하고 있다.

(1) 소비자계약

최근 소비자보호의 필요에 대한 인식이 높아짐에 따라 소비자와 사업자 간 계약, 즉 소비자계약을 규율하는 법을 포함해서 소비자보호를 위한 다양한 입법이 이루어지고 있다. 이에 따라서 국제사법에서도 소비자계약에 관한 특별규정을 설치하는 입법례가 등장하는 한편, 학설상으로도 소비자계약의 준거법과 관련해서 많은 논의가 있다.[141]

국제사법 제47조는 소비자를 보호하기 위해서 당사자자치를 제한하고, 준거법의 객관적 연결기준을 변경하는 등 소비자계약의 준거법에 관해서 비교적 상세히 규율하고 있다.

---

141) 최초로 소비자계약에 관하여 별도의 규정을 둔 국제사법은 오스트리아 국제사법이다. 법무부 [해설](주77), 306면 이하. 이 밖에 로마협약 제5조, 독일 민법시행법 제29조, 스위스 국제사법 제120조 등도 소비자계약에 관한 규정을 두었다. 상게서, 281, 343-344면. 스위스 국제사법은 소비자계약에 관하여 당사자자치를 인정하지 않고 소비자의 일상거소지법을 준거법으로 지정하고 있지만, 다른 국제사법들은 당사자자치를 인정하되, 소비자의 일상거소지법의 소비자보호를 위한 강행규정의 적용을 배제할 수 없도록 하였다. 신창선 · 윤남순(주4), 301면.

1) 소비자계약의 범위

국제사법 제47조가 적용되는 소비자계약의 범위는 소비자계약의 관할에 관한 규정인 제42조 제1항이 상세히 규정하고 있는바, ① 사업자가 계약체결에 앞서 소비자의 일상거소가 있는 국가, 즉 일상거소지국에서 광고에 의한 거래권유 등 직업 또는 영업활동을 하거나 사업자가 계약체결에 앞서 소비자의 일상거소가 있는 국가에서 광고에 의한 거래 권유 등 직업 또는 영업활동을 하고,[142] 그 계약이 사업자의 직업 또는 영업활동의 범위에 속하는 경우,[143] ② 사업자가 소비자의 일상거소지국에서 소비자의 주문을 받은 경우 및 ③ 사업자가 소비자로 하여금 소비자의 일상거소지국이 아닌 국가에 가서 주문을 하도록 유도한 경우 등이 그것이다.

국제사법 제47조가 적용되기 위해서는 문제의 계약이 소비자가 직업 또는 영업활동 외의 목적으로 체결하는 계약, 즉 소비자계약이어야 한다.[144] 구체적으로 소비자계약의 개념이나 범위에 관해서 이를 동산의 공급, 용역의 제공과 그러한 거래를 위하여 금융을 제공하기 위한 계약을 의미한다고 보는 입장과[145] 널리 소비자의 통상적인 소비를 위한 급부에 관한 계약을 의미한다고 보는 입장이[146] 있는바, 국제사법 제47조가 경제적 약자인 소비자의 보호를 위해 특별히 신설된 규정인 점을 고려할 때, 소비자계약의 범위를 넓게 파악하는 후자의 입장이 보다 타당하다.[147]

---

142) 외국의 사업자가 우리나라에서 광고에 의한 거래의 권유 등 영업활동을 하거나 또는 우리나라에서 그러한 활동을 하지는 않았지만, 통신수단 또는 인터넷 등을 통해서 우리나라를 향하여 거래의 권유 등 영업활동을 한 경우 등이 예가 될 것이다. 상게서, 326면.

143) 구 국제사법 제27조 제1항 제1호는 소비자가 상거소지국에서 계약체결에 필요한 행위를 할 것을 요구하였으나, 신 국제사법은 위 요건을 삭제하여 소비자계약의 범위를 다소 확대하였다. 석광현,『국제재판관할법: 2022년 개정 국제사법 해설』(박영사, 2022), 227면

144) 국제사법 제47조 제1항은 소비자가 체결하는 일정한 계약을 소비자계약으로 정의하고 있기 때문에 동 조항의 적용과 관련해서 소비자계약을 정의하고자 할 때, 중심되는 개념은 '소비자'가 될 것이지만, 국제사법은 소비자에 대한 정의 규정을 두고 있지 않다. 참고로 소비자기본법 제2조는 소비자를 "사업자가 제공하는 물품 또는 용역을 소비생활을 위하여 사용하는 자 또는 생산활동을 위하여 사용하는 자로서 대통령령이 정하는 자"로 규정하고 있다. 그러나 국제사법 제47조가 적용되는 소비자계약을 정의하기 위해서 법정지의 내국 실질법상의 개념을 원용할 수 있는지에 대해서는 논란이 있다.

145) 로마협약 제5조 제1항 참조. 법무부 [해설](주77), 343면.

146) 스위스 국제사법 제120조 제1항 참조. 상게서, 281면.

2) 당사자자치의 제한

국제사법 제47조 제1항은 "소비자계약의 당사자가 준거법을 선택하더라도 소비자의 일상거소가 있는 국가의 강행규정에 따라 소비자에게 부여되는 보호를 박탈할 수 없다"고 규정함으로써 소비자계약의 경우에 원칙적으로 제45조에 따른 당사자의 준거법 선택이 허용되지만, 당사자가 준거법을 선택하더라도 소비자계약에 대해서 국제사법 제47조 제2항의 객관적 연결에 의한 준거법인 소비자의 일상거소지법의 강행규정이 소비자에게 부여하는 보호를 박탈할 수 없도록 하였다.

국제사법 제47조 제1항의 강행규정은 당사자의 계약에 의하여 배제될 수 없는 법규, 즉 단순한 강행법규를 의미하는 것으로 보아야 하며, 따라서 내국법의 강행규정의 적용에 관한 규정인 국제사법 제20조의 국제적 강행법규와는 구별된다.[148] 우리나라에서 소비자의 보호와 관련하여 단순한 강행법규에 해당하는 법으로는 방문판매 등에 관한 법률, 할부거래에 관한 법률, 전자상거래 등에서의 소비자 보호에 관한 법률 및 약관의 규제에 관한 법률 등을 들 수 있을 것이다.[149]

국제사법 제47조 제1항은 소비자가 한 당사자인 계약과 관련해서 소비자의 보호를 의도한 규정이기 때문에 동 규정의 "소비자에게 부여되는 보호"는 소비자와 체결하는 계약의 거래조건과 관련한 소비자의 보호에 국한되며, 관련 법률이 소비자의 상대방에게 부과하는 의무를 통하여 간접적으로 부여되는 보호에까지 미치는 것은 아니다.[150]

3) 객관적 연결에 의한 준거법

국제사법 제47조 제2항은 "소비자계약의 당사자가 준거법을 선택하지 아니한 경우에는 제46조에도 불구하고 소비자의 일상거소지법에 따른다"고 규정함으로써 소비자계약과 관련해서 당사자가 준거법을 선택하지 않은 경우에는 그 소비

---

147) 석광현(주2), 327면. 이 입장에 따르면, 동산의 공급 또는 용역의 제공과 관련 없는 소비자금융의 제공도 소비자계약이 될 것이다.

148) 석광현(주2), 325면.

149) 상게서, 325면.

150) 상게서, 325면. 예를 들어 소비자기본법 제18조 이하의 규정에 의하면 사업자는 국가의 소비자보호시책에 적극 협력해야 하고, 일정한 광고기준을 위반해서는 아니되며, 행정기관장의 시정조치의 요청 등에 따를 의무를 부담하는데 이러한 사항은 국제사법 제47조 제1항이 규정하고 있는 소비자에게 부여되는 보호와는 아무런 관련을 갖지 않는다.

자계약에 관해서 객관적 준거법의 결정에 관한 일반원칙인 제46조에 의해 정해지는 국가의 법이 아닌 소비자의 일상거소지법을 준거법으로 하였다. 국제사법 제46조가 적용되는 경우에는 소비자의 상대방이 제46조가 정한 특징적 이행을 하기 때문에 그 상대방의 일상거소지 또는 영업소 소재지의 법이 준거법이 될 가능성이 클 것인바, 소비자로 하여금 그가 거주하는 국가가 제공하는 보호를 받을 수 있도록 특칙을 둔 것이다.

4) 소비자계약의 방식

국제사법 제47조 제3항은 "소비자계약의 방식은 제31조 제1항부터 제3항까지의 규정에도 불구하고 소비자의 일상거소지법에 따른다"고 규정함으로써 소비자계약의 방식에 대해서 법률행위의 방식에 관한 일반원칙을 규정하고 있는 제31조 제1항 내지 제3항에 따른 법률행위의 준거법이나 행위지법이 아닌 소비자의 일상거소지법을 준거법으로 하였다. 이 규정은 소비자계약의 방식에 대해서 소비자로 하여금 그가 거주하는 국가의 법이 적용되도록 함으로써 동 계약의 유효성에 대한 소비자의 기대를 보호하는 취지를 갖는다.

관련판례 서울고등법원 2020.5.20. 선고 2019누38108

원고 회사가 국내에 영업소를 두고 있지 않더라도 국내 소비자를 대상으로 한국어로 된 플랫폼을 운영하고 국내 인터넷 검색포털 사이트 광고를 통해 영업활동을 하며 숙박업체는 원고 회사를 통해 국내에서 광고 등 영업활동을 하고 우리나라의 소비자가 국내에서 원고 회사의 플랫폼을 이용하여 계약체결에 필요한 행위를 하고 있으므로 플랫폼 이용계약 및 숙박계약은 국제사법 제27조의 보호대상이 되는 '소비자계약'에 해당하여 강행규정인 약관의 규제에 관한 법률(이하 '약관법'이라 한다)의 적용을 받고, 환불 불가 조항은 고객의 입장에서 볼 때 계약의 상대 당사자인 사업자에 의하여 일방적으로 작성된 점, 원고 회사의 플랫폼에 접속하여 숙박상품을 선택한 다수의 불특정 고객들과 계약을 체결하기 위해 게시된 점, 일정한 형식으로 미리 마련되어 있는 점 등을 종합하면 약관법상의 약관에 해당한다.

관련판례 대법원 2014.8.28. 선고 2013다8410

외국적 요소가 있는 계약에서 당사자가 준거법을 선택하지 아니한 경우에는 국제사법 제26조[개정 국제사법 제46조]에 따라 그 계약과 가장 밀접한 관련이 있는 국가의 법이 준거법이 된다. 그렇지만 소비자가 직업 또는 영업활동 외의 목적으로 체결하는 계약(이하 '소비자계약'이라 한다)에서, 소비자의 상대방이 계약체결에 앞서 그 국가에서 광고에 의한 거래의 권유 등 직업 또는 영업활동을 행하거나 그 국가 외의 지역에서 그 국가로 광고에 의한 거래의 권유 등 직업 또는 영업활동을 행하고, 소비자가 그 국가에서 계약체결에 필요한 행위를 한 경우나(같은 법 제27조 제1항 제1호)[개정 국제사법 제42조 제1항 제1호], 소비자의 상대방이 그 국가에서 소비자의 주문을 받은 경우(같은 항 제2호) 등에는, 당사자가 준거법을 선택하지 아니하였더라도 같은 법 제27조 제2항[개정 국제사법 제47조 제2항]이 적용되어 소비자의 상거소지법이 준거법이 된다. 따라서 운송계약이나 소비자의 상거소지 외에서 용역이 제공되는 계약이라고 하더라도 소비자계약에 해당하는 경우에는 마찬가지로 보아야 한다.

(2) 근로계약

근로계약은 근로자가 사용자에게 근로를 제공하고 사용자는 이에 대하여 임금을 지급하는 것을 내용하는 계약이다. 따라서 근로계약의 준거법을 정함에 있어서 원칙적으로 계약의 준거법에 관한 규정인 국제사법 제45조 및 제46조가 적용된다.

그러나 많은 국가들이 근로자를 보호하기 위해서 근로계약을 규율하는 입법을 두고 있다. 이들 법은 각 국가의 고유한 경제 및 사회정책적 필요에 기초하고 있기 때문에 각 국가마다 그 내용이 다르고 또한 대체로 강행규정의 성격을 갖는다. 이러한 이유에서 당사자가 근로계약의 준거법을 지정한 경우에 노무의 제공지가 규정하고 있는 강행법규가 적용되는지 여부가 문제된다.

국제사법은 제48조에서 경제적 약자인 근로자의 보호를 위해서 근로계약에 적용될 준거법의 지정에 있어서 당사자자치를 제한하는 한편, 객관적 연결기준도 변경한다.

1) 당사자자치의 제한

국제사법 제48조 제1항은 "근로계약의[151] 당사자가 준거법을 선택하더라도 제2항에 따라 지정되는 준거법 소속 국가의 강행규정에 따라 근로자에게 부여되는 보호를 박탈할 수 없다"고 규정함으로써 근로계약과 관련해서 당사자가 합의에 의해 준거법을 지정하는 것을 허용하되, 당사자가 준거법을 선택하지 않음으로써 국제사법 제48조 제2항에 따른 객관적 연결을 통해서 지정되는 준거법의 강행규정에 의하여[152] 근로자에게 부여되는 보호를 박탈할 수 없도록 하였다. 국제사법 제48조 제1항이 적용되는 근로계약은 개별적 근로계약만을 의미하며, 단체협약 등에는 적용되지 않는다.[153]

2) 객관적 연결에 의한 준거법

국제사법 제48조 제2항은 "당사자가 준거법을 선택하지 아니한 경우 근로계약은 제46조에도 불구하고 근로자가 일상적으로 노무를 제공하는 국가의 법에 따르며, 근로자가 일상적으로 어느 한 국가 안에서 노무를 제공하지 아니하는 경우에는 사용자가 근로자를 고용한 영업소가 있는 국가의 법에 따른다"고 규정함으로써 근로계약에 적용될 준거법을 정함에 있어서 노무제공지 또는 근로지와 사용자의 영업소를 객관적 연결점으로 사용하였다.

이 규정은 국제사법 제46조가 적용되는 경우에도 일반적으로 노무제공지나 사용자의 영업소가 가장 밀접한 관련이 있는 곳으로서 그 국가의 법이 준거법이 될 것이지만, 근로자의 보호를 확실히 하기 위해서 이를 분명히 한 것이다.

---

151) 국제사법 제48조가 적용되는 계약은 '근로계약'이지, '고용계약'이 아니다. 따라서 동조는 종속적 노동의 제공을 내용으로 하는 근로계약에만 적용되는 것이지, 비종속적 또는 자주적 노동을 제공하는 고용계약에는 적용되지 않는다는 데 주의해야 한다. 상게서, 357면.

152) 예를 들어 근로기준법은 동법이 정한 기준에 미치지 못하는 근로조건을 정한 근로계약은 그 부분에 한하여 무효로 하고 있는데, 이것이 국제사법 제48조 제1항이 의미하는 강행규정의 한 예다. 상게서, 356면.

153) 상게서, 357면. 또한 국제사법 제48조는 선원(船員)의 근로계약에도 적용된다. 다만 이 경우에 선원은 주로 선박에서 노무를 제공하기 때문에 전술한 준거법의 객관적 결정에 문제가 있을 수 있지만, 선원이 지리적으로 선적국의 영토에서 노무를 제공하는 것은 아니더라도 선박은 선적국의 관할권에 복종하므로 국가주권의 행사와 그에 대한 복종이라는 관점에서는 선박을 영토의 일부와 유사하게 볼 수 있다. 또는 근로자가 일상적으로 어느 한 국가 안에서 노무를 제공하지 않는 경우이기 때문에 근로자를 고용한 영업소가 있는 국가의 법이 준거법이 된다고 볼 수도 있다. 상게서, 360면.

관련판례 대법원 2015.1.15. 선고 2012다4763

직무발명에서 특허를 받을 권리의 귀속과 승계, 사용자의 통상실시권의 취득 및 종업원의 보상금청구권에 관한 사항은 사용자와 종업원 사이의 고용관계를 기초로 한 권리의무 관계에 해당한다. 따라서 직무발명에 의하여 발생되는 권리의무는 비록 섭외적 법률관계에 관한 것이라도 그 성질상 등록이 필요한 특허권의 성립이나 유·무효 또는 취소 등에 관한 것이 아니어서, 속지주의의 원칙이나 이에 기초하여 지식재산권의 보호에 관하여 규정하고 있는 국제사법 제24조[개정 국제사법 제40조]의 적용대상이라 할 수 없다. 직무발명에 대하여 각국에서 특허를 받을 권리는 하나의 고용관계에 기초하여 실질적으로 하나의 사회적 사실로 평가되는 동일한 발명으로부터 발생한 것이며, 당사자들의 이익보호 및 법적 안정성을 위하여 직무발명으로부터 비롯되는 법률관계에 대하여 고용관계 준거법 국가의 법률에 의한 통일적인 해석이 필요하다. 이러한 사정들을 종합하여 보면, 직무발명에 관한 섭외적 법률관계에 적용될 준거법은 그 발생의 기초가 된 근로계약에 관한 준거법으로서 국제사법 제28조 제1항, 제2항[개정 국제사법 제48조 제1항, 제2항] 등에 따라 정하여지는 법률이라고 봄이 타당하다. 그리고 이러한 법리는 실용신안에 관하여도 마찬가지로 적용된다고 할 것이다.

☞ 사용자인 원고와 종업원인 피고 사이에 맺어진 근로계약에 따라 직무발명이 완성되고 피고가 이 사건 직무발명에 기초하여 외국에서 등록된 특허권을 근거로 원고의 외국 거래처에 특허침해금지 경고문을 보내자 원고가 피고에 대하여 영업방해금지를 청구함으로써 원고가 위 특허권에 대하여 통상실시권을 취득하는지 여부가 영업방해금지청구의 선결문제로 된 사건에서, 원고와 피고 사이의 근로계약에 관한 준거법이 우리나라 법률인 이상 원고가 이 사건 직무발명에 기초하여 외국에서 등록되는 특허권 및 실용신안권에 관하여 통상실시권을 취득하는지 여부에 관한 준거법도 위 근로계약에 관한 준거법인 우리나라 법률이라고 한 사안.

제 3 절 법정채권의 준거법

법정채권, 즉 사무관리, 부당이득 및 불법행위 등 계약 이외의 원인에 기하여 발생하는 채권의 준거법을 정하는 방식에 관해서 대부분 국가의 국제사법은 통일적 규율의 방식보다는 각각의 법률관계에 관하여 개별적으로 준거법을 정하고 있다.

국제사법은 이러한 국제적 추세에 따라 제50조 내지 제52조에서 사무관리, 부당이득 및 불법행위에 관해서 각각 준거법에 관한 규정을 두고 있다. 또한 국제사법은 제53조에서 이들 법정채권과 관련해서 당사자에게 준거법을 선택할 수 있도록 허용하되, 내국법, 즉 우리나라 법만을 선택할 수 있도록 하였다. 이 외에도 국제사법은 종속적 연결방법을 채택하여 법정채권이 당사자 사이에 존재하는 법률관계에 기하여 발생하는 경우에는 그 법률관계의 준거법에 의하도록 하였다(국제사법 제50조 제1항 단서, 제51조 단서 및 제52조 제3항).

I. 사무관리

1. 준거법 선택의 원칙

사무관리(negotiorum gestio)[154]는 법률상의 의무 없이 타인을 위하여 그 사무를 관리하는 행위이다(민법 제734조).[155] 사무관리에 대해서 채무자의 본국법이나 주소지법이 적용되어야 한다는 주장도 있지만, 사실발생지법, 즉 사무관리지법이 적용된다는 것이 일반적인 입장이다.[156] 왜냐하면 사무관리는 어떤 자가 법률상의 의무 없이 타인의 사무를 처리하는 경우에 양자 간에 일정한 권리의무를 발생하도록 하는 제도인바, 이러한 제도는 당사자의 의사와 관계없이 정의 또는 공평의 관념에서 법률상 일정한 효과가 발생하도록 하는 제도로서 그 행위가 이루어지는 곳의 공익 또는 공서에 많은 영향을 미치기 때문에 그 행위가 이루어지는 곳

---

154) 사무관리는 대륙법계 국가에서는 원상회복(restitution)의 한 형태로서 일반적으로 인정되고 있으며, 원상회복의 또 다른 형태인 부당이득(unjust enrichment)과 구분되는 개념이다. Fawcett, Carruthers & North, *supra* note 55, p.831. 그러나 영미법계 국가는 사무관리를 알지 못하고, 대신에 준계약(quasi-contract), 부당이득(unjust enrichment), 원상회복(restitution) 등 다양한 법리를 통해서 법률상 의무 없이 타인의 사무를 처리한 자에 대해서 보상을 인정할 뿐이다. Scoles, Hay, Borchers & Symeonides, *supra* note 19, p.1046. 따라서 사무관리의 준거법으로서 영미법계 국가의 법이 지정되는 때에는 당해 국가의 법 중에서 문제된 사안에 적용될 구체적 법규를 발견하기 위해서 이른바 적응 또는 조정의 과정이 필요할 것이다.

155) 김형배 · 김규완 · 김명숙(주1), 1572면.

156) 신창선 · 윤남순(주4), 312면; 윤종진(주4), 397-398면; 김연 · 박정기 · 김인유(주9), 329면.

의 법에 의하는 것이 가장 합리적이기 때문이다.

국제사법 제50조 제1항은 "사무관리는 그 관리가 행하여진 곳의 법에 따른다"고 규정함으로써 사무관리지법주의를 채택하였다. 이때 사무관리지가 사무관리라고 판단되는 사실의 발생지를 의미한다는 데에는 의문이 없으나, 사무의 관리가 행해지는 곳과 그 효과가 발생하는 곳이 서로 다른 경우에는 어느 곳을 사무관리지로 할 것인지가 문제된다. 이 경우에는 전자를 사무관리지라고 보는 것이 일반적 입장이다.[157] 즉 사무관리지는 사무의 처리가 현실로 행하여지는 곳, 즉 관리의 객체가 소재하는 곳을 의미한다. 예를 들어 재산의 관리에 있어서는 재산의 소재지,[158] 사람의 관리에[159] 있어서는 관리되는 사람의 체재지, 영업의 관리에 있어서는 영업소 소재지 등이 사무관리지로 될 것이다.

관리되는 객체가 여러 지역에 소재하는 경우에는 그 각각의 소재지가 사무관리지가 된다. 문제가 되는 것은 환자가 이동하는 경우와 같이 관리의 객체가 관리 중에 연속적으로 이동하는 경우이다. 이때에는 새로운 소재지법에 따라 별개의 사무관리가 연속으로 성립하는 것으로 보는 입장,[160] 관리의 완성지를 기준으로 하는 입장 및 최초로 관리를 시작한 당시의 객체의 소재지를 사무관리지로 보는 입장[161] 등이 있다. 관리개시지나 완성지를 사무관리지로 보는 입장에 따르면, 관리를 개시한 당시의 객체의 소재지법이나 완성된 곳의 법이 사무관리를 인정하지 않는 경우에는 사무관리가 성립되지 않는 문제가 발생한다. 또한 각 소재지에 따라 별개의 사무관리가 연속으로 성립한다는 입장에 따르면, 복수의 사무관리가 발생하고 또한 각 사무관리에 서로 다른 준거법이 적용되는 까닭에 통일적 규율이 불가능해진다. 사무관리지가 연속적으로 변경되는 경우에는 가장 실질적 사무관리가 있었던 곳을 사무관리지로 보는 것이 타당할 것이다.

157) 신창선 · 윤남순(주4), 312면; 윤종진(주4), 398면; 김연 · 박정기 · 김인유(주9), 329-330면.
158) 동산이나 부동산의 경우에는 그 물건의 현실의 소재지, 증권에 화체된 채권의 경우에는 증권의 소재지, 그리고 무체재산권의 경우에는 등록지 또는 발행지가 사무관리지가 될 것이다.
159) 병자의 관리나 이재민의 구호 등이 그 예가 될 것이다.
160) 신창선 · 윤남순(주4), 313면.
161) 윤종진(주4), 398면; 김연 · 박정기 · 김인유(주9), 330면.

2. 종속적 연결

국제사법 제50조 제1항 단서는 "사무관리가 당사자 간의 법률관계에 근거하여 행하여진 경우에는 그 법률관계의 준거법에 따른다"고 규정하고 있는바, 이는 당사자 간에 이미 존재하는 법률관계에 기하여 당사자들이 가지고 있는 정당한 기대를 존중하기 위한 것이다. 또한 동 규정은 종속적 연결을 통해서 문제된 섭외적 사안의 법률관계의 성질을 결정해야 하는 어려움을 덜 수 있고, 청구권경합에 따른 준거법경합의 문제를 완화하며, 당사자의 신뢰를 바탕으로 단일한 법질서에 연결함으로써 일관된 법적 판단을 가능하게 한다는 점에서 국제사법의 저촉법적 정의를 도모한다.[162)]

국제사법 제50조 제2항은 "다른 사람의 채무를 변제함으로써 발생하는 청구권은 그 채무의 준거법에 따른다"고 규정하고 있다. 타인의 채무의 변제는 일종의 사무관리로 볼 수 있고, 따라서 제50조 제1항에 따라 준거법은 그 채무의 소재지법이 될 것이다. 그러나 타인의 채무의 변제로 인하여 사무관리가 성립하기 위해서는 타인의 채무가 변제로 인하여 소멸되었음을 의미하는데, 변제로 인한 채무의 소멸 여부 및 그로 인하여 발생하는 청구권의 문제는 변제로 인하여 소멸되는 채무의 준거법에 따라 판단될 사항이라는 점을 고려해서 국제사법 제50조 제2항은 사무관리로 인한 청구권에 적용될 준거법을 채무의 준거법에 종속적으로 연결함으로써 일관된 법적 판단을 도모한 것이다.[163)]

3. 준거법 선택의 제한적 허용

국제사법 제53조는 "당사자는 제50조부터 제52조까지의 규정에도 불구하고 사무관리 · 부당이득 · 불법행위가 발생한 후 합의에 의하여 대한민국 법을 그 준거법으로 선택할 수 있다"고 규정함으로써 사무관리행위가 있은 후 당사자 간에 그 사무관리에 적용될 준거법에 관하여 합의하는 것을 제한적으로 허용한다. 다만 국제사법 제53조 단서는 "그로 인하여 제3자의 권리에 영향을 미치지 아니한

---

162) 석광현(주2), 384면.

163) 미국의 법의 충돌에 관한 제2차 리스테이트먼트도 동일한 취지의 규정을 두고 있다. Restatement, Second, Conflict of Laws §221, illus. 8 (1971).

다"고 규정함으로써 우리나라 법을 준거법으로 하는 합의가 없었더라면 적용되었을 준거법에 의해서 제3자에게 부여되는 권리가 당사자 간 합의에 의한 준거법에 의해서 박탈되지 않도록 하였다.

4. 준거법의 적용범위

사무관리의 준거법인 사무관리지법은 사무관리의 성립 및 효력에 관한 모든 문제에 적용된다. 따라서 사무관리자가 본인을 위한다는 의사를 갖고 있어야 하는지 여부, 의무 없이 타인의 사무를 관리하는 것,[164] 본인에 불리하지 않을 것 또는 본인의 의사에 반하지 않을 것 등과 같은 사무관리의 성립요건의 문제뿐 아니라,[165] 사무관리자의 관리계속의무, 관리의 방법 및 본인의 비용상환의무 그리고 본인의 의사에 반하지 않는 사무관리의 효과 등 사무관리의 효과의 문제도[166] 모두 사무관리지법에 의한다.

주의할 점은 사무관리를 위하여 행하여지는 개개의 법률행위는 사무관리 자체와는 구별되는 것이며, 그 법률행위의 성질에 따라 정해진 준거법에 의해야 한다는 것이다. 예를 들어 재산의 관리를 위하여 일정한 계약이 체결되는 경우에 그 계약에 관해서는 계약의 준거법에 의하고(국제사법 제45조 또는 제46조), 물권행위가 이루어진 경우에 그 물권에 관해서는 물권의 준거법에 의한다(국제사법 제33조).

한편 사무관리능력의 문제는 행위능력의 준거법인 당사자의 본국법에 의하지 않고 사무관리지법에 의한다. 왜냐하면 행위능력에 적용되는 준거법에 관한 규정인 국제사법 제28조는 법률행위능력에만 적용되는 바, 사무관리 자체는 특정한 법률효과를 의욕하는 법률행위가 아닌 사실행위이기 때문에 국제사법 제28조가 적용되지 않기 때문이다.

---

164) 사무관리의 성립에는 어떤 사람이 법률상 의무 없이 타인의 사무를 처리하는 것을 요하는데, 이때 그러한 의무가 존재하지 않는지 여부는 사무관리의 선결문제로 의무 자체의 준거법에 의한다(국제사법 제50조 제1항 단서). 예를 들어 위임관계의 존부는 위임계약의 준거법에 의하여 정해지고, 그 위임계약의 준거법상 아무런 위임관계가 없는 경우에 비로소 사무관리의 문제가 발생한다. 신창선 · 윤남순(주4), 314면. 또한 관리자와 본인 간에 계약관계가 존재하고, 관리자가 그 계약상 의무 범위를 넘어 본인을 위하여 행위한 경우 그것이 사무관리를 구성하는지 여부도 그 계약의 준거법에 의한다.

165) 김형배 · 김규완 · 김명숙(주1), 1576-1579면.

166) 상게서, 1579-1584면.

II. 부당이득

1. 준거법 선택의 원칙

부당이득(unjust enrichment)은 법률상 원인 없이 타인의 재산 또는 노무로 인하여 이득을 얻고, 이로 인하여 타인에게 손해를 끼친 사람에 대해서 그 이득을 상환하게 하는 제도이다(민법 제741조).[167] 부당이득에 대해서 채무자의 본국법 또는 주소지법이 적용된다는 입장과 기본관계의 준거법이 적용된다는 입장 등이 있지만, 사실발생지법, 즉 부당이득지법이 적용된다는 것이 일반적인 입장이다.[168] 왜냐하면 부당이득도 사무관리와 마찬가지로 정의 · 공평의 견지에서 인정되는 제도로서 공익적 성격이 강하기 때문에 부당이득이 발생한 곳의 법에 의하는 것이 타당하기 때문이다.

국제사법 제51조는 "부당이득은 그 이득이 발생한 곳의 법에 따른다"고 규정함으로써 부당이득지법주의를 원칙적으로 채택하고 있다. 이때 부당이득지를 결정함에 있어서 부당이득의 성립요건 모두가 한곳에서 발생하는 경우에는 그 결정에 별 어려움이 없다. 그러나 이득과 손실이 각각 다른 법역에서 발생한 경우 또는 원인이 된 재산 이전의 개시와 완성이 각각 다른 곳에서 이루어진 경우에는 부당이득지의 결정이 문제된다. 이득과 손실이 각각 다른 곳에서 발생한 때에는 이득이 발생한 곳을, 재산 이전의 개시와 완성이 각각 다른 곳에서 있은 때에는 재산 이전이 완성된 곳을 각각 부당이득지로 볼 것이다.[169]

2. 종속적 연결

부당이득은 그 원인이 된 기본적 법률관계, 즉 원인관계에 기하여 부당하게 발생한 이득이 손실자에게 반환되도록 하는 것이기 때문에 원인된 법률관계의 일부로 볼 수 있고, 많은 경우에 부당이득지보다도 그 원인된 법률관계의 준거법이 소속된 국가에 보다 밀접한 관련을 갖는다. 이러한 사정을 고려해서 국제사법 제

---

167) 상게서, 1588면.
168) 신창선 · 윤남순(주4), 314면; 윤종진(주4), 400-401면; 김연 · 박정기 · 김인유(주9), 332면.
169) 신창선 · 윤남순(주4), 317면; 김연 · 박정기 · 김인유(주9), 335면.

51조 단서는 "부당이득이 당사자 간의 법률관계에 근거한 이행으로부터 발생한 경우에는 그 법률관계의 준거법에 따른다"고 규정함으로써 원인된 법률관계의[170] 준거법이 적용될 수 있도록 하는 종속적 연결방법을 채택하였다. 계약이 무효로 되거나 또는 해제되어서 부당이득의 문제가 발생하는 경우에 계약과 부당이득의 준거법이 상이하고 양자가 상충하는 내용의 규율을 하고 있다면, 이른바 적응 또는 조정의 문제가 발생하는데, 종속적 연결을 통해서 그 어려움을 회피할 수 있게 된 것이다.

주의할 점은 국제사법 제51조 단서는 "부당이득이 당사자 간의 법률관계에 근거한 이행으로부터 발생한 경우에는"이라고 규정하고 있어서, 마치 유효한 법률관계를 전제로 한 것으로 보이지만, 계약에 기하여 이행이 있었던 한, 그 계약이 무효이거나 또는 취소 또는 해제되는 경우에도 적용된다는 것이다.[171] 이 경우에 부당이득은 이행의 근거가 된 계약 자체의 준거법에 따를 것이다.

3. 준거법 선택의 제한적 허용

국제사법 제53조는 "당사자는 제50조부터 제52조까지의 규정에도 불구하고 사무관리 · 부당이득 · 불법행위가 발생한 후 합의에 의하여 대한민국 법을 그 준거법으로 선택할 수 있다"고 규정함으로써 부당이득이 있은 후 당사자 간에 그 부당이득에 적용될 준거법에 관하여 합의하는 것을 허용한다. 다만 국제사법 제53조 단서는 "그로 인하여 제3자의 권리에 영향을 미치지 아니한다"고 규정함으로써 합의가 없었더라면 적용되었을 준거법에 의해서 제3자에게 부여되는 권리가 당사자 간 합의에 의한 준거법에 의해서 박탈되지 않도록 하였다.

4. 준거법의 적용범위

부당이득의 준거법은 부당이득의 성립이나 효력 등 부당이득에 관한 모든 문제에 적용된다. 우선 부당이득의 성립요건에 관한 문제, 즉 타인의 재산 또는 노

170) 이러한 원인관계로는 계약(contract), 대리(agency), 신탁(trust) 또는 불법행위(tort) 등을 생각해 볼 수 있다. Restatement, Second, Conflict of Laws §221, comment (d) (1971).
171) 석광현(주2), 386면.

무에 의한 수익, 타인의 손실발생, 수익과 손실 간의 인과관계, 수익의 법률상 원인의 결여 등 요건에 관한 문제[172]에 적용된다. 또한 부당이득의 효력에 관한 문제,[173] 즉 반환의무의 범위와 그 객체 및 반환방법 등의 문제에도 마찬가지로 부당이득지법이 적용된다.

관련판례 대법원 2015.2.26. 선고 2012다79866

가집행선고부 제1심판결에 기하여 금원을 지급하였다가 다시 상소심판결의 선고에 의해 그 가집행선고가 실효됨에 따라 금원의 수령자가 부담하게 되는 원상회복의무는 성질상 부당이득의 반환채무이지만, 이러한 원상회복의무는 가집행선고의 실효가 기왕에 소급하는 것이 아니기 때문에 본래부터 가집행이 없었던 것과 같은 원상으로 회복시키려는 공평의 관념에서 민사소송법이 인정한 법정채무이므로, 국제사법 제31조[개정 국제사법 제51조] 단서에 정한 '부당이득이 당사자 간의 법률관계에 기하여 행하여진 이행으로부터 발생한 경우'에 해당한다고 볼 수 없다.

관련판례 대법원 2011.5.26. 선고 2009다15596

섭외사법 제13조[국제사법 제51조]에 의하면, 외국적 요소가 있는 섭외사건에서 부당이득으로 인하여 생긴 채권의 성립 및 효력은 원인된 사실이 발생한 곳의 법에 의하여야 하는데, 여기서 부당이득의 원인된 사실이 발생한 곳은 이득이 발생한 곳을 말한다.

우리나라에 주소를 둔 갑이 인터넷 도메인이름 "hpweb.com"을 등록하여 사용하던 중 미국 캘리포니아주에 본사를 둔 을 회사가 갑의 도메인이름 등록 · 사용으로 미국에 등록되어 있던 "hp"로 구성된 자신의 상표 등에 대한 권리가 침해되었음을 이유로 국제인터넷주소관리기구의 '통일 도메인이름 분쟁해결정책'에 따라 분쟁해결기관인 미국의 국가중재위원회에 분쟁조정신청을 하여 도메인이름의 등록을 이전받자, 갑이 을 회사에 부당이득을 원인으로 하여 도메인이름 반환을 구한 사안에서, 이전등록에 의해 을 회사가 도메인이름에 관한 권리를 보유하게 됨으로써 이득이 발생한 곳은 을 회사 본사 소재지인 미국 캘리포니아주이므로, 부당이득반환채권의 성립 및 효력에 관하여는 미국 캘리포니아주법이 준거법이 된다고 한 사례.

---

172) 김형배 · 김규완 · 김명숙(주1), 1592-1598면.
173) 상게서, 1603-1612면.

Ⅲ. 불법행위

1. 준거법 선택의 원칙

불법행위(tort)는 고의 또는 과실로 위법하게 타인에게 손해를 가한 자에게 그 손해를 배상할 책임을 인정하는 것이다(민법 제750조).[174] 불법행위의 준거법에 관해서는 채무자의 주소지법에 의한다거나 또는 법정지법에 의한다는 입장 등이 있으나, 원인된 사실이 발생한 곳의 법, 즉 불법행위지법(lex loci delicti commissi)에 의한다는 사실발생지법주의 또는 불법행위지법주의가[175] 일반적으로 인정되고 있다.[176] 왜냐하면 불법행위제도는 정의 또는 공평의 관점에서 피해자의 손해의 전보를 도모함과 동시에 사회의 보호를 목적으로 하고 있는데 여기서 침해된 이익 및 사회의 보호와 가장 밀접한 관련을 갖고 있는 곳은 침해가 발생한 곳이고, 또한 불법행위의 가해자와 피해자는 문제의 불법행위에 불법행위지법이 적용될 것을 예상하는 것이 일반적이기 때문이다.

국제사법 제52조 제1항은 "불법행위는 그 행위를 하거나 그 결과가 발생하는 곳의 법에 따른다."고 규정함으로써 불법행위지법주의를 채택하고 있다.

2. 종속적 연결

불법행위는 매우 다양한 형태를 갖기 때문에 이들 다양한 형태의 불법행위에 대해서 일률적으로 불법행위지법을 적용하는 것은 부당한 결과를 초래할 수 있다. 이러한 이유에서 불법행위에 대하여 일률적으로 불법행위지법에 의하는 불법행위지법주의에 대해서 여러 가지 수정을 통해서 구체적 타당성을 기하려는 노력이 각국의 국제사법에서 시도되었고,[177] 우리나라 국제사법도 제52조 제2항 내지

---

174) 상게서, 1602면.

175) 불법행위지법주의는 기득권이론에 근거한 것이다. Scoles, Hay, Borchers & Symeonides, *supra* note 19, p.713.

176) 신창선 · 윤남순(주4), 318면; 윤종진(주4), 405-406면; 김연 · 박정기 · 김인유(주9), 338면. 유럽 국가들을 포함한 대륙법계 국가들은 대부분 불법행위지법주의를 채택하고 있다. Sir Peter North & J.J. Fawcett, *Cheshire and North's Private International Law* (13th ed., Oxford University Press, 2004), p.605.

제4항에서 불법행위지법에 대한 다양한 예외규정을 두고 있다.

우선 국제사법은 제52조 제1항에서 불법행위지법을 원칙으로서 채택하면서, 제52조 제2항에서 "불법행위를 한 당시 동일한 국가 안에 가해자와 피해자의 일상거소가 있는 경우에는 제1항에도 불구하고 그 국가의 법에 따른다"고 규정함으로써 공통 일상거소지법주의를 종속적으로 채택하였다. 이러한 경우에는 공통 일상거소지국(the country of common habitual residence)이 문제의 불법행위와 관련한 분쟁의 해결에 대해서 불법행위지국보다 더 큰 이해관계를 갖는다고 보아야 하기 때문이다.[178]

또한 국제사법은 제52조 제3항에서 "가해자와 피해자 간에 존재하는 법률관계가 불법행위에 의하여 침해되는 경우에는 제1항 및 제2항에도 불구하고 그 법률관계의 준거법에 따른다"고 규정함으로써 다른 법정채권의 경우와 마찬가지로 불법행위에 있어서도 가해자와 피해자 간에 존재하는 법률관계가 불법행위에 의하여 침해되는 경우에는 그 법률관계의 준거법에 의한다는[179] 종속적 연결방법을 채택하고 있다.[180] 이러한 경우에는 문제의 불법행위와 관련한 분쟁의 해결을 불법행위지법이 아닌 불법행위로 침해된 법률관계의 준거법에 의하는 것이 법률관계의 일관되고 간명한 해결에 오히려 도움이 되기 때문이다.

---

177) North & Fawcett, *supra* note 176, pp.605-609. 이러한 사정은 미국에서도 마찬가지이다. Scoles, Hay, Borchers & Symeonides, *supra* note 19, p.720.

178) 미국에서 불법행위의 준거법으로서 불법행위지법을 적용하지 않은 판례의 대부분이 당사자가 동일한 주에 거주하고 있었던 경우를 포함한다. Scoles, Hay, Borchers & Symeonides, *supra* note 19, p.800. 또한 스위스 국제사법 제133조, 독일 민법시행법 제40조 제2항, 「비계약상 의무에 적용될 준거법에 관한 유럽연합 이사회규칙」(Regulation of the European Parliament and the Council on the Law Applicable to Non-Contractual Obligations: 로마규칙 II) 제4조 제2항 및 「제조물책임에 적용될 준거법에 관한 헤이그협약」 제5조도 공통 일상거소지법주의를 채택하고 있다. *Ibid.*, p.804.

179) 예를 들어 피해자가 배상의무자의 보험자에 대하여 직접 청구할 수 있는지 여부는 보험계약의 준거법에 의한다는 것이다.

180) 스위스 국제사법 제133조 제3항, 독일 민법시행법 제41조 제2항 및 로마규칙 II 제4조 제3항 등이 이 원칙을 채택하고 있다. Scoles, Hay, Borchers & Symeonides, *supra* note 19, p.809.

관련판례 대법원 2012.10.25. 선고 2009다77754

국제사법 제32조[개정 국제사법 제52조]는 제1항에서 "불법행위는 그 행위가 행하여진 곳의 법에 의한다"고 하여 불법행위의 준거법으로 불법행위지법 원칙을 규정하면서도, 나아가 제3항에서 "가해자와 피해자 간에 존재하는 법률관계가 불법행위에 의하여 침해되는 경우에는 제1항 및 제2항의 규정에 불구하고 그 법률관계의 준거법에 의한다"고 규정한다. 따라서 가해자와 피해자 간에 존재하는 법률관계가 불법행위에 의하여 침해되는 경우에 불법행위에 대한 준거법은 불법행위지법이 아니라 그 침해되는 법률관계의 준거법이 우선적으로 적용된다.

피고가 이 사건 연료공급계약에 따라 공급한 이 사건 연료가 선박의 연료유로 사용하기에 부적법하여 피고의 불법행위에 해당한다는 원고의 청구원인 주장에 관하여 이 사건 연료공급계약 법률관계의 준거법인 미국 해사법이 적용된다고 판단한 원심은 정당하다.

3. 준거법 선택의 제한적 허용

국제사법 제53조는 "당사자는 제50조부터 제52조까지의 규정에도 불구하고 사무관리 · 부당이득 · 불법행위가 발생한 후 합의에 의하여 대한민국 법을 그 준거법으로 선택할 수 있다"고 규정함으로써 불법행위가 있은 후 당사자 간에 그 불법행위에 적용될 준거법에 관하여 합의하는 것을 허용한다.[181] 다만 국제사법 제53조 단서는 "그로 인하여 제3자의 권리에 영향을 미치지 아니한다"고 규정함으로써 합의가 없었더라면 적용되었을 준거법에 의해서 제3자에게 부여되는 권리가 당사자 간 합의에 의한 준거법에 의해서 박탈되지 않도록 하였다.

4. 격지적 불법행위의 경우에 불법행위지법의 결정

국제사법 제52조 제1항은 "그 행위를 하거나 그 결과가 발생하는 곳의 법에 따른다"고 규정하고 있을 뿐, 행동지와 결과발생지가 상이한 경우에 준거법 결정

181) 독일 민법시행법 제42조 및 로마규칙 II 초안 제10조 제1항. 법무부 [해설](주83), 245면. 그러나 미국에서 당사자자치의 원칙은 여전히 계약에 국한된다. Restatement, Second, Conflict of Laws §187 (1971); Scoles, Hay, Borchers & Symeonides, *supra* note 19, p.810.

에 관한 별도의 규정을 두고 있지 않다. 이처럼 행동지와 결과발생지가 서로 다른 이른바 격지적(隔地的) 불법행위의 경우에 불법행위지를 어떻게 결정한 것인지가 문제된다.[182]

원인행위지설은 원인행위지에서는 불법행위를 구성하지 않는 행위가 우연히 결과발생지에서 불법행위를 구성한다고 하여 불법행위책임을 묻는 것은 행위자(가해자)에게 불측의 손해를 야기할 것이라는 관점에서 행위자가 손해를 발생시키는 원인이 되는 행위를 한 곳을 불법행위지로 본다. 이는 불법행위의 주관적 요건인 의사에 중점을 두는 견해로서 가해자를 보호하는 입장이다.[183]

결과발생지설은 현실로 손해가 발생한 곳을 불법행위지로 보는 견해로서 불법행위의 객관적 요건인 손해의 발생에 중점을 두는 입장이다.[184] 결과발생지설은 가해자의 의도는 고려하지 않고 손해가 발생했다면 손해가 발생한 곳의 법에 의함으로써 피해자를 보호해야 할 것이라는 것, 손해 없이는 책임도 없다는 것 및 가해자의 윤리적 및 사회적 책임을 묻는 형사책임에 있어서와 달리 민사책임에 있어서는 손해의 전보에 중점을 두고 있다는 것 등에 그 근거를 두고 있다. 결과발생지설은 결과발생지가 여러 곳인 경우에는 가장 마지막 결과가 발생한 곳을 결과발생지로 한다.[185]

불법행위제도의 목적이 손해의 전보에 있다는 점을 고려하면, 원칙적으로 결과발생지를 불법행위지로 보고, 결과가 발생하는 것을 통상 예견할 수 없는 등 특별한 사정이 있는 때에 예외적으로 가해행위지 또는 원인행위지를 불법행위지로 보는 것이 타당할 것이다.

국제사법 제52조 제1항의 적용과 관련해서 발생하는 이 문제는 위 학설 중

182) 예를 들어 A국에서 공표된 특정 사실이 B국까지 유포되어 B국에서 사람의 명예가 훼손된 경우나 A국의 공장에서 하수로 유입된 폐수가 B국의 하천으로 유입되어 B국의 농작물에 피해를 입힌 경우 또는 A국에서 제조되어서 B국으로 수출된 식품으로 말미암아 B국에서 식중독사고가 발생한 경우 등 불법행위의 원인과 결과가 복수의 국가에 걸쳐 발생한 경우에 어느 곳을 불법행위지로 하여서 준거법을 정할 것인지가 문제된다. 신창선 · 윤남순(주4), 323면.

183) Restatement, First, Conflict of Laws §382(1) (1934).

184) Scoles, Hay, Borchers & Symeonides, *supra* note 19, pp.713-714.

185) *Alabama G.S.R. Co. v. Carroll,* 97 Ala. 126, 11 So. 803 (1892); Scoles, Hay, Borchers & Symeonides, *supra* note 19, p.714. 그러나 결과발생지가 여러 곳인 경우에는 가장 중대한 결과가 발생한 곳을 결과발생지로 한다는 입장도 있다. 신창선 · 윤남순(주4), 324면.

어느 것을 택하더라도 국제사법 제21조의 밀접한 관련의 원칙에 의하여 보완되어야 하는 경우가 많을 것이다. 즉 격지적 불법행위에 대한 국제사법 제52조 제1항의 적용과 관련해서 일응 결과발생지를 불법행위지로 정한다고 할지라도 불법행위의 종류나 사안에 따라서는 결과발생지가 우연적인 것에 불과하고 행동지가 더 밀접한 경우가 있을 것이므로, 이러한 때에는 법원으로 하여금 국제사법 제21조의 적용을 통해서 당해 사안과 가장 밀접한 관련이 있는 곳을 파악하도록 해야 한다.[186]

관련판례 대법원 1983.3.22. 선고 82다카1533 전원합의체 판결

섭외사법 제13조 제1항[국제사법 제52조]에 의하면 불법행위로 인하여 생긴 채권의 성립 및 효력은 그 원인된 사실이 발생한 곳의 법에 의한다고 규정하고 있는바, 여기에서 원인된 사실이 발생한 곳이라 함은 불법행위를 한 행동지뿐만 아니라 손해의 결과 발생지도 포함하므로, 화물을 운송한 선박이 우리나라의 영역에 도착할 때까지도 손해발생이 계속되었다면 우리나라도 손해의 결과발생지에 포함된다고 보는것이 타당하고, 이 경우 우리나라의 영역에 이르기 전까지 발생한 손해와 그 영역에 이른 뒤에 발생한 손해는 일련의 계속된 과실행위에 기인한 것으로서 명확히 구분하기 어려우므로 통틀어 그 손해 전부에 대한 배상청구에 관하여 우리나라법을 준거법으로 정할 수 있는 것이다.

관련판례 대법원 1994.1.28. 선고 93다18167

섭외사법 제13조 제1항[국제사법 제52조]에 의하면, 불법행위로 인하여 생긴 채권의 성립 및 효력은 그 원인된 사실이 발생한 곳의 법에 의한다고 규정하고 있는바, 여기에서 원인된 사실이 발생한 곳이라 함은 불법행위를 한 행동지뿐만 아니라 손해의 결과발생지도 포함하는 개념이라고 풀이함이 타당하고, 가해행위 및 손해발생의 대부분이 공해상을 운항중이던 선박 내에서 이루어졌다는 이유만으로 손해의 결과발생지에 포함되는 우리나라의 법을 준거법에서 배제하고 위 선박의 선적국법이 준거법이 되어야 한다고는 볼 수 없다.

섭외사법 제44조 제5호[국제사법 제94조 제3호]에 의하면 선장과 해원의 행위에 대한 선박소유자의 책임범위는 선적국법에 의한다고 규정하고 있으나, 위 조항이 민법상의 불법행위를 원인으로 한 손해배상청구의 경우까지도 섭외사법 제13조[국

186) Scoles, Hay, Borchers & Symeonides, *supra* note 19, p.717.

제사법 제52조]를 배제하고 선적국법을 준거법으로 하라는 취지라고 볼 수는 없다.

관련판례 대법원 2012.5.24. 선고 2009다22549

원고 등의 청구권이 성립한 시점에 적용되는 우리나라의 저촉규범에 해당하는 위 '법례'에 의하면 불법행위로 인한 손해배상청구권의 성립과 효력은 불법행위 발생지의 법률에 의하는데, 이 사건 불법행위지는 우리나라와 일본에 걸쳐 있으므로 불법행위로 인한 손해배상청구권에 관하여 판단할 준거법은 우리나라법 또는 일본법이 될 것이다. 그러나 이미 원고들은 일본법이 적용된 일본소송에서 패소한 점에 비추어 자신들에게 보다 유리한 준거법으로 우리나라법을 선택하려는 의사를 가지고 있다고 추인되므로, 우리나라 법원은 우리나라법을 준거법으로 하여 판단하여야 한다.[187]

5. 무형적 가치가 침해된 경우에 불법행위지의 결정

기망에 의한 불법행위의 경우에 불법행위지를 어디로 볼 것인지가 문제된다. 기망행위와 피해자의 신뢰가 동일한 국가에서 있었던 경우에 불법행위지의 확정은 별다른 어려움을 야기하지 않는다. 기망행위와 피해자의 신뢰가 서로 다른 국가에서 있었던 경우에는 일반적으로 연결점으로서 불법행위지는 피해자의 신뢰가 있었던 곳으로 보아야 할 것이다.[188] 왜냐하면 기망의 불법행위로 인한 손해는 피해자의 신뢰가 있었던 곳에서 발생한 것으로 보아야 하기 때문이다.

반독점행위 또는 불공정거래행위에 의한 불법행위의 경우에는 반독점행위 또는 불공정거래행위가 있었던 곳이 불법행위지라는 입장이 있지만,[189] 그러한 불법행위로 인하여 피해를 입은 자의 이익을 고려해서 피해가 발생한 곳이 불법행위지가 되어야 한다.[190]

---

187) 이 판결은 엄밀하게는 행동지와 결과발생지가 상이한 격지적 불법행위에 관한 것이 아니라, 행동지와 결과발생지가 복수국가에 소재하는 경우에 관한 것이지만, 피해자가 자신에게 유리한 법을 불법행위의 준거법으로 선택할 수 있음을 인정하였다는 점에서 의의가 있다. 석광현(주2), 396면.

188) Scoles, Hay, Borchers & Symeonides, *supra* note 19, p.867.

189) Restatement, Second, Conflict of Laws §145, comment (f) (1971).

190) 스위스 국제사법 제136조 및 제137조, 오스트리아 국제사법 제48조 제2항 및 로마규칙 II

명예훼손이나 사생활침해에 의한 불법행위의 경우에는 일반적으로 출판이나 허위사실유포 등의 행위가 있었던 곳과 피해의 발생지가 동일할 것이지만, 출판이나 허위사실유포 등의 행위가 복수의 국가에서 이루어진 때에는 불법행위지를 어떻게 결정할 것인지의 문제가 발생한다. 출판이나 허위사실유포 등의 행위가 복수의 국가에서 이루어진 경우에 미국에서는 출판이나 허위사실유포 등의 행위가 이루어진 곳 중에서 피해자의 주소지 또는 그의 주된 영업소 소재지와 일치하는 곳을 불법행위지로 파악한다.[191] 한편 스위스 국제사법 제139조 제1항은 피해자로 하여금 그의 일상거소지법, 피해발생지 및 가해자의 일상거소지나 주된 영업소 소재지의 법 중에서 선택할 수 있도록 허용한다.[192]

6. 준거법의 적용범위

(1) 불법행위의 성립

지정된 준거법은 불법행위의 성립에 관한 일반적 문제, 즉 불법행위능력, 고의나 과실의 유무 등 불법행위의 주관적 요건 및 침해되는 권리 또는 이익의 종류, 손해의 발생이 요구되는지 여부, 위법성 조각사유 또는 행위와 결과와의 인과관계 등 불법행위의 객관적 요건 등에 적용된다.[193]

일정한 권리의 침해가 불법행위가 되는지 여부가 문제된 경우에 그와 같은 권리의 존부 자체는 불법행위의 준거법에 의하지 않고, 불법행위의 선결문제로서 그 권리 자체의 준거법에 의한다. 따라서 제3자에 의한 배우자의 권리의 침해 등의 경우에 그와 같은 침해가 불법행위를 구성하는지 여부는 불법행위의 문제로서 국제사법 제52조에 의하지만, 그와 같은 배우자권리의 존부 자체는 불법행위의 선결문제로서 별개로 해결되어야 한다.

(2) 불법행위의 효력

불법행위의 효력에 관한 문제, 즉 손해배상의 청구권자, 손해배상의 범위나

제6조 참조. 법무부 [해설](주77), 286-287, 317면.

191) Scoles, Hay, Borchers & Symeonides, *supra* note 19, p.873.

192) 법무부 [해설](주77), 287면.

193) Scoles, Hay, Borchers & Symeonides, *supra* note 19, p.719.

방법, 사용자책임의 법리의 인정 여부 등도 불법행위의 준거법에 의한다.[194]

한편 국제사법 제52조 제4항은 "제1항부터 제3항까지의 규정에 따라 외국법이 적용되는 경우에 불법행위로 인한 손해배상청구권은 그 성질이 명백히 피해자의 적절한 배상을 위한 것이 아니거나 또는 그 범위가 본질적으로 피해자의 적절한 배상을 위하여 필요한 정도를 넘을 때에는 인정하지 아니한다"고 규정하고 있다. 이 규정은 미국 계약법과 불법행위법에 인정되는 징벌적 손해배상(punitive damages)과 독점금지법에서 인정되는 3배 손해배상(treble damages) 등을 염두에 둔 것이다. 왜냐하면 징벌적 손해배상이나 3배 손해배상은 기본적으로 불법적인 행위에 대한 처벌을 통하여 그러한 행위를 다시는 하지 못하도록 하는 경고 내지 예방의 목적을 갖는 것이어서 그 배상액이 적절한 배상을 위하여 필요한 정도를 초과하는 것이 일반적이기 때문이다. 징벌적 손해배상이나 3배 손해배상의 문제는 주로 외국판결의 승인 및 집행과 관련하여 다루어지고 있으나, 우리나라 법원에서 불법행위소송과 관련하여 미국법이 준거법으로 지정된 경우에는 준거법의 적용단계에서도 문제될 수 있다. 대륙법계 국가는 미국의 징벌적 손해배상제도에 대하여 비판적 입장을 갖고 있다.[195]

국제사법 제52조 제4항은 "제1항부터 제3항까지의 규정에 따라 외국법이 적용되는 경우에 불법행위로 인한 손해배상청구권은 그 성질이 명백히 피해자의 적절한 배상을 위한 것이 아니거나 또는 그 범위가 본질적으로 피해자의 적절한 배상을 위하여 필요한 정도를 넘을 때에는 인정하지 아니한다"고 규정하고 있지만, 이 규정이 우리나라의 손해배상책임법상의 배상액과 일치할 것을 요구하는 것으로 해석될 것은 아니고, 국제사법 제23조의 공서조항과 마찬가지로 우리나라의 손해배상법의 기본 이념과 현저하게 모순되는 때에만 외국법이 적용되지 않는다는 뜻으로 해석되어야 한다.[196] 또한 징벌적 손해배상의 요소가 있다고 해서 손해

194) *Ibid.*

195) North & Fawcett, *supra* note 176, p.647. 영국도 미국 독점금지법상 인정되는 3배손해배상을 영국의 공서에 반하는 것으로 이해하고 있다. Ibid.

196) 석광현(주2), 403-404면. 외국법 적용의 배척은 국제사법 일반원칙에 대한 중대한 예외로서 그 외국법의 적용이 내국의 사법적 질서를 해하는 경우 등 부득이한 경우에만 제한적으로 인정되어야 한다. 또한 그러한 경우에 해당한다고 할지라도 국제사법 제23조와 같은 일반배척조항을 통해 해결하는 것이 일반적으로 타당하다. 다만 국제사법이 일반배척조항인 제23조에도 불구하고, 특별배척조항으로서 제52조 제4항을 둔 것은 과도한 손해배상 등을

배상 전체를 부인할 것은 아니고, 손해의 전보에 해당하는 부분에 대해서는 그 배상을 인정하고, 징벌적 손해배상에 해당하는 부분에 대해서만 그를 부인할 것이다.[197]

관련판례 서울지방법원동부지원 1995.2.10. 선고 93가합19069

징벌적 배상이란 가해자에게 특히 고의 등의 주관적인 악사정이 있는 경우에 보상적 손해배상에 덧붙여 위법행위에 대한 징벌과 동종행위의 억지를 주목적으로 하여 과하여지는 손해배상으로 코몬로(common law)상 인정되고 있는 구제방법의 일종으로서, 불법행위의 효과로 손해의 전보만을 인정하는 우리의 민사법 체계에서 인정되지 아니하는 형벌적 성질을 갖는 배상형태로서 우리나라의 공서양속에 반할 수 있다. [대법원은 이른바 내국관련성의 정도와 비례의 원칙 등의 관점에서 출발하여 미국법원의 손해배상 판결을 1/2 한도로 승인 제한하였다. ―편집자주]

7. 청구권경합과 준거법의 결정

동일한 사안으로부터 불법행위의 준거법에 의하여 불법행위에 기한 손해배상청구권이 성립하는 동시에 계약의 준거법에 의하여 채무불이행에 기한 손해배상청구권이 성립하는 경우가 있다. 예를 들어 임차인의 과실에 의해 임차 중의 물건이 훼손되거나 운송인의 과실에 의하여 운송 중의 여객이 부상당했다든지 하는 경우에 이와 같은 청구권의 경합이 발생한다. 이러한 경우에 실질법 분야의 청구권경합설에 대응해서 양 준거법상 성립하는 청구권의 경합을 인정할 것인지 또는 법조경합설에 대응해서 이를 법률관계의 성질 결정의 문제로 보아 한 가지 법률관계로 성질 결정한 후에 그에 따른 청구권의 성립만을 인정할 것인지가 문제된다.

국제사법 제52조 제3항은 "가해자와 피해자 간에 존재하는 법률관계가 불법행위에 의하여 침해되는 경우에는 제1항 및 제2항에도 불구하고 그 법률관계의 준거법에 따른다."고 규정함으로써 이른바 종속적 연결방법을 도입하였다. 따라서 당사자 간에 고용계약이나 운송계약 등의 계약이 성립되어 있는 경우에는 그것에 종속시켜 그 계약의 준거법에 의한다.[198] 즉 법률관계의 성질 결정 단계에서

방지하고자 하는 경우에 그것이 당연히 "우리나라의 선량한 풍속 그 밖의 사회질서에 명백히 위반"된다고 볼 수 있다는 판단에서 비롯된 것으로 보인다.

197) 상게서, 403-404면.

근거가 되는 법률관계가 존재하면 그 준거법에 의하고, 근거되는 법률관계가 없을 때에는 불법행위의 준거법에 의하는 것이다.

8. 제조물책임의 준거법

제조물책임(products liability)은 제조물의 제조업자 또는 공급업자가 제조물의 결함으로 인하여 생명이나 신체 또는 재산에 손해를 입은 자에게 그 손해를 배상하여야 할 책임이다(제조물책임법 제3조). 이와 같은 제조물책임은 책임의 주체, 근거 또는 범위 등 제조물책임에 관한 국내외의 실질법적 규정을 둘러싸고 많은 논의가 있고, 제조물책임에 관한 국제적 분쟁 역시 많은 문제를 제기한다. 국제제조물책임소송과 관련하여서 일반 섭외적 사건과 마찬가지로 국제재판관할, 당해 사안에 적용될 준거법의 확정 내지 적용 및 제조물책임에 관한 외국 판결의 승인 및 집행 등의 문제가 제기될 것이다.

우리나라에서는 특히 준거법의 확정과 관련하여, 우선 제조물책임의 성질 결정과 관련해서 입장이 나뉘고 있으나, 제조물책임을 원칙적으로 불법행위로 성질 결정하는 입장이 일반적이다.[199] 제조물책임을 불법행위로 성질 결정하는 경우에 국제사법 제52조를 적용하여야 하는데, 제52조 제1항의 불법행위지와 관련하여 불법행위지를 확정하는 것이 쉽지 않다. 특히 국제제조물책임에 있어서는 제조업의 국제적 분업화와 구매자의 이동성이 두드러지기 때문에, 행동지와 결과발생지 중 어느 곳을 연결점으로 할 것인지가 문제될 뿐 아니라, 어느 곳을 행동지 또는 결과발생지로 확정할 것인지 역시 많은 어려움을 낳는다. 행동지를 불법행위지로 본다고 하더라도, 제조자의 본거지나 영업지, 사실상의 제조지, 공급지, 취득지 또는 피해자의 일상거소지 중에서 행동지를 확정하는 것이 언제나 용이한 것은 아니기 때문이다. 제조물책임의 법제가 일반적으로 무과실책임을 원칙으로 구성되어 있다는 점을 고려하면, 일반적으로 결과가 발생한 국가, 즉 결과발생지

---

198) 물론 법률관계의 준거법이 문제의 불법행위에 대해서 청구권경합을 인정하는지 아니면 법조경합을 인정하는지는 별개의 문제이다.

199) 신창선 · 윤남순(주4), 328면; 석광현(주2), 406-407면; 윤종진(주4), 414면. 반면에 제조물책임은 국제사법 제32조의 범주에 속하지 않는 특수한 불법행위로서 조리에 의해서 준거법을 정할 것이라는 입장도 있다. 김연 · 박정기 · 김인유(주9), 347면.

가 제조물책임과 관련하여 가장 밀접한 관련을 갖는다고 할 것이고, 따라서 제조물책임의 준거법은 결함이 있는 제조물로 인하여 손해가 발생한 곳의 법이 될 것이다. 그러나 결과발생지가 근소한 관련을 갖는 데 불과한 때에는 국제사법 제21조가 적용되어 가장 밀접한 관련을 갖는 국가의 법이 준거법이 될 것이다.

참고로 1973년 「제조물책임에 적용될 준거법에 관한 헤이그협약」(Hague Convention on the Law Applicable to Products Liability)은[200] 제5조에서 제조물책임은 직접피해자(the person directly suffering damage)의 일상거소지(habitual residence)가 책임을 추궁당하는 자의 주된 영업지(principal place of business) 또는 직접피해자가 당해 제조물을 취득한 곳 중 어느 한 곳과 일치하는 경우에 직접피해자의 일상거소지의 법에 의할 것을 규정하고, 제4조에서 제5조가 적용되지 않는 때에는 제조물책임은 손해발생지가 직접피해자의 일상거소지, 책임을 추궁당하고 있는 자의 주된 영업지 또는 직접피해자가 당해 제조물을 취득한 곳 중 어느 한 곳과 일치하는 경우에 손해발생지의 법에 의할 것을 규정하고 있다.[201] 한편 스위스 국제사법 제135조는 피해자로 하여금 가해자의 주된 영업지나 일상거소지와 제조물을 취득한 곳 중에서 선택하도록 허용한다.[202]

관련판례 서울고등법원 2006.1.26. 선고 2002나32662

섭외사법 제13조 제1항[국제사법 제52조]에 의하면, 불법행위로 인하여 생긴 채권의 성립 및 효력은 그 원인된 사실이 발생한 곳의 법에 의한다고 규정하고 있는바, 여기에서 원인된 사실이 발생한 곳이라 함은 불법행위를 한 행동지(가해행위지)뿐만 아니라 손해의 결과발생지도 포함하며, 불법행위의 행동지와 결과발생지가 상이한 경우에는 준거법으로 지정될 수 있는 행동지법과 결과발생지법은 각각 그 지정을 정당화하는 이익에 의하여 뒷받침되고 그 이익의 우열을 판단하기는 어렵다고 보아야 할 것이므로, 피해자인 원고는 다른 준거법을 적용할 때보다 더 유리한 판결을 받을 수 있다고 판단하는 준거법이 있다면 그 법률을 준거법으로 선택할 수 있다.

우리나라의 베트남전 참전군인들이 미국 법인인 제초제 제조회사들에 의하여

---

200) 이 협약은 프랑스와 스페인 등 유럽 10개 국가가 수용하고 있다. Scoles, Hay, Borchers & Symeonides, *supra* note 19, p.935.

201) *Ibid.*

202) 법무부 [해설](주77), 286면.

제조되어 베트남전에서 살포된 고엽제의 유해물질로 인하여 각종 질병을 얻게 되었음을 이유로 위 참전군인들 또는 그 유족들이 위 고엽제 제조회사들을 상대로 우리나라 법원에 제조물책임 또는 일반불법행위책임에 기한 손해의 배상을 구하는 사안에 적용될 수 있는 준거법은 행동지법으로서 생산지법인 미국법과 사용지법인 베트남법, 결과발생지법으로서 우리나라법이라 할 것인데, 피해자인 원고들이 불법행위의 결과발생지인 우리나라의 법률에 근거하여 제조물책임 등에 기한 손해배상청구권의 성립과 효과를 주장하고 있으므로 우리나라법을 준거법으로 선택하였다고 본 사례.

관련판례 대법원 2013.7.12. 선고 2006다17539

섭외사법 제13조 제1항[국제사법 제52조]에 의하면, 외국적 요소가 있는 섭외사건에서 불법행위로 인하여 생긴 채권의 성립 및 효력은 그 원인이 된 사실이 발생한 곳의 법에 의하여 판단하여야 하고, 불법행위에서 그 원인이 된 사실이 발생한 곳에는 불법행위를 한 행동지뿐만 아니라 손해의 결과발생지도 포함된다.

우리나라는 분쟁의 대상인 이 사건 손해의 발생지일 뿐만 아니라, 우리나라 법원이 이 사건 소에 관하여 국제재판관할권을 가지는 이상, 우리나라의 법은 이 사건 제조물책임에 관한 준거법이 될 수 있다.

제 4 절 채권·채무관계의 준거법

Ⅰ. 의 의

계약이나 불법행위 등으로 말미암아 발생한 채권 · 채무관계는 계약이나 불법행위의 등 원인된 행위의 효과로서 발생하는 것이기 때문에 당연히 원인된 행위인 계약이나 불법행위 등의 준거법에 의한다. 즉 발생한 채권 · 채무의 목적이나 내용, 채무불이행에 기한 구제수단 및 채권 · 채무의 소멸 등 채권 · 채무관계의 모든 문제는 원인된 행위의 준거법에 의한다.

그러나 금전채권에서 지급의 수단인 화폐, 채권의 대외적 효력 및 채권 · 채무의 이전과 관련해서 몇 가지 고려되어야 할 문제가 있다.

II. 채권의 목적

채권의 목적, 즉 채권의 내용이 되는 채권자의 이행에 관한 문제는 그 채권의 준거법에 의한다. 이는 일정 금액의 지급을 목적으로 하는 채권, 즉 금전채권의 경우에도 동일하다. 따라서 금전채권과 관련해서 특정외국통화로 지급되어야 하는지의 문제는 채권의 준거법에 의한다.

그러나 지급수단인 통화 자체에 관한 문제는 통화의 준거법, 즉 통화발행국의 법에 의한다.[203] 따라서 금전채권이 계약채권인지 법정채권인지 여부에 상관없이 통화의 정의, 명목가치 또는 강제통용력 등은 통화의 준거법에 의하는 것이다. 또한 통화단위의 변경이라든가 종류의 변경이 금전채권에 미치는 영향에 관한 문제도 채권의 준거법이 아닌, 통화의 준거법에 의한다.

III. 채권의 소멸

채권의 소멸은 채권의 효력의 한 모습이기 때문에 원칙적으로 그 채권의 준거법에 의한다. 따라서 채권의 소멸의 원인이 되는 변제, 상계, 경개, 면제, 혼동 및 소멸시효 등의 요건이나 효력도 원칙적으로 그 채권의 준거법에 의한다. 이 경우에 채권이 계약에 의한 채권으로서 당사자가 계약의 성립과 효력에 관하여 각기 다른 법을 지정하고 있는 경우에는 효력의 준거법에 의한다(국제사법 제45조 제2항).

상계(setoff)는 이행을 대신하는 것이기 때문에 그것은 상계되는 채권인 수동채권의 준거법에 의할 것이라는 입장이 있다.[204] 이 입장은 수동채권의 준거법에 의하여 상계가 성립하는 경우에 상계하는 채권인 자동채권도 소멸하는지 여부는 자동채권의 준거법에 의할 것이라고 한다. 따라서 만약 자동채권의 준거법이 상계를 인정하지 않는 경우에는 수동채권만이 소멸하고 자동채권은 남게 되는데 이 경우에는 부당이득의 문제로서 해결되어야 한다는 것이다. 그러나 상계는 두 개의 채권을 서로 소멸시키는 제도이기 때문에 두 개의 채권, 즉 자동채권 및 수동

203) 윤종진(주4), 414면.

204) 스위스 국제사법 제148조 제2항이 이러한 입장을 취하고 있다. 법무부 [해설](주77), 289면.

채권 각각의 준거법에 의해 상계요건을 구비하지 않으면 성립되지 않는 것으로 보아야 한다.[205]

경개(更改)의 요건 및 효력은 소멸되는 채무의 준거법에 의하지만, 경개는 새로운 채무의 성립에 의하여 기존의 채무를 소멸시키는 것이기 때문에 새로운 채무가 그 준거법에 의해 유효하게 성립하지 않으면 경개가 성립하지 않음은 당연하다.

면제는 우리나라 민법상 단독행위이지만(민법 제506조), 그것이 채무자의 승낙을 요하는지 또는 원인행위가 필요한지 여부는 면제가 되는 채무의 준거법에 의한다. 면제의 원인행위는 원인행위의 준거법에 의한다(국제사법 제45조 및 제46조). 예를 들어 증여로써 어떤 채무를 면제하는 경우에 있어서 증여는 증여계약의 준거법의 적용을 받는다.

채권과 채무가 동일인에게 귀속함에 따라 채권이 소멸하는 혼동의 요건 및 효력도 그 채권의 준거법에 의한다. 그러나 채권의 준거법이 그 채권이 제3자의 권리의 목적인 때에는 혼동에 의하여 소멸하지 않는 것으로 규정하고 있는 경우에(민법 제507조 단서) 그 제3자의 권리의 존부는 그 권리의 준거법에 의한다. 그러나 채권과 물권의 혼동의 경우, 예를 들어 임차권과 소유권의 혼동이 있는 경우에 그 요건 및 효력은 채권의 준거법과 물권의 준거법이 누적적으로 적용된다.[206] 이때 주의할 점은 혼동의 원인이 된 법률관계는 그 법률관계의 준거법에 의한다는 것이다. 예를 들어 채권자가 채무자를 상속하는 혼동에 의한 채권의 소멸이 문제된 경우에 채권자가 채무자를 상속하는지 여부는 상속의 문제로서 상속의 준거법에 의하는 것이다.

소멸시효의 준거법과 관련해서 미국에서는 대륙법계 국가의 소멸시효를 소송법상 제소기간(limitation)의 문제로 이해하기 때문에 법정지법이 적용된다고 하고 있지만, 우리나라를 비롯한 대륙법계 국가에서 소멸시효는 실질법상의 제도이기 때문에 그 채권의 준거법에 의해야 한다.

---

205) 영미법계 국가는 상계를 소송법상의 제도로 파악하는 까닭에 법정지법을 적용한다. 그러나 우리나라를 비롯한 대륙법계 국가는 상계를 실질법상의 제도로 이해하기 때문에 상계의 대상이 되는 채권의 준거법이 적용된다.

206) 신창선 · 윤남순(주4), 337면; 윤종진(주4), 354면.

Ⅳ. 채권의 대외적 효력

채권의 효력에 관한 문제는 당연히 채권의 준거법에 의한다. 따라서 채무불이행에 따른 구제수단으로서 강제이행 등이 허용되는지의 문제도 채권의 준거법에 의한다.[207]

채권의 대외적 효력, 즉 채권의 제3자에 대한 효력으로는 채권자대위권과 채권자취소권이 있다. 채권자대위권과 채권자취소권은 소송법상의 강제집행이나 파산법상의 부인권 등 채권보호수단과는 별개로 채권의 보전, 즉 채무자의 책임재산의 보전을 위하여 특별히 인정되는 실체법상의 채권자보호수단이다.[208] 따라서 채권자대위권과 채권자취소권은 실질법적 문제이기 때문에 문제된 채권의 준거법에 따라 그 내용이 결정된다.

채권자취소권의 경우에 사해행위(詐害行爲)로서 채권자에 의해 취소가 요구되는 행위는 채무자와 제3자 간 법률행위이기 때문에 제3자의 이익의 보호를 고려해야 한다. 따라서 이러한 경우에는 사해행위로 되는 행위의 준거법, 즉 채무자와 제3자 간 법률행위, 즉 권리이전행위의 준거법에서도 채권자취소권이 인정되어야 한다. 즉 채권자취소권의 성립 및 효력에 대해서는 피보전채권의 준거법과 사해행위로 되는 행위의 준거법이 누적적으로 적용된다.[209] 최근 대법원은 누적적 적용설을 취한 원심판결을 파기환송하고 사해행위로 되는 행위의 준거법만을 적용하였다. 그러나 우리나라 국제사법은 법률행위가 아닌 법률관계를 중심 개념으로 하여 규정하고 있다. 그런데 이 판결은 채권자취소권이 피보전권리 발생의 원인이 된 법률관계의 틀 안에서 논의되어야 할 것이라는 점을 간과하고 채권자취소권이라는 단독행위만을 고려해서 준거법을 정하고 있는바, 그 타당성은 의심스럽다.

한편 채권자대위권의 경우에도 채권자취소권과 마찬가지로 채권의 준거법과 채권자대위권의 목적, 즉 대위행사의 대상이 되는 권리의 준거법이 누적적으로

207) 그러나 실제에 있어서 강제절차는 법정지법에 의할 수밖에 없으므로 만약 법정지법이 그와 같은 강제수단을 인정하지 않는 경우에는 현실적으로 실현될 수 없을 것이다.

208) 김형배 · 김규완 · 김명숙(주1), 965-966면.

209) 안춘수, 『국제사법』(법문사, 2017), 39면; 신창선 · 윤남순(주4), 332면; 김연 · 박정기 · 김인유(주9), 349면; 윤종진(주4), 419면.

적용되어야 한다고 볼 여지가 있다.[210] 그러나 채권자대위권의 경우에는 채권자취소권과는 달리 제3자 이익 보호의 문제가 발생하지 않기 때문에 대위행사의 대상인 권리의 준거법을 고려할 필요는 없고, 피보전채권의 준거법만을 적용하면 족하다.[211] 그러나 하급심에서 확정된 판례는 누적적 적용설을 취하였는데, 이 판례는 채권자취소권과 채권자대위권 간의 본질적 차이를 간과한 것이어서 역시 그 타당성이 의문시된다.

관련판례 대법원 2016.12.29. 선고 2013므4133

채권에 관한 법률관계에 외국적 요소가 있을 경우에, 당사자가 준거법을 선택한 바가 없고, 국제사법에도 당해 법률관계에 적용할 준거법을 정하는 기준에 관한 직접적 규정이 없는 경우에는 법률관계와 가장 밀접한 관련이 있는 국가의 법에 의하여야 한다[개정 국제사법 제46조]. 외국의 법률에 의하여 권리를 취득한 채권자가 우리나라에서 채권자취소권을 행사할 경우의 준거법에 관해서도 국제사법은 달리 정한 바가 없다. 그러므로 이때에도 법률관계와 가장 밀접한 관련이 있는 국가의 법이 준거법이 되어야 하는데, 채권자취소권의 행사에서 피보전권리는 단지 권리행사의 근거가 될 뿐이고 취소 및 원상회복의 대상이 되는 것은 사해행위이며, 사해행위취소가 인정되면 채무자와 법률행위를 한 수익자 및 이를 기초로 다시 법률관계를 맺은 전득자 등이 가장 직접적으로 이해관계를 가지게 되므로 거래의 안전과 제3자의 신뢰를 보호할 필요도 있다. 이러한 요소 등을 감안하면, 외국적 요소가 있는 채권자취소권의 행사에서 가장 밀접한 관련이 있는 국가의 법은 취소대상인 사해행위에 적용되는 국가의 법이다.

관련판례 서울고등법원 2015.6.2. 선고 2014나4127[확정][212]

채권자대위권은 채권자가 자기 채권을 보전하기 위하여 채무자의 권리를 대신 행사할 수 있는 실체법상의 권리이므로, 채권자에게 그러한 실체법상의 권리를 인정할 것인지는 우선 당해 채권의 준거법에 따라 판단하여야 하고, 또한 대위의 대상인

210) 김연 · 박정기 · 김인유(주9), 349면; 윤종진(주4), 418면.

211) 신창선 · 윤남순(주4), 332면.

212) 중국법인인 원고가 중국법인인 채무자에 대한 물품대금채권을 보전하기 위하여, 채무자가 우리나라 법인인 피고에 대하여 가지는 물품대금채권을 대위행사한다고 주장한 사안이다.

권리의 준거법상으로도 대위권이 인정되어야 한다. 원고들이 채무자에 대하여 가지고 있다고 주장하는 피보전채권의 준거법은 모두 중국법이고, 대위의 대상인 채무자의 피고에 대한 물품대금채권의 준거법은 우리나라법이다. 따라서 원고들의 이 사건 채권자대위권 행사에는 중국법과 우리나라법이 중첩 적용되는바, 중국법과 우리나라법이 채권자대위권의 행사를 허용하고 그 요건을 모두 충족하여야만 피고에 대하여 채권자대위권을 행사할 수 있다.

Ⅴ. 채권 또는 채무의 이전

채권 또는 채무의 이전에는 법률행위에 의한 이전과 법률에 의한 이전이 있다. 법률행위에 의한 이전은 채권 또는 채무의 동일성을 유지하면서 계약에 의하여 그 귀속자를 변경하는 것으로 채권양도나 채무인수를 의미한다(민법 제449조, 제453조 및 제454조). 한편 법률에 의한 이전은 채권 또는 채무가 법률에 의하여 당연히 제3자에게 이전하는 것으로 상속이나 법정대위(민법 제481조) 등을 의미한다.

1. 법률에 의한 채권 또는 채무의 이전

국제사법 제55조 제1항은 "법률에 따른 채권의 이전은 그 이전의 원인이 된 구(舊)채권자와 신(新)채권자 간의 법률관계의 준거법에 따른다"고 규정하고 있다. 따라서 보증인이 보증계약에 따라 채무를 변제하거나 또는 보험회사가 보험계약에 따라 보험수익자에게 보험금을 지급한 경우에 보증인 또는 보험회사가 채권자의 권리를 대위하는지 여부는 보증계약 또는 보험계약의 준거법에 의하는 것이다.[213] 다만 국제사법 제55조 제1항 단서는 "이전되는 채권의 준거법에 채무자 보호를 위한 규정이 있는 경우에는 그 규정이 적용된다"고 규정함으로써 이전되는 채권의 준거법의 채무자 보호에 관한 규정은 달리 준거법이 지정되었음에도 불구하고 그대로 적용되도록 하였는바, 이는 채무자를 보호하기 위한 취지를 갖는다.

한편 국제사법 제55조 제2항은 "제1항과 같은 법률관계가 존재하지 아니하는 경우에는 이전되는 채권의 준거법에 따른다"고 규정하고 있다. 따라서 제3자가 의무가 없음에도 불구하고 임의로 변제하는 경우와 같이 구채권자와 신채권자

213) 석광현(주2), 430-431면.

간에 법률관계가 존재하지 아니하는 경우에는 법률에 의한 채권의 이전은 이전되는 채권 자체의 준거법에 의한다.[214)]

관련판례 대법원 2017.10.26. 선고 2015다42599

제3자가 외국의 법률이 준거법인 책임보험계약의 피보험자에 대하여 우리나라 법률에 의하여 손해배상청구권을 갖게 되어 우리나라에서 보험자에 대한 직접청구권을 행사할 경우의 준거법을 정하는 기준에 관하여 국제사법에는 직접적인 규정이 없다.

책임보험계약에서 보험자와 제3자 사이의 직접청구권에 관한 법률관계는 법적 성질이 법률에 의하여 보험자가 피보험자의 제3자인 피해자에 대한 손해배상채무를 병존적으로 인수한 관계에 해당한다.

국제사법 제34조[개정 국제사법 제54조]는 채권양도 및 채무인수의 법률관계를 동일하게 취급하여, 채권의 양도가능성, 채무자 및 제3자에 대한 채권양도의 효력은 양도되는 채권의 준거법에 의하도록 규정하고(제1항), 채무인수에 대하여도 이를 준용하고 있다(제2항). 또한 국제사법 제35조[개정 국제사법 제55조]는 법률에 의한 채권의 이전에 관하여, 이전의 원인이 된 구채권자와 신채권자 사이의 법률관계의 준거법에 의하지만, 만약 이러한 법률관계가 존재하지 아니하는 경우에는 채권양도 및 채무인수의 경우와 마찬가지로 이전되는 채권의 준거법에 의하도록 규정하고 있다. 이에 비추어 보면, 채무인수 및 법률에 의한 채권의 이전에 관하여 이전되는 채무·채권의 준거법에 의하도록 한 국제사법 제34조 및 제35조의 기준은 법률에 의한 채무의 인수의 경우에도 참작함이 타당하다.

그런데 보험자가 피보험자의 손해배상채무를 병존적으로 인수하게 되는 원인은, 피보험자가 제3자에 대하여 손해배상채무를 부담하는 것과는 별개로, 기초가 되는 보험자와 피보험자 사이의 법률관계인 책임보험계약에 관하여 제3자의 보험자에 대한 직접청구권을 인정하는 법 규정이 존재하기 때문이다. 그리고 제3자 직접청구권이 인정되는 경우에 보험자가 제3자에 대하여 부담하는 구체적인 책임의 범위와 내용은 책임보험계약에 따라 정해질 수밖에 없고, 책임보험계약에 따라 보험자와 피보험자가 부담하는 권리의무도 변경된다.

위와 같은 사정들을 종합하여 보면, 외국적 요소가 있는 책임보험계약에서 제3자 직접청구권의 행사에 관한 법률관계에 대하여는 기초가 되는 책임보험계약에 적

---

214) 상게서, 432면.

용되는 국가의 법이 가장 밀접한 관련이 있다고 보이므로, 그 국가의 법이 준거법으로 된다고 해석함이 타당하다.

2. 법률행위에 의한 채권의 양도

(1) 지명채권

채권, 특히 지명채권의 양도의 준거법에 관해서는 원인행위준거법설과 채권준거법설이 있다. 원인행위준거법설은 채권양도 자체도 그 원인행위인 매매나 증여 등 채권행위의 준거법에 의해야 한다는 입장이다.[215] 물론 채권의 양도행위가 원인행위와 동일한 행위로 행하여지는 경우가 많은 것은 사실이지만, 이 설은 채권양도의 준물권행위로서의 독자성을 인정하지 않는다는 점에서 비판을 받는다.

채권준거법설은 채권양도는 채권의 양도인, 즉 구채권자와 양수인, 즉 신채권자 간 법률행위에 의해서 채권을 이전하는 행위로서 채권의 처분행위이기 때문에 물권행위와 마찬가지로 그 원인이 되는 매매나 증여와 같은 채권행위와는 구별되고,[216] 따라서 채권양도 자체는 양도의 목적인 채권의 준거법에 의할 것이라는 입장이다.

국제사법 제54조 제1항은 "채권의 양도인과 양수인 간의 법률관계는 당사자 간의 계약의 준거법에 따른다"고 규정함으로써 원칙적으로 원인행위준거법설의 입장을 수용하면서[217] 단서 규정에서 "채권의 양도가능성, 채무자 및 제3자에 대한 채권양도의 효력은 양도되는 채권의 준거법에 따른다"고 규정함으로써 제한된 범위에서 채권준거법설을 채택하여서 채무자를 보호하는 이원적 방법을 취하고 있다.

담보물권이나 보증채권 등 부수적 권리가 채권양도에 의해 채권과 함께 이전되는지 여부에 대해서 국제사법 제54조 제1항 본문이 적용되는지 아니면 단서가 적용되는지가 문제된다. 이는 채권의 양도가능성과 관련된 문제이므로 단서 규정이 적용되어 양도의 목적인 채권의 준거법이 적용된다.

국제사법 제54조 제1항 단서는 "채권의 양도가능성, 채무자 및 제3자에 대한

---

215) 신창선 · 윤남순(주4), 334면; 윤종진(주4), 419-421면; 김연 · 박정기 · 김인유(주9), 350면.

216) 채권양도행위와 같이 물권 이외의 권리의 처분행위를 준물권행위라고 한다.

217) 이 규정이 의미하는 법률관계는 매매계약 등 채권양도의 원인이 되는 행위로 인한 당사자 간 의무뿐만 아니라 준물권행위인 채권양도까지 포함하는 것으로 볼 수 있는 여지가 있지만, 당사자간 의무에 국한된다고 보는 것이 타당하다. 석광현(주2), 424면.

채권양도의 효력은 양도되는 채권의 준거법에 따른다"고 규정함으로써 채권양도의 제3자에 대한 효력의 문제를 양도되는 채권의 준거법에 의하도록 규정하고 있다. 왜냐하면 채권이 양도될 수 있는지 여부, 채권의 양도가 채무자나 제3자에 대해 갖는 효력 등은 채권양도의 원인행위보다는 양도의 목적인 채권에 더욱 밀접한 관련을 갖는다고 보아야 하기 때문이다.[218] 따라서 채권양도의 효력을 채무자 또는 채권의 압류권자나 이중양수인 등 제3자에 대하여 대항하기 위하여 채무자에 대한 통지나 채무자의 승낙을 필요로 하는지 여부(민법 제450조) 등은 양도되는 채권의 준거법에 의한다. 제3자에 대한 효력은 국제사법 제54조의 입법취지에 비추어 볼 때 채권양도의 제3자에 대한 대항요건만을 의미한다고 보아야 한다.

관련판례 대법원 1991.12.10. 선고 90다9728

스테인레스 주방용품을 제조 수출하는 한국법인인 원고가 벨기에 법인인 피고 갑회사 및 갑회사의 주식을 100% 소유하고 있던 네덜란드법인인 소외 을회사와의 사이에 향후 8년 동안 월 300,000개 정도의 물품을 위 두 회사에게만 판매하기로 독점판매권계약을 체결하였는데, 그 후 소외 을회사의 주식이 전부 네델란드법인인 피고 병회사에게 양도되고 또 소외 을회사가 피고 갑회사의 주식을 전부 타에 처분하여 소외 을회사와 피고 갑회사 간의 주식을 통한 결합관계가 종료되기에 이르자, 원고가 위 계약은 소외 을회사가 피고 갑회사의 주식을 계속 전부 소유함으로써 경제적 단일체를 구성하여 공동으로서 유럽에서 시장을 조성할 것을 계약의 기초로 하여 체결한 것인데 위 주식의 변동으로 위와 같은 계약의 기초사정이 현저히 변경되었으며 나아가 이제는 소외 을회사와 피고 갑회사가 상호 협력하여 공동으로 원고를 위하여 시장을 조성할 것을 기대할 수 없게 되었다는 이유로 피고 갑회사에 대하여 위 계약을 해지한다고 통보하였다면 원고의 위 계약해지는 위 계약의 준거법으로 정한 독일법상의 행위기초론에 의거한 것으로서 적법하다.

우리의 섭외사법이 섭외적 생활관계에 관하여 규정하고 있는 준거법은 같은 법 제4조[국제사법 제22조]가 규정하고 있는 반정의 경우 및 어음행위능력에 관하여 규정하고 있는 같은 법 제34조[국제사법 제80조]의 경우를 제외하고는, 그 국가의 실질법을 지칭하는 것이지 그 국가의 국제사법 규정을 지칭하고 있는 것은 아니다.

위의 독점판매권계약에 있어 소외 을회사의 계약상 지위를 피고 병회사가 인수

218) 상게서, 425면.

함이 허용되는지 또는 그 요건과 효과가 어떠한지에 대하여는 인수된 계약 자체의 준거법인 독일의 실질법으로서 독일민법이 적용된다.

(2) 무기명채권

무기명채권은 채권이 증권에 화체된 것으로 화체된 권리의 양도가 증권과 분리될 수 없기 때문에 지명채권과는 달리 취급된다. 국제사법 제35조는 "무기명증권에 관한 권리의 취득 · 상실 · 변경은 그 원인된 행위 또는 사실의 완성 당시 그 무기명증권의 소재지법에 따른다"고 규정하고 있다. 무기명증권은 일반적으로 동산과 동일한 법리의 지배를 받기 때문에 국제사법도 무기명채권을 동산과 동일하게 취급하여 그 소재지법의 적용을 받도록 한 것이다. 따라서 무기명채권의 경우에는 그 득실변경과 관련해서 국제사법 제54조가 적용되지 않는다. 즉 제3자에 대한 관계에서도 목적물의 소재지법이 적용되는 것이다.

국제사법 제35조의 무기명증권에 관한 권리가 무기명증권 자체에 대한 권리만을 의미하는지 아니면 무기명증권에 화체된 권리까지 포함하는지에 대해서는 의견의 대립이 있지만, 이 규정은 무기명증권 자체에 대한 권리 및 그에 화체된 권리의 득실변경에만 적용되고, 무기명증권에 화체된 권리의 구체적 내용은 당해 권리의 준거법에 의한다.

3. 법률행위에 의한 채무의 인수

채무인수는 그 제도의 성질상 채권양도의 반대면이기 때문에 국제사법 제54조 제2항은 "채무인수에 관하여는 제1항을 준용한다"고 규정함으로써 채권양도에 관한 규정이 준용되도록 하였다. 따라서 채무인수인과 채무자 간 법률관계는 당사자 간 계약의 준거법에 의하고, 채무의 인수가능성, 채권자 및 제3자에 대한 채무인수의 효력은 당해 채무의 준거법에 의한다.

제 7 장 친 족

친족에 관한 법률관계는 속인법에 의해 규율된다는 것은 중세 법규분류학파 이래 확립된 원칙이다. 그러나 영미법계 국가를 중심으로 속인법주의를 탈피하고, 다양한 연결방법을 통해서 합리적인 방법으로 준거법을 선택하려는 시도가 있는바,[219] 이러한 노력은 일부 대륙법계 국가에서도 발견되고 있다.[220]

개정 국제사법은 친족 관련 사건이 재산 관련 사건에 대해 갖는 특수성을 고려하여, 친족 관련 사건의 국제재판관할에 관하여 제56조 내지 제62조에서 개별 친족법률관계를 기준으로 별도의 규정을 두었다.

한편 개정 국제사법은 준거법에 관하여는 속인법주의를 중심으로 제63조 내지 제73조에서 역시 법률관계를 기준으로 개별적인 규정을 두면서, 제74조에서 일반적 보충규정을 두었다.

제 1 절 국제재판관할

I. 혼인관계에 관한 사건의 관할

1. 일반원칙

국제사법 제56조 제1항은 혼인관계에 관한 사건에 대해서는 다음 각 경우의

219) Scoles, Hay, Borchers & Symeonides, *supra* note 19, pp.558-561.
220) Fawcett, Carruthers & North, *supra* note 55, pp.917-918.

어느 하나에 해당하는 경우 대한민국 법원에 국제재판관할이 있다고 규정하고 있는바, 즉 ① 부부 중 한쪽의 일상거소가 대한민국에 있고 부부의 마지막 공동 일상거소가 대한민국에 있었던 경우, ② 원고와 미성년 자녀 전부 또는 일부의 일상거소가 대한민국에 있는 경우, ③ 부부 모두가 대한민국 국민인 경우 및 ④ 대한민국 국민으로서 대한민국에 일상거소를 둔 원고가 혼인관계 해소만을 목적으로 제기하는 사건의 경우 등이 그것이다.

2. 부부 모두를 상대로 하는 혼인관계에 관한 사건의 관할

국제사법 제56조 제2항은 부부 모두를 상대로 하는 혼인관계에 관한 사건에 대해서는 다음 각 경우의 어느 하나에 해당하는 경우 대한민국 법원에 국제재판관할이 있다고 규정하고 있는바, 즉 ① 부부 중 한쪽의 일상거소가 대한민국에 있는 경우, ② 부부 중 한쪽이 사망한 때에는 생존한 다른 한쪽의 일상거소가 대한민국에 있는 경우, ③ 부부 모두가 사망한 때에는 부부 중 한쪽의 마지막 일상거소가 대한민국에 있었던 경우 및 ④ 부부 모두가 대한민국 국민인 경우 등이 그것이다.

3. 합의관할 및 변론관할의 불허

국제사법 제13조는 제56조가 적용되는 혼인관계에 관한 사건에 대해서는 합의관할이나 변론관할을 인정하지 않는다.

II. 친자관계에 관한 사건의 관할

1. 친생자관계에 관한 사건의 관할

국제사법 제57조는 친생자관계의 성립 및 해소에 관한 사건에 대해서는 다음 각 경우의 어느 하나에 해당하는 경우 대한민국 법원에 국제재판관할이 있다고 규정하고 있는바, 즉 ① 자녀의 일상거소가 대한민국에 있는 경우 및 ② 자녀와 피고가 되는 부모 중 한쪽이 대한민국 국민인 경우가 그것이다.

2. 입양관계에 관한 사건의 관할

국제사법 제58조 제1항은 입양의 성립에 관한 사건에 대해서는 양자가 되려는 사람 또는 양친이 되려는 사람의 일상거소가 대한민국에 있는 경우에 대한민국 법원에 국제재판관할을 인정한다.

한편 국제사법 제58조 제2항은 양친자관계의 존부확인, 입양의 취소 또는 파양(罷養)에 관한 사건에 관하여는 친생자관계에 관한 사건의 관할에 관한 규정인 제57조를 준용한다고 규정함으로써, ① 자녀의 일상거소가 대한민국에 있는 경우 또는 ② 자녀와 피고가 되는 부모 중 한쪽이 대한민국 국민인 경우에 우리나라 법원에 국제재판관할을 인정한다.

3. 부모 · 자녀 간의 법률관계 등에 관한 사건의 관할

국제사법 제59조는 미성년인 자녀 등에 대한 친권, 양육권 및 면접교섭권에 관한 사건에 대해서는 다음 각 경우의 어느 하나에 해당하는 경우 대한민국 법원에 국제재판관할을 인정하는바, 즉 ① 자녀의 일상거소가 대한민국에 있는 경우 및 ② 부모 중 한쪽과 자녀가 대한민국 국민인 경우가 그것이다.

4. 합의관할 및 변론관할의 불허

국제사법 제13조는 제57조 내지 제59조가 적용되는 친자관계에 관한 사건에 대해서는 합의관할이나 변론관할을 인정하지 않는다.

Ⅲ. 부양에 관한 사건의 관할

1. 일반원칙

국제사법 제60조 제1항은 부양에 관한 사건에 대해서는 부양권리자의 일상거소가 대한민국에 있는 경우 대한민국 법원에 국제재판관할을 인정한다.

2. 관할합의의 제한

국제사법 제60조 제2항은 당사자가 부양에 관한 사건에 대하여 합의관할에 관한 규정인 제8조에 따라 국제재판관할의 합의를 하는 경우 다음 각 경우의 어느 하나에 해당하는 경우 그 합의의 효력을 인정하지 않는바, 즉 ① 부양권리자가 미성년자이거나 피후견인인 경우(다만, 해당 합의에서 미성년자이거나 피후견인인 부양권리자에게 법원 외에 외국법원에도 소를 제기할 수 있도록 한 경우는 제외) 및 ② 합의로 지정된 국가가 사안과 아무런 관련이 없거나 근소한 관련만 있는 경우가 그것이다.

3. 변론관할의 제한

국제사법 제60조 제3항은 부양에 관한 사건이 다음 각 경우의 어느 하나에 해당하는 경우에는 변론관할에 관한 규정인 제9조를 적용하지 않는다고 규정하고 있는바, 즉 ① 부양권리자가 미성년자이거나 피후견인인 경우 및 ② 대한민국이 사안과 아무런 관련이 없거나 근소한 관련만 있는 경우가 그것이다.

Ⅳ. 후견에 관한 사건의 관할

1. 성년인 사람의 후견에 관한 사건의 관할

국제사법 제61조 제1항은 성년인 사람의 후견에 관한 사건에 대해서는 다음 각 경우의 어느 하나에 해당하는 경우에 대한민국 법원에 국제재판관할을 인정하는바, 즉 ① 피후견인(피후견인이 될 사람을 포함)의 일상거소가 대한민국에 있는 경우, ② 피후견인이 대한민국 국민인 경우 및 ③ 피후견인의 재산이 대한민국에 있고 피후견인을 보호하여야 할 필요가 있는 경우 등이 그것이다.

2. 미성년자의 후견에 관한 사건의 관할

국제사법 제61조 제2항은 미성년자의 후견에 관한 사건에 대해서는 다음 각 경우의 어느 하나에 해당하는 경우 대한민국 법원에 국제재판관할을 인정하는바, 즉 ① 미성년자의 일상거소가 대한민국에 있는 경우 및 ② 미성년자의 재산이 대한민국에 있고 미성년자를 보호하여야 할 필요가 있는 경우가 그것이다.

3. 합의관할 및 변론관할의 불허

국제사법 제13조는 제61조가 적용되는 후견에 관한 사건에 대해서는 합의관할이나 변론관할을 인정하지 않는다.

Ⅴ. 가사조정사건의 관할

국제사법 제62조는 제56조부터 제61조까지의 규정에 따라 법원에 국제재판관할이 있는 사건의 경우에는 그 조정사건에 대해서도 대한민국 법원에 국제재판관할을 인정한다.

국제사법 제13조는 제62조가 적용되는 가사조정사건에 대해서는 합의관할이나 변론관할을 인정하지 않는다.

제 2 절 약혼의 준거법

Ⅰ. 의 의

약혼은 장차의 혼인을 약속하는 당사자 간의 합의로[221] 혼인을 목적으로 하는 채권계약인 동시에 약혼자로서의 신분관계의 발생을 내용으로 하는 신분계약이다.

국제사법은 약혼의 준거법에 관한 규정을 두고 있지 않다.

Ⅱ. 약혼의 준거법

약혼에 적용될 준거법의 결정에 있어서 약혼을 채권계약으로 파악하여 계약

221) 신영호 · 김상훈, 『가족법강의[제3판]』(세창출판사, 2018), 72면.

의 준거법이 적용될 것이라는 입장이 있지만, 약혼은 본질적으로 신분계약으로 보아야 할 것이므로 속인법주의가 적용되고, 구체적으로 혼인의 준거법에 관한 규정이 유추적용된다.[222)]

1. 약혼의 성립

약혼의 실질적 성립요건은 혼인의 실질적 성립요건에 관한 국제사법 제63조 제1항 본문의 규정을 유추적용하여 각 당사자에 관해서 그 본국법에 의할 것이다.[223)]

약혼의 형식적 성립요건, 즉 방식의 준거법에 관해서는 이 경우에도 혼인에 관한 규정, 즉 국제사법 제63조 제2항을 유추적용하여 약혼거행지법 또는 당사자 일방의 본국법에 의할 것이라는 주장이 있지만, 혼인의 경우와는 달리 약혼은 약혼지의 공익에 밀접한 관련을 갖지 않으므로 법률행위의 방식에 관한 일반규정으로서 당사자의 편의를 고려하여 법률행위의 효력의 준거법과 행위지법의 선택적 적용을 인정하는 국제사법 제31조가 적용된다고 보아야 한다.[224)]

2. 약혼의 효력

약혼의 효력에 관하여는 친족관계 일반의 준거법을 정한 국제사법 제74조를 적용해야 한다는 주장이 있지만,[225)] 혼인의 효력에 관한 준거법, 즉 국제사법 제64조를 적용해야 한다.[226)]

---

222) 신창선 · 윤남순(주4), 338면; 윤종진(주4), 428-429면; 김연 · 박정기 · 김인유(주9), 357면.
223) 신창선 · 윤남순(주4), 338면; 윤종진(주4), 429면; 김연 · 박정기 · 김인유(주9), 357면.
224) 신창선 · 윤남순(주4), 338면; 윤종진(주4), 429면; 김연 · 박정기 · 김인유(주9), 357-358면.
225) 신창선 · 윤남순(주4), 339면; 윤종진(주4), 429면.
226) 김연 · 박정기 · 김인유(주9), 358면.

제 3 절 혼인의 준거법

I. 의 의

대부분 국가의 국제사법과 마찬가지로[227] 국제사법은 혼인에 관해서 혼인의 성립, 효력 및 소멸로 나누어 규율하고 있고, 혼인의 성립에 관해서는 다시 실질적 성립요건과 형식적 성립요건, 즉 방식으로 나누어서, 그리고 혼인의 효력에 관해서는 신분적 효력과 재산적 효력으로 나누어 규율하고 있다.

국제사법은 혼인의 준거법 결정에 있어서 배우자 간 및 남녀 간 평등의 원칙을 구현하는 한편, 특히 혼인의 효력에 대해서도 이 원칙을 견지하는 결과 혼인의 효력의 준거법이 흠결되는 경우가 발생하지 않도록 단계적 연결방법을 채택하였다. 또한 혼인의 신분적 효력, 재산적 효력 및 이혼과 같이 상호 간 밀접한 관련을 갖는 법률관계에 대해서 가급적 동일한 준거법이 적용될 수 있도록 배려하였다.

II. 혼인의 성립

1. 혼인의 실질적 성립요건

(1) 준거법 선택의 원칙

혼인의 실질적 성립요건의 준거법에 관해서는 속인법주의와 혼인거행지법주의가 있다.[228] 가장 일반적으로 채택되고 있는 속인법주의는 혼인의 실질적 성립요건은 사람의 신분에 관한 문제이기 때문에 사람의 신분문제에 일반적으로 적용되는 속인법에 의할 것이라는 입장이다.[229] 속인법주의는 다시 속인법 결정의 기

227) Dicey & Morris, *Conflict of Laws* (13th ed., 2000), p.651. 미국은 예외적으로 혼인에 대해서 단일한 국제사법 원칙을 견지하고 있다. Scoles, Hay, Borchers & Symeonides, *supra* note 19, p.563.

228) 근래에 혼인은 결국 당사자 간 합의에 의해 형성되는 법률관계라는 근거에서 혼인의 실질적 성립요건에 대해서 혼인 후에 당사자가 부부생활을 하기로 의도한 곳의 법이 적용되어야 한다는 주장도 제기되고 있다. Fawcett, Carruthers & North, *supra* note 55, pp.897- 898.

229) Scoles, Hay, Borchers & Symeonides, *supra* note 19, p.563.

준으로 국적을 사용하는지 아니면 주소를 사용하는지에 따라 본국법주의와 주소지법주의로 나누어진다.[230)]

혼인거행지법주의는 혼인의 실질적 성립요건의 문제는 혼인거행지법에 의해야 한다는 입장이다.[231)] 혼인거행지법주의는 계약은 방식뿐만 아니라 그 실질도 계약지법에 의해야 한다는 법규분류학파의 학설로부터 유래된 것이지만, 오늘날 이 주의가 인정되고 있는 실질적 근거는 혼인은 대체로 당사자들이 거주하는 곳에서 거행되는 것이 일반적인바, 당사자들이 거주하는 곳이 그 혼인의 성립에 가장 큰 이익 또는 이해관계를 갖는다는 데에 있다.[232)] 혼인거행지법주의의 또 다른 근거는 혼인의 성립에 관여하는 공적 기관으로 하여금 당사자의 속인법을 일일이 조사하게 하고 또한 잘 알지 못하는 법에 의하여 혼인의 성부를 결정하도록 하는 것이 타당하지 않다는 점과 속인법에 의하면 혼인의 성립이 인정되지 않는 경우에 있어서도 거행지법에 의하여 인정함으로써 혼인의 성립을 용이하게 하는 것이 바람직하다는 것이다.[233)] 그러나 혼인의 거행지는 우연히 결정되는 경우가 적지 않은데, 혼인의 실질적 성립요건을 거행지의 법에 의하여 판단한다는 것은 사람의 법적 지위를 불안정하게 한다는 점과 혼인과 같은 신분의 중대한 변경은 원래 당사자에게 익숙한 풍속이나 습관, 윤리관념 등의 요소가 반영된 법에 의하는 것이 합당하다는 점을 생각해 볼 때, 혼인거행지법주의는 타당하지 않다.

---

230) 본국법주의를 채택한 국가로는 독일, 프랑스, 이탈리아, 벨기에, 네덜란드, 오스트리아, 스페인, 포르투갈, 헝가리 등 다수의 유럽 국가와 일본, 중국, 대만, 우리나라 등 아시아 국가를 들 수 있으며, 1902년 「혼인에 관한 법의 충돌을 규율하기 위한 헤이그협약」도 이 주의를 택하고 있다. 주소지법주의를 채택한 국가로는 영국과 노르웨이 등이 있으며, 1931년 혼인, 입양 및 후견에 관한 국제사법 규정을 포함하고 있는 스칸디나비아조약도 원칙적으로 이 주의를 택하고 있다고 한다. 신창선 · 윤남순(주4), 339면; 윤종진(주4), 431면; 김연 · 박정기 · 김인유(주9), 359면.

231) 예를 들어 미국은 혼인에 대해서 단일한 국제사법 원칙을 견지하고 있는 결과, 혼인의 형식적 성립요건뿐만 아니라, 실질적 성립요건에 대해서도 혼인거행지법이 적용된다는 입장에 서 있다. Scoles, Hay, Borchers & Symeonides, *supra* note 19, p.563. 미국 외에도 브라질, 아르헨티나, 파라과이, 페루 등 상당수의 중남미 국가들이 이 주의를 채택하고 있다고 한다. 신창선 · 윤남순(주4), 339면; 윤종진(주4), 431면.

232) Scoles, Hay, Borchers & Symeonides, *supra* note 19, p.559.

233) 미국과 중남미 국가들에서 이 주의가 채택된 또 다른 이유는 이들 국가에는 본국을 떠난 개척민이나 이민자들이 상당수 거주하는데, 이들에게 본국법을 적용하는 것은 불합리하다는 점에 있다고 한다. 신창선 · 윤남순(주4), 340면.

국제사법 제63조 제1항은 "혼인의 성립요건은 각 당사자에 관하여 그 본국법에 따른다"고 규정함으로써 속인법주의를 채택하였다. 이때 혼인의 성립요건은 혼인의 실질적 성립요건 또는 실질을 의미한다. 혼인의 실질과 방식의 구별은 법률관계의 성질 결정의 문제로서 기본적으로 법정지법에 따라 이루어진다.[234] 이때의 본국법은 혼인 당시의 본국법을 의미한다.[235]

우리나라 국제사법의 경우처럼 속인법주의가 채택된 경우에 있어서 양 당사자가 공통의 속인법을 갖고 있을 때에는 문제가 없지만 양 당사자가 속인법을 달리하는 경우에는 어느 당사자의 속인법에 의할 것인지가 문제된다. 이에 대해서는 일반적으로 양 당사자는 혼인의 체결에 있어서 완전히 대등한 지위에 있는 것으로 보아야 하기 때문에 그 어느 일방 당사자의 속인법을 타방 당사자의 속인법에 우선하는 것은 타당하지 않고, 양 당사자의 속인법을 평등하게 고려해야 할 것이다. 또한 이 경우에 양 당사자의 속인법을 누적적 또는 중복적으로 적용하는 것은 양 당사자의 속인법에 의한 모든 요건을 구비하지 않는 한, 혼인이 성립되지 않는 것으로 되어 혼인의 성립을 어렵게 할 것이므로 각 당사자에 관하여 각각의 속인법에 의하는 배분적 연결방법이 일반적으로 타당하다.[236]

각국의 국제사법은 대체로 이 배분적 연결방법을 사용하고 있으며,[237] 우리나라 국제사법도 제63조 제1항에서 "혼인의 성립요건은 각 당사자에 관하여 그 본국법에 따른다"고 규정함으로써 배분적 연결방법을 채택하고 있다.

관련판례 대법원 2022.1.27. 선고 2017므1224

국제사법 제63조 제1항[개정 국제사법 제63조 제1항]은 "혼인의 성립요건은 각 당사자에 관하여 그 본국법에 의한다."라고 정하고 있다. 따라서 대한민국 국민인 원고와 베트남 국민인 피고 사이에 혼인의 성립요건을 갖추었는지를 판단하는 준거법은 원고에 관해서는 대한민국 민법, 피고에 관해서는 베트남 혼인 · 가족법이다.

국제사법 제63조 제1항[개정 국제사법 제63조 제1항]은 실체법적인 혼인의 성립요건을 판단하기 위한 준거법을 정한 것이고, 성립요건을 갖추지 못한 혼인의 해

234) 석광현(주2), 446면.
235) 윤종진(주4), 432면.
236) Scoles, Hay, Borchers & Symeonides, *supra* note 19, pp.581-582.
237) *Ibid.*

소에 관한 쟁송 방법이나 쟁송 이후의 신분법적 효과까지 규율하고 있는 것은 아니다. 따라서 원고가 당사자 사이에 혼인의 합의가 없어 혼인이 성립되지 않았음을 이유로 혼인의 해소를 구하는 이 사건 소송에 관하여 법원은 대한민국 민법에 따라 혼인무효 여부를 판단할 수 있다.

관련판례 청주지방법원 1997.6.27. 선고 96드1493

장차 혼인할 중화인민공화국 국적의 조선족 여자를 국내에 입국시킬 목적으로 우선 중화인민공화국에서 그 나라의 법에 따라 혼인등기를 한 경우, 그 혼인등기는 그 조선족 여자를 우리나라에 입국시키기 위한 방편으로서 미리 한 것일 뿐 아직 진정한 혼인의사의 합치에 의한 것이라고 보기 어렵고, 나아가 예정대로 그 남자와 그 조선족 여자가 우리나라에서 결혼식을 거행하고 혼인생활에 들어갈 때에 비로소 완전한 혼인의사의 합치가 있어 적법한 혼인이 성립한다고 해석함이 상당한바, 그 조선족 여자가 우리나라에 들어온 후 결혼식을 준비하던 중에 분쟁이 발생하여 각 당사자 쌍방의 혼인하려는 의사가 소멸되었다면, 결국 그 혼인등기에 의한 혼인은 혼인에 관한 실질적 합의가 결여된 상태에서 이루어진 것이다.

관련판례 대법원 1996.11.22. 선고 96도2049

우리나라 섭외사법 제15조 제1항 단서[국제사법 제63조]에 의하면 혼인의 방식은 혼인거행지의 법에 의하도록 되어 있기는 하나, 같은 법 제15조 제1항 본문[국제사법 제63조]은 혼인의 성립요건은 각 당사자에 관하여 그 본국법에 의하여 정한다고 규정하고 있고, 같은 법 제16조 제1항[국제사법 제64조]은 "혼인의 효력은 부(夫)의 본국법에 의한다"고 규정하고 있으므로, 우리나라 남자와 중국 여자 사이의 혼인이 중국에서 중국의 방식에 의하여 성립되었다 하더라도 혼인의 실질적 성립요건을 구비한 것으로서 유효한지 여부는 부(夫)의 본국법인 우리나라 법에 의하여 정하여져야 한다.

피고인들이 중국 국적의 조선족 여자들과 참다운 부부관계를 설정할 의사 없이 단지 그들의 국내 취업을 위한 입국을 가능하게 할 목적으로 형식상 혼인하기로 한 것이라면, 피고인들과 조선족 여자들 사이에는 혼인의 계출에 관하여는 의사의 합치가 있었으나 참다운 부부관계의 설정을 바라는 효과의사는 없었다고 인정되므로 피고인들의 혼인은 우리나라의 법에 의하여 혼인으로서의 실질적 성립요건을 갖추지 못하여 그 효력이 없고, 따라서 피고인들이 중국에서 중국의 방식에 따라 혼인식을 거행하였다고 하더라도 우리나라의 법에 비추어 그 효력이 없는 혼인의 신고를 한 이상 피고인들의 행위는 공정증서원본불실기재 및 동 행사죄의 죄책을 면할 수 없다.

(2) 일면적 요건과 쌍면적 요건

혼인의 실질적 성립요건은 '특정의 상황에 있는 자가 혼인할 수 있는 여부,' 즉 일방 당사자에 대해서만 문제가 되는 일면적(일방적) 요건과 '어떤 자가 특정의 상황에 있는 상대방과 혼인할 수 있는지 여부,' 즉 쌍방 모두에 대해서 문제가 되는 쌍면적(쌍방적) 요건으로 나눌 수 있다. 이를 혼인성립의 장애의 측면에서 보면 일면적(일방적) 혼인장애와 쌍면적(쌍방적) 혼인장애로 나눌 수 있다. 쌍면적 요건은 양 당사자에게 모두 요구되는 것이기 때문에 배분적 연결방법을 취한다 할지라도 누적적 연결방법이 적용된 경우와 동일한 결과를 가져온다.[238]

이 때문에 배분적 연결방법을 취하는 경우에 있어서 어떤 요건이 일면적인지 또는 쌍면적인지 여부가 중요한 의미를 갖는다고 할 것인데, 이를 결정하는 방법에 관해서는 국제사법의 차원에서 결정되어야 한다는 입장과 준거실질법인 각 당사자의 본국법의 해석을 통해서 결정되어야 한다는 입장이 있다.[239] 예를 들어 혼인연령의 요건에 관하여 볼 때, 이를 국제사법의 차원에서 결정하여야 한다는 입장에 의하면 그 성질상 일면적 요건으로 보고 각 당사자의 혼인연령에 관하여 각각의 본국법에 의할 것이지만, 당사자의 본국법의 해석에 의할 것이라는 입장은 만약 일방 당사자의 본국법이 혼인연령을 쌍면적으로 규정하고 있을 때에는 상대방의 혼인연령도 그것에 따르지 않으면 안 된다고 한다.[240] 일면적 요건 또는 쌍면적 요건의 판단을 당사자의 본국법에 의한다고 할 때, 혼인의 성립이 어려워질 뿐 아니라 배우자 간에 본국법이 충돌하는 경우에 그 해결이 용이하지 않은 등 부당한 결과가 예상되므로[241] 일면적 요건 또는 쌍면적 요건의 판단은 국제사법적

238) 양 당사자의 속인법이 정한 혼인의 실질적 성립요건을 모두 만족해야 한다는 원칙을 흔히 이중속인법주의(dual domicile doctrine)라고 한다. Fawcett, Carruthers & North, *supra* note 55, p.896.

239) 윤종진(주4), 433면.

240) 신창선 · 윤남순(주4), 342면.

241) 예를 들어 본국법에 의할 것이라는 입장에 따르면 부(夫)로 되는 당사자의 본국법이 혼인연령을 남자 18세, 여자 16세로 규정하고 있으나, 이 규정을 단순히 남자 18세, 여자 16세에 달하지 않으면 혼인할 수 없는 것으로 해석하지 않고, 이를 남자가 18세에 달하여야 할 뿐만 아니라 동시에 16세 이상이 된 여자와만 혼인할 수 있는 취지로 해석한다면, 이 혼인

차원에서 이루어지는 것이 타당하다.[242)]

(3) 준거법의 적용범위

혼인의 실질적 성립요건의 준거법인 각 당사자의 본국법은 혼인의 실질적 성립요건에 관한 모든 문제에 적용된다. 이때 혼인의 실질적 성립요건은 혼인의 성립요건 중에서 형식적 성립요건, 즉 방식을 제외한 모든 요건을 의미한다.

혼인의 실질적 성립요건에는 혼인이 성립하기 위하여 반드시 존재해야 하는 요건, 즉 적극적 요건과 존재해서는 안 되는 요건, 즉 소극적 요건이 있는바, 전자의 예로는 일정한 연령에 도달할 것 또는 부모의 동의가 있을 것 등을 들 수 있고, 후자의 예로는 중혼이나 근친혼이 아닐 것 등을 들 수 있다.

혼인의 유효한 성립을 위해 요구되는 당사자의 합의는 혼인의 실질적 성립요건으로서 각 당사자의 본국법에 의한다. 따라서 결함이나 하자가 있는 혼인의사의 효과는 그 당사자의 본국법에 의한다. 예를 들어 사기 또는 강박에 의한 혼인에 있어서 사기 또는 강박에 의하여 혼인의 의사표시를 한 당사자는 그 본국법상 그것이 혼인의 무효사유가 되는 경우에는 상대방의 본국법상 그것이 취소사유에 불과하다 할지라도 무효의 주장을 할 수 있다. 반대로 혼인에 있어서 사기나 강박이 본국법상 취소사유에 지나지 않는 경우에는 당사자는 상대방의 본국법상 무효가 된다 할지라도 취소의 주장만 할 수 있을 뿐이다.[243)] 그리고 혼인의 무효나 취소를 주장할 수 있는 자의 범위도 전적으로 사기 또는 강박을 당한 당사자의 본국법에 따라 정해진다.

혼인연령도 혼인의 실질적 성립요건으로서 각 당사자의 본국법에 의한다. 이는 일면적 요건이다. 따라서 처로 되는 자가 그의 본국법상 혼인연령에 달한다면 부(夫)로 되는 자의 본국법에 의하여 혼인연령에 달하지 않는다 해도 혼인할 수 있다.

중혼의 금지는 쌍면적 요건이다. 따라서 당사자의 어느 일방이 이미 혼인한 경우에 그 당사자의 본국법이 중혼을 금지하고 있을 때에는 물론, 그 당사자의 본국법이 금지하고 있지 않더라도 타방 당사자의 본국법이 중혼을 금지하고 있는

연령의 요건은 쌍면적 요건이 되고 처로 되는 자도 16세에 달하지 않으면 안 되는 것이다. 신창선 · 윤남순(주4), 343면.

242) 상게서, 343면. 윤종진(주4), 433-434면.

243) 그러나 이런 경우에도 혼인은 무효가 된다는 주장도 있다. 김연 · 박정기 · 김인유(주9), 363-364면.

때에는 중혼은 금지된다.

많은 국가가 여자가 재혼하는 경우에 전혼(前婚)의 해소 후 일정기간이 경과할 것을 요구한다. 이른바 재혼금지기간 또는 대혼(待婚)기간제도인데, 이는 출생자의 부성(父性) 추정에 관한 분쟁을 방지할 목적으로 설정된 제도이다.[244] 재혼금지기간의 준거법에 관하여는 전적으로 여자에 대하여 그 기간의 준수를 요구하는 것이기 때문에 처로 되는 자의 일면적 요건으로 보아 여자의 본국법에 의하여야 할 것이라는 입장이 있다. 이에 대하여 출생자의 혈통의 존비속관계의 불분명으로 인한 피해는 재혼하는 남자 쪽에 그 피해가 크기 때문에 부(夫)로 되는 자의 일면적 요건으로 해석하고 그 자의 본국법에 의해야 한다는 입장도 있다. 재혼금지기간은 여자에 대하여는 직접적으로 자기에게 부과된 의무기간이고, 남자에 대하여는 존비속관계 확정과 관련을 갖는다는 점에서 각 당사자의 본국법에 의하여야 한다. 이때 각 당사자의 본국법이 재혼금지기간을 정하고 있지만, 그 기간에 차이가 있는 경우에는 보다 장기간을 정한 본국법에 의할 것이다.

당사자 간에 일정한 근친관계가 있는 경우에 혼인을 금지하는 제도는 양 당사자에 관련된 제도이기 때문에 그에 관한 요건은 쌍면적 요건이다. 서로 다른 국적을 가진 자의 혼인에 있어서 양 당사자가 근친관계에 있다는 것은 상상하기 어렵다. 이는 결국 같은 국적을 가진 당사자가 혼인을 위해 한 당사자가 다른 국가의 국적을 취득하는 경우에 발생할 수 있는 것으로 법의 회피나 공서의 문제로 해결될 것이다.

우리나라 등 일부 국가는 미성년자나 피성년후견인이 혼인을 할 때에는 부모 또는 후견인의 동의를 요구한다(민법 제808조). 이러한 동의의 요부는 그것이 문제가 되는 당사자의 일면적 요건으로서 전적으로 그 당사자의 본국법에 의한다.

이혼에 적용되는 준거법에 따라 유효하게 이루어진 이혼이 재혼 당사자의 본국법에서 승인된 경우에는 재혼을 하기 위한 장애가 존재하지 않는다. 그러나 당사자의 본국에서 문제의 이혼이 승인되지 않는 경우에는 재혼은 인정되지 않는다고 할 것이다.

무효인 혼인이나 취소된 혼인으로부터 생긴 자(子)가 친생추정을 받는 혼인

244) 우리나라는 2005년 민법 개정을 통해서 재혼금지기간에 관한 규정인 민법 제811조를 삭제하였다. 따라서 재혼을 원하는 여자에게 재혼금지기간의 제한은 더 이상 적용되지 않는다.

중의 출생자로 되는지 여부는 혼인 중의 친자관계에 관한 문제로서 국제사법 제67조에 따라 정해지는 준거법에 의한다. 또한 당사자의 일방이 혼인에 의해 타방 당사자로부터 재산을 얻고 그 반환청구가 문제된 때에는 부당이득의 문제로서 부당이득에 관한 규정인 국제사법 제51조에 따라 정해지는 준거법에 의한다.

2. 혼인의 형식적 성립요건

혼인의 형식적 성립요건, 즉 혼인의 방식은 법률상 유효한 혼인을 성립시키기 위해 당사자 또는 제3자에게 요구되는 외면적 행위 또는 혼인의 외부적 형식으로서의 의사표시의 표현방법으로서 혼인신고서의 제출, 종교적 또는 공개적 의식의 요부 등이 이에 해당한다. 혼인의 방식에 적용될 준거법의 확정에 관해서 혼인은 부부라는 신분관계의 형성이므로 혼인의 방식은 당사자의 본국법에 의해야 한다는 입장이 있지만,[245] 혼인의 방식은 혼인을 거행하는 국가의 공서와 밀접한 관련을 갖는다는 이유에서[246] 혼인의 방식은 혼인거행지법에 의해야 한다는 입장이 일반적으로 인정되고 있다.[247]

---

245) 본국법주의는 일반적으로 혼인을 함에 있어 종교적인 의식을 필요로 하는 국가에서 취하고 있는 입장인데, 그리스에서 혼인이 유효하게 성립되기 위해서는 그리스 정교의 의식을 따라야 하거나 이란인이 외국에서 혼인하는 경우에도 이슬람교의 의식에 의하여야 하는 것이 그것이다. 그러나 종교적 의식의 요건은 혼인의 방식이라기보다는 오히려 혼인의 실질적 성립요건으로 파악하는 것이 보다 타당하다. 신창선 · 윤남순(주4), 346면; 윤종진(주4), 434-435면.

246) 혼인은 거행지에서 혼인으로서 사회적인 공인을 얻을 필요가 있는데, 그를 위해서는 거행지법이 정한 방식에 따를 필요가 있다. 즉 혼인거행지에서 어떤 남녀가 혼인하였다는 사실이 타인에게 알려지지 않으면 안 되는데, 이때 외국의 방식에 의하면 혼인이 있었는지 여부가 인식되지 않을 수 있기 때문에 거행지법이 정한 방식에 따를 필요가 있다. 신창선 · 윤남순(주4), 346면.

247) Fawcett, Carruthers & North, *supra* note 55, pp.878-884. 미국은 예외적으로 혼인에 대해서 단일한 국제사법 원칙을 견지하고 있다. Scoles, Hay, Borchers & Symeonides, *supra* note 19, p.563. 혼인거행지법주의 중에서 상대적 또는 선택적 혼인거행지법주의는 내국에서의 혼인은 내국이 거행지이므로 내국의 방식에 의하나 외국에서의 혼인은 거행지법 또는 본국법에 의하는 주의이다. 따라서 이에 의하면 내국에서는 외국인도 내국의 방식에 따르지만 내국인이 외국에서 혼인한 경우에는 거행지법에 의하거나 또는 본국법에 의하도록 한다. 오스트리아 국제사법 제15조 제2항이 이 주의를 채택하고 있다. 신창선 · 윤남순(주4), 346면; 윤종진(주4), 434면.

국제사법 제63조 제2항은 "혼인의 방식은 혼인을 한 곳의 법 또는 당사자 중 한쪽의 본국법에 따른다"고 규정하고 있는바, 가급적 혼인이 유효하게 성립할 수 있도록 혼인거행지법[248] 외에 당사자 중 일방의 본국법에 의한 혼인의 방식도 유효하도록 하는 선택적 연결방법을 채택한 것이다.[249] 이때 혼인의 방식은 혼인신고나 혼인의식 등 혼인의 외부적 형식을 구성하는 의사표시의 방법을 의미한다. 혼인의 방식을 혼인거행지법에 의한다고 할 때 문제되는 것이 혼인에 있어서 본국법의 적용을 회피하기 위해서 다른 국가에서 혼인을 하는 경우에 그 혼인을 유효한 것으로 할 것인지 여부이다. 이러한 형태의 법률회피는 흔히 혼인의 방식과 관련한 엄격한 요건을 회피하기 위해서 행해지는 경우가 많은데, 굳이 그러한 혼인의 유효성을 부인할 이유는 없다.[250]

국제사법 제63조 제2항 단서는 "대한민국에서 혼인을 하는 경우에 당사자 중 한쪽이 대한민국 국민인 때에는 대한민국 법에 따른다"고 규정하고 있는데, 이러한 경우에도 타방 당사자의 본국법에 의한 방식만으로 혼인이 성립되는 것으로 한다면, 그 혼인관계가 우리 가족관계등록부에 전혀 명시되지 않은 채 유효하게 성립되어 신분관계에 혼란을 일으킬 우려가 있고 그 혼인관계에서 출생한 자녀들의 국적이나 지위가 불안정해질 수 있다는 점을 고려한 규정이다.[251] 그러나 이 단서 규정은 ① 우리나라에서 혼인하고자 하는 외국인을 그 상대방이 우리나라 사람이라는 이유에서 차별한다는 점, ② 우리나라 사람이 우리나라에서 외국인과 혼인하는 경우에 우리나라 법만 적용되는 결과, 상대방의 본국에서 혼인하는 경

248) 혼인이 공해상에서 거행되는 경우에 혼인거행지를 어디로 볼 것인지가 문제되는데, 이러한 경우에는 선적국을 혼인거행지로 보아야 할 것이다. Fawcett, Carruthers & North, *supra* note 55, p.893.

249) 혼인거행지법주의만을 고집하는 경우에는 부당한 결과가 발생한다. 예를 들어 일정한 종교의식 이외의 다른 혼인의 방식을 인정하지 않는 국가에서는 그 종교에 속하지 않는 외국인은 유효하게 혼인할 수 없게 되는 까닭이다. 이 때문에 많은 국가는 혼인거행지법주의에 예외를 인정하여 외국에서 자국민이 그 국가에 주재하는 자국의 대사나 영사에 의해 자국의 방식에 따라 이루어진 혼인은 방식상 유효한 것으로 인정하는데, 이러한 혼인을 영사혼(領事婚; consular marriage)이라고 한다. *Ibid.*, pp.885-886.

250) *Ibid.*, p.878; *Simonin v. Mallac*, (1860) 2 Sw & Tr 67. 그러나 혼인거행지법에 따라 혼인의 방식에 관해서 유효한 혼인이 후에 당사자의 본국법에 따라 본국의 법원에서 무효로 선언된 경우에 그 혼인무효의 판결은 혼인거행지의 법원에서 승인될 수 있을 것이다. *Ibid.*, p.878.

251) 석광현(주2), 313면.

우에 비교해서 유효한 혼인이 성립하는 기회가 오히려 축소된다는 점에서 그 타당성이 의심된다.

관련판례 인천가정법원 2020.12.4. 선고 2020르10778

국제사법 제36조[개정 국제사법 제63조] 제1항에 의하면 혼인의 성립요건은 각 당사자에 관하여 그 본국법에 의하도록 규정하고 있으므로, 원고에 대하여는 베트남 관련 법, 피고에 대하여는 우리나라 민법에 따라 혼인신고의 효력을 판단하여야 한다. 우리나라 민법은 당사자 간에 혼인의 합의가 없는 경우를 무효 사유 로 정하고 있고(민법 제815조 제1호), 베트남 혼인 · 가족법 규정은 양성의 합의가 없는 혼인에 대해 취소사유로 정하고 있다(베트남 혼인 · 가족법 제9조, 제15조, 제16조). 그런데 '혼인의 합의'는 당사자 쌍방적 요건이라 할 것이어서 양측의 준거법이 함께 고려될 수밖에 없는데, 위와 같이 혼인의 합의가 없는 혼인의 효력에 관하여 당사자의 본국법이 서로 다른 경우 일반적으로 혼인의 유효성을 보다 엄격하게 보는 법을 적용하는 것이 상당하다고 할 것이다. 따라서 원고와 피고 사이의 혼인의 효력에 관하여 우리나라 민법을 적용한다.

관련판례 대법원 1994.6.28. 선고 94므413

섭외사법 제15조 제1항[국제사법 제63조]의 규정은 우리나라 사람들 사이 또는 우리나라 사람과 외국인 사이의 혼인이 외국에서 거행되는 경우 그 혼인의 방식 즉 형식적 성립요건은 그 혼인거행지의 법에 따라 정하여야 한다는 취지라고 해석되므로, 그 나라의 법이 정하는 방식에 따른 혼인절차를 마친 경우에는 혼인이 유효하게 성립하는 것이고 별도로 우리나라의 법에 따른 혼인신고를 하지 않더라도 혼인의 성립에 영향이 없으며, 당사자가 가족관계등록법 규정[가족관계등록법 제39조, 제40조]에 의하여 혼인신고를 한다 하더라도 이는 창설적 신고가 아니라 이미 유효하게 성립한 혼인에 관한 보고적 신고에 불과하다.

Ⅲ. 혼인의 효력

1. 혼인의 효력

(1) 준거법 선택의 원칙

혼인의 효력의 준거법에 관해서 혼인의 신분적 효력은 법정지의 사회질서와 밀접한 관련을 갖는다는 이유에서 법정지법에 의해야 한다는 입장이 있지만, 혼인의 신분적 효력은 부부의 신분관계에 관한 문제로서 당사자의 속인법에 의해야 한다는 입장이 일반적으로 인정되고 있다.[252] 속인법주의 중에서 본국법주의를 택하는 경우에 부부가 동일한 국적을 갖고 있는 경우에는 문제가 없으나 국적을 달리하고 있는 경우에는 어느 당사자의 본국법에 의할 것인지가 문제된다. 이에 대하여 대다수의 국가는 부부 중 일방 당사자의 속인법을 적용하는 입장에서 벗어나 부부간 양성평등의 견지에서 부부의 동일한 속인법을 준거법으로 하되, 부부가 국적을 달리하는 경우에는 대체로 단계적 연결방법을 채택하고 있는데, 즉 부부의 일상거소법이 동일한 경우에는 그 법에 의하며, 그러한 법이 없는 경우에는 부부와 가장 밀접한 관련이 있는 곳의 법에 의하도록 하고 있다.

국제사법 제64조는 혼인의 일반적 효력에 대해서 부부의 동일한 본국법, 부부의 동일한 일상거소지법, 부부와 가장 밀접한 관련이 있는 곳의 법을 순차적으로 적용하는 단계적 연결방법을 택하고 있다. 가장 밀접한 관련이 있는 곳의 판단에 있어서는 부부의 준거법에 대한 예측가능성이나 인식의 정도 등을 고려할 수 있을 것이다.

부부의 동일한 본국법의 개념은 부양의무에 관한 규정인 국제사법 제73조의 공통 본국법과는 구별되는 개념임에 주의해야 한다. 즉 당사자 중에 복수의 국적을 갖는 자가 있는 경우에 공통 본국법이 존재하기 위해서는 복수국적자의 여러 국적 중 상대방의 국적과 공통되는 국적이 있는 것으로 충분하지만, 동일한 본국법이 존재하기 위해서는 복수국적자와 가장 밀접한 관련을 갖는 국가의 법을 본국법으로 규정하고 있는 국제사법 제16조 제1항에 따라 결정된 본국법과 상대방의 본국법이 일치해야 한다.[253] 국제사법 제64조가 혼인의 효력에 있어서 부부의

252) 신창선 · 윤남순(주4), 348면; 윤종진(주4), 437-438면; 김연 · 박정기 · 김인유(주9), 366면.
253) 석광현(주2), 457-458면.

공통 본국법이 아닌, 부부의 동일한 본국법을 요구하는 것은 부부간에 형식적으로 공통된 본국법이 아니라, 부부와 가장 밀접한 관련을 갖는 동일한 본국법이 준거법으로서 혼인의 효력을 규율하는 것이 타당할 것이라는 판단에 기초한 것이다.[254]

(2) 준거법의 적용범위

국제사법 제64조의 규정에 의하여 정해진 준거법은 부부재산제(국제사법 제65조)와 부부간의 부양(국제사법 제73조)을 제외한 혼인의 효력에 관한 모든 문제를 규율한다.

혼인에 의하여 일방 배우자의 성(姓)이 다른 배우자의 성으로 변경되는지 등과 같은 부부의 성(姓)에 관한 문제와 관련해서, 성의 문제는 혼인의 효력의 문제가 아니라 독립된 인격권인 성명권의 문제이기 때문에 국제사법 제74조에 따라 부부 각자의 속인법에 의하여야 한다는 입장이 있지만, 이는 일반적인 혼인의 효력의 문제로서 국제사법 제64조에 따라 지정된 준거법에 의하여야 한다.

동거의무의 유무나 동거의무의 내용 등도 혼인의 효력의 문제로서 국제사법 제64조에 의한다. 그러나 동거의무의 위반이 이혼의 사유가 되는지 여부는 이혼의 문제로서 국제사법 제66조에 의한다. 왜냐하면 동거의무의 위반이 있는지 여부는 혼인의 효력의 문제인 반면에 동거의무의 위반이 이혼의 사유가 되는지 여부는 이혼의 문제이기 때문이다. 배우자 일방의 특정 행위가 이혼사유가 되는 불법행위를 구성하는지 여부도 불법행위 일반에 관한 규정인 국제사법 제52조에 의할 것이 아니라, 역시 이혼의 문제로서 국제사법 제66조가 적용될 것이다.

부부 일방의 일상가사행위로부터 발생한 채무와 관련해서는 이것이 부부생활의 원활한 운영을 위해 강행적으로 인정되는 제도라는 점에서 혼인의 효력으로 보아 국제사법 제64조가 적용되어야 한다는 주장이 있다.[255] 그러나 부부 일방의 일상가사행위로 인한 채무에 대해서 타방 배우자가 책임을 부담하는 범위와 관련한 문제는 혼인의 재산적 효력의 문제로 보아야 할 것이고, 따라서 부부재산제에 관한 규정인 국제사법 제65조가 적용되어야 할 것이다.

한편 미성년자는 혼인에 의해서 성년으로 의제되는바(민법 제826조의2), 성년의제에 있어서 남녀 간에 차별을 두지 않고 있으며 일단 혼인에 의해 성년이 되면

254) 상게서, 457면.
255) 신창선 · 윤남순(주4), 351면; 윤종진(주4), 441면.

나중에 이혼을 하더라도 성년자로 취급되는 것이 일반적이며, 무엇보다 성년의제 제도의 취지는 혼인생활을 영위하는 남녀는 자연적 연령이 성년에 달하지 않더라도 정신적으로는 성인과 같이 성숙된 것으로 보는 데 있다고 보아야 할 것이므로[256] 성년의제는 행위능력의 문제로 보아야 한다. 국제사법 제28조 제1항은 행위능력이 혼인에 의하여 확대되는 경우에 당사자의 본국법이 적용되도록 함으로써 성년의제가 행위능력의 문제임을 분명히 하였다.

처의 행위능력에 관한 문제는 혼인의 효력의 문제로서 국제사법 제64조가 적용된다고 생각할 수 있을 것이나, 행위능력이 제한되는 경우를 가급적 축소하는 취지를 갖는 국제사법 제29조 제1항이 적용될 수 있도록 국제사법 제28조를 적용해서 처의 본국법에 의하도록 하는 것이 타당하다.[257]

부부간 부양의무에 관해서 부부간의 부양의무는 혼인생활을 영위하기 위한 기초적 조건에 관한 문제이며 혼인의 다른 효력과 밀접한 관련을 맺고 있기 때문에 이를 혼인의 효력의 문제로 파악하는 경향이 있었지만, 국제사법 제73조 제1항은 "부양의 의무는 부양권리자의 일상거소지법에 따른다. 다만, 그 법에 따르면 부양권리자가 부양의무자로부터 부양을 받을 수 없을 때에는 당사자의 공통 본국법에 따른다"고 규정함으로써 부양을 하나의 독립된 연결대상으로 취급하여 부부간의 부양의무를 포함한 모든 부양의무에 적용될 준거법의 결정방식을 통일하였다. 따라서 부부간 부양의무에 대해서도 혼인의 효력에 관한 규정인 국제사법 제64조가 아니라 부양에 관한 일반규정인 제73조가 적용된다. 다만 국제사법 제73조 제2항은 "대한민국에서 이혼이 이루어지거나 승인된 경우에 이혼한 당사자 간의 부양의무는 제1항에도 불구하고 그 이혼에 관하여 적용된 법에 따른다"고 규정함으로써 이혼 시의 부양의무는 이혼에 관하여 적용된 법에 의하도록 하였다. 왜냐하면 이혼의 직접적 효과인 신분관계의 해소와 혼인의 해소 후 당사자 간의 부양의무는 상호 간에 밀접하게 관련되어 있기 때문이다. 이때 이혼에 관하여 적용된 법은 우리나라 국제사법에 의하여 지정된 이혼의 준거법이 아니라 당해 이혼에 실제로 적용된 법을 의미한다.

---

256) 신영호 · 김상훈(주221), 98면.

257) 그러나 보다 근본적으로 처의 행위능력을 제한하는 국가의 법이 준거법이 되는 경우에 그 준거법을 적용하는 것은 우리나라의 공서에 위반되므로 국제사법 제23조에 의해서 그 적용이 부인될 것이다.

부부간 부양의무와 관련해서 문제되는 것은 혼인생활비용의 부담에 관한 문제를 여기서의 부양의무로 보아 국제사법 제73조를 적용할 것인지[258] 아니면 부부재산제의 문제로 보아 국제사법 제65조를 적용할 것인지[259] 여부이다. 부양의무나 생활비의 부담이나 모두 혼인생활의 유지를 위한 배우자의 재산적 출연이기 때문에 양자의 구별이 용이하지 않을 것인바, 이는 결국 법률관계의 성질 결정의 문제로서 당사자의 부담의 정도, 당사자 간의 부담의 분배 등을 살펴 해결할 것이지만, 일반적으로 비용을 청구하는 자의 생활보호에 초점이 맞춰져 있다는 점에서 부부재산제의 문제로 보는 것이 타당하다.

2. 부부재산제

(1) 준거법 선택의 원칙

부부재산제는 혼인하기 전의 혼인당사자들의 재산계약에 대한 자유로운 의사를 존중하고 이를 혼인 후에도 보호하기 위한 제도이다(민법 제829조).[260]

부부재산제의 준거법에 관해서는 속인법주의, 동산 · 부동산구별주의 및 의사주의 등이 있다.[261] 속인법주의는 부부재산제를 신분관계에 속한 문제로 보고, 이를 다른 신분관계 문제와 마찬가지로 당사자의 속인법에 의하여 해결하려는 입장이다. 속인법주의를 채택하는 국제사법은 부부재산제의 준거법을 혼인의 효력의 준거법 그 자체로 하거나 또는 그에 유사한 기준을 사용하여 정한다. 동산 · 부동산구별주의는 동산에 관해서는 부부의 주소지법, 부동산에 관해서는 부동산소재지법에 의하는 입장이다.[262] 의사주의는 채권계약에 있어서와 같은 당사자자치의 원칙을 부부재산제에 대해서도 인정하는 입장이다.[263]

국제사법은 제65조 제1항에서 부부재산제에 관하여 제64조, 즉 혼인의 일반적 효력에 관한 규정을 준용한다고 규정한 후, 제2항에서 부부의 합의에 의하여 ① 부부 중 한쪽이 국적을 가지는 법, ② 부부 중 한쪽의 일상거소지법, ③ 부동산

---

258) 이 경우에는 부양권리자의 일상거소지법이 적용된다.
259) 이 경우에는 부부의 동일한 본국법이 적용된다.
260) 신영호 · 김상훈(주221), 99면.
261) 신창선 · 윤남순(주4), 351면; 윤종진(주4), 442-443면; 김연 · 박정기 · 김인유(주9), 371면.
262) 영미법계 국가의 국제사법이 채택하고 있는 방식이다. 윤종진(주4), 443면.
263) Scoles, Hay, Borchers & Symeonides, *supra* note 19, p.600.

에 관한 부부재산제에 대해서는 그 부동산의 소재지법 중 한 법을 선택한 경우에는 제1항의 규정에 불구하고 그 법에 의한다고 규정하고 있다. 즉 국제사법 제65조는 부부재산제의 준거법과 혼인의 효력의 준거법을 일치시킴으로써 넓은 의미에서의 혼인의 효력에 대한 일관된 규율을 가능하게 하면서, 부부재산제에 당사자자치의 원칙을 도입하여서 제한된 범위에서 부부가 준거법을 선택할 수 있도록 하고, 준거법의 선택이 있는 때에는 선택된 준거법이 우선하여 적용되도록 한다.

(2) 내국거래의 보호

부부재산제는 거래상대방인 제3자에게 영향을 미치는 경우가 많을 것인데, 특히 준거법이 외국법인 경우에는 내국에서의 거래보호 문제가 발생한다. 이 때문에 국제사법 제65조 제3항은 외국법에 의한 부부재산제는 대한민국에서 행한 법률행위 및 대한민국에 있는 재산에 관하여는 이를 선의의 제3자에게 대항할 수 없도록 하고, 이 경우 외국법에 따를 수 없는 때에는 제3자와의 관계에 관하여 부부재산제는 대한민국 법에 의하도록 규정하였다. 이때 선의는 외국법의 내용을 알지 못했다는 것을 의미하는 것이 아니라, 부부의 국적이나 일상거소 등 연결점, 또는 준거법 선택의 사실 등을 알지 못했다는 것을 의미한다.

국제사법 제65조 제4항은 외국법에 의하여 체결된 부부재산계약이 우리나라에서 등기된 경우에는 제3항의 규정에 불구하고 이를 제3자에게 대항할 수 있도록 규정하였는바, 이 규정은 부부재산계약은 등기할 수 있기 때문에(민법 제829조 제4항) 외국법에 의하여 부부재산계약이 체결된 경우에도 그것이 우리나라에서 등기된 때에는 이를 제3자에게 대항할 수 있도록 함으로써 외국인의 보호를 도모하는 취지를 갖는다. 이때 등기의 대상은 부부재산계약에 국한되고, 법정재산제를 포함한 부부재산제 전체가 아니라는 점에 주의해야 한다.

(3) 준거법의 적용범위

부부재산제의 준거법은 부부재산계약과 법정재산제에 모두 적용된다. 주의할 점은 부부재산제에 있어서 부부재산은 총괄재산이기 때문에 “개별준거법은 총괄준거법을 깨뜨린다”는 원칙이 적용된다는 것이다. 따라서 부부재산제의 준거법상 부부재산으로 인정되는 경우에도 개개 재산의 준거법상 부부재산제가 인정되지 않는 때에는 당해 재산에 대해서 부부재산제는 적용되지 않는다. 예를 들어 부부재산제의 준거법이 배우자의 일방에게 타방 소유의 부동산에 대한 법정저당권을 인정한다고 할지라도 그 부동산의 소재지법상 그러한 물권이 인정되지 않는 때에는 그 법정저당권은 유효하게 성립되지 않는다.[264]

부부재산제의 준거법은 부부재산계약의 체결이 인정되는지 또는 인정되는 경우에 그 체결시기나[265] 내용 및 그 변경가능성 등의 문제에 적용된다. 부부재산계약의 체결능력에 관해서는 미성년자로서 혼인을 할 경우에도 혼인할 수 있는 능력이 있는 자는 부부재산계약도 체결할 수 있는 것이 보통이므로 일반의 행위능력에 관한 문제가 아니라 부부재산제의 문제로 파악하여 제65조의 부부재산제의 준거법에 의하는 것이 타당할 것이라는 입장이 있지만,[266] 부부재산계약체결능력은 재산적 행위능력에 속한 문제이므로 행위능력에 관한 국제사법 제28조에 의해 계약체결 당시 각 당사자의 본국법에 의하는 것이 타당하다.[267] 부부재산계약의 방식도 부부재산의 준거법이 아닌, 법률행위의 방식에 관한 규정인 국제사법 제31조에 의한다.

부부재산계약이 인정되지 않거나 또는 인정되더라도 부부가 그 계약을 체결하지 않은 경우에 그 부부가 따라야 하는 법정재산제(민법 제830조 내지 제833조)의 문제도 부부재산제의 준거법에 의한다. 법정재산제의 내용에는 별산제, 관리공통제, 일반공유제, 소득공유제 및 동산공유제 등이 있는데,[268] 이 중 어느 제도를 채택하고 있는지와 그 내용은 무엇인지 등의 문제는 부부재산제의 준거법에 의한다.

배우자의 어떤 재산이 특유재산 또는 공유재산이 되는지 등 부부재산의 귀속관계와 그 특유재산 또는 공유재산의 관리, 사용, 수익, 처분 등의 허용 여부, 그 범위, 정도, 요건 등 부부재산의 지배관계는 모두 부부재산관계를 정하는 것이기 때문에 부부재산제의 준거법에 의한다.

이혼에 의한 부부재산제의 해소도 이혼의 준거법에 의하지 않고 부부재산제의 준거법에 의한다. 유책배우자가 부부재산제의 해소에 있어서 불이익을 받는지 여부도 부부재산제의 준거법에 의한다.

---

264) 신창선 · 윤남순(주4), 352면; 윤종진(주4), 446면.
265) 혼인 전에만 체결할 수 있는지 또는 혼인 후에도 체결할 수 있는지 등.
266) 신창선 · 윤남순(주4), 353면.
267) 윤종진(주4), 446면; 김연 · 박정기 · 김인유(주9), 375면.
268) 석광현(주2), 464-465면.

배우자 일방이 사망한 경우에 그의 재산의 귀속과 관련해서 부부재산제와 상속 중 어느 법률관계로 파악할 것인지는 국제사법에서 어려운 문제이다. 이는 기본적으로 법률관계의 성질 결정의 문제로서 양자 간의 명확한 경계를 획정하기가 쉽지 않기 때문이다. 우선 실질법적으로 양자를 구별해 보면, 부부재산제는 혼인생활의 해소의 경우에 있어서 배우자의 재산의 정리를 포함하여 혼인 중 부부의 재산관계를 정하는 것임에 반하여 상속은 피상속인이 사망한 경우에 그의 재산의 분배방식을 정하는 것이다. 이러한 구별 기준은 국제사법에서 양자의 성질 결정의 기준이기도 하다. 부부재산제는 상속에 선행하는 것으로 파악되어야 하고, 양자간 관계와 관련해서 우선 부부재산제의 준거법에 의하여 사망한 배우자의 재산의 범위가 확정된 후에 상속의 준거법에 의하여 그 상속의 문제가 해결되어야 한다.[269] 주의할 점은 이러한 해석은 일반적인 해석에 불과하다는 것이다. 입법례에 따라서는 상속과 부부재산제 상호 간에 엄격한 구분이 어려운 경우도 있고, 생존배우자, 특히 처에게 부부재산이나 상속을 인정하지 않는 국가도 있기 때문에 이러한 경우에는 이른바 적응 또는 조정의 문제가 발생할 수 있다.

부부재산제는 혼인의 유효한 성립을 전제로 하기 때문에 혼인의 유효성에 관하여 다툼이 있는 때에는 이는 선결문제로서 해결되어야 한다. 부부재산제에 의하여 배우자에게 이전된 재산이 혼인의 무효나 취소로 부당이득을 구성하는지 여부는 국제사법 제51조에 따라 정해지는 부당이득의 준거법에 의한다.

Ⅳ. 사 실 혼

사실혼은 혼인의 의사를 갖고 동거하는 등 실질적으로는 부부로서의 생활을 하고 있으나 법이 정한 혼인의 형식적 요건, 즉 혼인신고를 하지 않거나 혼인의 방식을 갖추지 않았기 때문에 법률상의 혼인으로 인정되지 않는 사실상의 부부관계이다.[270] 우리나라에서 사실혼의 법적 성질이나 본질에 관하여 논의가 많았으나, 현재로서는 혼인에 준하는 특별한 관계, 즉 준혼(準婚)관계로 이해되고 있으며 판례도 이에 따라 사실혼관계의 부당파기자에 대하여 불법행위 또는 채무불이행으로 인한 손해배상책임을 지우고 있다.[271] 다른 국가들도 대체로 그 용어와 구성

269) 신창선 · 윤남순(주4), 354면; 윤종진(주4), 447면.
270) 신영호 · 김상훈(주221), 105면.

및 내용에 차이가 있으나 사실혼(common law marriage) 형태의 혼인관계를 인정하고 있다.[272] 사실혼에 대해서는 혼인의 준거법에 관한 규정인 국제사법 제63조 및 제64조를 유추적용할 수 있을 것이다.[273]

제 4 절 이혼의 준거법

I. 의 의

이혼은 혼인의 무효나 취소에 의하지 아니하고 또한 배우자 일방의 사망 없이 혼인관계를 해소하는 것이다. 이혼에 관한 세계 각국의 입장은 매우 상이하다. 이혼을 자유롭게 허용하는 국가가 있는가 하면, 반대로 이혼을 전혀 인정하지 않거나 또는 예외적인 경우로 제한하는 국가도 있다.[274] 또한 이혼을 허용하는 경우에도 협의에 의한 이혼만을 허용하는가 하면, 재판에 의한 이혼만을 허용하는 국가도 있다. 한편 미국의 경우와 같이 이혼에 유사한 제도로서 별거를 따로 인정하는 국가도 있다.

이처럼 각 국가마다 갖고 있는 이혼제도의 내용이 매우 상이하기 때문에 이혼이 섭외적 사안이 된 경우에 적용될 준거법의 결정은 당사자의 이익을 위하여 매우 중요한 의미를 갖는다.

II. 이혼의 준거법

1. 준거법 선택의 원칙

이혼의 준거법에 관해서는 속지법주의와 속인법주의가 있다. 속지법주의는 이혼을 이혼지, 즉 법정지의 공서에 관한 문제로 보고 전적으로 이혼지법에 의하

271) 상게서, 109면.
272) Fawcett, Carruthers & North, *supra* note 55, pp.887-888.
273) 신창선 · 윤남순(주4), 364면; 김연 · 박정기 · 김인유(주9), 376면.
274) 신영호 · 김상훈(주221), 112면.

는 입장이다. 속지법주의에 의하면 법정지에 따라서 이혼의 준거법이 달라지는 단점이 있다. 속지법주의는 미국을 비롯한 영미법계 국가에서 채택하고 있는 입법주의이다.[275]

속인법주의는 이혼은 신분에 관한 문제에 속하기 때문에 다른 신분에 관한 문제와 마찬가지로 그 속인법에 의하는 것이 타당하다는 입장이다. 속인법주의는 독일, 프랑스, 이탈리아 등 대부분의 대륙법계 국가들이 채택하고 있다. 속인법주의의 경우에는 혼인의 효력의 준거법과 동일한 준거법 또는 그에 준하여 결정되는 준거법이 이혼에도 적용된다는 것이 일반적인 입장이다.

국제사법 제66조는 "이혼에 관하여는 제64조의 규정을 준용한다"고 규정함으로써 이혼의 준거법과 혼인의 효력의 준거법을 일치시키고 있다. 왜냐하면 이혼은 혼인의 신분적 효력을 소멸시키는 것이므로 그 준거법도 혼인의 신분적 효력의 준거법에 의하는 것이 일관된 규율을 위해서 타당하기 때문이다. 국제사법 제66조에 따라 이혼에 대해서는 부부의 동일한 본국법, 부부의 동일한 일상거소지법, 부부와 가장 밀접한 관련이 있는 곳의 법이 순차적으로 적용된다(국제사법 제64조). 그러나 국제사법 제66조 단서는 "부부 중 한쪽이 대한민국에 일상거소가 있는 대한민국 국민인 경우 이혼은 대한민국 법에 따른다"고 규정하고 있다. 원래 우리나라에 일상거소를 두고 있는 우리나라 사람이 외국에 일상거소를 두고 있는 외국인인 배우자와 이혼하고자 하는 경우에 국제사법 제64조가 준용되는 결과, 가장 밀접한 관련을 갖는 국가를 찾아 그 국가의 법을 적용해야 할 것이다. 그러나 협의이혼의 경우에 가족관계등록 공무원이 협의이혼신고서를 수리하는 과정에서 외국법을 검토한다는 것은 사실상 불가능하다는 점을 고려하여 국제사법 제66조에 단서규정을 둔 것이다.[276]

---

275) 본래 미국에서는 법정지가 당사자의 혼인주소지(matrimonial domicile)로서 기능하고 있다는 전제에서 이혼에 대해서 법정지법이 적용되었다. Scoles, Hay, Borchers & Symeonides, *supra* note 19, p.630. 이혼에 법정지법이 적용된다는 원칙이 확립됨에 따라 어떤 주가 이혼에 대해서 재판관할권을 갖는지가 중요한 의미를 갖게 되었다. 미국은 판례를 통해서 당사자들이 주소를 두고 있는 주가 이혼에 대한 재판관할권을 갖는다는 원칙을 확립하였다. *Williams v. North Carolina*, 325 U.S. 226 (1945). 미국의 이혼에 관한 국제사법 원칙은 자기 주에 이혼의 재판관할권이 있는 경우에는 자기 주의 법을 적용한다는 것이기 때문에 엄격한 의미에서 이혼지법(법정지법)주의로 볼 것은 아니다. 그러나 자기 주에 있어서는 자기 주의 법을 적용하고 다른 주의 법을 적용하지 않기 때문에 속지법주의의 한 형태라고 할 수 있다. 신창선 · 윤남순(주4), 355면.

관련판례 대법원 2021.3.25. 선고 2020므14763

피고는 우리나라 국민으로서 우리나라에 상거소를 두고 있으므로 국제사법 제39조[개정 국제사법 제66조] 단서에 따라 이혼에 관한 준거법은 우리나라 민법이다.

2. 준거법의 적용범위

이혼의 준거법은 원칙적으로 이혼과 관련된 모든 문제에 적용된다. 구체적으로 이혼의 허용 여부, 이혼사유, 이혼의 방법과 방식 및 이혼의 효력 등은 이혼의 준거법에 의한다.

(1) 이혼의 허용 여부 및 이혼사유

이혼의 준거법은 우선 이혼의 허용 여부의 문제에 적용된다.[277] 이혼의 허용 여부와 관련하여 이혼을 금지하는 외국법이 준거법으로 지정된 경우에 내국, 즉 우리나라의 공서조항인 국제사법 제23조에 따라서 그 적용을 배척할 수 있는지 여부가 문제로 된다. 우리나라 판례 중에는 우리나라 여자가 필리핀인 남편을 상대로 이혼을 청구한 사건에서 이혼을 허용하지 않는 필리핀 민법이 우리나라의 공서에 반한다는 이유로 그 적용을 배척하고 우리나라 민법을 적용한 예가 있다.[278]

어떠한 사실이 이혼원인으로 되는지도 이혼의 준거법에 따른다.

(2) 이혼의 방법 및 방식

대부분의 국가는 협의이혼과 일정한 기관의 허가 내지 선언에 의한 이혼을 동시에 인정한다. 후자의 방식에 의한 이혼 중에서 가장 일반적인 형태가 법원에 의한 재판상 이혼이지만, 그 외에 종교기관에 의한 이혼이나 국왕 또는 행정기관에 의한 이혼 등도 있다. 이러한 이혼의 방법은 원칙적으로 이혼의 준거법에 의해야 한다.

---

276) 석광현(주2), 468-469면.

277) 오늘날 대부분의 국가가 이혼을 허용하고 있지만, 필리핀이나 아일랜드 등 일부 국가는 여전히 이를 금지하고 있다. 신창선 · 윤남순(주4), 356면; 윤종진(주4), 452면.

278) 서울가정법원 1984.2.10. 선고 83드209.

이혼지에서 어떠한 기관이 이혼을 허가 내지 선고하는 권한을 갖는지는 그 성질상 이혼지법이 정한 바에 의해야 한다. 따라서 이혼의 준거법이 일정한 기관에 의한 이혼을 정하고 있다고 할지라도 이혼지법이 그러한 이혼기관을 인정하지 않는 때에는 그 방법에 따를 수 없을 것이다.[279)]

이혼의 준거법이 협의이혼을 인정하는 때에는 당연히 협의에 의한 이혼이 가능한데, 이때 그 방식이 문제된다. 국제사법은 이혼의 방식에 관한 규정을 두고 있지 않으나,[280)] 행위지법에 의하여 행한 법률행위의 방식의 유효성을 규정하고 있는 국제사법 제31조 제2항에 따라 이혼의 방식은 이혼의 준거법뿐만 아니라 이혼지법에 의할 수도 있는 것으로 보아야 한다. 주의할 점은 법원에 의한 이혼의사의 확인이나 협의상 이혼 또는 재판상 이혼의 허용 여부 등은 그 실질을 고려할 때, 이혼의 방식에 관한 문제가 아니라, 이혼의 방법의 문제로서 실질적 성립요건에 속한 것으로 보아야 하고, 따라서 오직 이혼의 준거법에 의해야 한다는 것이다.[281)]

(3) 이혼의 효력

이혼의 효력은 이혼의 준거법에 의한다. 이혼의 직접적 효력은 혼인의 해소, 즉 혼인관계의 법률상 소멸이다. 이 효력은 많은 국가에서 동일하기 때문에 특별히 문제로 되지는 않는다. 이혼의 효력과 관련해서 보다 문제되는 부분은 그에 따라 발생하는 각종 신분적 및 재산적 효과인바, 특히 이들 효과를 법률관계의 성질 결정상 이혼의 효력으로 파악할 것인지 아니면 다른 법률관계로 파악할 것인지가 문제된다.

혼인의 일방 당사자가 혼인 중 공통으로 사용하고 있던 타방 당사자의 성(姓)

---

279) 예를 들어 우리나라 법원에서 문제된 이혼사안에 대하여 적용되는 준거법이 종교기관에 의한 이혼을 인정하더라도 우리나라 법은 그러한 기관에 이혼의 권한을 인정하지 않으므로 우리나라에서 그러한 방법에 의한 이혼은 애초에 불가능한 것이고, 당사자가 그러한 방법에 의한다고 하더라도 그 이혼은 우리나라에서는 아무런 효력을 갖지 않는다. 이같이 이혼의 준거법에 의한 이혼 방법은 이혼지법에 의하여 일정한 제한을 받게 된다. 신창선 · 윤남순(주4), 356-357면; 윤종진(주4), 453면. 그러나 이혼의 준거법상의 이혼 방법을 지나치게 엄격하게 해석하면, 외국인이 우리나라에서 이혼하는 데 어려움이 있을 것이기 때문에 이혼 방법의 개념을 넓게 해석할 필요가 있다. 예를 들어 외국법상 종교기관에 의한 이혼이나 행정기관에 의한 이혼이 허용되는 경우에 그 이혼의 원인이 우리나라의 재판상 이혼의 원인 또는 이에 준하는 것으로 인정되는 때에는 우리나라의 재판상 이혼의 방법이 적용되어야 한다. 신창선 · 윤남순(주4), 357면.

280) 국제사법은 혼인의 방식에 대해서는 제63조 제2항에서 별도의 규정을 두고 있다.

281) 석광현(주2), 472면.

을 이혼 후에도 사용할 수 있는지 여부에 대해서 이는 이혼이라는 신분변동의 효과로서 생기는 문제이고, 그 성은 일응 개인의 의사와는 상관없이 법의 규정에 의해서 당연히 변경 또는 결정되는 것이기 때문에 혼인의 경우에 성의 변경에 관한 문제가 혼인의 효력의 문제로서 혼인의 준거법에 의하는 것과 마찬가지로 이혼의 준거법에 의하여야 한다는 입장이 있지만,[282] 혼인 중의 성의 문제와는 달리 이혼 후의 성의 문제는 인격권의 문제로 파악되어야 할 것이므로 부부 각자의 속인법에 의해야 한다(국제사법 제74조 참조).[283] 따라서 혼인에 의해 성을 남편의 성으로 변경한 처가 이혼 후에도 그 성을 사용할 수 있는지 여부는 이혼의 준거법이 아니라 처 자신의 본국법에 의한다.

이혼한 배우자 간 부양의 문제에 관해서는 원칙적으로 부양에 관한 일반규정인 국제사법 제73조 제1항에 따라 부양권리자의 일상거소지법에 의한다. 그러나 국제사법 제73조 제2항은 "우리나라에서 이혼이 이루어지거나 승인된 경우에 이혼한 당사자 간의 부양의무는 제1항에도 불구하고 그 이혼에 관하여 적용된 법에 따른다"고 규정하고 있는바, 이 규정에 따라 이혼이 우리나라에서 이루어지거나 또는 외국에서 이혼판결이 있었고, 이를 우리나라 법원이 승인한 때에는 부양의무에 관한 일반규정인 국제사법 제73조 제1항이 적용되지 않고, 그 이혼에 관하여 적용된 법에 의한다. 이는 이혼의 직접적 효력인 신분관계의 소멸과 그 후의 당사자 간의 부양은 밀접하게 관련되어 있기 때문에 다른 부양관계와는 달리 양자를 통일적으로 취급하는 것이 타당하기 때문이다.[284]

배우자 중에 누가 이혼에 대한 책임이 있는지의 문제와 유책배우자의 배상책임, 즉 이혼에 의한 위자료의 문제는 이혼의 준거법에 의한다. 한편 이혼 그 자체에 따른 손해배상이 아니라 이혼의 원인이 된 일방 배우자의 행위가 타방 배우자에게 야기한 손해의 배상에 관한 문제에 대해서는 이를 일반적인 불법행위의 문제로 파악해서 국제사법 제52조의 규정에 따라야 한다는 입장이 있을 수 있지만, 부부간 불법행위에 따른 손해배상은 부부라는 특별한 신분관계가 있는 자 간의 법률관계의 문제이다. 또한 비교법적으로 보더라도 전통적인 보통법(common law)과 같이 부부는 이혼 후에 서로 상대방에 대하여 혼인 중의 불법행위에 대한

282) 김연 · 박정기 · 김인유(주9), 381면.
283) 신창선 · 윤남순(주4), 358면; 윤종진(주4), 454면.
284) 석광현(주2), 533면.

책임을 부담하지 않도록 하던 법제에서 볼 수 있는 바와 같이[285] 부부간 불법행위는 다른 불법행위와는 달리 취급되어야 한다. 따라서 이 문제도 결국 속인법에 따라야 할 것이고, 이 경우는 이혼의 원인이 된 사실에 관한 것이므로 이혼의 준거법에 따르는 것이 타당하다.[286]

이혼이 부부재산제에 미치는 효과는 이혼에 의해 발생하는 법률관계라는 이유에서 이혼의 효력으로 보아야 한다는 주장도 가능할 것이나 이 문제는 부부재산제 자체에 관한 문제로 보아야 할 것이므로 부부재산제의 준거법에 관한 규정인 국제사법 제65조에 따라야 한다.[287]

이혼에 따른 재산분할은 각 국가마다 그 내용을 달리하지만, 이혼한 배우자간 재산분할은 부부재산제의 청산 그 자체는 아니고, 오히려 이혼의 재산적 효과로 보아야 하므로 이혼의 준거법에 따른다.[288]

부부가 이혼한 경우에 미성년자에 대한 친권이나 감호권의 분배나 귀속에 대해서는 이혼의 효력의 문제로서 국제사법 제66조에 의하여야 한다는 입장과 친자간 법률관계로서 국제사법 제72조에 의하여야 한다는 입장이 있다. 다른 친자 간 법률문제와도 통일을 기하는 동시에 자에게 유리할 수도 있다는 취지에서 친자간 법률관계에 관한 규정인 국제사법 제72조를 적용하는 것이 타당하다.[289]

혼인에 의해 성년자로 의제된 미성년자가 이혼에 의해 다시 미성년자의 지위로 돌아가는지 여부가 이혼의 효과로서 파악되어야 할 것인지 아니면 일반적인 행위능력으로서 파악되어야 할 것인지가 문제된다. 이를 이혼의 효과로 해석하여 이혼의 준거법에 의한다는 입장도 있지만, 행위능력이 혼인에 의하여 확대되는 경우에 이를 미성년자의 본국법에 의할 것을 정하고 있는 국제사법 제28조 제1항 제2문의 취지에 비추어 일반적 행위능력의 준거법에 의하는 것이 타당하다.[290] 혼인에 의해서 능력자가 된 처가 이혼에 의해 행위능력을 다시 상실하는지 여부는 처의 본국법에 의해야 한다.

재혼금지기간이나 이혼자의 재혼능력의 문제는 이혼에 의해 발생한 것이지

---

285) *McMillan v. McMillan,* 219 Va. 1127, 253 S.E.2d 662 (Va. 1979).
286) 신창선 · 윤남순(주4), 359면.
287) 상게서, 359면; 윤종진(주4), 454면; 김연 · 박정기 · 김인유(주9), 382면.
288) 신창선 · 윤남순(주4), 359면.
289) 상게서, 359면; 윤종진(주4), 454면; 김연 · 박정기 · 김인유(주9), 382면.
290) 신창선 · 윤남순(주4), 360면; 윤종진(주4), 454면; 김연 · 박정기 · 김인유(주9), 382-383면.

만, 국제사법상으로는 당해 재혼, 즉 혼인의 실질적 성립요건의 문제로 보아 국제사법 제63조 제1항에 따라 각 당사자의 본국법에 의해야 할 것이다.[291]

관련판례 서울가정법원 1996.11.1. 선고 95드27138

미국시민권자가 부(夫)인 우리나라 국민을 피고로 하여 이혼을 원인으로 한 위자료, 재산분할, 양육비 등을 청구하고 그에 대한 반소로서 친권행사자 및 양육자 지정, 면접교섭권 등을 구하는 소가 우리나라 법원에 제기된 경우, 면접교섭은 친자간의 법률관계에 관한 사항으로서 섭외사법 제22조[국제사법 제72조]에 따라 부(父)인 피고의 본국법인 우리나라의 법률이 준거법이 된다.

Ⅲ. 별 거

우리나라는 별거라는 제도를 명문으로 인정하고 있지 않지만, 이를 인정하는 국가도 적지 않다. 즉 이혼을 금지하는 국가는 일반적으로 별거를 인정하고 있고, 이혼을 인정하는 국가 중 일부는 이혼과 선택적으로 별거를 인정하거나 이혼의 전제제도로서 별거를 인정한다.[292] 별거는 그 성질로 보아 이혼에 유사한 기능을 하는 제도라는 점에서 국제사법의 목적상 이혼과 동일하게 취급하는 것이 가능하다.[293]

국제사법은 별거에 관해서 아무런 규정을 두고 있지 않지만, 별거가 이혼과 유사한 제도로서 파악되는 한, 이혼에 관한 규정인 국제사법 제66조는 별거에 유추적용될 수 있다. 이때 문제가 되는 것은 국제사법 제66조의 유추적용을 통해서 정해진 준거법이 별거를 인정하는 경우에 우리나라에서 별거의 재판을 할 수 있는지 여부이다. 당사자의 본국이나 주소지국이 어떤 이유로 재판관할권을 갖지 못해서 당사자가 별거판결을 얻을 수 없는 경우 등이 있을 것이기 때문에 우리나라의 절차법이 별거에 관한 절차를 두고 있지 않음에도 불구하고, 우리나라에서도 우리나라의 이혼절차를 별거절차에 유추적용하여 별거재판을 하는 것이 가능

291) 신창선 · 윤남순(주4), 360면; 김연 · 박정기 · 김인유(주9), 383면.
292) 신창선 · 윤남순(주4), 365면; 김연 · 박정기 · 김인유(주9), 384면.
293) 학자에 따라서는 이혼을 절대이혼으로, 별거를 제한이혼으로 파악함으로써 양자를 넓은 의미의 이혼 개념에 포함하기도 한다. 별거는 국제사법상 및 국제민사소송법상 이혼과 거의 동일하게 취급된다고 한다. 신창선 · 윤남순(주4), 365면; 김연 · 박정기 · 김인유(주9), 384면.

하다고 보아야 할 것이라는 주장이 있지만,[294] 민사소송법 등 절차법에 별거에 관한 절차를 두고 있지 않은 현실에서 우리나라 법원이 이혼에 관한 절차를 유추적용해서 별거재판을 할 가능성은 높지 않다.

제 5 절 친자관계의 준거법

I. 의 의

친자관계는 사람의 종적 신분관계이다.[295] 친자관계는 생리적 또는 자연적 관계에 기초한 친생자관계와 법률적 또는 인위적 관계에 기초한 법정친자관계 또는 양친자관계로 구분되고, 친생자관계는 다시 혼인 중의 출생자와 혼인 외의 출생자로 구분된다.[296] 친자관계를 둘러싼 분쟁은 그 자체로 문제되는 경우는 거의 없고, 대부분 상속이나 부양 등을 둘러싼 분쟁과 관련하여 발생한다.[297]

그런데 이러한 친자관계의 발생원인이나 친자 간 친권 및 양육권 등의 법률관계와 관련해서 각국의 입법내용이 다르기 때문에 섭외적 요소를 갖는 친자관계의 규율을 위한 준거법의 확정은 중요한 의미를 갖는다.

II. 친자관계의 성립

1. 혼인 중의 출생자

(1) 준거법의 선택 원칙

친자관계의 성립의 준거법에 관해서는 이를 증거에 관한 문제로 파악해서 법정지법에 의한다는 입장이 있지만, 이를 신분에 관한 문제로 파악해서 속인법, 특히 본국법에 의한다는 입장이 일반적이다.[298]

---

294) 신창선 · 윤남순(주4), 365면; 김연 · 박정기 · 김인유(주9), 384면.
295) 신영호 · 김상훈(주221), 149면.
296) 상게서, 150면.
297) Scoles, Hay, Borchers & Symeonides, *supra* note 19, p.693.

한편 본국법주의를 취하는 국가 중에서 실질법상 혼인 중의 자와 혼인 외의 자의 법적 지위에 구별을 두고 있지 않은 국가는 국제사법상으로도 혼인 중의 자와 혼인 외의 자를 구별하여 별도의 규정을 두지 않는 것이 일반적이고, 그러한 경우에 친자관계의 성립에 대해서는 출생 당시 자의 본국법을 준거법으로서 채용하는 것이 일반적이다.[299] 반면에 실질법상 혼인 중의 자와 혼인 외의 자의 법적 지위를 구별하는 국가는 국제사법상에서도 이를 구별하는 규정을 두는 것이 일반적이고, 그러한 경우에 친자관계의 성립에 대해서는 부 또는 모의 본국법을 준거법으로 하는 방식이 널리 채용되고 있다.[300] 그러나 근래에는 준거법으로서 혼인의 효력의 준거법 또는 이에 준하는 준거법에 의하는 경우가 늘고 있다.[301]

국제사법 제67조 제1항은 "혼인 중의 부모 · 자녀관계의 성립은 자녀의 출생 당시 부부 중 한쪽의 본국법에 따른다"고 규정함으로써 친자관계의 성립에 있어서 부부간 양성평등을 기하는 한편, 자의 이익을 보호하기 위한 목적에서 친자관계의 성립을 용이하게 하기 위하여 부부의 본국법 중 어느 하나에 의해서라도 혼인 중의 친자관계가 성립하면 이를 인정하는 선택적 연결방법을 도입하였다.[302] 이때 연결시점은 친자관계는 일반적으로 자의 출생 시에 확정된다는 점을 고려해서 신분관계가 성립되는 자의 출생 당시로 고정하였다.[303] 자의 출생 시가 기준으로 되는 것은 부부의 '본국법'을 확정하기 위한 것이지, 준거법 결정의 기준으로 되는 '부부'를 특정하기 위한 것이 아니다. 따라서 A와 B 부부가 이혼하고, 처 B가

298) 윤종진(주4), 458면; 김연 · 박정기 · 김인유(주9), 386면.

299) 구 체코슬로바키아 국제사법(제23조), 폴란드 국제사법(제19조 제2항), 불가리아 가족법(제135조), 헝가리 국제사법(제42조 제1항) 등이 그 예라고 한다. 신창선 · 윤남순(주4), 366면.

300) Scoles, Hay, Borchers & Symeonides, *supra* note 19, p.694.

301) 터키 국제사법(제15조), 그리스 민법(제17조), 독일 민법시행법(제19조 제1항), 포르투갈 민법(제56조 제2항) 등이 그 예라고 한다. 신창선 · 윤남순(주4), 366면. 특히 독일의 국제사법인 민법시행법 제19조 제1항은 자를 보호한다는 취지에서 부모 중 어느 일방의 본국법에 의하여 자로 인정되는 때에는 친생자라고 할 수 있지만, 이상과 같은 준거법에 의해 친생자로 인정되더라도 그 자는 당해 일상거소지법에 의해 친생자임을 부인할 수 있도록 하고 있다. 법무부 [해설](주77), 235면. 또한 오스트리아 국제사법 제21조는 부 또는 모의 본국법 중 자가 친생자임을 인정함에 있어 유리한 법률에 따른다고 규정하고 있다. 신창선 · 윤남순(주4), 366면.

302) 신창선 · 윤남순(주4), 366면; 석광현(주2), 478면.

303) 석광현(주2), 479면.

C와 재혼한 후 곧 D를 출산했다고 할 때, A와 D 간에 혼인 중의 친자관계가 성립하는지 여부에는 D의 출생 당시 A의 본국법 또는 B의 본국법이 적용된다.

국제사법 제67조 제2항은 "남편이 자녀의 출생 전에 사망한 때에는 남편의 사망 당시 본국법을 그의 본국법으로 본다"고 규정하여서, 부가 자의 출생 전에 사망한 경우에 대비한 규정을 두었다. 즉 친자관계는 자의 출생 당시에 확정되는 것이기 때문에 출생 당시 부부 중 일방의 본국법에 의하는 것이 원칙이지만, 부가 자의 출생 전에 사망한 때에는 출생 당시의 부의 본국법이라는 것이 존재하지 않기 때문에 이러한 경우에는 사망 당시 부의 본국법을 그의 본국법으로 본 것이다.[304] 따라서 부가 자의 출생 전에 사망한 때에도 사망 당시 부의 본국법에 의해서 친자관계가 성립될 수 있도록 함으로써 가급적 친자관계의 성립을 용이하게 하고자 하는 국제사법 제67조 제1항의 취지를 유지하였다.

관련판례 서울가정법원 1992.2.18. 선고 91드82748

일본국 국적을 가진 부(父)가 일본국 국적을 가진 자(子)를 상대로 제기한 친생부인을 구하는 소는 이른바 섭외적 법률관계에 속한 사건이고, 섭외사법 제19조[국제사법 제67조]에 의하면 친생부인은 그 출생 당시의 모의 부(夫)의 본국법에 의하게 되므로, 위 소는 일본국 민법이 그 준거법으로 되고, 일본국 민법 제774조, 제775조에는 적출부인의 소가 인정되는바, 위 조문은 우리나라 민법 제846조, 제847조에 정해진 친생부인의 소에 관한 규정과 동일하므로, 위 소는 결국 위 적출부인의 소에 해당된다고 보고 처리하여야 한다.

(2) 준거법의 적용범위

국제사법 제67조는 혼인 중의 친자관계의 성립에 관한 모든 문제에 적용된다. 따라서 혼인 중의 친자의 추정에 관한 문제, 예를 들어 처가 혼인 중에 포태한 자가 부의 자로 추정되는지 여부[305] 및 혼인성립일로부터 며칠 후 또는 혼인관계 종료일로부터 며칠 이내에 출생한 자가 혼인 중에 임신된 것으로 추정되는지 여부 등에 적용된다. 국제사법은 친자관계의 성립만 규정하고 부인(否認)에 대하여

---

304) 윤종진(주4), 459면.
305) 민법 제844조 제1항 참조.

는 언급하고 있지 않으나, 친자관계의 성립을 다툴 때에는 부인의 문제가 당연히 전제되기 때문에 국제사법 제67조는 친생부인의 경우에도 적용된다.[306)]

한편 일부 국가는 유효한 혼인이 존재하지 않는 때에도 그 출생자를 혼인 중의 자로 인정한다. 일정한 이유로 혼인이 무효 또는 취소되는 경우에도 적어도 배우자의 일방이 선의인 때에는 그 혼인에 의해 태어난 자를 혼인 중의 자로 인정할 수 있도록 하는 제도의 경우[307)] 및 혼인의 무효가 선고된 때에도 자는 부모의 선의나 악의를 불문하고 혼인 중의 자로 보는 무효혼제도나[308)] 또는 약혼자 간에 태어난 자는 부(夫)로 될 사람의 사망 기타 혼인을 불가능하게 하는 원인 때문에 임신 후 혼인이 이루어지지 않은 때에도 혼인 중의 자로 취급되는 경우 등이 그러한 경우이다. 위의 경우에는 모두 유효한 혼인이 존재하지 않기 때문에 유효한 혼인이 있는 경우에 친자관계의 성립에 적용될 준거법에 관한 규정인 국제사법 제67조는 애초에 적용되지 않고, 혼인 외의 친자관계에 관한 국제사법 제68조가 적용되어야 한다.

2. 혼인 외의 출생자

(1) 의 의

친생자관계 중 혼인 외의 친자관계의 성립에 관해서는 출생의 사실만으로 그것을 확정하는 혈통주의 또는 사실주의와 부 또는 모의 인지(認知)를 필요로 하는 인지주의 내지 의사주의가 있다.

306) 신창선 · 윤남순(주4), 367면; 석광현(주2), 479면. 친생의 부인과 관련해서 국제사법 제67조 제1항을 적용함에 있어서 주의할 점은 동 규정의 적용이 부부 중 일방의 본국법이 친생을 부인하는 경우에 친생이 부인된다는 의미로 해석되어서는 안 된다는 것이다. 국제사법 제67조 제1항이 선택적 연결방법을 채택한 것은 친자관계의 성립을 용이하게 하기 위한 것이다. 따라서 부부 중 일방 당사자의 본국법이 친자관계의 성립을 부인한다고 할지라도, 타방 당사자의 본국법이 이를 인정하는 때에는 친자관계가 유효하게 성립하는 것으로 보아야 한다.

307) 프랑스 민법 제201조 참조.

308) 스위스 민법 제133조 참조.

(2) 혼인 외의 친자관계 성립 일반에 관한 준거법의 선택 원칙

국제사법 제68조 제1항은 “혼인 외의 부모 · 자녀관계의 성립은 자녀의 출생 당시 어머니의 본국법에 따른다”고 규정함으로써 모의 본국법을 원칙적인 준거법으로 하였다. 이는 부자간 및 모자간의 법률관계가 서로 다른 법에 의해 규율됨으로써 모순 또는 충돌되는 결과가 발생하지 않도록 부모 모두의 관계에 통일적으로 적용될 수 있는 준거법을 지정하는 것이 바람직한바, 혼인 외의 출생자는 모의 국적을 따르는 것이 일반적이기 때문에 자의 이익을 고려해서 모의 본국법을 원칙으로 한 것이다.[309] 또한 혼인 외의 출생의 경우에는 부를 확인하는 데 어려움이 있을 가능성도 고려한 것이다.

국제사법 제68조 제1항 단서는 부자(父子)간 친자관계의 성립을 용이하게 하기 위하여 “아버지와 자녀 간의 관계의 성립은 자녀의 출생 당시 아버지의 본국법 또는 현재 자녀의 일상거소지법에 따를 수 있다”고 규정함으로써 어머니의 본국법에 더하여, 자의 출생 당시 부(父)의 본국법 및 현재 자의 일상거소지법 중에서 어느 하나에 의해 친자관계가 성립할 수 있도록 하였다. 혼인 중의 친자관계의 성립이나 혼인 외의 모자간 친자관계의 성립과는 달리 혼인 외의 부자간 친자관계의 성립에 자의 일상거소지법을 추가한 것은 전자는 신분관계의 확정을 염두에 두고 있는 반면, 후자는 주로 부양이나 상속 등의 선결문제로서 논의된다는 점을 고려한 결과이다.[310] 국제사법 제68조 제3항은 아버지가 자녀의 출생 전에 사망한 경우에 대비해서 아버지가 자녀의 출생 전에 사망한 때에는 사망 당시 본국법을 그의 본국법으로 본다고 규정하고 있다.

한편 국제사법 제71조는 “제68조부터 제70조까지의 규정에 따른 부모 · 자녀관계의 성립에 관하여 자녀의 본국법이 자녀 또는 제3자의 승낙이나 동의 등을 요건으로 할 때에는 그 요건도 갖추어야 한다”고 규정함으로써 누적적 연결방법을 택하였는데, 이는 자녀를 보호하는 데 대한 자의 본국법의 이익을 존중하는 취지를 갖는다.

309) 석광현(주2), 485면.
310) 상게서, 485면.

(3) 인 지

1) 준거법의 선택 원칙

인지는 혼인 외의 출생자의 생부나 생모가 이를 자기의 자로 승인하고 법률상의 친자관계를 발생시키는 단독행위이다(민법 제855조 내지 제864조).[311]

인지에 적용될 준거법에 관해서 인지는 친자관계를 발생시키는 신분적 행위라는 근거에서 속인법에 의할 것이라는 입장과 인지는 법정지의 사회질서와 밀접한 관련을 갖는다는 근거에서 법정지법에 의할 것이라는 입장이 있다.[312]

국제사법 제68조 제2항은 "인지는 제1항에서 정하는 법 외에 인지 당시 인지자의 본국법에 따를 수 있다"고 규정함으로써 인지에 대해서 제68조 제1항이 지정한 준거법 이외에 인지 당시 인지자의 본국법을 추가하여서 인지에 의한 친자관계의 성립을 더욱 용이하게 하였다. 따라서 인지의 경우에 모가 인지하는 경우에는 자녀의 출생 당시 모의 본국법과 인지 당시 모의 본국법이 선택적으로 적용되고, 부가 인지하는 경우에는 자녀의 출생 당시 모의 본국법, 자녀의 출생 당시 부의 본국법, 인지 당시 자녀의 일상거소지법 및 인지 당시 부의 본국법 중 어느 한 법이 선택적으로 준거법으로 된다. 국제사법 제68조 제3항은 인지자가 인지 전에 사망한 경우에 대비해서 인지자가 인지 전에 사망한 때에는 사망 당시 본국법을 그의 본국법으로 본다고 규정하고 있다.[313]

한편 자녀가 이미 성인이 되었거나 부모가 부양받을 목적으로 인지하는 등의 경우에는 자녀가 인지를 원하지 않을 수도 있다. 이 때문에 각국의 실질법은 입양, 인지 또는 준정 등의 경우에 자녀를 보호하기 위해서 자녀나 어머니의 동의나 승낙 또는 공적 기관의 허락 등을 요구하는 경우가 많다.[314] 이러한 경우를 염두에 두어서 국제사법 제71조는 "제68조부터 제70조까지의 규정에 따른 부모 · 자녀관계의 성립에 관하여 자녀의 본국법이 자녀 또는 제3자의 승낙이나 동의 등을 요건으로 할 때에는 그 요건도 갖추어야 한다"고 규정함으로써 인지를 통한 친자관계의 성립에 있어서 자의 본국법이 누적적으로 적용되도록 하였다.

---

311) 신영호 · 김상훈(주221), 160면.

312) 윤종진(주4), 463면; 김연 · 박정기 · 김인유(주9), 390면.

313) 우리나라 민법상 강제인지 또는 재판상 인지(민법 제863조 및 제864조)와 유언인지(민법 제859조 제2항)의 경우에 사후인지가 가능하다.

314) 석광현(주2), 508-509면.

관련판례 대법원 1988.2.23. 선고 86다카737

섭외사법 제20조 제1항, 제2항[국제사법 제68조]에 의하여 인지의 요건과 효력은 부의 본국법에 의하되 인지의 방식은 법률행위 방식에 관한 같은 법 제10조[국제사법 제31조]에 따라야 할것인즉, 같은 조 제1항에는 법률행위의 방식은 그 행위의 효력을 정한 법에 의한다고 규정하고 제2항에는 행위지법에 의하여 한 법률행위의 방식은 전항의 규정에 불구하고 이를 유효로 한다고 규정하고 있으므로, 외국에서 하는 한국인의 인지는 한국법이 정한 방식에 따라 외국에 주재하는 한국의 재외공관의 장에게 인지신고를 할 수도 있고 행위지인 외국법이 정하는 방식에 따라 그 나라 호적공무원에게 인지신고를 할 수도 있다.

2) 준거법의 적용범위

(가) 인지의 성립 인지의 준거법은 우선 인지의 허용 여부, 즉 임의인지(민법 제855조)가 인정되는지 또는 강제인지(재판상 인지)(민법 제863조)가 인정되는지 등의 문제에 적용된다.[315] 이와 관련해서 일부 국가는 강제인지를 인정하지 않는데, 이 경우에 그 규정의 적용이 공서에 반하는지 여부가 문제된다. 강제인지가 인정되지 않는 경우에도 부양이나 상속 등과 관련해서 사실상의 친자관계의 확정이 인정될 수는 있을 것이기 때문에 강제인지를 인정하지 않는다고 해서 그것이 언제나 자(子)의 보호에 미흡한 것이라고 할 수는 없다.[316] 따라서 강제인지나 사후인지를 허용하지 않는다고 해서 그것을 곧 공서에 반하는 것으로 판단할 수는 없다.

또한 인지의 준거법은 태아에 대한 인지(민법 제858조) 또는 사망한 자에 대한 인지가 인정되는지 여부(민법 제857조), 사후(死後)인지가 인정되는지 여부(민법 제864조), 유언에 의한 인지가 인정되는지 여부(민법 제859조 제2항), 제한능력자라도 인지가 가능한지 여부(민법 제856조), 인지를 함에 있어 자 또는 제3자의 승낙 또는 동의가 필요한지 여부, 인지의 철회가 인정되는지 여부 또는 인지의 무효나 취소가 인정되는지 여부 등의 문제에 적용된다.

인지는 혼인 외의 친자관계를 성립시키는 법률행위인바, 인지의 방식에 관해서 국제사법은 별도의 규정을 두고 있지 않기 때문에 법률행위의 방식에 관한 일반원칙이 적용된다. 따라서 국제사법 제31조에 따라 인지의 준거법이나 인지가

315) 신영호 · 김상훈(주221), 160-169면.
316) 신창선 · 윤남순(주4), 369면; 윤종진(주4), 464면.

행해지는 국가의 법에 의한다. 다만 유언에 의한 인지의 경우에는 유언의 방식에 관한 규정인 국제사법 제78조 제3항에 따라 정해지는 준거법, 즉 유언 또는 사망 당시 유언자의 본국법, 일상거소지법 또는 행위지법에 의한다.

(내) 인지의 효력　인지의 효력은 인지된 자가 취득하는 신분의 내용이나[317] 신분의 취득시기[318] 등에 관한 문제를 포함해서 인지에 의한 혼인 외의 친자관계의 성립을 의미하는바, 인지에 의한 친자관계의 성립을 규율하는 국제사법 제68조 제2항에 따라 정해지는 준거법에 의한다. 따라서 인지의 성립과 효력에 동일한 준거법이 적용된다.

그러나 인지의 간접적 효력인 친자 간 법률관계, 부양관계 또는 상속관계 등은 이들 법률관계에 적용될 준거법을 정하고 있는 해당 규정에 따라 정해지는 준거법에 의한다.

(4) 준　정

준정은 법률상 혼인관계가 없는 부모 사이에 출생한 자가 그 부모의 혼인을 원인으로 하여 혼인 중의 출생자의 신분을 취득하는 것이다(민법 제855조 제2항).

준정의 준거법에 관해서 혼인의 효력의 준거법에 의한다는 입장, 부 또는 모의 본국법에 의한다는 입장, 자의 본국법에 의한다는 입장 등이 있지만, 준정의 성립을 용이하게 함으로써 자를 보호한다는 취지에서 복수의 준거법 중에서 하나를 선택하는 선택적 연결방법이 일반적으로 사용된다.[319]

국제사법 제69조 제1항은 "혼인 외의 출생자가 혼인 중의 출생자로 그 지위가 변동되는 경우에 관하여는 그 요건인 사실의 완성 당시 아버지 또는 어머니의 본국법 또는 자녀의 일상거소지법에 따른다."고 규정함으로써 준정의 경우에도 인지의 경우와 마찬가지로 선택적 연결방법을 사용함으로써 준정이 가급적 용이하게 성립되도록 하였다. 즉 국제사법 제69조 제1항은 준정은 자의 신분이 혼인 외의 자에서 혼인 중의 자로 변경되는 것으로 혼인 중의 출생자로서의 신분에 관한 문제이자 인지의 문제이기도 하다는 인식에서 이 두 경우에 모두 적용될 수 있는 준거법, 즉 부 또는 모의 본국법 또는 자녀의 일상거소지법을 모두 선택적인

---

317) 예를 들어 적자(嫡子)인지 아니면 서자(庶子)인지 여부 등.
318) 예를 들어 출생 시로 소급되는지 아니면 인지된 때부터인지 여부 등.
319) 신창선 · 윤남순(주4), 370면; 윤종진(주4), 466면.

준거법으로 한 것이다.[320] 부 또는 모의 본국법을 열거한 것은 혼인중의 친자관계와 균형을 맞춘 것이나, 자녀의 이익을 위해서 준정을 보다 용이하게 인정하기 위해서 혼인 중의 친자관계의 연결점에 자녀의 일상거소지법을 추가한 것이다.[321] 국제사법 제69조 제1항은 혼인에 의한 준정 외에 인지준정 및 기타의 준정이 있음을 고려하여 연결의 기준시점을 혼인거행 시가 아닌 요건사실의 완성 시로 규정하였다.[322]

국제사법 제69조 제2항은 "제1항의 경우에 아버지 또는 어머니가 그 요건인 사실이 완성되기 전에 사망한 때에는 아버지 또는 어머니의 사망 당시 본국법을 그의 본국법으로 본다"고 규정하고 있는바, 이는 준정의 요건인 사실이 완성되기 전에 관련된 자가 사망한 경우에 대비한 것이다.

한편 국제사법 제71조는 "제68조부터 제70조까지의 규정에 따른 부모 · 자녀 관계의 성립에 관하여 자녀의 본국법이 자녀 또는 제3자의 승낙이나 동의 등을 요건으로 할 때에는 그 요건도 갖추어야 한다"고 규정하고 있는바, 인지의 경우와 마찬가지로 준정의 경우에도 자의 본국법이 자녀 또는 제3자의 승낙이나 동의를 요구하는 때에는 필요한 승낙이나 동의가 있어야 한다.

3. 양 자

(1) 준거법의 선택 원칙

양자제도는 자연혈연적인 친자관계가 없는 사람들 사이에서 친자관계를 설정하려는 합의와 신고에 의해 법률상 친자관계를 성립시키는 제도이다(민법 제866조 내지 제882조의2).[323] 입양의 실질적 성립요건의 준거법에 관해서 이를 신분에

---

320) 석광현(주2), 490면.

321) 상게서, 490면.

322) 우리나라 민법은 혼인에 의한 준정만을 규정하고 있으나(민법 제855조 제2항), 해석상 혼인 중의 준정 및 혼인해소 후의 준정도 인정된다고 한다. 신영호 · 김상훈(주221), 173면. 혼인에 의한 준정은 혼인 전에 출생하여 부로부터 인지를 받은 자가 부모의 혼인에 의하여 준정되는 것이고, 혼인 중의 준정은 혼인 외의 자가 혼인 중에 비로소 부모로부터 인지를 받음으로써 준정되는 것이고, 혼인해소 후의 준정은 혼인 외의 자가 부모의 혼인 중에 인지되지 않고 있다가 부모의 혼인이 취소되거나 해소된 후에 인지됨으로써 준정되는 것을 의미한다.

323) 신영호 · 김상훈(주221), 176-200면.

관한 문제로 파악해서 당사자의 속인법에 의한다는 입장이 일반적으로 인정되고 있는바,[324] 속인법주의는 양친 및 양자의 본국법에 의하는 입장과 양친의 본국법에 의하는 입장으로 나뉜다.

국제사법 제70조는 "입양 및 파양은 입양 당시 양부모의 본국법에 따른다"고 규정하고 있다.[325] 일방 당사자만의 본국법을 채택하는 경우에는 양자(養子)의 본국법을 준거법으로 하는 방식도 생각할 수 있고, 양자의 이익보호라는 견지에서는 오히려 이 방식이 타당하다고 할 수 있다. 그럼에도 불구하고 국제사법이 양친의 본국법주의를 채용한 것은, 입양에서 주도적인 입장에 서 있는 당사자가 일반적으로 양친이므로 양친의 본국법의 요건을 구비할 필요가 있는 점, 자국민의 양자로 된 외국인에게 자동적으로 국적을 부여하는 입법이 많기 때문에 양친의 본국법은 결국 양자의 본국법이 되는 경우가 많은 점, 입양 후 양자의 생활의 터전이 양친의 본국이 되는 경우가 많은 점, 그리고 복수의 양자의 경우에도 통일적 처리가 가능하다는 점 등을 고려한 것이다.[326]

한편 입양의 실질적 성립요건의 전부를 양친의 본국법에만 따르게 하고 양자가 되는 자의 본국법을 완전히 고려하지 않게 되면 양자로 되어야 할 자의 보호가 흠결되는 경우가 발생하기 때문에 양친의 본국법주의를 취하는 입법에서도 입양의 요건으로서 양자, 제3자 또는 공적 기관의 동의 내지 허가의 필요성에 대해서는 예외적 또는 누적적으로 양자의 본국법에 의하는 경우가 많다. 국제사법 제71조는 "제68조부터 제70조까지의 규정에 따른 부모 · 자녀관계의 성립에 관하여 자녀의 본국법이 자녀 또는 제3자의 승낙이나 동의 등을 요건으로 할 때에는 그 요건도 갖추어야 한다"고 규정하고 있는바, 인지나 준정의 경우와 마찬가지로 입양의 경우에도 자, 즉 양자의 본국법이 자 또는 제3자의 승낙이나 동의를 요구하는 때에는 필요한 승낙이나 동의가 있어야 한다.

---

324) 신창선 · 윤남순(주4), 371면; 윤종진(주4), 467-468면; 김연 · 박정기 · 김인유(주9), 395면.
325) 구 섭외사법은 제21조 제1항에서 "각 당사자의 본국법에 의한다"고 규정함으로써 배분적 연결방법을 채용하였는바, 이 제도에 의하면 준거법의 운용관계가 복잡하게 되고 또한 입양의 경우에는 혼인의 경우와는 달리 여러 국가의 실질법상 소위 계약형과 결정형이 있어 그 적용에 곤란한 문제가 발생할 여지가 있었다. 속인법주의를 취하는 대부분의 국가가 일방 당사자인 양친의 본국법주의를 택하고 있는 것도 이러한 이유에서이다. 신창선 · 윤남순(주4), 371면.
326) 상게서, 371면; 석광현(주2), 492-493면.

(2) 준거법의 적용범위

1) 입양의 실질적 성립요건

입양의 실질적 성립요건, 즉 입양의 허용 여부, 입양의 장애사유, 입양당사자의 연령, 입양능력과 동의권자, 입양을 위한 법원의 허가가 요구되는지 여부, 입양요건의 흠결로 인한 입양의 무효 또는 취소 등에 양친의 본국법이 적용된다.

구체적으로 양친이 될 수 있는 연령, 즉 양친연령과[327] 양친이 될 자에게 요구되는 특별한 조건 등은 입양의 실질적 성립요건의 문제로 양친의 본국법에 의한다. 양자로 될 수 있는 연령, 즉 양자연령에 대해서 우리 민법은 양친의 존속이나 양친보다 연장자가 아닌 한 그 제한이 없으나(민법 제877조), 입법례에 따라서는 양자로 될 수 있는 자를 미성년자로 제한하기도 한다. 이러한 양자연령의 문제는 양친의 본국법에 따른다. 또한 민법은 양자가 될 미성년자는 부모의 동의를 얻도록 규정하고 있으며(민법 제870조), 13세 이상의 미성년자는 법정대리인의 동의를 받아 입양을 승낙하도록 규정하고 있다(민법 제869조). 이러한 입양능력이나 대락(代諾)입양의 문제도 양친의 본국법에 의한다. 양친과 양자의 연령간격에 대해서 우리 민법에서는 양자가 양친보다 연장자가 아니면 무방하다고 되어 있으나, 입법례에 따라서는 일정한 차이가 있을 것을 규정하고 있는 경우도 있는데,[328] 연령간격도 양친의 준거법에 의한다.

국제사법은 부부가 공동으로 양친으로 되는 부부공동입양(민법 제874조)에 대해서 별도의 규정을 두고 있지 않기 때문에 양친으로 되는 부부가 국적을 달리하는 경우에는 부부 각각에 대해서 당해 본국법에 의하게 된다.[329] 따라서 그 일방의 본국법이 양자제도를 인정하고 있지 않은 이유에서 입양을 할 수 없는 때에는 부부공동입양이 성립하지 않는다. 이 경우에 타방 당사자의 본국법이 단독입양을 인정하는 때에는 그 타방 당사자는 단독입양을 할 수 있을 것이다.

---

327) 우리나라 민법은 양자를 하기 위해서는 성년에 달할 것을 요구한다(민법 제866조). 양친연령에 관해서 독일은 25세(단독양친의 경우), 프랑스는 30세, 이탈리아는 35세, 스위스법은 35세 등으로 규정하고 있다고 한다. 신창선 · 윤남순(주4), 372면.

328) 예를 들어 프랑스는 15세, 이탈리아는 18세, 대만은 20세 등으로 각각 연령간격을 규정하고 있다고 한다. 신창선 · 윤남순(주4), 373면.

329) 이 경우에 부(夫)의 본국법과 부(婦)의 본국법이 각각 준거법이 되는데, 양 준거법이 서로 다른 요건을 요구하거나 또는 서로 다른 효력을 부여하는 경우에는 복잡한 문제가 발생한다. 석광현(주2), 495면.

2) 입양의 방식

입양은 친자관계를 성립시키는 법률행위이지만, 국제사법은 입양의 방식에 관하여 별도로 규정하고 있지 않기 때문에 그에 관해서는 방식에 관한 일반규정인 국제사법 제31조가 적용된다. 따라서 입양의 방식은 입양의 준거법인 양친의 본국법에 의하거나 행위지법인 입양지법에 의하게 된다. 따라서 외국에 있는 우리나라 사람이 당해 외국의 국민을 입양하는 경우에 원칙적으로 양친의 본국법인 우리나라 법이 정한 방식에 의하며, 보충적으로 당해 외국의 법이 정한 방식에 의할 수 있다.[330]

3) 입양의 효력

입양의 효력에 대해서도 국제사법 제70조에 따라 양친의 본국법이 적용된다. 이때 입양의 효력은 인지의 경우와 마찬가지로 입양의 성립에 따른 직접적인 법률효과로서의 양친자관계의 성립을 의미하며,[331] 따라서 양자가 입양에 의해서 혼인 중의 출생자와 동일한 신분을 취득하는지, 그러한 신분의 취득 시점, 양자와 양친의 혈족 간에 친족관계의 발생 여부, 친생부모 및 그 혈족 간 친족관계의 종료 여부 등은 모두 양친의 본국법에 의한다. 그러나 입양의 간접적 효력이라고 할 수 있는 입양에 의해서 확정된 양친자 간 법률관계, 부양관계 또는 상속관계 등에 대해서는 이들 법률관계에 적용될 준거법에 의한다.

4) 파 양

국제사법 제70조는 입양 전체의 준거법을 양친의 본국법으로 단일화하였으므로 파양(罷養)도 양친의 본국법에 의한다. 주의할 점은 파양에 적용되는 준거법은 파양 당시 양친의 준거법이 아니라, 입양 당시 양친의 준거법이라는 것이다. 입양은 성립부터 종료까지 동일한 법에 의해 규율되는 것이 합리적이고, 파양은 입양의 성립을 부정하는 것이므로 파양의 준거법을 입양의 성립의 준거법과 일치시킬 필요가 있다는 점 등을 고려하여 파양의 연결시점을 입양과 동일하게 입양 당시로 고정한 것이다.[332]

---

330) 신창선 · 윤남순(주4), 374면; 윤종진(주4), 470면.

331) 석광현(주2), 493면; 윤종진(주4), 470면.

332) 석광현(주2), 494면.

관련판례 서울가정법원 1992.4.23. 선고 91드63419

파양사건은 신분관계의 소멸에 관련된 중대한 사항으로 당사자가 대립하는 소송사건이므로 원칙적으로 피고의 주소가 있는 국가에 이른바 국제재판관할권을 인정함이 타당하나, 우리나라 국적을 가지고 우리나라에 주소를 두고 있는 양자가 미합중국 국적을 가지고 오하이오주에 주소를 두고 있는 양부의 유기를 이유로 파양청구를 한 경우에는 양자의 주소가 있는 우리나라에도 재판관할권이 있다고 할 것이며, 양부가 우리나라 내에 주소, 거소 또는 최후주소가 없다면 대법원 소재지의 가정법원이 관할법원이 된다.

전항의 경우 준거법은 섭외사법 제21조 제2항, 제2조 제3항[국제사법 제70조, 제16조 제3항]에 의하여 양부의 본국법인 미합중국 오하이오주의 법률이라고 할 것이나, 오하이오주 법에 의하면 파양제도가 인정되지 않기 때문에 위 법에 준거하는 한 어떠한 경우에도 파양을 할 수가 없는바, 이러한 입법례도 이른바 완전부양제를 채택한 결과로서 그 나름대로의 합리적인 근거가 없다 할 수 없으나, 입양 이후 미합중국에 거주하고 있는 양부가 양자를 성년에 이르도록 부양하지 않았을 뿐만 아니라 한 번도 상면하지 않고 있는 경우에까지 파양을 인정하지 않는다면 양부의 유기에 의하여 전혀 실체를 갖고 있지 않은 양친자관계가 양자의 의사에 반하여 영속되어 장래 당사자 사이에 서로 예기하지도 않고 희망하지도 않는 상속, 부양 등과 같은 여러 가지 법률관계가 발생하도록 하는 부당한 결과가 생길 수 있어 양자의 복지를 최우선으로 하는 양자제도의 취지에 비추어 선량한 풍속 기타 사회질서에 반하므로, 위 사건에 관하여는 섭외사법 제5조[국제사법 제23조]에 의하여 외국법으로서 양친의 본국법인 미합중국 오하이오주법을 적용하지 아니하고 파양을 인정하는 법정지법인 우리나라 민법을 적용하여야 한다.

양자관계는 양부모 각자와 양자 사이에 별개로 성립하는 것이고 또한 법률상 파양에 관하여 부부공동파양을 강제하는 명문의 규정이 없을 뿐만 아니라 개인 의사를 존중한다는 원칙 아래 자를 위한 양자제도를 취하고 있는 양자법의 취지에 비추어 양부모의 양자에 대한 2개의 양자관계를 불가분이라고 해석할 합리적인 이유도 없으므로 양친에 대한 양자의 재판상 파양청구를 필요적 공동소송으로 보아 양친부부의 일방만을 피고로 하는 재판상 파양청구를 부적법하다 할 것도 아니므로, 양자가 양부만을 상대로 한 파양청구는 적법한 것으로 보아야 한다.

Ⅲ. 친자 간의 법률관계

1. 의 의

친자관계의 성립의 준거법에 따라 친자관계가 유효하게 성립한 경우에 친자 간의 법률관계, 즉 친자 간에 어떠한 권리 · 의무가 발생하는지가 문제된다.

친자 간의 법률관계에서는 친권과 부양이 중요하다. 그러나 국제사법은 제73조에서 부양에 관해서 별도로 규정하고 있기 때문에 친자 간의 법률관계에서는 친권이 주로 논의될 것이다. 친권은 주로 법정대리권과 관련해서 논의된다.

2. 준거법의 선택 원칙

친자 간의 법률관계의 준거법을 정함에 있어서 미국이나 영국과 같이 자에 대한 부모의 감호나 교육 등 신분법적 문제와 자의 재산에 대한 부모의 관리나 사용수익 등 재산법적 문제를 구별해서 규율하는 국가도 있지만, 대부분의 국가는 양자를 구별하지 않고 통일적으로 속인법주의를 채택하고 있다.[333]

친자관계의 성립에 대해서 혼인 중과 혼인 외로 구분하지 않는 국가는 친자 간의 법률관계에 대해서도 이를 구분하지 않고 친자관계성립의 경우와 동일하게 원칙적으로 자의 본국법주의를 채용하는 것이 일반적이다.[334] 친자관계의 성립에 있어서 혼인 중의 친자관계와 혼인 외의 친자관계를 구분하여 규정하는 입법형태는 친자 간의 법률관계에 대해서 준거법을 달리하는 경우와 달리하지 않는 경우로 다시 구분된다.[335] 양친자 간의 법률관계에 대해서는 그 성립의 경우와 마

---

333) 김연 · 박정기 · 김인유(주9), 402면.

334) 예를 들어 폴란드 국제사법(제19조 제1항), 헝가리 국제사법(제45조 제1항) 등이 그 예이다. 신창선 · 윤남순(주4), 375면; 윤종진(주4), 472면 각주 109.

335) 전자의 예로서는 독일의 국제사법인 민법시행법이 제19조에서 혼인 중의 친자 간의 법률관계는 원칙적으로 부모의 혼인의 효력의 준거법에 의하고, 제20조에서 혼인 외 친자 간의 법률관계는 자의 일상거소지법에 따르도록 규정하고 있는 것을 들 수 있다. 법무부 [해설](주77), 235면. 후자의 경우로서는 오스트리아 국제사법 제24조 및 제25조 제2항이 혼인 중 및 혼인 외 친자 간의 법률관계를 모두 자의 본국법에 의하도록 하는 것을 들 수 있다. 신창선 · 윤남순(주4), 374면.

찬가지로 양친의 본국법에 따르는 것이 근래 입법의 일반적 경향이다.[336)]

국제사법 제72조는 "부모 · 자녀 간의 법률관계는 부모와 자녀의 본국법이 모두 동일한 경우에는 그 법에 따르고, 그 외의 경우에는 자녀의 일상거소지법에 따른다"고 규정함으로써 친자 간의 법률관계의 준거법에 관해서 혼인 중 또는 혼인 외 친자관계 및 양친자관계를 구별하지 않고 통일적으로 준거법을 정하고 있다. 이와 같이 부모는 같으나 친자관계의 성립 근거를 달리하는 복수의 자에 대해서 동일한 준거법이 적용되도록 한 것은 자에 대해서는 이를 친자관계의 성립 근거에 상관없이 평등하게 취급한다는 실질법적 정의의 관념에서 기인한 것이다.[337)]

국제사법 제72조는 친자 간의 법률관계에 원칙적으로 자녀의 일상거소지법을 채용하고 있고, 국제사법 제73조는 부양에 있어서 부양권리자의[338)] 일상거소지법을 채용하고 있는바, 친자관계와 관련한 모든 문제에 자녀의 일상거소지법을 인정하는 것이 법의 일관된 적용을 도모할 수 있고 또한 자녀의 이익의 보호에도 기여한다는 근거에서 친자 간 법률관계에 자녀의 일상거소지법을 원칙적 준거법으로 한 것이다.[339)] 다만 국제사법 제72조는 부모와 자의 본국법이 모두 동일한 경우에는 그들의 동일한 본국법에 의하여 친자 간의 법률관계를 규율하는 것이 보다 합리적이라는 판단에서 이들의 동일한 본국법을 준거법으로 하였다.

3. 준거법의 적용범위

친자 간 법률관계의 준거법은 그 관계가 혼인 중의 친자관계인지, 혼인 외의 친자관계인지 또는 양친자관계인지 여부를 묻지 않고 모든 친자관계에 적용된다. 또한 그것이 신분관계인지 재산관계인지 여부도 묻지 않고 적용된다. 친자관계의 준거법은 친자관계 자체에 내재하는 직접적 효력에 그치고, 친자관계에서 파생하는 간접적 효력에는 미치지 않기 때문에 주로 친권과 부양의무가 문제되는데,[340)] 부양의무에 대해서는 부양에 관한 일반규정인 국제사법 제73조가 적용되므로 친

336) 오스트리아 국제사법 제18조 제2항, 제19조가 그 예이다. 신창선 · 윤남순(주4), 375면.
337) 상게서, 375면.
338) 많은 경우에 자(子)가 될 것이다.
339) 석광현(주2), 511면; 윤종진(주4), 472면.
340) 석광현(주2), 512-513면; 윤종진(주4), 473면.

자관계의 준거법은 주로 친권을 규율한다.

친자관계의 준거법은 우선 친권자의 결정, 즉 부모공동친권인지 또는 일방의 단독친권인지 여부와 친권의 내용, 즉 자의 보호와 교양, 거소의 지정 및 징계 등 신상의 감호 부분과 자의 재산관리, 법정대리 및 자의 재산행위에 대한 동의 등 재산의 관리 부분, 그리고 친권의 소멸, 상실 및 박탈 등 친권에 관한 모든 문제에 적용된다.

이혼에 따른 친권의 귀속과 배분 등에 관한 문제가 이혼의 효력으로서 국제사법 제66조의 적용을 받는다는 주장이 있지만, 이는 보다 직접적으로 친자관계의 내용을 구성하는 것이고, 또한 자의 이익을 위해서도 친자관계의 문제로서 국제사법 제72조에 의한다고 보아야 한다.[341]

친자 간의 부양의무에 대해서는 이를 구분해서 미성년자에 대한 부모의 부양의무는 친자관계의 본질을 구성하는 것이기 때문에 친자관계의 준거법에 의하며, 성년에 달한 자에 대한 부모의 부양의무나 부모에 대한 자의 부양의무는 생활부조의무의 일부로서 부양에 관한 일반규정인 국제사법 제73조에 따라 부양의무자의 본국법에 따라야 한다는 입장이 있지만,[342] 성년 또는 미성년을 불문하고 국제사법 제73조에 의하도록 하는 것이 보다 간명하다.[343]

제 6 절 부양의 준거법

Ⅰ. 의 의

종래 부양의 준거법에 관해서 부부간 부양의무는 혼인의 효력의 문제로서 혼인의 효력의 준거법에 의하고, 이혼한 부부간 부양의무는 이혼의 효력의 문제로서 이혼의 준거법에 의하며, 친자 간 부양의무는 친자관계의 효력의 문제로서 친자관계의 준거법에 의한다는 것이 일반적 입장이었다.[344] 이는 부양의무가 원인

341) 신창선 · 윤남순(주4), 375면; 윤종진(주4), 473면.
342) 김연 · 박정기 · 김인유(주9), 404면.
343) 신창선 · 윤남순(주4), 376면.
344) 윤종진(주4), 474면.

된 법률관계와 밀접한 관련을 갖기 때문에 원인된 법률관계의 준거법이 적용되는 것이 합리적이라는 데 근거한 것이다.

그러나 부양권리자의 생활을 부조한다는 부양의 기능을 고려할 때 이를 신분관계의 일부로 파악하기보다는 재산관계의 일부로 파악하는 것이 보다 타당하며, 부양을 재산관계의 일부로 파악하는 한, 이를 통일적으로 규율하는 것이 보다 합리적이다. 1973년 「부양의무에 적용될 준거법에 관한 헤이그협약」(Hague Convention on the Law Applicable to Maintenance Obligations)은 부양의무에 관하여 통일적 규율방식을 채택하였으며, 우리나라 국제사법도 협약의 입장을 수용해서 제73조에서 부양의무에 대한 통일적 규율을 시도하였다.

II. 준거법의 선택 원칙

과거 각국의 국제사법은 친족 간 부양의무에 관해서는 속인법주의의 입장에서 부양의무자의 본국법을 준거법으로 하였다. 이는 부양의무의 법률관계는 일정한 신분관계에 기해 발생하는 것이므로 다른 신분관계의 문제와 마찬가지로 당사자의 속인법에 따르는 것이 타당할 것이라는 관념에 기초한 것이다.

그러나 부양의 문제는 부양권리자가 현실로 생활하고 있는 사회가 가장 밀접한 관련을 가질 것이므로 부양권리자의 일상거소지법에 따라 규율하는 것이 부양권리자의 실정에 맞는 실효적 보호를 가능하게 할 것이다. 이러한 관점에서 근래의 경향은 부양의 준거법을 당사자의 일상거소지법, 특히 부양권리자의 일상거소지법으로 하고 있다. 예를 들어, 1973년 「부양의무에 적용될 준거법에 관한 헤이그협약」은 이러한 경향을 반영하여 부양의무에 대해서 부양권리자의 일상거소지법주의를 원칙으로 하였다.[345)]

1. 일반원칙

국제사법은 제73조 제1항에서 "부양의 의무는 부양권리자의 일상거소지법에 따른다"고 규정함으로써 부양의 준거법을 원칙적으로 부양권리자의 일상거소지

345) 신창선 · 윤남순(주4), 377면. 독일, 스위스, 이탈리아 및 일본 등도 헤이그협약의 입장을 수용하여 부양의무의 준거법을 부양권리자의 일상거소지법으로 하였다. 석광현(주2), 529면.

법으로 하되, 제73조 제1항 단서에서 "그 법에 따르면 부양권리자가 부양의무자로부터 부양을 받을 수 없을 때에는 당사자의 공통 본국법에 따른다"고 규정함으로써 가능한 한 부양권리자가 부양을 받을 수 있도록 이른바 보정적(補整的) 연결방법을 채택하였다. 이때 "부양을 받을 수 없는 때"는 "법률상 부양을 받을 수 없는 때"를 의미하는 것이지, "의무자의 자력부족 등 사실상 부양을 받을 수 없는 때"를 의미하는 것이 아니다.

국제사법 제73조 제1항 단서의 공통 본국법은 혼인의 효력에 관한 규정인 국제사법 제64조의 동일한 본국법과는 달리 당사자 쌍방이 국적을 가지는 법을 의미한다. 따라서 당사자의 일방 또는 쌍방이 복수의 국적을 가진 경우에 그 국적 중 공통되는 것이 있으면 그 국가의 법이 공통 본국법이 된다.[346]

2. 예 외

(1) 이혼 시의 부양의무

국제사법 제73조 제2항은 "대한민국에서 이혼이 이루어지거나 승인된 경우에 이혼한 당사자 간의 부양의무는 제1항에도 불구하고 그 이혼에 관하여 적용된 법에 따른다"고 규정함으로써 우리나라에서 이혼이 이루어지거나 승인된 경우에 한해서 이혼 시의 부양에 대하여 그 이혼에 관하여 적용된 법에 따르도록 하고 있다. 이는 이혼의 직접적 효과인 신분관계의 해소와 그 이후의 당사자 간의 부양의무가 밀접하게 관련되어 있기 때문이다. 이때 그 이혼에 관하여 적용된 법이란 우리나라 국제사법에 의하여 지정되는 이혼의 준거법이 아니라, 당해 이혼에 실제로 적용된 법을 의미한다.[347]

관련판례 서울가정법원 1996.11.1. 선고 95드27138

미국시민권자가 부(夫)인 우리나라 국민을 피고로 하여 이혼을 원인으로 한 위자료, 재산분할, 양육비 등을 청구하고 그에 대한 반소로서 친권행사자 및 양육자 지정, 면접교섭권 등을 구하는 소가 우리나라 법원에 제기된 경우, 양육비는 부양의무에 관한 사항으로서 섭외사법 제23조[국제사법 제73조 제1항]에 따라 부양의무자인

346) 석광현(주2), 532면.
347) 신창선 · 윤남순(주4), 378면; 상게서, 533면.

피고의 본국법인 우리나라의 법률이 준거법이 된다.

(2) 기타 친족 간의 부양의무

국제사법 제73조 제3항은 "방계혈족 간 또는 인척 간의 부양의무와 관련하여 부양의무자는 부양권리자의 청구에 대하여 당사자의 공통 본국법에 따라 부양의무가 없다는 주장을 할 수 있으며, 그러한 법이 없을 때에는 부양의무자의 일상거소지법에 따라 부양의무가 없다는 주장을 할 수 있다"고 규정하고 있다. 친자 간 또는 부부간 부양의무와는 달리 방계혈족 간 또는 인척 간의 부양의무에 관해서는 이를 부정하는 국가가 있는 등 국가마다 규율 내용이 상이하다. 부양의무자와 부양권리자의 공통 본국법이나 부양의무자의 일상거소지법이 부양의무를 인정하지 않음에도 불구하고, 부양권리자의 일상거소지법을 적용하여 부양의무를 인정한다면, 이는 부양권리자를 지나치게 보호하는 한편 부양의무자의 이익을 소홀히 하는 부당한 결과를 초래할 수 있기 때문에 국제사법 제73조 제3항은 부양의무자에게 당사자의 공통 본국법 또는 그의 일상거소지법에 따라 부양의무가 존재하지 않음을 주장할 수 있도록 허용한 것이다.[348]

(3) 우리나라 법이 적용되는 특례

국제사법 제73조 제4항은 "부양권리자와 부양의무자가 모두 대한민국 국민이고, 부양의무자가 대한민국에 일상거소가 있는 경우에는 대한민국 법에 따른다"고 규정하고 있는바, 이는 부양권리자와 부양의무자가 모두 우리나라 국민이고, 부양의무자가 우리나라에 일상거소를 둔 경우에 당사자의 신뢰와 예측가능성을 위해서 우리나라 법이 적용되도록 한 것이다.[349] 또한 부양권리자와 부양의무자가 모두 우리나라 국민인 경우에는 우리나라가 이들 간 부양관계의 해결에 가장 큰 이해관계를 갖는다고 할 것이다. 이 규정은 우리나라 사람인 부양권리자가 그의 일상거소를 외국에 둔 경우를 상정한 것인바, 이러한 경우에도 외국적 요소가 있다고 해서 국제사법이 적용된다고 할 수 있는지에 대해서 회의적인 입장이 있지만, 부양권리자의 일상거소가 외국에 있는 이상 외국적 요소를 부인할 수는 없다.[350]

348) 석광현(주2), 534면; 윤종진(주4), 477면.
349) 석광현(주2), 534면; 윤종진(주4), 477면.
350) 석광현(주2), 534면.

국제사법 제73조 제4항은 외국에 일상거소를 둔 우리나라 사람이 우리나라에 일상거소를 두고 있는 우리나라 사람에 대하여 부양을 주장하는 것을 제한하는 효과를 갖는다. 왜냐하면 국제사법 제73조 제4항이 없다고 할 때, 이러한 경우에 일반규정인 제73조 제1항이 적용되어 부양권리자의 일상거소지법이 적용될 것이고, 그에 의해 부양권리자가 부양받지 못하는 때에는, 다시 제73조 단서 규정에 의해서 부양권리자와 부양의무자의 공통 본국법인 우리나라 법에 의해 부양을 주장할 수 있을 것이지만, 이제 국제사법 제73조 제4항이 적용되기 때문에 이러한 경우에는 언제나 우리나라 법만이 적용될 것이고, 따라서 부양권리자가 부양받을 수 있는 경우가 축소되었다고 볼 수 있기 때문이다.

3. 반정의 배제

국제사법 제22조 제2항 3호는 부양의무의 준거법과 관련해서 반정을 인정하지 않음을 규정하고 있다. 1973년「부양의무에 적용될 준거법에 관한 헤이그협약」은 협약에 의해서 정해지는 부양의무의 준거법은 실질법임을 명시하고 있는바, 이 규정은 이러한 헤이그협약의 입장을 수용한 것이다.[351)]

Ⅲ. 준거법의 적용범위

국제사법 제73조에 따른 부양의 준거법은 제73조 제2항에 따라 우리나라에서 이혼이 이루어지거나 승인된 경우에 이혼한 부부간의 부양의무에 대해서 그 이혼에 관하여 실제로 적용된 법이 적용되는 경우를 제외하고, 모든 부양의무에 적용된다. 즉 부양의무의 준거법은 성년 또는 미성년에 상관없이 자(子)에 대한 부모의 부양의무 또는 자(子)의 부모에 대한 부양의무, 부부간의 부양의무 또는 형제자매와 부모 이외의 직계혈족 간의 부양의무 등 모든 부양의무에 적용된다.

부양의무의 준거법은 구체적으로 부양의무의 존부, 부양의무자와 부양권리자의 범위, 부양의무발생의 요건, 부양의무의 정도와 방법 또는 부양의무의 존속기간과 소멸 등 부양의무와 관련한 모든 문제에 적용된다.

351) 상게서, 534-535면.

한편 부양의무가 발생하기 위해서는 부양권리자와 부양의무자 간에 혼인관계나 친자관계 등 일정한 친족관계가 존재해야 한다. 이때 부양의무의 전제가 되는 친족관계의 존부를 확정하는 데 적용되어야 할 준거법에 관해서 이를 부양의 준거법에 의할 것이라는 입장과[352] 일반적으로 친족관계의 존부는 부양의무의 선결문제로서 다루어야 할 것이라는 입장이 대립한다.[353] 법논리적으로 본다면, 친족관계의 존부는 부양의무의 선결문제로서 다루어지는 것이 타당하다. 다만, 친족관계의 존부를 부양의무의 선결문제로서 다루는 경우에도 법정지법설이나 본문제 준거법설에 따르는 때에는 친족관계의 존부를 확정하는 데 법정지 국제사법이나 부양의무의 준거법소속국 국제사법의 관련 규정이 적용될 것이지만, 본문제 준거법의 적용을 통해서 선결문제도 해결하도록 하는 실질법설의 입장에 따르는 때에는 부양의무의 준거법이 친족관계의 존부를 결정하는 데 적용될 것이므로 처음부터 친족관계의 존부를 부양의 준거법에 의할 것이라는 입장과 동일한 결론에 이르게 된다.

제 7 절 그 밖의 친족관계의 준거법

국제사법 제74조는 "친족관계의 성립 및 친족관계에서 발생하는 권리의무에 관하여 이 법에 특별한 규정이 없는 경우에는 각 당사자의 본국법에 따른다"고 규정함으로써 친족관계를 규율할 법이 흠결된 경우에 대비한 규정을 두었다. 형제의 관계를 정해야 하거나 친족의 범위를 확정해야 할 필요가 있는 경우가 이에 해당할 것이다.

352) 예를 들어 1973년 「부양의무에 적용될 준거법에 관한 헤이그협약」의 해석과 관련하여 1995년 및 1999년 헤이그국제사법회의 특별위원회는 이 입장을 지지하였다. 상게서, 535면.
353) 윤종진(주4), 478면.

제 8 절 후견의 준거법

I. 준거법의 선택 원칙

후견은 친권에 의하여 보호를 받지 못하는 미성년자나, 정신상의 장애 등으로 인하여 제한된 행위능력을 갖는 성년자에게 신분상 또는 재산상의 보호를 제공하기 위한 제도이다(민법 제928조 내지 제959조의20).[354]

1. 일반원칙

종래에는 후견에 적용될 준거법의 확정에 관해서 후견은 사람의 신분 및 능력에 관한 제도라는 관념에서 본국법주의가 일반적인 입장이었다.[355] 본국법주의를 채용함에 있어서 후견인과 피후견인의 본국이 서로 다른 경우에 그중 어느 본국법에 따를 것인지가 문제되는데, 후견제도가 본질적으로 피후견인을 보호하는 데 그 목적이 있기 때문에 피후견인의 본국법에 따른다고 보는 것이 일반적이다.[356] 그러나 미성년인 자의 보호에 관한 법제가 발전하게 됨에 따라 자(子)의 복지의 견지에서 자의 보호에 행정기관의 관여를 필요로 하는 입법이 증가되었고 이때 행정기관이 그 권한을 행사함에 있어서 당해 국가의 법을 적용하는 것이 일반화되었다. 헤이그국제사법회의는 1961년에 「미성년자의 보호에 관한 관헌(官憲)의 권한 및 준거법에 관한 협약」(Convention Concerning the Powers of Authorities and the Law Applicable in Respect of the Protection of Infants)을 채택하였는데, 협약은 제1조에서 이전 협약이 채용했던 본국법주의를 벗어나 원칙적으로 일상거소지법주의를 채택하였다.[357]

그러나 국제사법 제75조 제1항은 "후견은 피후견인의 본국법에 따른다"고 규정함으로써 본국법주의를 견지하여 후견은 원칙적으로 피후견인의 본국법에 따

354) 신영호 · 김상훈(주221), 225-226면.
355) 신창선 · 윤남순(주4), 379면; 김연 · 박정기 · 김인유(주9), 409면.
356) 신창선 · 윤남순(주4), 379면; 윤종진(주4), 479면; 김연 · 박정기 · 김인유(주9), 409면.
357) 석광현(주2), 541면.

르도록 하였다.

후견에 의한 미성년자의 보호는 일반적으로 친권자에 의한 보호가 행해지지 않는 때에 이루어진다.[358] 따라서 미성년자인 외국인의 신상보호의 문제는 우선 친자 간의 법률관계의 준거법에 관한 규정인 국제사법 제72조에 의하고, 그 준거법상 친권자에 의한 보호가 이루어지지 않는 때에 비로소 후견의 준거법에 관한 규정인 제75조의 적용을 통한 피후견인에 대한 보호를 검토하여야 한다.[359] 미성년자 후견의 경우에 피후견자가 미성년자인지 여부는 선결문제로서 해결되어야 한다.

2. 예 외

국제사법 제75조 제2항은 "법원이 제61조에 따라 성년 또는 미성년자인 외국인의 후견사건에 관한 재판을 하는 때에는 제1항에도 불구하고 다음 각 경우의 어느 하나에 해당하는 경우 우리나라 법에 따른다"고 규정하고 있는바, ① 피후견인의 본국법에 따른 후견개시의 원인이 있더라도 그 후견사무를 수행할 사람이 없거나, 후견사무를 수행할 사람이 있더라도 후견사무를 수행할 수 없는 경우, ② 대한민국에서 후견개시의 심판(임의후견감독인선임 심판을 포함한다)을 하였거나 하는 경우 및 ③ 피후견인의 재산이 대한민국에 있고 피후견인을 보호하여야 할 필요가 있는 경우 등이 그것이다.

국제사법 제75조 제2항 1호의 "후견사무를 수행할 사람이 있더라도 후견사무를 수행할 수 없는 경우"는 후견사무를 행할 자가 어디엔가 있다 하더라도 우리나라에 있지 않아서 그 권능이 우리나라에 있는 피후견인의 보호에 미칠 수 없는 경우에 피후견인을 보호하기 위한 취지를 갖는다. 따라서 후견인이 선임되어 우리나라에서 후견사무를 행할 수 있는 경우에는 우리나라 법에 의한 후견은 종료할 것이다.[360]

국제사법 제75조 제2항 2호에 따라 우리나라에서 외국인에 대해 한정후견 또

358) 우리나라 민법에 따르면 미성년자에 대한 후견은 친권자가 없는 때 또는 친권자가 법률행위의 대리권 및 재산관리권을 갖지 않는 때에 개시한다(민법 제928조).

359) 신창선 · 윤남순(주4), 380면; 윤종진(주4), 480면.

360) 신창선 · 윤남순(주4), 382면.

는 성년후견 선고가 행해진 때에도 피후견인의 본국법주의의 예외로서 후견은 우리나라 법에 따르는데, 이는 한정후견 또는 성년후견 선고의 관할권은 원칙적으로 본국에 있지만, 국제사법 제61조 1항에 따라 우리나라에 거주하는 외국인의 보호를 위하여 일상거소지국인 우리나라에 관할을 인정하고 있으므로 그 보호도 우리나라 법에 따르는 것이 합리적이라는 데 근거한 것이다.

국제사법 제75조 제2항 3호의 "피후견인을 보호하여야 할 필요가 있는 경우"는 외국인 미성년자에게 친권자가 있더라도 일시적으로 우리나라에서 친권을 실효적으로 행사할 수 없거나 또는 피후견인의 본국법에 의하면 후견개시의 원인이 없어 우리나라에 있는 피후견인이 전혀 보호받을 수 없는 상황에 처하게 되는 등의 경우를 의미한다.[361]

II. 준거법의 적용범위

후견의 준거법은 후견의 개시원인, 후견인의 지정과 선임, 피후견인의 재산과 신분에 대한 후견인의 권리와 의무 및 후견의 종료 등 후견에 관한 모든 문제에 적용된다.

후견사무를 행할 자가 있더라도 후견사무를 행할 수 없는 경우에는 국제사법 제75조 제2항 제1호에 따라 우리나라 법에 의해서 후견인이 선임되는데, 이때의 후견은 보충적인 것이기 때문에 외국인의 본국법에 의하여 후견개시의 원인이 소멸하였거나 또는 후견인이 선임되어 우리나라에서 후견사무를 행할 수 있는 경우에는 우리나라 법에 의한 후견은 종료한다.[362]

한편 우리나라에 일상거소 또는 거소를 두고 있는 외국인에 대하여 우리나라 법원이 한정후견 또는 성년후견 선고를 내린 경우에는 국제사법 제75조 제2항 제2호에 따라 우리나라 법에 의하여 후견인이 선임되는데, 이때의 후견은 보충적인 것이 아니기 때문에 그 외국인의 본국법에 의하여 후견개시의 원인이 소멸하였거나 또는 후견인이 선임된 경우라도 우리나라 법에 의한 후견의 종료원인이 없는 한, 우리나라 법에 의한 후견은 계속된다.[363]

---

361) 석광현(주2), 543면.
362) 윤종진(주4), 482면.
363) 상게서, 482면.

제8장

상 속

제 1 절 국제재판관할

1. 상속에 관한 사건의 관할

(1) 일반원칙

국제사법 제76조 제1항은 상속에 관한 사건에 대해서 다음 각 경우 어느 하나에 해당하는 경우 대한민국 법원에 국제재판관할을 인정하는바, 즉 ① 피상속인의 사망 당시 일상거소가 우리나라에 있는 경우(피상속인의 일상거소가 어느 국가에도 없거나 이를 알 수 없고 그의 마지막 일상거소가 대한민국에 있었던 경우에도 또한 같다) 및 ② 대한민국에 상속재산이 있는 경우(다만, 그 상속재산의 가액이 현저하게 적은 경우에는 그러하지 아니하다)가 그것이다.

(2) 관할합의의 제한

국제사법 제76조 제2항은 당사자가 상속에 관한 사건에 대하여 관할합의에 관한 규정인 제8조에 따라 국제재판관할의 합의를 하는 경우에 다음 각 경우 어느 하나에 해당하면 그 합의의 효력을 인정하지 않는바, 즉 ① 당사자가 미성년자이거나 피후견인인 경우(다만, 해당 합의에서 미성년자이거나 피후견인인 당사자에게 법원 외에 외국법원에도 소를 제기하는 것을 허용하는 경우에는 제외한다) 및 ② 합의로 지정된 국가가 사안과 아무런 관련이 없거나 근소한 관련만 있는 경우가 그것이다.

(3) 변론관할의 제한

국제사법 제76조 제3항은 상속에 관한 사건이 다음 각 경우의 어느 하나에 해당하는 경우에는 변론관할에 관한 규정인 제9조를 적용하지 않는다고 규정하고 있는바, 즉 ① 당사자가 미성년자이거나 피후견인인 경우 및 ② 대한민국이 사안과 아무런 관련이 없거나 근소한 관련만 있는 경우가 그것이다.

(4) 조정사건의 관할

국제사법 제76조 제5항은 제1항에 따라 대한민국 법원에 국제재판관할이 있는 사건의 경우에는 그 조정사건에 관하여도 대한민국 법원에 국제재판관할을 인정한다.

2. 유언에 관한 사건의 관할

국제사법 제76조 제4항은 유언에 관한 사건은 ① 유언자의 유언 당시 일상거소가 대한민국에 있거나 ② 유언이 대상이 되는 재산이 대한민국에 있는 경우에 대한민국 법원에 국제재판관할을 인정한다.

주의할 점은 국제사법 제13조는 제76조 제4항이 적용되는 유언에 관한 사건에 대해서는 합의관할이나 변론관할을 인정하지 않는다는 것이다.

제 2 절 상속의 준거법

I. 의 의

상속(succession)은 피상속인의 사망에 의하여 상속인이 피상속인에 속하였던 모든 재산상의 지위를 포괄적으로 승계하는 것이다(민법 제997조 내지 제1059조).[364]

364) 신영호 · 김상훈(주221), 273-274면.

상속의 종류, 상속인의 범위 및 순위, 상속의 승인과 포기 또는 기여분제도와 유류분제도의 인정 여부 등 상속에 관한 법제는 국가 간에 매우 큰 차이가 있고, 따라서 섭외적 요소를 갖는 상속에 있어서 어느 국가의 법을 준거법으로서 규율할 것인지는 중요한 의미를 갖는다.

II. 준거법의 선택 원칙

상속의 준거법에 관한 입법주의로는 상속분할주의와 상속통일주의가 있다. 상속분할주의는 동산상속과 부동산상속을 구별하여, 동산상속은 피상속인의 사망 당시의 주소지법에 따르고, 부동산상속은 부동산소재지법에 따르는 주의이다. 이 주의는 법규분류학파가 최초로 주장한 이래 19세기에 이르기까지 지배적인 원칙이었고, 오늘날에도 미국 등 영미법계 국가를 비롯하여, 프랑스, 벨기에 및 중국 등에서 채용되고 있다.[365] 상속분할주의에 의하는 경우에 부동산이 여러 국가에 소재하는 때에는 각각의 재산의 상속이 각기 다른 준거법에 의하게 되어 권리의무관계가 복잡해지는 단점이 있다.

상속통일주의는 동산상속과 부동산상속을 구별하지 않고, 상속에 관한 문제는 모두 피상속인의 속인법에 따르도록 하는 주의이다. 이 주의는 19세기 중엽에 독일의 국제사법학자인 사비니 등에 의해 주장된 이래 그때까지 일반적으로 행해져 온 상속분할주의를 대신하여 대륙법계 국가에서 널리 채용되었다.[366] 상속통일주의는 상속재산은 그것을 구성하는 개개의 재산에 상관없이, 이를 일체로서의 승계로 파악하는 로마법의 포괄상속의 관념에서 유래하며, 상속은 친족에게 재산상의 지위가 승계되는 것으로 친족관계와 밀접한 관련을 갖기 때문에 친족관계를 일반적으로 규율하는 속인법을 따르는 것이 타당하다는 관념에 그 바탕을 두고 있다.[367] 상속통일주의에 대해서는, 상속의 준거법을 피상속인의 속인법으로 한

---

365) Scoles, Hay, Borchers & Symeonides, *supra* note 19, p.1144. 신창선 · 윤남순(주4), 383면; 윤종진(주4), 484-485면; 김연 · 박정기 · 김인유(주9), 415면.

366) 신창선 · 윤남순(주4), 383-384면; 윤종진(주4), 485면; 김연 · 박정기 · 김인유(주9), 415면. 다만 속인법을 무엇으로 할 것인가에 대해서는 입장이 나뉘어 오늘날 독일, 이탈리아, 네덜란드, 스페인을 비롯한 대다수의 유럽 국가에서는 본국법주의를 취하고 있고, 덴마크와 노르웨이 및 중남미의 대다수 국가는 주소지법주의를 채택하고 있다. 신창선 · 윤남순(주4), 384면.

것은 피상속인 개인 내지 그 가족의 입장을 중심으로 한 것이지만, 상속재산소재지의 이해관계인을 포함한 사회 전체의 입장을 고려할 때 피상속인의 속인법을 준거법으로 하는 것은 타당하지 않다는 비판이 있다.

국제사법 제77조 제1항은 "상속은 사망 당시 피상속인의 본국법에 따른다"고 규정함으로써 상속통일주의 및 본국법주의를 채용하고 있다. 이는 피상속인의 본국법이 신분에 관한 속인법주의와 밀접하게 관련된 전통적인 준거법으로서 갖는 명확성과 고정성에 의해 법적 안정성을 보장하고, 나아가 당사자의 이익에도 부합한다는 데 근거한다.[368]

한편 국제사법은 제77조 제2항에서 독일이나 스위스 등의 입법례[369]와 1989년 「사망에 의한 재산상속에 적용될 준거법에 관한 헤이그협약」(Hague Convention on the Law Applicable to Succession to the Estates of Deceased Persons)의 입장을 수용해서 상속에서도 제한된 범위 내에서 당사자자치의 원칙을 수용하였다. 즉 상속은 신분법적 측면뿐만 아니라 재산의 이전이라는 재산법적 측면도 갖고 있기 때문에 피상속인의 일상거소지나 재산소재지와도 밀접한 관련을 갖고 있는바, 본국법주의를 고수하는 경우에 발생할 수 있는 문제점을 해결하기 위하여 피상속인으로 하여금 상속에 적용될 준거법을 선택할 수 있도록 명시적으로 허용한 것이다.[370] 상속에서의 당사자자치는 피상속인에게 사망 후의 재산관계에 대한 예측가능성을 확보해 주며 또한 부부재산제와 상속을 동일한 준거법으로 규율할 수 있게 하는 장점을 갖는다.[371] 한편 상속의 경우에 당사자자치의 원칙이 허용되는 범위를 제한한 것은 상속에 있어서 준거법의 선택을 광범위하게 인정하는 경우에 유류분권리자 등 이해관계가 있는 제3자의 권리를 침해할 염려가 있고, 또한 이러한 준거법 선택이 외국에서 승인될 것인지 여부가 불분명하기 때문이다.

국제사법 제77조 제2항은 "피상속인이 유언에 적용되는 방식에 의하여 명시적으로 다음 각 호의 어느 하나에 해당하는 법을 지정할 때에는 상속은 제1항에도 불구하고 그 법에 따른다"고 규정하고 있는바, 이 규정에 따르면, 첫째, 지정 당시

367) 신창선 · 윤남순(주4), 384면; 김연 · 박정기 · 김인유(주9), 416-417면.
368) 석광현(주2), 554면.
369) 독일 민법시행법 제25조 및 스위스 국제사법 제90조 및 제91조 참조. 법무부 [해설](주77), 236, 272-273면.
370) 석광현(주2), 556면.
371) 상게서, 557면.

피상속인의 일상거소가 있는 국가의 법이 지정된 경우에 그 법이 상속의 준거법이 된다. 이는 준거법의 선택이 피상속인의 생활의 근거지의 법이 적용되도록 하려는 희망과 필요에 부응하도록 하는 취지를 갖는다.[372] 다만 이때의 지정은 피상속인이 사망 시까지 그 국가에 일상거소를 유지한 경우에 한하여 그 효력이 있다. 둘째, 부동산에 관한 상속에 대하여는 그 부동산의 소재지법이 지정된 경우에 그 법이 상속의 준거법이 된다. 이는 상속과 부부재산제 및 물권의 준거법을 일치시킴으로써 이들이 상이한 경우에 발생할 수 있는 복잡한 법률문제를 회피할 수 있도록 하기 위한 취지를 갖는다.[373] 주의할 점은 준거법 선택의 방식은 피상속인의 유언에 적용되는 방식이어야 한다는 것이다. 따라서 준거법 선택의 방식은 국제사법 제78조 제3항에 따라 정해지는 법에 의한 유언의 방식에 부합해야 한다.

Ⅲ. 준거법의 적용범위

상속의 준거법은 재산상속뿐 아니라 호주상속과 같은 신분상속[374] 등 모든 종류의 상속에 적용된다. 그리고 법정상속만이 아니라, 임의상속, 즉 유언상속에도 적용된다. 주의할 점은 유언에 대해서는 유언에 관한 규정인 국제사법 제78조가 적용될 것이지만, 유언에 의하여 상속재산의 자유로운 처분이 가능한지 여부 및 그 처분범위 등은 상속의 문제로 국제사법 제77조가 적용된다는 것이다.

1. 상속개시의 원인 및 시기

상속의 준거법은 우선 상속개시의 원인 및 그 시기에 적용된다. 예를 들어 실종선고가 상속개시의 원인이 되는지 여부는 실종선고의 준거법이 아니라, 상속의 준거법에 의한다.

---

372) 석광현(주2), 557면.

373) 상게서, 557-558면.

374) 신분상속은 호주 등 일정한 신분을 승계하는 것을 목적으로 하는 상속형태이다. 신영호 · 김상훈(주221), 281면. 우리나라는 2005년 민법 개정(2008년 1월 1일부터 시행)을 통해서 호주제도를 폐지하였다.

2. 상 속 인

상속의 준거법은 상속인이 될 수 있는 자의 범위, 상속인의 상속능력, 상속순위 또는 상속결격사유 등 상속인에 관한 모든 문제에 적용된다. 따라서 태아가 상속능력을 갖는지 여부도 개별적 권리능력의 문제로서 태아의 본국법이 아닌, 상속의 준거법인 피상속인의 본국법에 따른다.[375)]

상속인이 되기 위한 요건으로서 피상속인과 친자관계, 혼인관계 또는 친족관계가 있는지 여부는 선결문제로서 해결되어야 할 것이다.

3. 상속재산

상속의 준거법은 상속재산의 구성과[376)] 그 이전[377)] 등 상속재산에 관한 모든 문제에 적용된다. 그러나 피상속인의 재산을 구성하는 특정한 권리 또는 의무가 그 권리 또는 의무의 준거법에 의할 때 상속의 대상이 되지 않는 때에는 이들 개별재산은 상속재산에서 제외된다.[378)] 왜냐하면 개별준거법은 총괄준거법에 우선하기 때문이다.

또한 상속재산관리인의 선임이나 그 직무권한의 문제 등도 상속의 문제로서 상속의 준거법에 의한다.[379)]

4. 상속의 승인 및 포기

상속의 준거법은 상속의 승인 및 포기에 적용된다. 이와 관련하여 피상속인의 본국법이 상속의 포기나 한정승인 등을 인정하지 않는 경우에도 상속인의 본국법이 이것을 인정하는 때에는 상속인이 상속의 포기나 한정승인을 할 수 있는

---

375) 신창선 · 윤남순(주4), 386면.

376) 상속재산이 피상속인의 어떠한 권리의무로부터 성립한 것인지에 관한 문제이다.

377) 상속재산이 어떠한 과정을 거쳐 어떻게 상속인에게 이전하는지에 관한 문제이다.

378) 신창선 · 윤남순(주4), 386면; 윤종진(주4), 488면; 김연 · 박정기 · 김인유(주9), 420-421면.

379) 영미법계 국가는 일반적으로 상속재산의 관리 · 청산과 잔여재산의 분배 · 이전을 구별해서, 전자는 재산관리지법에 의하고 후자만이 상속준거법에 의하도록 한다. 그러나 우리나라 국제사법에서는 양자 모두 상속의 문제로서 상속의 준거법에 따라야 한다. 신창선 · 윤남순(주4), 386면.

지가 문제된다. 이에 대해서 피상속인의 본국법이 상속포기나 한정승인을 인정하지 않는 경우에는 상속포기나 한정승인은 불가능하다고 보아야 한다는 것이 일반적인 입장인바,380) 국제사법 제77조 제1항의 해석상 이러한 입장이 타당하다고 할 것이다. 그러나 상속인에게 자기의 본국법에 따라 부과되지 않는 의무를 부담하도록 하는 것이 부당하다는 점을 고려하면,381) 피상속인의 준거법에 따라 상속인에게 상속을 강요하는 것은 우리나라에서 공서위반의 문제를 야기할 것이다.

5. 상속분, 기여분 및 유류분

상속의 준거법은 모든 상속재산 중에서 개념적 · 분량적 일부를 의미하는 상속분,382) 공동상속인 중에서 피상속인의 재산의 유지 또는 증가에 관하여 특별히 기여하였거나 피상속인을 특별히 부양한 자가 있을 경우에 이를 상속분에 고려하는 기여분제도383) 및 상속인에게 피상속인의 재산의 일정한 비율을 확보해주는 유류분제도384) 등에 적용된다.385)

6. 상속인이 없는 경우의 재산귀속

상속이 개시되어 상속의 준거법을 적용한 결과, 상속인이 존재하지 않는 것으로 판명된 경우에 그 상속재산을 어떻게 처리할 것인지가 문제된다. 이러한 경우에 그 상속재산이 국고 또는 공공기관에 귀속되어야 한다는 점에 대해서는 대부분의 국가에서 일반적으로 인정되고 있다. 그러나 그 국고귀속의 성질에 관해서는 입장이 나뉘어, 국가가 최종적인 법정상속인으로서 상속한다는 상속권설 또는 상속주의와 무주의 재산에 대한 국가의 영토주권의 작용에 의하여 국가가 그 재산을 취득한다는 선점권설 또는 선점주의의 대립이 있다. 이에 따라 국제사법

380) 상게서, 387면; 윤종진(주4), 488면; 김연 · 박정기 · 김인유(주9), 421면.
381) 우리나라 민법은 상속인의 보호를 위하여 상속인에 의한 상속의 포기를 허용한다(민법 제1019조). 신영호 · 김상훈(주221), 425-426면.
382) 상게서, 368면.
383) 상게서, 398면.
384) 상게서, 473-474면.
385) 김연 · 박정기 · 김인유(주9), 421면.

상으로도 상속인의 부존재 시 재산의 국고귀속에 관한 문제는 상속의 문제로서 국제사법 제77조에 의해 피상속인의 본국법에 따라야 한다는 상속설과 이것을 무주재산에 대한 국가의 영토주권의 작용으로 해석하여 재산소재지법에 따라야 한다는 선점설 또는 재산소재지법설이 대립하고 있다.

상속설은 상속인이 없는 재산의 국고귀속은 상속재산에 관한 문제이므로 원칙적으로 상속의 준거법인 피상속인의 본국법에 따라야만 한다고 주장한다.

선점설은 피상속인과 친족관계 기타 특별한 관계에 있는 자에게 상속재산을 승계시키는 경우에 피상속인의 속인법인 본국법에 따르도록 한 것은 타당하지만, 그러한 자가 존재하지 않아서 상속재산을 국고에 귀속시키는 경우에도 피상속인의 속인법이 규율하도록 할 이유는 없기 때문에 속지법인 재산소재지법에 따라야 한다고 주장한다. 이 입장이 우리나라에서의 지배적 입장이다.[386)]

상속은 친족관계 등 피상속인과 특별한 관계를 갖는 자에게로의 재산의 승계를 의미하는바, 국고 등에게로의 재산의 귀속과는 성질을 달리한다고 보아야 할 것이므로 선점설이 타당하다. 또한 상속설에 의하는 경우에는 상속인이 없는 재산의 국고귀속에 관하여, 실질법상 상속권설을 취하는 나라와 선점권설을 취하는 국가가 있기 때문에, 피상속인의 본국과 재산소재지국이 그중 어느 입장을 취하는가에 따라 해결이 다르며, 경우에 따라서는 복잡한 문제를 발생할 수 있다는 점 등을 고려할 때에도 선점설이 타당하다.[387)]

제 3 절 유언의 준거법

I. 의 의

유언은 유언자가 그의 사망과 동시에 일정한 법률효과를 발생시킬 것을 목적

---

386) 신창선 · 윤남순(주4), 388면; 윤종진(주4), 489면; 김연 · 박정기 · 김인유(주9), 422면.

387) 선점설의 법적 근거를 국제사법 제33조에서 구하는 것은 상속인이 없는 재산에는 채권 등 물권 이외의 재산도 있기 때문에 타당하지 않다. 선점설은 재산소재지국의 공익보호를 위하여 국제사법상 특히 재산소재지법에 따르도록 한다는 조리에 기한 것으로 보는 것이 타당하다. 신창선 · 윤남순(주4), 388면; 김연 · 박정기 · 김인유(주9), 422-423면.

으로 일정한 방식에 따라서 하는 단독행위이다(민법 제1060조 내지 제1111조).[388]

유언은 하나의 법률행위로서 그 성립 및 효력의 준거법이 문제되지만, 유언의 성립 및 효력에 있어서는 다른 법률행위에 있어서와 달리 두 가지의 문제가 구분되어서 논의되어야 하는데, 그 하나는 의사표시의 한 형식으로서의 유언 자체의 성립 및 효력의 문제이고, 다른 하나는 유언이라는 의사표시를 통해서 당사자가 실현하고자 하는 법률행위, 즉 인지나 후견인의 지정 또는 유증 등의 성립 및 효력의 문제이다.[389]

유언 자체의 성립 및 효력의 준거법은 그 실질적 내용인 법률행위의 내용에 상관없이 일률적으로 정해지지만, 유언을 통해 당사자가 실현하고자 하는 법률행위의 준거법은 각 법률행위에 적용될 국제사법 규정에 의해 정해져야 한다.

II. 유언의 실질적 성립요건과 효력

국제사법 제78조 제1항은 "유언은 유언 당시 유언자의 본국법에 따른다"고 규정함으로써 본국법주의 및 불변경주의를 채택하고 있다. 이때 불변경주의를 채택하였다는 것은 유언자가 유언을 한 후에 국적을 변경한 때에도 유언 당시의 본국법이 준거법이 된다는 것을 의미한다.[390] 주의할 점은 국제사법은 종전의 유언의 성립 및 효력이라는 문언 대신에 단순히 유언이라는 문언을 사용하고 있지만, 이것이 곧 국제사법 제78조 제1항이 의사표시의 한 형식으로서의 유언 자체의 성립 및 효력에 국한할 뿐, 유언이라는 의사표시를 통해서 당사자가 실현하고자 하는 법률행위의 성립 및 효력에도 적용될 것을 의도한 것으로 이해되어서는 안 된다는 것이다.[391] 즉 국제사법 제78조 제1항은 여전히 유언 자체의 성립 및 효력에만 적용되고, 유언을 통해 실현하고자 하는 법률행위에 적용될 준거법의 확정에는 각각의 법률행위의 준거법에 관한 규정이 적용된다. 따라서 국제사법 제78조

---

388) 신영호 · 김상훈(주221), 437면.

389) 신창선 · 윤남순(주4), 391면; 윤종진(주4), 490면.

390) 참고로 미국에서는 유언의 성립이나 효력 또는 사망한 자의 재산의 집행 등에 대해서 사망자가 사망 당시에 거주하던 주의 법이 적용된다는 것이 일반적 입장이다. Scoles, Hay, Borchers & Symeonides, *supra* note 19, p.1165. 그러나 사망한 자의 부동산의 처분에 대해서는 부동산의 소재지법이 우선해서 적용된다. *Ibid.*, pp.1168-1169.

391) 신창선 · 윤남순(주4), 392면; 석광현(주2), 561면.

제1항은 유언능력이나 유언의 의사표시의 하자 등 유언의 성립에 관한 문제와 의사표시로서의 유언의 구속력이나 효력발생의 시기 등 유언의 효력에 관한 문제에만 적용되며,[392] 유언의 실질적 내용을 이루는 인지나 후견인의 지정 또는 유증 등에 대하여는 각각 국제사법 제68조 제2항, 제75조 및 제77조 제2항 등에 의한다.[393]

Ⅲ. 유언의 방식

유언의 방식은 법률행위의 방식의 문제로서 원칙적으로 법률행위의 방식에 관한 규정인 국제사법 제31조가 적용될 것이지만, 국제사법 제78조 제3항은 유언의 방식에 관하여 특칙을 두어서 유언의 방식의 준거법을 복수로 규정함으로써 가능한 한 유언이 유효하게 되도록 배려하였다. 즉 국제사법 제78조 제3항은 "유언의 방식은 다음 각호 중 어느 하나의 법에 따른다"고 규정한 후에 유언의 방식의 준거법으로서 ① 유언자가 유언 당시 또는 사망 당시 국적을 가지는 국가의 법, ② 유언자의 유언 당시 또는 사망 당시 일상거소지법, ③ 유언 당시 행위지법 및 ④ 부동산에 관한 유언의 방식에 대하여는 그 부동산의 소재지법 등을 열거하고 있다.[394] 이때 "부동산에 관한"은 오직 물권적 효과를 낳는 경우에 한하지 않고, 채권적 효과를 낳는 경우도 포함하는 것으로 보아야 한다.

Ⅳ. 유언의 변경 또는 철회

국제사법 제78조 제2항은 "유언의 변경 또는 철회는 그 당시 유언자의 본국법에 따른다"고 규정하고 있다. 따라서 유언의 변경과 철회에 관한 모든 문제, 즉 철회능력, 철회의 방식, 철회의사의 하자, 철회의 효과, 철회의 효력발생시기 등은 변경 또는 철회 당시 유언자의 본국법에 의한다. 주의할 점은 유언의 철회는 이미 유효하게 성립한 유언을 임의로 철회하는 것을 의미하기 때문에 유언의사의

392) 신창선 · 윤남순(주4), 392면; 윤종진(주4), 491면.

393) 신창선 · 윤남순(주4), 392면.

394) 즉 국제사법은 1961년 「유언에 의한 처분의 방식과 관련한 법의 충돌에 관한 헤이그협약」(Hague Convention on the Conflicts of Laws Relating to the Form of Testamentary Dispositions)의 입장과 마찬가지로 준거법을 넓게 인정함으로써 가능한 한, 유언이 방식상 유효하도록 "유언에 유리하게"(*favor testamenti*)의 원칙을 채택한 것이다. 석광현(주2), 378면.

하자로 인하여 취소되는 경우는 포함하지 않는다는 것이다.[395]

유언과 관련하여 흔히 제기되는 문제는 이미 행하여진 유언과 모순되는 유언이 나중에 행하여진 경우에 이미 행해진 유언이 철회된 것으로 보아야 하는지이다. 이는 유언의 실질적 내용을 구성하는 법률행위와 보다 밀접한 관련을 갖는 문제이기 때문에 유언의 준거법에 의하지 않고 유언의 실질적 내용을 이루는 법률관계의 준거법에 따라야 할 것이다.[396] 따라서 유언이 유증에 관한 것이라고 한다면, 이미 행해진 유언의 내용과 후에 행해진 유언이 다른 때에 어떻게 할 것인지는 상속의 준거법을 규율하는 국제사법 제77조에 의해야 한다.

---

395) 윤종진(주4), 493면; 김연 · 박정기 · 김인유(주9), 425면.
396) 신창선 · 윤남순(주4), 393면; 윤종진(주4), 493면.

제9장

어음·수표

오늘날 섭외적 요소 또는 외국적 요소를 갖는 분쟁은 국제상거래 분야에서 많이 발생한다. 여느 섭외적 사안과 마찬가지로 국제상거래 분야에서 발생하는 분쟁의 경우에도 당해 분쟁에 관한 소송을 어느 국가의 법원이 담당하는지에 관한 문제나 당해 분쟁에 어느 국가의 법이 적용되는지에 관한 문제, 즉 국제재판관할이나 준거법의 확정에 관한 문제는 중요한 의미를 갖는다.

오늘날 국제상거래가 비약적으로 확대되고, 국제상거래의 일관된 규율의 요청에 따라 각 국가가 자국의 상사법에 국제상사법원칙을 적극적으로 수용함에 따라 각국의 상사법은 많은 영역에서 통일된 내용을 갖게 되었다. 또한 UN국제거래법위원회(UNCITRAL) 등 관련 국제기구의 주도하에 사법분야에서 「국제물품매매계약에 관한 UN협약」 등 통일법의 제정이 활발하게 진행되고 있는 점도 상사법의 국제적 통일을 더욱 촉진하고 있다. 이 때문에 국제사법은 민사분야에 비해 상사분야에서는 보다 제한된 역할을 한다고 할 수 있다.

또한 국제상거래에서 논의되는 많은 법적 문제들이 상사법 고유의 문제로 파악되기보다는 민사법상의 문제로 파악될 수 있는 경우가 많다는 점도 상사법 분야에 대한 국제사법의 상세한 규율을 불필요하게 하는 한 이유이다. 예를 들어 국제상거래에서 중요한 역할을 하는 국제계약은 계약의 문제로서 논의될 수 있는 것이고, 다국적기업은 법인의 문제로서 논의될 수 있는 것이다.

이러한 이유에서 국제사법은 국제상사법 분야와 관련해서 민사법 분야에서 논의되지 않는 분야, 즉 국제어음·수표와 국제해상 분야에 대해서만 별도의 규정을 두고 있다. 국제사법이 어음·수표에 관한 준거법 규정을 둔 이유는 대부분의 대륙법계 국가들이 제네바협약에 근거하여 실질법인 어음법과 수표법에서 준거법에 관한 별도의 규정을 두고 있는 데 반해서, 우리나라 어음법·수표법은 이에 관한 규정을 두고 있지 않기 때문에 별도로 이에 관한 규정을 두는 것이 필요했기 때문이다. 또는 국제사법은 최근 개정을 통해서 어음·수표에 관한 소의 관할에 관한 규정을 추가하였다.

제 1 절 국제재판관할

국제사법 제79조는 어음·수표에 관한 소에 대해서 어음·수표의 지급지가 대한민국에 있는 경우에 대한민국 법원에 국제재판관할을 인정한다.

제 2 절 준거법

Ⅰ. 의 의

오늘날 어음이나 수표는 현금을 대신하여 송금 및 지급기능을 담당하기 때문에 국제거래에서 매우 중요한 기능을 한다.[397] 국제거래에서 결제수단으로 어음이나 수표가 사용되는 경우에 그 발행, 배서 또는 지급 등 일련의 어음·수표행위가 서로 다른 국가에서 일어나는 경우가 대부분이다. 따라서 발행지, 배서지 또는 지급지 등이 서로 다른 경우에 문제의 어음이나 수표와 관련한 법적 문제를 어느 국가의 법에 따라 해결할 것인지의 문제가 발생한다.

모든 섭외적 사안의 해결에 있어서 가장 바람직한 것은 이들 섭외적 사안에 통일적으로 적용되는 통일법이 존재하는 것이다. 그런데 어음이나 수표의 거래를 규율하는 어음·수표법은 다분히 기술적이며 합목적성을 지향하는 법이기 때문에 국제적으로 그 통일이 가능한 분야일 뿐만 아니라, 다양한 노력을 통해서 실제

397) 이기수·최병규, 『어음·수표법[제8판]』(박영사, 2015), 3면.

로도 그 통일의 성과를 보이고 있다. 1930년 「환어음 및 약속어음에 관한 법의 충돌의 해결을 위한 제네바협약」(Convention for the Settlement of Certain Conflicts of Law in connection with Bills of Exchange and Promissory Notes)과 1931년 「수표에 관한 법의 충돌의 해결을 위한 제네바협약」(Convention for the Settlement of Certain Conflicts of Laws in connection with Cheques) 및 1988년 UNCITRAL이 제정한 「국제환어음 및 국제약속어음에 관한 UN협약」(United Nations Convention on International Bills of Exchange and International Promissory Notes) 등이 그 구체적 예이다. 그러나 이들 통일법은 이를 채택한 국가가 소수에 불과하고, 어음·수표에 관한 사항을 포괄적으로 규정하고 있지 않아서 각 국가의 관련 국내법에 의해 보충되어야 할 뿐 아니라 그 해석에 있어서도 각국 간에 차이가 있어서 통일법으로서의 기능이 충분히 발휘되지 못하고 있다.[398] 따라서 이러한 통일법의 존재에도 불구하고, 어음과 수표와 관련하여 섭외적 사안 또는 법률문제의 해결을 위해서 적용될 준거법을 정하는 과정이 필요하고, 따라서 국제사법적 해결이 여전히 요청되는 것이다.

이러한 사정을 고려해서 국제사법은 제80조 내지 제88조에서 어음 및 수표관계에 적용될 준거법에 관한 규정을 두고 있다.

II. 어음·수표행위능력

1. 준거법 선택의 원칙

어음·수표행위능력의 준거법에 관해서는 어음·수표상의 행위능력을 행위능력에 관한 문제로 파악하여 본국법을 준거법으로 보는 입장, 어음·수표상의 행위능력에 대해서 일반적 행위능력과는 달리 행위지의 거래안전 보호의 요청이 크기 때문에 행위지법을 준거법으로 해야 할 것이라는 입장 및 어음·수표상의 행위능력에 대해서 원칙적으로 본국법을 준거법으로 하되, 예외적으로 본국법에 따라 제한능력자일지라도 행위지법에 따라 능력자인 경우에는 행위지법에 의한다는 입장 등이 있다.[399]

---

398) 신창선·윤남순(주4), 396면; 윤종진(주4), 514면.
399) 윤종진(주4), 515면; 김연·박정기·김인유(주9), 445면.

국제사법 제80조 제1항은 "환어음, 약속어음 및 수표에 의하여 채무를 부담하는 자의 능력은 그의 본국법에 따른다"고 규정함으로써 원칙적으로 행위능력에 관한 일반규정인 국제사법 제28조와 마찬가지로 본국법주의를 선택하였다.

2. 예 외

(1) 행위지법주의

국제사법 제80조 제2항은 "제1항에 따르면 능력이 없는 자라 할지라도 다른 국가에서 서명을 하고 그 국가의 법에 따라 능력이 있을 때에는 그 채무를 부담할 수 있는 능력이 있는 것으로 본다"고 규정함으로써 예외적으로 본국법에 의하여 제한능력자일지라도 서명지법에 의하여 능력자인 경우에는 그의 어음 · 수표행위에 기한 책임을 지도록 하였다. 이는 서명지, 즉 행위지의 거래의 안전을 보호하기 위한 것이다. 주의할 점은 제한능력자의 법률행위에 대해서 예외적으로 행위지법의 적용을 규정하고 있는 국제사법 제29조 제1항은 법률행위자와 그 상대방이 법률행위의 성립 당시에 동일한 국가 내에 있을 것을 요구하는 반면, 제80조 제2항은 이를 요구하지 않는다는 것이다.

(2) 전정의 허용

국제사법 제80조 제1항 단서는 "그 국가의 법이 다른 국가의 법에 따르도록 정한 경우에는 그 다른 국가의 법에 따른다"고 규정함으로써 어음 · 수표행위능력에 관해서는 예외적으로 반정 중에서 전정(轉定)까지 인정하고 있다. 전정을 인정한 취지는 국제적 조화의 실현을 위한 것이다. 즉, 영미법계 국가의 다수가 제네바협약에 가입하지 않고 있고, 또한 이들 국가의 다수가 어음능력에 대해 본국법주의를 채용하고 있지 않은 점을 고려하여 전정을 인정함으로써 당해 국가들이 지정하는 것과 동일한 준거법의 지정을 확보하기 위한 것이다.

이 규정은 반정에 관한 일반규정인 국제사법 제22조가 협의의 반정만을 인정하는 데 대한 예외규정이다.

Ⅲ. 수표지급인의 자격

어음의 경우에는 지급인의 자격에 제한이 없으나, 수표의 경우에는 지급인을 은행에 제한할 것인지 여부에 관해서 국가마다 입장이 다르다. 예를 들어 우리나라 수표법은 지급인을 은행에 한정하고 있다(수표법 제3조).

국제사법 제81조 제1항은 "수표지급인이 될 수 있는 자의 자격은 지급지법에 따른다"고 규정함으로써 누가 수표의 지급인이 될 수 있는지 또는 그에 위반한 경우에 효력은 어떻게 되는지 등의 문제의 해결을 수표지급인의 본국법이 아닌, 지급지법에 의하도록 하였다. 그러나 국제사법 제81조 제2항은 "지급지법에 따르면 지급인이 될 수 없는 자를 지급인으로 하여 수표가 무효인 경우에도 동일한 규정이 없는 다른 국가에서 한 서명으로부터 생긴 채무의 효력에는 영향을 미치지 아니한다"고 규정하고 있다. 즉 문면상 무효인 수표에 배서나 보증 등 수표행위를 한 경우에 원래 이들 수표행위 자체는 아무런 효력을 갖지 않는 것이지만, 수표소지인이 수표의 발행인이나 배서인 등에 대해 갖는 상환청구의 이익을 고려하여 예외적으로 다른 국가에서 한 수표행위의 효력을 인정한 것이다.

Ⅳ. 어음 · 수표행위의 방식

1. 준거법 선택의 원칙

어음 · 수표행위의 방식에 관해서는 채무이행지법에 의하여야 한다는 입장, 서명지 등 행위지법에 의하여야 한다는 입장 및 양 주의를 절충한 입장 등이 있다.[400]

국제사법 제82조 제1항은 어음 · 수표행위 당사자 및 제3자의 예견가능성을 고려하여 "환어음 · 약속어음의 어음행위 및 수표행위의 방식은 서명지법에 따른다"고 규정함으써 원칙적으로 이들 행위의 방식에 대해서 행위지법이 준거법으로 적용되도록 하였다. 이때 서명지는 어음 또는 수표의 교부지나 어음 또는 수표면상 서명지라고 기재된 장소가 아니라 실제로 서명이 이루어진 장소를 의미한다.[401] 실제로 서명이 이루어진 장소를 확정할 수 없을 때에는 어음 또는 수표면상 서명지가 실제로 서명이 이루어진 장소로 추정될 것이다.[402]

400) 윤종진(주4), 517면; 김연 · 박정기 · 김인유(주9), 447면.
401) 석광현(주2), 567면; 김연 · 박정기 · 김인유(주9), 447면.
402) 윤종진(주4), 517면; 김연 · 박정기 · 김인유(주9), 447면.

한편 국제사법 제82조 제1항 단서는 "수표행위의 방식은 지급지법에 따를 수 있다"고 규정함으로써 수표행위의 방식에 대해서는 서명지법뿐 아니라 지급지법, 즉 채무이행지법도 준거법으로 적용되도록 하였다. 지급지법의 선택적 적용을 인정한 이유는 수표의 경우에는 지급은행이 지급지법에 준거해서 작성한 수표용지를 예금자에게 교부하고, 그에 따라 수표의 발행이 이루어지는 것이 통상이기 때문에 지급지법이 준거법이 될 수 있다면 지급은행으로서는 수표가 발행지법 또는 서명지법에 따라 유효한 방식으로 발행, 배서 또는 교부되었는지 여부를 조사할 필요가 없다고 하는 지급은행의 조사의 편의를 위한 것이다.

2. 예 외

(1) 어음 · 수표의 독립성

국제사법 제82조 제2항은 "제1항에서 정한 법에 따를 때 행위가 무효인 경우에도 그 후 행위지법에 따라 행위가 적법한 때에는 그 전 행위의 무효는 그 후 행위의 효력에 영향을 미치지 아니한다"고 규정하고 있다. 즉 이 규정은 국제사법 제82조 제1항의 행위지법주의에 대한 예외규정으로 원칙적으로 앞의 행위가 그 행위지법에 따른 방식으로 행해지지 않아서 무효로 된 경우에 선행행위의 무효는 후행행위의 효력에 영향을 미칠 것이지만, 그 선행행위가 후행행위의 행위지법에 따라 적법한 때에는 선행행위의 무효가 후행행위의 효력에 영향을 미치지 않도록 함으로써 어음 · 수표의 유통을 보호하는 취지를 갖는다. 이때 그 후행행위가 그 행위지법에 따라 유효해야 할 것은 물론이다. 또한 선행행위가 후행행위의 행위지법에 의하여 적법하다고 해서 그 선행행위 자체가 유효한 것으로 되는 것은 아니다.

(2) 우리나라 국민 간의 어음 · 수표행위의 보호

국제사법 제82조 제3항은 "대한민국 국민이 외국에서 한 환어음 · 약속어음의 어음행위 및 수표행위의 방식이 행위지법에 따르면 무효인 경우에도 대한민국 법에 따라 적법한 때에는 다른 대한민국 국민에 대하여 효력이 있다"고 규정하고 있는바, 우리나라 국민 간 어음 · 수표행위에 대해서는 행위지법주의에 대한 예외를 인정함으로써 외국에서의 우리나라 국민 간 어음 · 수표거래를 용이하게 하였다. 이 규정이 문언상 어음 · 수표행위가 "우리나라 국민 간 행해질 것"을 요건으로 하고 있지는 않으므로 우리나라 국민이 외국에서 어음 · 수표행위를 한 것으로 충분하고, 거래의 직접 상대방이 우리나라 국민이 아닌 경우에도 나중에 어음 · 수표관계자로 된 자가 우리나라 국민인 한, 외국에서 있은 우리나라 국민의 어음 · 수표행위는 나중의 어음 · 수표관계자인 우리나라 국민에 대해서 유효하다고 할 것이다.

Ⅴ. 어음 · 수표행위의 효력

1. 준거법 선택의 원칙

어음 · 수표행위의 효력에 관하여는 당사자자치의 원칙에 의하여 그 준거법을 정해야 한다는 입장, 어음 · 수표의 발행행위가 모든 어음 · 수표행위의 기초라는 점에서 어음 · 수표행위의 효력은 발행지법에 의한다는 입장, 어음 · 수표행위의 본질은 지급에 있다는 근거에서 지급지법에 의한다는 입장, 어음 · 수표행위의 독립성의 근거에서 각 어음 · 수표행위의 효력은 행위지법, 즉 서명지법에 의한다는 입장 및 주채무자에 대해서는 지급지법 또는 서명지법에 의하고, 기타 채무자에 대해서는 서명지법에 의한다는 입장 등이 있다.[403]

국제사법 제83조 제1항은 "환어음의 인수인과 약속어음의 발행인의 채무는 지급지법에 따르고, 수표로부터 생긴 채무는 서명지법에 따른다"고 규정함으로써 어음의 주채무자의 채무에 대해서 지급지법주의를 취했다. 지급지법주의를 채용한 이유는 ① 어음의 주채무자에 대해서 채권적 법률행위 일반에 관한 이행지법주의가 어음채무에도 타당하다는 제네바협약의 입장, ② 어음에 기재된 지급지의 법률에 의해 어음상 의무를 부담한다는 어음행위자의 정형적 의사가 인정된다는 점 및 ③ 어음행위 자체에 지급지가 객관적으로 나타난다는 점 등을 고려한 것이다. 한편 수표의 경우에는 수표행위독립의 원칙상 모든 수표행위자가 주채무자이기 때문에 각각의 수표행위에 대해서 각각의 서명지법에 의하기로 한 것이다.

국제사법 제83조 제2항은 "제1항에 규정된 자 외의 자의 환어음 · 약속어음에 의한 채무는 서명지법에 따른다"고 규정함으로써 어음의 배서인, 보증인, 참가

---

403) 윤종진(주4), 518면; 김연 · 박정기 · 김인유(주9), 449면.

인수인 또는 환어음의 발행인 등 종된 채무자의 채무에 대해서는 서명지법주의를 취했다. 종된 채무에 있어서 서명지법주의를 채용한 이유는 종된 채무에 있어서는 어음상 종된 채무를 어디서 이행하겠다는 이행지의 기재가 없기 때문에 이행지법주의를 취할 수 없다는 점, 서명지법은 당사자 쌍방이 바로 알 수 있는 법률이라는 점, 어음행위의 방식이 서명지법에 의하므로 효력에 있어서도 같은 법에 의하는 것이 당사자의 정형적 의사를 인정한 것이 된다는 점을 고려한 것이다.

관련판례 대법원 2000.6.9. 선고 98다35037

신용장 거래에 부수하여 이루어지는 환어음 인수인의 어음법상 의무에 관한 준거법이 환어음 지급지 소재지인 중국의 법이지만 환어음이 지급제시되고 인수될 당시 중국에 어음관계를 규율하는 법이 존재하지 않았던 경우, 그 후 시행된 중국의 어음수표법을 유추적용하는 것이 조리에 부합한다.

다른 신용장 대금을 지급받는 것을 조건으로 신용장 조건에 합치하는 환어음이 제시되면 이를 인수하고 만기에 지급한다는 취지의 신용장 특수조건이 신용장 첨부서류에 의하여 조건의 성취 여부를 판정할 수 없는 비서류적 조건에 해당하지만 유효하다고 보고, 따라서 개설은행이 매입은행으로부터 환어음과 선적서류들을 송부 · 제시받고 위 특수조건과 동일한 내용을 통지한 것을 가지고 신용장 서류 전체의 접수를 거절한 것으로 볼 수 없다.

제4차 신용장통일규칙 제16조 이(e)항에서, 신용장 개설은행이 제시된 서류의 불일치를 이유로 서류의 수리를 거절하고자 하는 경우에 지체 없이 제시인에게 그 불일치 사항을 통지하고 서류를 반송하는 등의 조치를 취하지 아니하면 개설은행은 그 서류가 신용장의 조건과 일치하지 않는다는 주장을 할 수 있는 권리를 상실한다고 규정한 취지는, 신용장 제시 서류에 불일치가 있다 하여도 개설은행이 제시인에게 이를 통지하는 등의 조치를 취하지 아니하면 개설은행은 그 불일치를 주장하지 못하고 원래의 신용장 조건에 따른 대금지급의무를 부담한다는 것에 불과하지, 그 불일치 사항의 통지가 없다고 하여 신용장 수익자나 그 이후의 신용장 매입은행으로 하여금 종전에 없었던 새로운 권리를 취득하게 하는 것은 아니다.

2. 예 외

국제사법 제83조 제3항은 "환어음, 약속어음 및 수표의 상환청구권을 행사하는 기간은 모든 서명자에 대하여 발행지법에 따른다"고 규정함으로써 소구기간에 대해서는 모든 서명자에 대해서 발행지법을 준거법으로 하였다. 서로 다른 국가에서 유통된 어음의 소지인이 배서인에게 소구하는 경우에 서명지가 서로 다를 것인바, 이 때문에 소지인의 소구권과 배서인의 재소구권이 서로 다른 법에 의한다고 하면, 배서인이 소구기간의 도과로 재소구를 할 수 없는데도 불구하고 소지인의 소구권 행사에 응해야 하는 등 불합리한 결과가 발생하는바, 이 규정은 그러한 결과를 방지하기 위한 취지를 갖는다.[404]

VI. 어음 · 수표에 관한 기타 사항

1. 어음의 원인채권의 취득 여부

국제사법 제84조는 "어음의 소지인이 그 발행의 원인이 되는 채권을 취득하는지 여부는 어음의 발행지법에 따른다"고 규정함으로써 원인채권의 취득 여부를 어음의 발행지법에 의하도록 하였다. 왜냐하면 어음의 소지인이 그 어음의 발행의 원인이 되는 채권을 취득하는지 여부는 어음의 배후에 있는 원인관계 또는 실질관계에 속하는 문제이므로 그와 밀접한 관련을 갖는 발행지법에 의하는 것이 타당하기 때문이다. 따라서 환어음의 발행인이 만기에 어음자금을 제공할 의무를 부담하는지 여부나 환어음의 소지인이 해당 자금에 대해서 특별한 권리를 갖는지 여부 등은 모두 어음의 발행지법에 의하는 것이다.

주의할 것은 국제사법 제84조의 '발행의 원인이 되는 채권'을 매매대금의 지급을 위해서 어음을 발행한 경우에 매매대금청구권을 의미하는 것으로 새겨서는 안 된다는 점이다. 이때 매매대금청구권의 취득 여부는 당연히 어음의 발행지법이 아니라 매매계약의 준거법에 의할 것이다.

2. 일부인수 및 일부지급

국제사법 제85조 제1항은 "환어음의 인수를 어음 금액의 일부로 제한할 수

---

404) 윤종진(주4), 519면.

있는지 여부 및 소지인이 일부지급을 수락할 의무가 있는지 여부는 지급지법에 따른다"고 규정하고, 제85조 제2항은 "약속어음의 지급에 관하여는 제1항을 준용한다"고 규정함으로써 일부지급이나 일부지급의 수락에 대해서는 지급지법이 적용되도록 하였다.

3. 권리의 행사 · 보전을 위한 행위의 방식

국제사법 제86조는 "환어음, 약속어음 및 수표에 관한 거절증서의 방식, 그 작성기간 및 환어음, 약속어음 및 수표상의 권리의 행사 또는 보전에 필요한 그 밖의 행위의 방식은 거절증서를 작성하여야 하는 곳 또는 그 밖의 행위를 행하여야 하는 곳의 법에 따른다"고 규정함으로써 어음 · 수표상의 권리행사나 보전에 필요한 행위에 대해서는 행위지법이 적용되도록 하였다.

주의할 것은 거절증서, 어음의 제시, 지급거절의 통지 등 어음상의 권리의 행사나 보존을 위해서 어떤 행위나 증서가 필요한지의 문제와 필요한 행위의 방식의 문제는 구별된다는 점이다. 전자는 어음행위의 효력의 문제로 국제사법 제83조에 의해 정해지는 법에 의한다고 하면, 국제사법 제86조는 어음상 권리의 행사나 보존에 필요한 행위의 방식에 적용될 준거법을 정한다.

4. 어음 · 수표의 상실 및 도난

국제사법 제87조는 "환어음, 약속어음 및 수표의 상실 또는 도난의 경우에 수행하여야 하는 절차는 지급지법에 따른다"고 규정함으로써 제권절차 등에 대해서는 지급지법이 적용되도록 하였다. 이는 증권상 주된 의무의 효력이 지급지법에 의한다는 점을 고려한 것이다.

5. 수표에 관한 기타 사항

국제사법 제88조는 다음의 사항을 수표의 지급지법에 의하도록 하고 있는바, 이는 수표가 본질적으로 현금의 대용수단으로 사용되는 지급증권이라는 점을 고려한 것이다.

① 수표가 일람출급(一覽出給)이 필요한지 여부, 일람 후 정기출급으로 발행할 수 있는지 여부 및 선일자수표(先日字手標)의 효력(국제사법 제88조 1호)

② 제시기간(동조 2호)

③ 수표에 인수, 지급보증, 확인 또는 사증을 할 수 있는지 여부 및 그 기재의 효력(동조 3호)

④ 소지인이 일부지급을 청구할 수 있는지 여부와 일부지급을 수락할 의무가 있는지 여부(동조 4호)

⑤ 수표의 횡선을 표시할 수 있는지 여부 및 수표에 "계산을 위하여"라는 문구 또는 이와 동일한 뜻이 있는 문구의 기재의 효력. 다만, 수표의 발행인 또는 소지인이 수표면에 "계산을 위하여"라는 문구 또는 이와 동일한 뜻이 있는 문구를 기재하여 현금의 지급을 금지한 경우에 그 수표가 외국에서 발행되고 대한민국에서 지급하여야 하는 것은 일반횡선수표의 효력이 있다(동조 5호).[405]

⑥ 소지인이 수표자금에 대하여 특별한 권리를 가지는지 여부 및 그 권리의 성질(동조 6호)

⑦ 발행인이 수표의 지급위탁을 취소할 수 있는지 여부 및 지급정지를 위한 절차를 수행할 수 있는지 여부(동조 7호)

⑧ 배서인, 발행인 그 밖의 채무자에 대한 상환청구권 보전을 위하여 거절증서 또는 이와 동일한 효력을 가지는 선언이 필요한지 여부(동조 8호)

관련판례 대법원 1988.2.9. 선고 87다카1427

이집트 상법 제160조, 제166조의 각 규정들은 이집트 이외의 국가에서 발행되고 이집트에서 지급될 어음이나 이집트에서 발행되고 이집트 이외의 국가에서 지급될 어음의 제시기간을 규정한 것으로서 그것이 이집트에서 발행되고 이집트에서 지급될 어음의 소지인이 이집트 이외의 국가에 있는 경우의 지급제시기간까지는 규정

405) 상실 또는 도난당한 수표의 악의의 소지인에 대한 지급을 방지하기 위하여 우리나라 수표법은 횡선수표제도를 택하고 있으나(수표법 제37조 및 제38조), 다른 국가에서 채택하고 있는 이와 유사한 계산수표제도를 인정하지 않으면 거래의 안전을 기할 수 없기 때문에 외국에서 발행되고 우리나라에서 지급하여야 할 계산수표는 일반횡선수표로서의 효력을 인정한 것이다. 신창선 · 윤남순(주4), 399-400면; 윤종진(주4), 521면 주187.

한 것이 아니고 또 그러한 경우에까지 이집트 상법의 위 각 규정이나 제169조를 유추하여 해석할 수는 없다 할 것이므로 발행지 및 지급지가 이집트이고 이집트인이 발행한 수표를 한국인이 소지하고 있는 경우에 있어 그 수표의 지급제시기간에 관하여는 이집트 상법의 위 규정들을 적용할 수 없다.

제10장 해 상

해상법은 원래 국제관습법의 형태로 생성되고 발전해 온 법이다. 해상법은 해양에서 선박이라는 운송수단을 이용하여 활동하는 해상기업에 대한 법적 규율을 그 내용으로 하고 국제거래 및 국제해상운송과 밀접한 관련을 갖는 까닭에 그 규율내용이 어디서나 동일할 것이 요구된다.[406] 해상법이 갖는 국제성 때문에 해상법상의 문제는 대체로 섭외적 요소를 갖는 경향이 있는데, 이러한 섭외적 사안을 세계 각국의 해상법을 통일하는 방법으로 해결하려는 노력이 일찍부터 진행되었다. 1890년의 공동해손에 관한 요크-안트워프규칙, 1910년의 선박충돌에 관한 통일조약, 1924년의 헤이그규칙, 1926년과 1967년 및 1993년의 선박우선특권 및 저당권조약, 1930년의 해상매매에 관한 바르샤바-옥스포드규칙, 1924년과 1957년 및 1976년의 선박소유자책임제한조약 등이 그러한 예이다.

이러한 통일법 제정을 위한 꾸준한 노력에도 불구하고, 만족할 만한 정도의 통일화는 아직 이루어지지 못하고 있다. 그동안 제정된 많은 통일조약이 아직 발효되지 못하고 있는 점과 설사 조약이 발효하였다 할지라도 이를 비준한 국가는 소수에 불과하고, 그 해석에 있어서도 통일을 보지 못하고 있는 점이 그러한 현실을 잘 보여 준다. 따라서 섭외적 요소가 있는 해상법상의 문제 해결은 여전히 국내법에 맡겨져 있는 경우가 많은데, 이 때문에 해상법 분야에서도 준거법의 결정은 중요한 의미를 갖는다.

특히 해상법 분야에서는 선박소유자의 책임제한제도나 선박우선특권제도 등 민사법 분야에서 볼 수 없는 특유한 제도가 존재하기 때문에, 이를 규율할 준거법

406) 신창선 · 윤남순(주4), 400면.

의 지정에 관한 규정을 두는 것이 필요하다는 근거에서 국제사법은 해상 영역에서 준거법에 관한 규정을 두었다. 또한 국제사법은 최근 개정을 통해서 해상 관련 사건의 소에 대한 국제재판관할에 관해서 비교적 상세한 규정을 추가하였다.

제 1 절 국제재판관할

1. 선박소유자 등의 책임제한사건의 관할

국제사법 제89조는 선박소유자 · 용선자(傭船者) · 선박관리인 · 선박운항자, 그 밖의 선박사용인(이하 '선박소유자 등')의 책임제한사건에 대해서는 다음 각 경우의 어느 하나에 해당하는 곳이 대한민국에 있는 경우에만 우리나라 법원에 국제개판관할을 인정하는바, 즉 ① 선박소유자 등의 책임제한을 할 수 있는 채권(이하 '제한채권')이 발생한 선박의 선적(船籍)이 있는 곳, ② 신청인인 선박소유자 등에 대하여 제3조에 따른 일반관할이 인정되는 곳, ③ 사고발생지(사고로 인한 결과 발생지를 포함한다), ④ 사고 후 사고선박이 최초로 도착한 곳, ⑤ 제한채권에 의하여 선박소유자 등의 재산이 압류 또는 가압류된 곳(압류를 갈음하여 담보가 제공된 곳을 포함. 이하 '압류 등이 된 곳') 및 ⑥ 선박소유자 등에 대하여 제한채권에 근거한 소가 제기된 곳 등이 그곳이다.

주의할 점은 국제사법 제13조는 제89조가 적용되는 선박소유자 · 용선자 · 선박관리인 · 선박운항자, 그 밖의 선박사용인의 책임제한사건에 관한 소에 대해서는 합의관할이나 변론관할을 인정하지 않는다는 것이다.

2. 선박 또는 항해에 관한 소의 관할

국제사법 제90조는 선박소유자 등에 대한 선박 또는 항해에 관한 소는 선박이 압류 등이 된 곳이 대한민국에 있는 경우에 대한민국 법원에 국제재판관할을 인정한다.

3. 공동해손에 관한 소의 관할

국제사법 제91조는 공동해손(共同海損)에 관한 소는 다음 각 경우의 어느 하나에 해당하는 곳이 대한민국에 있는 경우에 대한민국 법원에 국제재판관할을 인정하는바, 즉 ① 선박의 소재지, ② 사고 후 선박이 최초로 도착한 곳 및 ③ 선박이 압류 등이 된 곳 등이 그곳이다.

4. 선박충돌에 관한 소의 관할

국제사법 제92조는 선박의 충돌이나 그 밖의 사고에 관한 소는 다음 각 경우의 어느 하나에 해당하는 곳이 대한민국에 있는 경우에 대한민국 법원에 국제재판관할을 인정하는바, 즉 ① 가해 선박의 선적지 또는 소재지, ② 사고 발생지, ③ 피해 선박이 사고 후 최초로 도착한 곳 및 ④ 가해 선박이 압류 등이 된 곳 등이 그곳이다.

5. 해난구조에 관한 소의 관할

국제사법 제93조는 해난구조에 관한 소는 다음 각 경우의 어느 하나에 해당하는 곳이 대한민국에 있는 경우에 대한민국 법원에 국제재판관할을 인정하는바, 즉 ① 해난구조가 있었던 곳, ② 구조된 선박이 최초로 도착한 곳 및 ③ 구조된 선박이 압류 등이 된 곳 등이 그곳이다.

제 2 절 준거법

Ⅰ. 해상법 일반

1. 준거법의 선택 원칙

해상에 관한 법률관계는 선박을 중심으로 발생하며, 선박은 일반 동산과는 다른 성격을 갖고 있기 때문에 별도의 법을 통해 규율되는 경우가 많다. 해상에 관한 법률관계와 관련하여 주로 준거법으로 활용되는 것이 선적국법(船籍國法) 또는 기국법(旗國法)이다. 선박에 관한 섭외적 법률관계에 대하여 선적국법을 적용하는 것은 선적국이 그러한 법률관계와 가장 밀접한 관련을 갖는다고 보기 때문이다.

국제사법 제94조는 다음의 사항을 선적국법에 따르도록 규정하고 있다.

① 선박의 소유권 및 저당권, 선박우선특권 그 밖의 선박에 관한 물권(동조 1호)
② 선박에 관한 담보물권의 우선순위(동조 2호)
③ 선장과 해원의 행위에 대한 선박소유자의 책임범위(동조 3호)
④ 선박소유자 등이 책임제한을 주장할 수 있는지 여부 및 그 책임제한의 범위(동조 4호)
⑤ 공동해손(동조 5호)
⑥ 선장의 대리권(동조 6호)

관련판례 대법원 2014.11.27. 선고 2014마1099

선박우선특권의 성립 여부와 일정한 채권이 선박우선특권에 의하여 담보되는지 여부 및 선박우선특권이 미치는 대상의 범위는 국제사법 제60조 제1호[개정 국제사법 제94조 제1호]에 따라 선적국(船籍國)의 법, 즉 선박소유자가 선박의 등기 · 등록을 한 곳이 속한 국가의 법이 준거법이 되는 것이고, 이러한 법리는 선박이 나용선등록제도에 따라 선적국이 아닌 국가에 나용선등록이 되어 있는 경우에도 마찬가지이다.

2. 선적국의 결정

선적국은 선박이 소속되어 있는 국가, 즉 선박이 국적을 가지고 있는 국가를 의미하는데, 기국(旗國), 등록국 또는 등기국으로도 불린다. 선적국은 일반적으로 그 선박의 등록국을 의미한다. 예를 들어 우리나라는 선박소유자주의를 취하여(선박법 제2조) 우리나라 선박이 될 수 있는 조건을 규정하고, 그에 따른 등록을 하도록 하고 있다(동법 제8조 제1항). 국가에 따라서는 저렴한 등록비, 세제상의 혜택 등을 통하여 자국에 그 등록을 유인하는 경우가 있는데, 이러한 국가에 등록하는 것을 편의치적(flag of convenience)이라고 한다. 이때 이와 같은 편의치적을 기국법의 결정기준으로 할 것인지의 문제가 발생한다. 편의치적이라는 이유만으로 편의치적국이 선적국이 되지 못한다고 할 것은 아니지만,[407] 1958년 「공해에 관한 협약」은 제5조에서 기국과 선박 간에 진정한 연계(genuine link)가 있을 것을 요구하고 있고, 또한 1986년 「선박등록에 관한 UN협약」도 선박과 선적 간에 진정한 연계가 있을 것을 요구하고 있는 점을 고려할 때, 편의치적의 경우에는 국제사법 제21조에 따라 편의치적국의 법 대신에 가장 밀접한 관련이 있는 국가의 법이 준거법으로서 적용될 수 있다. 왜냐하면 국제사법이 선박과 관련한 문제에서 선적을 연결점으로 한 것은 선적국이 선박과 가장 밀접한 관련을 갖는다는 이유에서인데, 편의치적의 경우에 선적국이 당연히 문제의 선박과 가장 밀접한 관련을 갖는다고 보기는 어렵기 때문이다.[408]

2중으로 선적된 선박의 경우에 어느 선적국을 선적국으로 할 것인지가 문제된다. 일반적으로 게양하고 있는 국기로 선적국을 결정할 것이라는 입장과 본거항(本據港)을 중심으로 선적국을 결정할 것이라는 입장이 있으나, 자연인의 국적의 충돌에 있어서와 마찬가지로 국제사법 제16조 제1항에 의하여 해결하는 것이 타당하다.[409] 국제사법 제16조 제1항이 적용되는 경우에 2중선적국 선박의 선적은 가장 밀접한 관련이 있는 등록국이 될 것이다.

II. 선박충돌

선박충돌은 불법행위로서 항해선 상호 간 또는 항해선과 내수항행선 간의 충돌이다(상법 제876조).[410] 선박충돌은 선박이라는 특수한 물건과 해양이라는 특수한 발생지를 그 배경으로 하기 때문에 일반적 불법행위와는 달리 규율된다.

국제사법 제95조 제1항은 "개항(開港) · 하천 또는 영해에서의 선박충돌에 관한 책임은 그 충돌지법에 따른다"고 규정함으로써 영해에서 선박충돌이 있은 경우에 불법행위의 준거법에 관한 규정인 국제사법 제52조의 예를 따라 불법행위지법, 즉 영해 소속국법이 준거법으로 적용되도록 하였다.

국제사법 제95조 제2항은 "공해에서의 선박충돌에 관한 책임은 각 선박이 동

---

407) 석광현(주2), 590면. 편의치적은 실제로 매우 광범위하게 사용되고 있다.
408) 상계서, 590-591면.
409) 신창선 · 윤남순(주4), 402면; 윤종진(주4), 524면.
410) 이기수 · 최병규 · 김인현, 『보험 · 해상법[제9판]』(박영사, 2015), 668면.

일한 선적국에 속하는 경우에는 그 선적국법에 따르고, 각 선박이 선적국을 달리하는 경우에는 가해선박의 선적국법에 따른다"고 규정함으로써 공해에서 선박충돌이 있은 경우에 각 선박이 동일한 선적국에 속하는 때에는 동일한 선적국법이, 각 선박이 선적국을 달리하는 때에는 가해선박의 선적국법이 준거법으로 적용되도록 하였다.

관련판례 대법원 1985.5.28. 선고 84다카966

섭외사법 제13조 제1항[국제사법 제52조]은 불법행위로 인하여 생긴 채권의 성립 및 효력은 그 원인된 사실이 발생한 곳의 법에 의한다고 규정하여 불법행위의 준거법에 관한 행위지법주의를 채택하였고 여기에서 원인된 사실이 발생한 곳이라 함은 불법행위의 행위지뿐만 아니라 손해의 결과발생지도 포함한다고 할 것인바 공해를 항해중인 선박의 침몰로 인한 불법행위에 있어서는 행위지법이 존재하지 아니하므로 그 준거법은 같은 법 제44조[국제사법 제94조], 제46조[국제사법 제95조 제2항]의 규정취지에 따라 그 선박의 선적국법이 준거법이 된다.

Ⅲ. 해난구조

해양사고구조 또는 해난구조는 항해선 또는 그 적하 그 밖의 물건이 어떠한 수면에서 위난에 조우한 경우에 의무 없이 이를 구조하는 행위이다(상법 제882조).[411] 따라서 당사자 간 계약에 기초한 해양사고구조는 여기에 포함되지 않는다. 해난구조는 정의와 형평의 관념에 기초하여 인정된 제도로서 본질적으로 사무관리의 한 형태인바, 해난구조를 한 자는 상대방에게 상당한 보수의 청구를 할 수 있다(상법 제882조).

국제사법 제96조는 "해난구조로 인한 보수청구권은 그 구조행위가 영해에서 있는 경우에는 행위지법에 따르고, 공해에서 있는 때에는 구조한 선박의 선적국법에 따른다"고 규정함으로써 해난구조로 인한 보수청구권과 관련해서 영해에서 해난구조가 있는 경우에는 행위지법, 즉 해난구조지법이 준거법으로 적용되고, 공해에서 해난구조가 있는 때에는 구조한 선박의 선적국법이 준거법으로 적용되도록 하였다.

---

411) 상게서, 607면.

부 록

국제사법

국제사법

전문개정 2001.4.7 법률 제6465호
타법개정 2011.5.19 법률 제10629호(지식재산 기본법)
일부개정 2016.1.19 법률 제13759호[시행 2016.1.19.]
전부개정 2022.1.4 법률 제18670호[시행 2022.7.5.]

제1장 총 칙

제1절 목 적

제1조 【목적】 이 법은 외국과 관련된 요소가 있는 법률관계에 관하여 국제재판관할과 준거법(準據法)을 정함을 목적으로 한다.

제2절 국제재판관할

제2조 【일반원칙】 ① 대한민국 법원(이하 "법원"이라 한다)은 당사자 또는 분쟁이 된 사안이 대한민국과 실질적 관련이 있는 경우에 국제재판관할권을 가진다. 이 경우 법원은 실질적 관련의 유무를 판단할 때에 당사자 간의 공평, 재판의 적정, 신속 및 경제를 꾀한다는 국제재판관할 배분의 이념에 부합하는 합리적인 원칙에 따라야 한다.

② 이 법이나 그 밖의 대한민국 법령 또는 조약에 국제재판관할에 관한 규정이 없는 경우 법원은 국내법의 관할 규정을 참작하여 국제재판관할권의 유무를 판단하되, 제1항의 취지에 비추어 국제재판관할의 특수성을 충분히 고려하여야 한다.

제3조 【일반관할】 ① 대한민국에 일상거소(habitual residence)가 있는 사람에 대한 소(訴)에 관하여는 법원에 국제재판관할이 있다. 일상거소가 어느 국가에

도 없거나 일상거소를 알 수 없는 사람의 거소가 대한민국에 있는 경우에도 또한 같다.

② 제1항에도 불구하고 대사(大使)·공사(公使), 그 밖에 외국의 재판권 행사대상에서 제외되는 대한민국 국민에 대한 소에 관하여는 법원에 국제재판관할이 있다.

③ 주된 사무소·영업소 또는 정관상의 본거지나 경영의 중심지가 대한민국에 있는 법인 또는 단체와 대한민국 법에 따라 설립된 법인 또는 단체에 대한 소에 관하여는 법원에 국제재판관할이 있다.

제4조【사무소·영업소 소재지 등의 특별관할】 ① 대한민국에 사무소·영업소가 있는 사람·법인 또는 단체에 대한 대한민국에 있는 사무소 또는 영업소의 업무와 관련된 소는 법원에 제기할 수 있다.

② 대한민국에서 또는 대한민국을 향하여 계속적이고 조직적인 사업 또는 영업활동을 하는 사람·법인 또는 단체에 대하여 그 사업 또는 영업활동과 관련이 있는 소는 법원에 제기할 수 있다.

제5조【재산소재지의 특별관할】 재산권에 관한 소는 다음 각 호의 어느 하나에 해당하는 경우 법원에 제기할 수 있다.

1. 청구의 목적 또는 담보의 목적인 재산이 대한민국에 있는 경우
2. 압류할 수 있는 피고의 재산이 대한민국에 있는 경우. 다만, 분쟁이 된 사안이 대한민국과 아무런 관련이 없거나 근소한 관련만 있는 경우 또는 그 재산의 가액이 현저하게 적은 경우는 제외한다.

제6조【관련사건의 관할】 ① 상호 밀접한 관련이 있는 여러 개의 청구 가운데 하나에 대하여 법원에 국제재판관할이 있으면 그 여러 개의 청구를 하나의 소로 법원에 제기할 수 있다.

② 공동피고 가운데 1인의 피고에 대하여 법원이 제3조에 따른 일반관할을 가지는 때에는 그 피고에 대한 청구와 다른 공동피고에 대한 청구 사이에 밀접한 관련이 있어서 모순된 재판의 위험을 피할 필요가 있는 경우에만 공동피고에 대한 소를 하나의 소로 법원에 제기할 수 있다.

③ 다음 각 호의 사건의 주된 청구에 대하여 제56조부터 제61조까지의 규정에 따라 법원에 국제재판관할이 있는 경우에는 친권자·양육자 지정, 부양료 지급 등 해당 주된 청구에 부수되는 부수적 청구에 대해서도 법원에 소를 제

기할 수 있다.

1. 혼인관계 사건
2. 친생자관계 사건
3. 입양관계 사건
4. 부모·자녀 간 관계 사건
5. 부양관계 사건
6. 후견관계 사건

④ 제3항 각 호에 따른 사건의 주된 청구에 부수되는 부수적 청구에 대해서만 법원에 국제재판관할이 있는 경우에는 그 주된 청구에 대한 소를 법원에 제기할 수 없다.

제7조【반소관할】 본소(本訴)에 대하여 법원에 국제재판관할이 있고 소송절차를 현저히 지연시키지 아니하는 경우 피고는 본소의 청구 또는 방어방법과 밀접한 관련이 있는 청구를 목적으로 하는 반소(反訴)를 본소가 계속(係屬)된 법원에 제기할 수 있다.

제8조【합의관할】 ① 당사자는 일정한 법률관계로 말미암은 소에 관하여 국제재판관할의 합의(이하 이 조에서 "합의"라 한다)를 할 수 있다. 다만, 합의가 다음 각 호의 어느 하나에 해당하는 경우에는 효력이 없다.

1. 합의에 따라 국제재판관할을 가지는 국가의 법(준거법의 지정에 관한 법규를 포함한다)에 따를 때 그 합의가 효력이 없는 경우
2. 합의를 한 당사자가 합의를 할 능력이 없었던 경우
3. 대한민국의 법령 또는 조약에 따를 때 합의의 대상이 된 소가 합의로 정한 국가가 아닌 다른 국가의 국제재판관할에 전속하는 경우
4. 합의의 효력을 인정하면 소가 계속된 국가의 선량한 풍속이나 그 밖의 사회질서에 명백히 위반되는 경우

② 합의는 서면[전보(電報), 전신(電信), 팩스, 전자우편 또는 그 밖의 통신수단에 의하여 교환된 전자적(電子的) 의사표시를 포함한다]으로 하여야 한다.

③ 합의로 정해진 관할은 전속적인 것으로 추정한다.

④ 합의가 당사자 간의 계약 조항의 형식으로 되어 있는 경우 계약 중 다른 조항의 효력은 합의 조항의 효력에 영향을 미치지 아니한다.

⑤ 당사자 간에 일정한 법률관계로 말미암은 소에 관하여 외국법원을 선택하

는 전속적 합의가 있는 경우 법원에 그 소가 제기된 때에는 법원은 해당 소를 각하하여야 한다. 다만, 다음 각 호의 어느 하나에 해당하는 경우에는 그러하지 아니하다.

1. 합의가 제1항 각 호의 사유로 효력이 없는 경우
2. 제9조에 따라 변론관할이 발생하는 경우
3. 합의에 따라 국제재판관할을 가지는 국가의 법원이 사건을 심리하지 아니하기로 하는 경우
4. 합의가 제대로 이행될 수 없는 명백한 사정이 있는 경우

제9조【변론관할】 피고가 국제재판관할이 없음을 주장하지 아니하고 본안에 대하여 변론하거나 변론준비기일에서 진술하면 법원에 그 사건에 대한 국제재판관할이 있다.

제10조【전속관할】 ① 다음 각 호의 소는 법원에만 제기할 수 있다.

1. 대한민국의 공적 장부의 등기 또는 등록에 관한 소. 다만, 당사자 간의 계약에 따른 이전이나 그 밖의 처분에 관한 소로서 등기 또는 등록의 이행을 청구하는 경우는 제외한다.
2. 대한민국 법령에 따라 설립된 법인 또는 단체의 설립 무효, 해산 또는 그 기관의 결의의 유효 또는 무효에 관한 소
3. 대한민국에 있는 부동산의 물권에 관한 소 또는 부동산의 사용을 목적으로 하는 권리로서 공적 장부에 등기나 등록이 된 것에 관한 소
4. 등록 또는 기탁에 의하여 창설되는 지식재산권이 대한민국에 등록되어 있거나 등록이 신청된 경우 그 지식재산권의 성립, 유효성 또는 소멸에 관한 소
5. 대한민국에서 재판의 집행을 하려는 경우 그 집행에 관한 소

② 대한민국의 법령 또는 조약에 따른 국제재판관할의 원칙상 외국법원의 국제재판관할에 전속하는 소에 대해서는 제3조부터 제7조까지 및 제9조를 적용하지 아니한다.

③ 제1항 각 호에 따라 법원의 전속관할에 속하는 사항이 다른 소의 선결문제가 되는 경우에는 제1항을 적용하지 아니한다.

제11조【국제적 소송경합】 ① 같은 당사자 간에 외국법원에 계속 중인 사건과 동일한 소가 법원에 다시 제기된 경우에 외국법원의 재판이 대한민국에서 승인될 것으로 예상되는 때에는 법원은 직권 또는 당사자의 신청에 의하여 결정

으로 소송절차를 중지할 수 있다. 다만, 다음 각 호의 어느 하나에 해당하는 경우에는 그러하지 아니하다.

1. 전속적 국제재판관할의 합의에 따라 법원에 국제재판관할이 있는 경우
2. 법원에서 해당 사건을 재판하는 것이 외국법원에서 재판하는 것보다 더 적절함이 명백한 경우

② 당사자는 제1항에 따른 법원의 중지 결정에 대해서는 즉시항고를 할 수 있다.

③ 법원은 대한민국 법령 또는 조약에 따른 승인 요건을 갖춘 외국의 재판이 있는 경우 같은 당사자 간에 그 재판과 동일한 소가 법원에 제기된 때에는 그 소를 각하하여야 한다.

④ 외국법원이 본안에 대한 재판을 하기 위하여 필요한 조치를 하지 아니하는 경우 또는 외국법원이 합리적인 기간 내에 본안에 관하여 재판을 선고하지 아니하거나 선고하지 아니할 것으로 예상되는 경우에 당사자의 신청이 있으면 법원은 제1항에 따라 중지된 사건의 심리를 계속할 수 있다.

⑤ 제1항에 따라 소송절차의 중지 여부를 결정하는 경우 소의 선후(先後)는 소를 제기한 때를 기준으로 한다.

제12조 【국제재판관할권의 불행사】 ① 이 법에 따라 법원에 국제재판관할이 있는 경우에도 법원이 국제재판관할권을 행사하기에 부적절하고 국제재판관할이 있는 외국법원이 분쟁을 해결하기에 더 적절하다는 예외적인 사정이 명백히 존재할 때에는 피고의 신청에 의하여 법원은 본안에 관한 최초의 변론기일 또는 변론준비기일까지 소송절차를 결정으로 중지하거나 소를 각하할 수 있다. 다만, 당사자가 합의한 국제재판관할이 법원에 있는 경우에는 그러하지 아니하다.

② 제1항 본문의 경우 법원은 소송절차를 중지하거나 소를 각하하기 전에 원고에게 진술할 기회를 주어야 한다.

③ 당사자는 제1항에 따른 법원의 중지 결정에 대해서는 즉시항고를 할 수 있다.

제13조 【적용 제외】 제24조, 제56조부터 제59조까지, 제61조, 제62조, 제76조 제4항 및 제89조에 따라 국제재판관할이 정하여지는 사건에는 제8조 및 제9조를 적용하지 아니한다.

제14조 【보전처분의 관할】 ① 보전처분에 대해서는 다음 각 호의 어느 하나에 해

당하는 경우 법원에 국제재판관할이 있다.

1. 법원에 본안에 관한 국제재판관할이 있는 경우

2. 보전처분의 대상이 되는 재산이 대한민국에 있는 경우

② 제1항에도 불구하고 당사자는 긴급히 필요한 경우에는 대한민국에서만 효력을 가지는 보전처분을 법원에 신청할 수 있다.

제15조 【비송사건의 관할】 ① 비송사건의 국제재판관할에 관하여는 성질에 반하지 아니하는 범위에서 제2조부터 제14조까지의 규정을 준용한다.

② 비송사건의 국제재판관할은 다음 각 호의 구분에 따라 해당 규정에서 정한 바에 따른다.

1. 실종선고 등에 관한 사건: 제24조

2. 친족관계에 관한 사건: 제56조부터 제61조까지

3. 상속 및 유언에 관한 사건: 제76조

4. 선박소유자 등의 책임제한에 관한 사건: 제89조

③ 제2항 각 호에서 규정하는 경우 외에 개별 비송사건의 관할에 관하여 이 법에 다른 규정이 없는 경우에는 제2조에 따른다.

제3절 준거법

제16조 【본국법】 ① 당사자의 본국법에 따라야 하는 경우에 당사자가 둘 이상의 국적을 가질 때에는 그와 가장 밀접한 관련이 있는 국가의 법을 그 본국법으로 정한다. 다만, 국적 중 하나가 대한민국일 경우에는 대한민국 법을 본국법으로 한다.

② 당사자가 국적을 가지지 아니하거나 당사자의 국적을 알 수 없는 경우에는 그의 일상거소가 있는 국가의 법[이하 "일상거소지법"(日常居所地法)이라 한다]에 따르고, 일상거소를 알 수 없는 경우에는 그의 거소가 있는 국가의 법에 따른다.

③ 당사자가 지역에 따라 법을 달리하는 국가의 국적을 가질 경우에는 그 국가의 법 선택규정에 따라 지정되는 법에 따르고, 그러한 규정이 없는 경우에는 당사자와 가장 밀접한 관련이 있는 지역의 법에 따른다.

제17조 【일상거소지법】 당사자의 일상거소지법에 따라야 하는 경우에 당사자의

일상거소를 알 수 없는 경우에는 그의 거소가 있는 국가의 법에 따른다.

제18조【외국법의 적용】 법원은 이 법에 따라 준거법으로 정해진 외국법의 내용을 직권으로 조사 · 적용하여야 하며, 이를 위하여 당사자에게 협력을 요구할 수 있다.

제19조【준거법의 범위】 이 법에 따라 준거법으로 지정되는 외국법의 규정은 공법적 성격이 있다는 이유만으로 적용이 배제되지 아니한다.

제20조【대한민국 법의 강행적 적용】 입법목적에 비추어 준거법에 관계없이 해당 법률관계에 적용되어야 하는 대한민국의 강행규정은 이 법에 따라 외국법이 준거법으로 지정되는 경우에도 적용한다.

제21조【준거법 지정의 예외】 ① 이 법에 따라 지정된 준거법이 해당 법률관계와 근소한 관련이 있을 뿐이고, 그 법률관계와 가장 밀접한 관련이 있는 다른 국가의 법이 명백히 존재하는 경우에는 그 다른 국가의 법에 따른다.

② 당사자가 합의에 따라 준거법을 선택하는 경우에는 제1항을 적용하지 아니한다.

제22조【외국법에 따른 대한민국 법의 적용】 ① 이 법에 따라 외국법이 준거법으로 지정된 경우에 그 국가의 법에 따라 대한민국 법이 적용되어야 할 때에는 대한민국의 법(준거법의 지정에 관한 법규는 제외한다)에 따른다.

② 다음 각 호의 어느 하나에 해당하는 경우에는 제1항을 적용하지 아니한다.

1. 당사자가 합의로 준거법을 선택하는 경우
2. 이 법에 따라 계약의 준거법이 지정되는 경우
3. 제73조에 따라 부양의 준거법이 지정되는 경우
4. 제78조 제3항에 따라 유언의 방식의 준거법이 지정되는 경우
5. 제94조에 따라 선적국법이 지정되는 경우
6. 그 밖에 제1항을 적용하는 것이 이 법의 준거법 지정 취지에 반하는 경우

제23조【사회질서에 반하는 외국법의 규정】 외국법에 따라야 하는 경우에 그 규정의 적용이 대한민국의 선량한 풍속이나 그 밖의 사회질서에 명백히 위반될 때에는 그 규정을 적용하지 아니한다.

제2장 사 람

제1절 국제재판관할

제24조【실종선고 등 사건의 특별관할】 ① 실종선고에 관한 사건에 대해서는 다음 각 호의 어느 하나에 해당하는 경우 법원에 국제재판관할이 있다.

1. 부재자가 대한민국 국민인 경우
2. 부재자의 마지막 일상거소가 대한민국에 있는 경우
3. 부재자의 재산이 대한민국에 있거나 대한민국 법에 따라야 하는 법률관계가 있는 경우. 다만, 그 재산 및 법률관계에 관한 부분으로 한정한다.
4. 그 밖에 정당한 사유가 있는 경우

② 부재자 재산관리에 관한 사건에 대해서는 부재자의 마지막 일상거소 또는 재산이 대한민국에 있는 경우 법원에 국제재판관할이 있다.

제25조【사원 등에 대한 소의 특별관할】 법원이 제3조 제3항에 따른 국제재판관할을 가지는 경우 다음 각 호의 소는 법원에 제기할 수 있다.

1. 법인 또는 단체가 그 사원 또는 사원이었던 사람에 대하여 소를 제기하는 경우로서 그 소가 사원의 자격으로 말미암은 것인 경우
2. 법인 또는 단체의 사원이 다른 사원 또는 사원이었던 사람에 대하여 소를 제기하는 경우로서 그 소가 사원의 자격으로 말미암은 것인 경우
3. 법인 또는 단체의 사원이었던 사람이 법인·단체의 사원에 대하여 소를 제기하는 경우로서 그 소가 사원의 자격으로 말미암은 것인 경우

제2절 준거법

제26조【권리능력】 사람의 권리능력은 그의 본국법에 따른다.

제27조【실종과 부재】 ① 실종선고 및 부재자 재산관리는 실종자 또는 부재자의 본국법에 따른다.

② 제1항에도 불구하고 외국인에 대하여 법원이 실종선고나 그 취소 또는 부재자 재산관리의 재판을 하는 경우에는 대한민국 법에 따른다.

제28조 【행위능력】 ① 사람의 행위능력은 그의 본국법에 따른다. 행위능력이 혼인에 의하여 확대되는 경우에도 또한 같다.

② 이미 취득한 행위능력은 국적의 변경에 의하여 상실되거나 제한되지 아니한다.

제29조 【거래보호】 ① 법률행위를 한 사람과 상대방이 법률행위의 성립 당시 동일한 국가에 있는 경우에 그 행위자가 그의 본국법에 따르면 무능력자이더라도 법률행위가 있었던 국가의 법에 따라 능력자인 때에는 그의 무능력을 주장할 수 없다. 다만, 상대방이 법률행위 당시 그의 무능력을 알았거나 알 수 있었을 경우에는 그러하지 아니하다.

② 제1항은 친족법 또는 상속법의 규정에 따른 법률행위 및 행위지 외의 국가에 있는 부동산에 관한 법률행위에는 이를 적용하지 아니한다.

제30조 【법인 및 단체】 법인 또는 단체는 그 설립의 준거법에 따른다. 다만, 외국에서 설립된 법인 또는 단체가 대한민국에 주된 사무소가 있거나 대한민국에서 주된 사업을 하는 경우에는 대한민국 법에 따른다.

제3장 법률행위

제31조 【법률행위의 방식】 ① 법률행위의 방식은 그 행위의 준거법에 따른다.

② 행위지법에 따라 한 법률행위의 방식은 제1항에도 불구하고 유효하다.

③ 당사자가 계약체결 시 서로 다른 국가에 있을 때에는 그 국가 중 어느 한 국가의 법에서 정한 법률행위의 방식에 따를 수 있다.

④ 대리인에 의한 법률행위의 경우에는 대리인이 있는 국가를 기준으로 행위지법을 정한다.

⑤ 제2항부터 제4항까지의 규정은 물권이나 그 밖에 등기하여야 하는 권리를 설정하거나 처분하는 법률행위의 방식에는 적용하지 아니한다.

제32조 【임의대리】 ① 본인과 대리인 간의 관계는 당사자 간의 법률관계의 준거법에 따른다.

② 대리인의 행위로 인하여 본인이 제3자에 대하여 의무를 부담하는지 여부는 대리인의 영업소가 있는 국가의 법에 따르며, 대리인의 영업소가 없거나

영업소가 있더라도 제3자가 알 수 없는 경우에는 대리인이 실제로 대리행위를 한 국가의 법에 따른다.

③ 대리인이 본인과 근로계약 관계에 있고, 그의 영업소가 없는 경우에는 본인의 주된 영업소를 그의 영업소로 본다.

④ 본인은 제2항 및 제3항에도 불구하고 대리의 준거법을 선택할 수 있다. 다만, 준거법의 선택은 대리권을 증명하는 서면에 명시되거나 본인 또는 대리인이 제3자에게 서면으로 통지한 경우에만 그 효력이 있다.

⑤ 대리권이 없는 대리인과 제3자 간의 관계에 관하여는 제2항을 준용한다.

제4장 물 권

제33조【물권】 ① 동산 및 부동산에 관한 물권 또는 등기하여야 하는 권리는 그 동산·부동산의 소재지법에 따른다.

② 제1항에 규정된 권리의 취득·상실·변경은 그 원인된 행위 또는 사실의 완성 당시 그 동산·부동산의 소재지법에 따른다.

제34조【운송수단】 항공기에 관한 물권은 그 항공기의 국적이 소속된 국가의 법에 따르고, 철도차량에 관한 물권은 그 철도차량의 운행을 허가한 국가의 법에 따른다.

제35조【무기명증권】 무기명증권에 관한 권리의 취득·상실·변경은 그 원인된 행위 또는 사실의 완성 당시 그 무기명증권의 소재지법에 따른다.

제36조【이동 중인 물건】 이동 중인 물건에 관한 물권의 취득·상실·변경은 그 목적지가 속하는 국가의 법에 따른다.

제37조【채권 등에 대한 약정담보물권】 채권·주식, 그 밖의 권리 또는 이를 표창하는 유가증권을 대상으로 하는 약정담보물권은 담보대상인 권리의 준거법에 따른다. 다만, 무기명증권을 대상으로 하는 약정담보물권은 제35조에 따른다.

제5장 지식재산권

제1절 국제재판관할

제38조 【지식재산권 계약에 관한 소의 특별관할】 ① 지식재산권의 양도, 담보권 설정, 사용허락 등의 계약에 관한 소는 다음 각 호의 어느 하나에 해당하는 경우 법원에 제기할 수 있다.

1. 지식재산권이 대한민국에서 보호되거나 사용 또는 행사되는 경우
2. 지식재산권에 관한 권리가 대한민국에서 등록되는 경우

② 제1항에 따른 국제재판관할이 적용되는 소에는 제41조를 적용하지 아니한다.

제39조 【지식재산권 침해에 관한 소의 특별관할】 ① 지식재산권 침해에 관한 소는 다음 각 호의 어느 하나에 해당하는 경우 법원에 제기할 수 있다. 다만, 이 경우 대한민국에서 발생한 결과에 한정한다.

1. 침해행위를 대한민국에서 한 경우
2. 침해의 결과가 대한민국에서 발생한 경우
3. 침해행위를 대한민국을 향하여 한 경우

② 제1항에 따라 소를 제기하는 경우 제6조 제1항을 적용하지 아니한다.

③ 제1항 및 제2항에도 불구하고 지식재산권에 대한 주된 침해행위가 대한민국에서 일어난 경우에는 외국에서 발생하는 결과를 포함하여 침해행위로 인한 모든 결과에 관한 소를 법원에 제기할 수 있다.

④ 제1항 및 제3항에 따라 소를 제기하는 경우 제44조를 적용하지 아니한다.

제2절 준거법

제40조 【지식재산권의 보호】 지식재산권의 보호는 그 침해지법에 따른다.

제6장 채 권

제1절 국제재판관할

제41조【계약에 관한 소의 특별관할】 ① 계약에 관한 소는 다음 각 호의 어느 하나에 해당하는 곳이 대한민국에 있는 경우 법원에 제기할 수 있다.

1. 물품공급계약의 경우에는 물품인도지
2. 용역제공계약의 경우에는 용역제공지
3. 물품인도지와 용역제공지가 복수이거나 물품공급과 용역제공을 함께 목적으로 하는 계약의 경우에는 의무의 주된 부분의 이행지

② 제1항에서 정한 계약 외의 계약에 관한 소는 청구의 근거인 의무가 이행된 곳 또는 그 의무가 이행되어야 할 곳으로 계약당사자가 합의한 곳이 대한민국에 있는 경우 법원에 제기할 수 있다.

제42조【소비자계약의 관할】 ① 소비자가 자신의 직업 또는 영업활동 외의 목적으로 체결하는 계약으로서 다음 각 호의 어느 하나에 해당하는 경우 대한민국에 일상거소가 있는 소비자는 계약의 상대방(직업 또는 영업활동으로 계약을 체결하는 자를 말한다. 이하 "사업자"라 한다)에 대하여 법원에 소를 제기할 수 있다.

1. 사업자가 계약체결에 앞서 소비자의 일상거소가 있는 국가(이하 "일상거소지국"이라 한다)에서 광고에 의한 거래 권유 등 직업 또는 영업활동을 행하거나 소비자의 일상거소지국 외의 지역에서 소비자의 일상거소지국을 향하여 광고에 의한 거래의 권유 등 직업 또는 영업활동을 행하고 그 계약이 사업자의 직업 또는 영업활동의 범위에 속하는 경우
2. 사업자가 소비자의 일상거소지국에서 소비자의 주문을 받은 경우
3. 사업자가 소비자로 하여금 소비자의 일상거소지국이 아닌 국가에 가서 주문을 하도록 유도한 경우

② 제1항에 따른 계약(이하 "소비자계약"이라 한다)의 경우에 소비자의 일상거소가 대한민국에 있는 경우에는 사업자가 소비자에 대하여 제기하는 소는 법원에만 제기할 수 있다.

③ 소비자계약의 당사자 간에 제8조에 따른 국제재판관할의 합의가 있을 때 그 합의는 다음 각 호의 어느 하나에 해당하는 경우에만 효력이 있다.

1. 분쟁이 이미 발생한 후 국제재판관할의 합의를 한 경우
2. 국제재판관할의 합의에서 법원 외에 외국법원에도 소비자가 소를 제기할 수 있도록 한 경우

제43조 【근로계약의 관할】 ① 근로자가 대한민국에서 일상적으로 노무를 제공하거나 최후로 일상적 노무를 제공한 경우에는 사용자에 대한 근로계약에 관한 소를 법원에 제기할 수 있다. 근로자가 일상적으로 대한민국에서 노무를 제공하지 아니하거나 아니하였던 경우에 사용자가 그를 고용한 영업소가 대한민국에 있거나 있었을 때에도 또한 같다.

② 사용자가 근로자에 대하여 제기하는 근로계약에 관한 소는 근로자의 일상거소가 대한민국에 있거나 근로자가 대한민국에서 일상적으로 노무를 제공하는 경우에는 법원에만 제기할 수 있다.

③ 근로계약의 당사자 간에 제8조에 따른 국제재판관할의 합의가 있을 때 그 합의는 다음 각 호의 어느 하나에 해당하는 경우에만 효력이 있다.

1. 분쟁이 이미 발생한 경우
2. 국제재판관할의 합의에서 법원 외에 외국법원에도 근로자가 소를 제기할 수 있도록 한 경우

제44조 【불법행위에 관한 소의 특별관할】 불법행위에 관한 소는 그 행위가 대한민국에서 행하여지거나 대한민국을 향하여 행하여지는 경우 또는 대한민국에서 그 결과가 발생하는 경우 법원에 제기할 수 있다. 다만, 불법행위의 결과가 대한민국에서 발생할 것을 예견할 수 없었던 경우에는 그러하지 아니하다.

제2절 준거법

제45조 【당사자 자치】 ① 계약은 당사자가 명시적 또는 묵시적으로 선택한 법에 따른다. 다만, 묵시적인 선택은 계약내용이나 그 밖의 모든 사정으로부터 합리적으로 인정할 수 있는 경우로 한정한다.

② 당사자는 계약의 일부에 관하여도 준거법을 선택할 수 있다.

③ 당사자는 합의에 의하여 이 조 또는 제46조에 따른 준거법을 변경할 수 있

다. 다만, 계약체결 후 이루어진 준거법의 변경은 계약 방식의 유효 여부와 제3자의 권리에 영향을 미치지 아니한다.

④ 모든 요소가 오로지 한 국가와 관련이 있음에도 불구하고 당사자가 그 외의 다른 국가의 법을 선택한 경우에 관련된 국가의 강행규정은 적용이 배제되지 아니한다.

⑤ 준거법 선택에 관한 당사자 간 합의의 성립 및 유효성에 관하여는 제49조를 준용한다.

제46조 【준거법 결정 시의 객관적 연결】 ① 당사자가 준거법을 선택하지 아니한 경우에 계약은 그 계약과 가장 밀접한 관련이 있는 국가의 법에 따른다.

② 당사자가 계약에 따라 다음 각 호의 어느 하나에 해당하는 이행을 하여야 하는 경우에는 계약체결 당시 그의 일상거소가 있는 국가의 법(당사자가 법인 또는 단체인 경우에는 주된 사무소가 있는 국가의 법을 말한다)이 가장 밀접한 관련이 있는 것으로 추정한다. 다만, 계약이 당사자의 직업 또는 영업활동으로 체결된 경우에는 당사자의 영업소가 있는 국가의 법이 가장 밀접한 관련이 있는 것으로 추정한다.

1. 양도계약의 경우에는 양도인의 이행
2. 이용계약의 경우에는 물건 또는 권리를 이용하도록 하는 당사자의 이행
3. 위임 · 도급계약 및 이와 유사한 용역제공계약의 경우에는 용역의 이행

③ 부동산에 대한 권리를 대상으로 하는 계약의 경우에는 부동산이 있는 국가의 법이 가장 밀접한 관련이 있는 것으로 추정한다.

제47조 【소비자계약】 ① 소비자계약의 당사자가 준거법을 선택하더라도 소비자의 일상거소가 있는 국가의 강행규정에 따라 소비자에게 부여되는 보호를 박탈할 수 없다.

② 소비자계약의 당사자가 준거법을 선택하지 아니한 경우에는 제46조에도 불구하고 소비자의 일상거소지법에 따른다.

③ 소비자계약의 방식은 제31조 제1항부터 제3항까지의 규정에도 불구하고 소비자의 일상거소지법에 따른다.

제48조 【근로계약】 ① 근로계약의 당사자가 준거법을 선택하더라도 제2항에 따라 지정되는 준거법 소속 국가의 강행규정에 따라 근로자에게 부여되는 보호를 박탈할 수 없다.

② 근로계약의 당사자가 준거법을 선택하지 아니한 경우 근로계약은 제46조에도 불구하고 근로자가 일상적으로 노무를 제공하는 국가의 법에 따르며, 근로자가 일상적으로 어느 한 국가 안에서 노무를 제공하지 아니하는 경우에는 사용자가 근로자를 고용한 영업소가 있는 국가의 법에 따른다.

제49조 【계약의 성립 및 유효성】 ① 계약의 성립 및 유효성은 그 계약이 유효하게 성립하였을 경우 이 법에 따라 적용되어야 하는 준거법에 따라 판단한다.

② 제1항에 따른 준거법에 따라 당사자의 행위의 효력을 판단하는 것이 모든 사정에 비추어 명백히 부당한 경우에는 그 당사자는 계약에 동의하지 아니하였음을 주장하기 위하여 그의 일상거소지법을 원용할 수 있다.

제50조 【사무관리】 ① 사무관리는 그 관리가 행하여진 곳의 법에 따른다. 다만, 사무관리가 당사자 간의 법률관계에 근거하여 행하여진 경우에는 그 법률관계의 준거법에 따른다.

② 다른 사람의 채무를 변제함으로써 발생하는 청구권은 그 채무의 준거법에 따른다.

제51조 【부당이득】 부당이득은 그 이득이 발생한 곳의 법에 따른다. 다만, 부당이득이 당사자 간의 법률관계에 근거한 이행으로부터 발생한 경우에는 그 법률관계의 준거법에 따른다.

제52조 【불법행위】 ① 불법행위는 그 행위를 하거나 그 결과가 발생하는 곳의 법에 따른다.

② 불법행위를 한 당시 동일한 국가 안에 가해자와 피해자의 일상거소가 있는 경우에는 제1항에도 불구하고 그 국가의 법에 따른다.

③ 가해자와 피해자 간에 존재하는 법률관계가 불법행위에 의하여 침해되는 경우에는 제1항 및 제2항에도 불구하고 그 법률관계의 준거법에 따른다.

④ 제1항부터 제3항까지의 규정에 따라 외국법이 적용되는 경우에 불법행위로 인한 손해배상청구권은 그 성질이 명백히 피해자의 적절한 배상을 위한 것이 아니거나 그 범위가 본질적으로 피해자의 적절한 배상을 위하여 필요한 정도를 넘을 때에는 인정하지 아니한다.

제53조 【준거법에 관한 사후적 합의】 당사자는 제50조부터 제52조까지의 규정에도 불구하고 사무관리 · 부당이득 · 불법행위가 발생한 후 합의에 의하여 대한민국 법을 그 준거법으로 선택할 수 있다. 다만, 그로 인하여 제3자의 권

리에 영향을 미치지 아니한다.

제54조【채권의 양도 및 채무의 인수】 ① 채권의 양도인과 양수인 간의 법률관계는 당사자 간의 계약의 준거법에 따른다. 다만, 채권의 양도가능성, 채무자 및 제3자에 대한 채권양도의 효력은 양도되는 채권의 준거법에 따른다.

② 채무인수에 관하여는 제1항을 준용한다.

제55조【법률에 따른 채권의 이전】 ① 법률에 따른 채권의 이전은 그 이전의 원인이 된 구(舊)채권자와 신(新)채권자 간의 법률관계의 준거법에 따른다. 다만, 이전되는 채권의 준거법에 채무자 보호를 위한 규정이 있는 경우에는 그 규정이 적용된다.

② 제1항과 같은 법률관계가 존재하지 아니하는 경우에는 이전되는 채권의 준거법에 따른다.

제7장 친 족

제1절 국제재판관할

제56조【혼인관계에 관한 사건의 특별관할】 ① 혼인관계에 관한 사건에 대해서는 다음 각 호의 어느 하나에 해당하는 경우 법원에 국제재판관할이 있다.

1. 부부 중 한쪽의 일상거소가 대한민국에 있고 부부의 마지막 공동 일상거소가 대한민국에 있었던 경우
2. 원고와 미성년 자녀 전부 또는 일부의 일상거소가 대한민국에 있는 경우
3. 부부 모두가 대한민국 국민인 경우
4. 대한민국 국민으로서 대한민국에 일상거소를 둔 원고가 혼인관계 해소만을 목적으로 제기하는 사건의 경우

② 부부 모두를 상대로 하는 혼인관계에 관한 사건에 대해서는 다음 각 호의 어느 하나에 해당하는 경우 법원에 국제재판관할이 있다.

1. 부부 중 한쪽의 일상거소가 대한민국에 있는 경우
2. 부부 중 한쪽이 사망한 때에는 생존한 다른 한쪽의 일상거소가 대한민국에 있는 경우

3. 부부 모두가 사망한 때에는 부부 중 한쪽의 마지막 일상거소가 대한민국에 있었던 경우
4. 부부 모두가 대한민국 국민인 경우

제57조 【친생자관계에 관한 사건의 특별관할】 친생자관계의 성립 및 해소에 관한 사건에 대해서는 다음 각 호의 어느 하나에 해당하는 경우 법원에 국제재판관할이 있다.
1. 자녀의 일상거소가 대한민국에 있는 경우
2. 자녀와 피고가 되는 부모 중 한쪽이 대한민국 국민인 경우

제58조 【입양관계에 관한 사건의 특별관할】 ① 입양의 성립에 관한 사건에 대해서는 양자가 되려는 사람 또는 양친이 되려는 사람의 일상거소가 대한민국에 있는 경우 법원에 국제재판관할이 있다.
② 양친자관계의 존부확인, 입양의 취소 또는 파양(罷養)에 관한 사건에 관하여는 제57조를 준용한다.

제59조 【부모 · 자녀 간의 법률관계 등에 관한 사건의 특별관할】 미성년인 자녀 등에 대한 친권, 양육권 및 면접교섭권에 관한 사건에 대해서는 다음 각 호의 어느 하나에 해당하는 경우 법원에 국제재판관할이 있다.
1. 자녀의 일상거소가 대한민국에 있는 경우
2. 부모 중 한쪽과 자녀가 대한민국 국민인 경우

제60조 【부양에 관한 사건의 관할】 ① 부양에 관한 사건에 대해서는 부양권리자의 일상거소가 대한민국에 있는 경우 법원에 국제재판관할이 있다.
② 당사자가 부양에 관한 사건에 대하여 제8조에 따라 국제재판관할의 합의를 하는 경우 다음 각 호의 어느 하나에 해당하면 합의의 효력이 없다.
1. 부양권리자가 미성년자이거나 피후견인인 경우. 다만, 해당 합의에서 미성년자이거나 피후견인인 부양권리자에게 법원 외에 외국법원에도 소를 제기할 수 있도록 한 경우는 제외한다.
2. 합의로 지정된 국가가 사안과 아무런 관련이 없거나 근소한 관련만 있는 경우
③ 부양에 관한 사건이 다음 각 호의 어느 하나에 해당하는 경우에는 제9조를 적용하지 아니한다.
1. 부양권리자가 미성년자이거나 피후견인인 경우

2. 대한민국이 사안과 아무런 관련이 없거나 근소한 관련만 있는 경우

제61조 【후견에 관한 사건의 특별관할】 ① 성년인 사람의 후견에 관한 사건에 대해서는 다음 각 호의 어느 하나에 해당하는 경우 법원에 국제재판관할이 있다.

1. 피후견인(피후견인이 될 사람을 포함한다. 이하 같다)의 일상거소가 대한민국에 있는 경우
2. 피후견인이 대한민국 국민인 경우
3. 피후견인의 재산이 대한민국에 있고 피후견인을 보호하여야 할 필요가 있는 경우

② 미성년자의 후견에 관한 사건에 대해서는 다음 각 호의 어느 하나에 해당하는 경우 법원에 국제재판관할이 있다.

1. 미성년자의 일상거소가 대한민국에 있는 경우
2. 미성년자의 재산이 대한민국에 있고 미성년자를 보호하여야 할 필요가 있는 경우

제62조 【가사조정사건의 관할】 제56조부터 제61조까지의 규정에 따라 법원에 국제재판관할이 있는 사건의 경우에는 그 조정사건에 대해서도 법원에 국제재판관할이 있다.

제2절 준거법

제63조 【혼인의 성립】 ① 혼인의 성립요건은 각 당사자에 관하여 그 본국법에 따른다.

② 혼인의 방식은 혼인을 한 곳의 법 또는 당사자 중 한쪽의 본국법에 따른다. 다만, 대한민국에서 혼인을 하는 경우에 당사자 중 한쪽이 대한민국 국민인 때에는 대한민국 법에 따른다.

제64조 【혼인의 일반적 효력】 혼인의 일반적 효력은 다음 각 호의 법의 순위에 따른다.

1. 부부의 동일한 본국법
2. 부부의 동일한 일상거소지법
3. 부부와 가장 밀접한 관련이 있는 곳의 법

제65조 【부부재산제】 ① 부부재산제에 관하여는 제64조를 준용한다.

② 부부가 합의에 의하여 다음 각 호의 어느 하나에 해당하는 법을 선택한 경우 부부재산제는 제1항에도 불구하고 그 법에 따른다. 다만, 그 합의는 날짜와 부부의 기명날인 또는 서명이 있는 서면으로 작성된 경우에만 그 효력이 있다.

1. 부부 중 한쪽이 국적을 가지는 법
2. 부부 중 한쪽의 일상거소지법
3. 부동산에 관한 부부재산제에 대해서는 그 부동산의 소재지법

③ 대한민국에서 행한 법률행위 및 대한민국에 있는 재산에 관하여는 외국법에 따른 부부재산제로써 선의의 제3자에게 대항할 수 없다. 이 경우 외국법에 따를 수 없을 때에 제3자와의 관계에서 부부재산제는 대한민국 법에 따른다.

④ 제3항에도 불구하고 외국법에 따라 체결된 부부재산계약을 대한민국에서 등기한 경우에는 제3자에게 대항할 수 있다.

제66조 【이혼】 이혼에 관하여는 제64조를 준용한다. 다만, 부부 중 한쪽이 대한민국에 일상거소가 있는 대한민국 국민인 경우 이혼은 대한민국 법에 따른다.

제67조 【혼인 중의 부모 · 자녀관계】 ① 혼인 중의 부모 · 자녀관계의 성립은 자녀의 출생 당시 부부 중 한쪽의 본국법에 따른다.

② 제1항의 경우에 남편이 자녀의 출생 전에 사망한 때에는 남편의 사망 당시 본국법을 그의 본국법으로 본다.

제68조 【혼인 외의 부모 · 자녀관계】 ① 혼인 외의 부모 · 자녀관계의 성립은 자녀의 출생 당시 어머니의 본국법에 따른다. 다만, 아버지와 자녀 간의 관계의 성립은 자녀의 출생 당시 아버지의 본국법 또는 현재 자녀의 일상거소지법에 따를 수 있다.

② 인지는 제1항에서 정하는 법 외에 인지 당시 인지자의 본국법에 따를 수 있다.

③ 제1항의 경우에 아버지가 자녀의 출생 전에 사망한 때에는 사망 당시 본국법을 그의 본국법으로 보고, 제2항의 경우에 인지자가 인지 전에 사망한 때에는 사망 당시 본국법을 그의 본국법으로 본다.

제69조 【혼인 외의 출생자】 ① 혼인 외의 출생자가 혼인 중의 출생자로 그 지위가 변동되는 경우에 관하여는 그 요건인 사실의 완성 당시 아버지 또는 어머니의 본국법 또는 자녀의 일상거소지법에 따른다.

② 제1항의 경우에 아버지 또는 어머니가 그 요건인 사실이 완성되기 전에 사

망한 때에는 아버지 또는 어머니의 사망 당시 본국법을 그의 본국법으로 본다.

제70조【입양 및 파양】 입양 및 파양은 입양 당시 양부모의 본국법에 따른다.

제71조【동의】 제68조부터 제70조까지의 규정에 따른 부모·자녀관계의 성립에 관하여 자녀의 본국법이 자녀 또는 제3자의 승낙이나 동의 등을 요건으로 할 때에는 그 요건도 갖추어야 한다.

제72조【부모·자녀 간의 법률관계】 부모·자녀 간의 법률관계는 부모와 자녀의 본국법이 모두 동일한 경우에는 그 법에 따르고, 그 외의 경우에는 자녀의 일상거소지법에 따른다.

제73조【부양】 ① 부양의 의무는 부양권리자의 일상거소지법에 따른다. 다만, 그 법에 따르면 부양권리자가 부양의무자로부터 부양을 받을 수 없을 때에는 당사자의 공통 본국법에 따른다.

② 대한민국에서 이혼이 이루어지거나 승인된 경우에 이혼한 당사자 간의 부양의무는 제1항에도 불구하고 그 이혼에 관하여 적용된 법에 따른다.

③ 방계혈족 간 또는 인척 간의 부양의무와 관련하여 부양의무자는 부양권리자의 청구에 대하여 당사자의 공통 본국법에 따라 부양의무가 없다는 주장을 할 수 있으며, 그러한 법이 없을 때에는 부양의무자의 일상거소지법에 따라 부양의무가 없다는 주장을 할 수 있다.

④ 부양권리자와 부양의무자가 모두 대한민국 국민이고, 부양의무자가 대한민국에 일상거소가 있는 경우에는 대한민국 법에 따른다.

제74조【그 밖의 친족관계】 친족관계의 성립 및 친족관계에서 발생하는 권리의무에 관하여 이 법에 특별한 규정이 없는 경우에는 각 당사자의 본국법에 따른다.

제75조【후견】 ① 후견은 피후견인의 본국법에 따른다.

② 법원이 제61조에 따라 성년 또는 미성년자인 외국인의 후견사건에 관한 재판을 하는 때에는 제1항에도 불구하고 다음 각 호의 어느 하나에 해당하는 경우 대한민국 법에 따른다.

1. 피후견인의 본국법에 따른 후견개시의 원인이 있더라도 그 후견사무를 수행할 사람이 없거나, 후견사무를 수행할 사람이 있더라도 후견사무를 수행할 수 없는 경우
2. 대한민국에서 후견개시의 심판(임의후견감독인선임 심판을 포함한다)을 하

였거나 하는 경우

3. 피후견인의 재산이 대한민국에 있고 피후견인을 보호하여야 할 필요가 있는 경우

제8장 상 속

제1절 국제재판관할

제76조【상속 및 유언에 관한 사건의 관할】 ① 상속에 관한 사건에 대해서는 다음 각 호의 어느 하나에 해당하는 경우 법원에 국제재판관할이 있다.

1. 피상속인의 사망 당시 일상거소가 대한민국에 있는 경우. 피상속인의 일상거소가 어느 국가에도 없거나 이를 알 수 없고 그의 마지막 일상거소가 대한민국에 있었던 경우에도 또한 같다.
2. 대한민국에 상속재산이 있는 경우. 다만, 그 상속재산의 가액이 현저하게 적은 경우에는 그러하지 아니하다.

② 당사자가 상속에 관한 사건에 대하여 제8조에 따라 국제재판관할의 합의를 하는 경우에 다음 각 호의 어느 하나에 해당하면 합의의 효력이 없다.

1. 당사자가 미성년자이거나 피후견인인 경우. 다만, 해당 합의에서 미성년자이거나 피후견인인 당사자에게 법원 외에 외국법원에도 소를 제기하는 것을 허용하는 경우는 제외한다.
2. 합의로 지정된 국가가 사안과 아무런 관련이 없거나 근소한 관련만 있는 경우

③ 상속에 관한 사건이 다음 각 호의 어느 하나에 해당하는 경우에는 제9조를 적용하지 아니한다.

1. 당사자가 미성년자이거나 피후견인인 경우
2. 대한민국이 사안과 아무런 관련이 없거나 근소한 관련만 있는 경우

④ 유언에 관한 사건은 유언자의 유언 당시 일상거소가 대한민국에 있거나 유언의 대상이 되는 재산이 대한민국에 있는 경우 법원에 국제재판관할이 있다.

⑤ 제1항에 따라 법원에 국제재판관할이 있는 사건의 경우에는 그 조정사건

에 관하여도 법원에 국제재판관할이 있다.

제2절 준거법

제77조 【상속】 ① 상속은 사망 당시 피상속인의 본국법에 따른다.

② 피상속인이 유언에 적용되는 방식에 의하여 명시적으로 다음 각 호의 어느 하나에 해당하는 법을 지정할 때에는 상속은 제1항에도 불구하고 그 법에 따른다.

1. 지정 당시 피상속인의 일상거소지법. 다만, 그 지정은 피상속인이 사망 시까지 그 국가에 일상거소를 유지한 경우에만 효력이 있다.
2. 부동산에 관한 상속에 대해서는 그 부동산의 소재지법

제78조 【유언】 ① 유언은 유언 당시 유언자의 본국법에 따른다.

② 유언의 변경 또는 철회는 그 당시 유언자의 본국법에 따른다.

③ 유언의 방식은 다음 각 호의 어느 하나의 법에 따른다.

1. 유언자가 유언 당시 또는 사망 당시 국적을 가지는 국가의 법
2. 유언자의 유언 당시 또는 사망 당시 일상거소지법
3. 유언 당시 행위지법
4. 부동산에 관한 유언의 방식에 대해서는 그 부동산의 소재지법

제9장 어음 · 수표

제1절 국제재판관할

제79조 【어음 · 수표에 관한 소의 특별관할】 어음 · 수표에 관한 소는 어음 · 수표의 지급지가 대한민국에 있는 경우 법원에 제기할 수 있다.

제2절 준거법

제80조 【행위능력】 ① 환어음, 약속어음 및 수표에 의하여 채무를 부담하는 자의

능력은 그의 본국법에 따른다. 다만, 그 국가의 법이 다른 국가의 법에 따르도록 정한 경우에는 그 다른 국가의 법에 따른다.

② 제1항에 따르면 능력이 없는 자라 할지라도 다른 국가에서 서명을 하고 그 국가의 법에 따라 능력이 있을 때에는 그 채무를 부담할 수 있는 능력이 있는 것으로 본다.

제81조 **【수표지급인의 자격】** ① 수표지급인이 될 수 있는 자의 자격은 지급지법에 따른다.

② 지급지법에 따르면 지급인이 될 수 없는 자를 지급인으로 하여 수표가 무효인 경우에도 동일한 규정이 없는 다른 국가에서 한 서명으로부터 생긴 채무의 효력에는 영향을 미치지 아니한다.

제82조 **【방식】** ① 환어음·약속어음의 어음행위 및 수표행위의 방식은 서명지법에 따른다. 다만, 수표행위의 방식은 지급지법에 따를 수 있다.

② 제1항에서 정한 법에 따를 때 행위가 무효인 경우에도 그 후 행위지법에 따라 행위가 적법한 때에는 그 전 행위의 무효는 그 후 행위의 효력에 영향을 미치지 아니한다.

③ 대한민국 국민이 외국에서 한 환어음·약속어음의 어음행위 및 수표행위의 방식이 행위지법에 따르면 무효인 경우에도 대한민국 법에 따라 적법한 때에는 다른 대한민국 국민에 대하여 효력이 있다.

제83조 **【효력】** ① 환어음의 인수인과 약속어음의 발행인의 채무는 지급지법에 따르고, 수표로부터 생긴 채무는 서명지법에 따른다.

② 제1항에 규정된 자 외의 자의 환어음·약속어음에 의한 채무는 서명지법에 따른다.

③ 환어음, 약속어음 및 수표의 상환청구권을 행사하는 기간은 모든 서명자에 대하여 발행지법에 따른다.

제84조 **【원인채권의 취득】** 어음의 소지인이 그 발행의 원인이 되는 채권을 취득하는지 여부는 어음의 발행지법에 따른다.

제85조 **【일부인수 및 일부지급】** ① 환어음의 인수를 어음 금액의 일부로 제한할 수 있는지 여부 및 소지인이 일부지급을 수락할 의무가 있는지 여부는 지급지법에 따른다.

② 약속어음의 지급에 관하여는 제1항을 준용한다.

제86조 【권리의 행사 · 보전을 위한 행위의 방식】 환어음, 약속어음 및 수표에 관한 거절증서의 방식, 그 작성기간 및 환어음, 약속어음 및 수표상의 권리의 행사 또는 보전에 필요한 그 밖의 행위의 방식은 거절증서를 작성하여야 하는 곳 또는 그 밖의 행위를 행하여야 하는 곳의 법에 따른다.

제87조 【상실 · 도난】 환어음, 약속어음 및 수표의 상실 또는 도난의 경우에 수행하여야 하는 절차는 지급지법에 따른다.

제88조 【수표의 지급지법】 수표에 관한 다음 각 호의 사항은 수표의 지급지법에 따른다.

1. 수표가 일람출급(一覽出給)이 필요한지 여부, 일람 후 정기출급으로 발행할 수 있는지 여부 및 선일자수표(先日字手標)의 효력
2. 제시기간
3. 수표에 인수, 지급보증, 확인 또는 사증을 할 수 있는지 여부 및 그 기재의 효력
4. 소지인이 일부지급을 청구할 수 있는지 여부 및 일부지급을 수락할 의무가 있는지 여부
5. 수표에 횡선을 표시할 수 있는지 여부 및 수표에 "계산을 위하여"라는 문구 또는 이와 동일한 뜻이 있는 문구의 기재의 효력. 다만, 수표의 발행인 또는 소지인이 수표면에 "계산을 위하여"라는 문구 또는 이와 동일한 뜻이 있는 문구를 기재하여 현금의 지급을 금지한 경우에 그 수표가 외국에서 발행되고 대한민국에서 지급하여야 하는 것은 일반횡선수표의 효력이 있다.
6. 소지인이 수표자금에 대하여 특별한 권리를 가지는지 여부 및 그 권리의 성질
7. 발행인이 수표의 지급위탁을 취소할 수 있는지 여부 및 지급정지를 위한 절차를 수행할 수 있는지 여부
8. 배서인, 발행인, 그 밖의 채무자에 대한 상환청구권 보전을 위하여 거절증서 또는 이와 동일한 효력을 가지는 선언이 필요한지 여부

제10장 해　상

제1절 국제재판관할

제89조 【선박소유자 등의 책임제한사건의 관할】 선박소유자 · 용선자(傭船者) · 선박관리인 · 선박운항자, 그 밖의 선박사용인(이하 "선박소유자 등"이라 한다)의 책임제한사건에 대해서는 다음 각 호의 어느 하나에 해당하는 곳이 대한민국에 있는 경우에만 법원에 국제재판관할이 있다.

1. 선박소유자 등의 책임제한을 할 수 있는 채권(이하 "제한채권"이라 한다)이 발생한 선박의 선적(船籍)이 있는 곳
2. 신청인인 선박소유자 등에 대하여 제3조에 따른 일반관할이 인정되는 곳
3. 사고발생지(사고로 인한 결과 발생지를 포함한다)
4. 사고 후 사고선박이 최초로 도착한 곳
5. 제한채권에 의하여 선박소유자 등의 재산이 압류 또는 가압류된 곳(압류에 갈음하여 담보가 제공된 곳을 포함한다. 이하 "압류 등이 된 곳"이라 한다)
6. 선박소유자 등에 대하여 제한채권에 근거한 소가 제기된 곳

제90조 【선박 또는 항해에 관한 소의 특별관할】 선박소유자 등에 대한 선박 또는 항해에 관한 소는 선박이 압류 등이 된 곳이 대한민국에 있는 경우 법원에 제기할 수 있다.

제91조 【공동해손에 관한 소의 특별관할】 공동해손(共同海損)에 관한 소는 다음 각 호의 어느 하나에 해당하는 곳이 대한민국에 있는 경우 법원에 제기할 수 있다.

1. 선박의 소재지
2. 사고 후 선박이 최초로 도착한 곳
3. 선박이 압류 등이 된 곳

제92조 【선박충돌에 관한 소의 특별관할】 선박의 충돌이나 그 밖의 사고에 관한 소는 다음 각 호의 어느 하나에 해당하는 곳이 대한민국에 있는 경우 법원에 제기할 수 있다.

1. 가해 선박의 선적지 또는 소재지

2. 사고 발생지
3. 피해 선박이 사고 후 최초로 도착한 곳
4. 가해 선박이 압류 등이 된 곳

제93조 【해난구조에 관한 소의 특별관할】 해난구조에 관한 소는 다음 각 호의 어느 하나에 해당하는 곳이 대한민국에 있는 경우 법원에 제기할 수 있다

1. 해난구조가 있었던 곳
2. 구조된 선박이 최초로 도착한 곳
3. 구조된 선박이 압류 등이 된 곳

제2절 준거법

제94조 【해상】 해상에 관한 다음 각 호의 사항은 선적국법에 따른다.

1. 선박의 소유권 및 저당권, 선박우선특권, 그 밖의 선박에 관한 물권
2. 선박에 관한 담보물권의 우선순위
3. 선장과 해원(海員)의 행위에 대한 선박소유자의 책임범위
4. 선박소유자 등이 책임제한을 주장할 수 있는지 여부 및 그 책임제한의 범위
5. 공동해손
6. 선장의 대리권

제95조 【선박충돌】 ① 개항(開港)·하천 또는 영해에서의 선박충돌에 관한 책임은 그 충돌지법에 따른다.

② 공해에서의 선박충돌에 관한 책임은 각 선박이 동일한 선적국에 속하는 경우에는 그 선적국법에 따르고, 각 선박이 선적국을 달리하는 경우에는 가해선박의 선적국법에 따른다.

제96조 【해난구조】 해난구조로 인한 보수청구권은 그 구조행위가 영해에서 있는 경우에는 행위지법에 따르고, 공해에서 있는 때에는 구조한 선박의 선적국법에 따른다.

부 칙 〈법률 제6465호, 2001.4.7〉

① 【시행일】 이 법은 2001년 7월 1일부터 시행한다.

② 【준거법 적용의 시간적 범위】 이 법 시행 전에 생긴 사항에 대하여는 종전의 섭외사법에 의한다. 다만, 이 법 시행 전후에 계속(繼續)되는 법률관계에 관하여는 이 법 시행 이후의 법률관계에 한하여 이 법의 규정을 적용한다.

③ 【국제재판관할에 관한 경과조치】 이 법 시행 당시 법원에 계속(係屬)중인 사건에 관하여는 이 법의 국제재판관할에 관한 규정을 적용하지 아니한다.

④ 【다른 법률의 개정】 중재법 중 다음과 같이 개정한다.

제29조 제1항 중 "涉外私法"을 "국제사법"으로 한다.

부 칙 〈법률 제10629호, 2011.5.19.〉(지식재산 기본법)

제1조 【시행일】 이 법은 공포 후 2개월이 경과한 날부터 시행한다. 〈단서 생략〉

제2조 【다른 법률의 개정】 ①부터 ⑤까지 생략

⑥ 국제사법 일부를 다음과 같이 개정한다.

제24조의 제목 "(지적재산권의 보호)"를 "(지식재산권의 보호)"로 하고, 같은 조 중 "지적재산권"을 "지식재산권"으로 한다.

⑦부터 ㉒까지 생략

부 칙 〈법률 제13759호, 2016.1.19.〉

이 법은 공포한 날부터 시행한다.

부 칙 〈제18670호, 2022.1.4.〉

제1조 【시행일】 이 법은 공포 후 6개월이 경과한 날부터 시행한다.

제2조 【계속 중인 사건의 관할에 관한 경과조치】 이 법 시행 당시 법원에 계속 중인 사건의 관할에 대해서는 종전의 규정에 따른다.

제3조【준거법 적용에 관한 경과조치】 이 법 시행 전에 생긴 사항에 적용되는 준거법에 대해서는 종전의 규정에 따른다. 다만, 이 법 시행 전후에 계속(繼續)되는 법률관계에 대해서는 이 법 시행 이후의 법률관계에 대해서만 이 법의 규정을 적용한다.

판례 색인

[대법원 판례]

[하급심 판례]

사항 색인

신창섭

고려대학교 법과대학, 법학사
고려대학교 대학원 법학과, 법학석사
미국 펜실베니아대 로스쿨, LL.M
미국 조지워싱턴대 로스쿨, J.D.
미국 노스캐롤라이나대 로스쿨 교환교수
미국 듀크대 로스쿨 교환교수
일본 와세다대 로스쿨 교환교수
독일 프라이부르크대 법과대학 교환교수
미국 뉴욕주 변호사
미국중재협회(AAA) 국제중재센터(ICDR) 국제중재인
대한상사중재원 중재인
대한상사중재원 국제중재인
국제거래법학회 고문
한국상사법학회 부회장
한국중재학회 상임이사
한국중재인연합회 상임이사
(전) 교육과학기술부 법학교육위원회 위원장
(전) 경영법률학회 부회장
(전) 안암법학회 부회장
(전) 법무부 국제거래법연구단 위원
(전) 법무부 국제법무자문위원회 위원
고려대학교 법학전문대학원 교수

제5판 국제사법

2007년 9월 1일 초 판 발행
2022년 9월 1일 제5판 발행

저 자 신 창 섭
발행인 이 방 원
발행처 세창출판사

신고번호 제1990-000013호
주소 03736 서울시 서대문구 경기대로 58 경기빌딩 602호
전화 02-723-8660 팩스 02-720-4579
이메일 edit@sechangpub.co.kr 홈페이지 www.sechangpub.co.kr
블로그 blog.naver.com/scpc1992 페이스북 fb.me/sechangofficial 인스타그램 @sechang-official

ISBN 979-11-6684-132-3 93360